LA POUDRIÈRE
DU MOYEN-ORIENT

DES MÊMES AUTEURS

Noam Chomsky

Les États manqués. Abus de puissance et déficit démocratique, Paris, Fayard, 2007.
La Doctrine des bonnes intentions. Entretiens avec David Barsamian, Paris, Fayard, 2006.
Dominer le monde ou sauver la planète ? L'Amérique en quête d'hégémonie mondiale, Paris, Fayard, 2004.
Pirates et Empereurs. Le terrorisme international dans le monde contemporain, Paris, Fayard, 2003.
Le *Profit avant l'homme*, Paris, Fayard, 2003.
De la propagande. Entretiens avec David Barsamian, Paris, Fayard, 2002.
La Loi du plus fort (avec Ramsey Clark et Edward Said), Paris, Le Serpent à plumes, 2002.
11/9. Autopsie des terrorismes, Paris, Le Serpent à plumes, 2002.
De l'espoir en l'avenir (avec Peter Jay), Marseille, Agone, 2001.
La Conférence d'Albuquerque, Paris, Allia, 2001.
Deux Heures de lucidité. Conversation avec Denis Robert et Weronika Zarachowicz, Paris, Les Arènes, 2001.
De la guerre comme politique étrangère des États-Unis, Marseille, Agone, 2000.
Idéologie et Pouvoir, Anvers (Belgique), EPO, 1991 (rééd. 2003).
L'Amérique et ses nouveaux mandarins, Paris, Seuil, 1969.

Gilbert Achcar

La Guerre des 33 jours (avec Michel Warschawski), Paris, Textuel, 2007.
Le Dilemme israélien. Un débat entre Juifs de gauche (dir.), Lausanne, Page deux, 2006.
Le Choc des barbaries, Paris, 10/18, 2004.
L'Orient incandescent, Lausanne, Page deux, 2003.
La Nouvelle Guerre froide, Paris, PUF, 1999.

Gilbert Achcar et Noam Chomsky

LA POUDRIÈRE DU MOYEN-ORIENT

Entretiens réalisés
par Stephen Shalom

Traduit de l'anglais (États-Unis) par Louis de Bellefeuille

Fayard

Titre original :

Perilous Power.

Publié par Paradigm Publishers, Boulder.

ISBN : 978-2-213-63168-4

Préface

Stephen R. Shalom

Aux États-Unis, les postulants à l'admission à l'université connaissent bien la question traditionnellement posée à cette occasion : « Si vous pouviez dîner avec deux personnages historiques de votre choix, lesquels choisiriez-vous ? » Les réponses sont bien entendu fort variées, compte tenu de la diversité des figures historiques dans l'ensemble des domaines d'activité humaine. Mais pour qui veut se renseigner au sujet du Moyen-Orient d'aujourd'hui auprès de deux analystes contemporains, je ne puis imaginer compagnons de table plus agréables et intéressants que Noam Chomsky et Gilbert Achcar.

J'ai rencontré Noam Chomsky en 1966, lorsque j'étais étudiant au MIT (Massachussets Institut of Technology, Cambridge). À l'époque, il était renommé pour avoir révolutionné le domaine de la linguistique et, depuis peu, était devenu critique au parler franc de la guerre des États-Unis au Viêtnam. Depuis quatre décennies, la lecture de ses analyses sur la politique étrangère, les médias et le rôle des intellectuels dans la société m'a énormément instruit. Mais plus impressionnant encore que sa prodigieuse intelligence est son extraordinaire engagement pour le changement social. En tant qu'étudiant de premier cycle, j'ai été frappé qu'un universitaire si éminent se joigne aux étudiants à l'occasion des occupations (*sit-in*) et des manifestations. Lorsque, au début des années 1970, je travaillais à la rédaction d'un modeste bulletin contestant l'imposition de la loi martiale aux Philippines, le premier renouvellement d'abonnement annuel que nous recevions par la poste était toujours celui de Noam Chomsky. Et depuis que je le connais les choses se sont toujours passées ainsi. Il a apporté son aide à d'innombrables organisations et publications politiques, a répondu à d'innombrables lettres provenant du monde entier et a pris le temps de dialoguer avec tous ceux et celles qui luttent pour un monde meilleur, afin de leur apporter conseils et inspiration.

Chomsky a commencé à écrire sur le Moyen-Orient au début des années 1970, revenant ainsi sur un sujet qui le préoccupait depuis qu'il s'était engagé pendant sa jeunesse dans l'aile gauche du mouvement sioniste. Au début des années 1950, son épouse et lui avaient envisagé de s'établir dans un kibboutz israélien, mais, bien qu'ils aient fini par renoncer à ce projet, Chomsky a toujours manifesté un profond intérêt pour la région, notamment pour les questions relatives à la paix et à la justice. Son ouvrage intitulé *Peace in the Middle East? Reflections on Justice and Nationhood* a paru en 1974[1]. Son livre suivant sur le Moyen-Orient a été publié à la suite de l'invasion israélienne du Liban en 1982: *The Fateful Triangle: The United States, Israel, and the Palestinians*[2] [en français: *Israël, Palestine, États-Unis: le triangle fatidique*, Éditions Écosociété]. Si de nombreux autres ouvrages de Chomsky renferment des sections ou des articles sur le Moyen-Orient – comme le doit tout exposé sur la politique étrangère des États-Unis, compte tenu de l'importance et de la volatilité de la région –, le présent ouvrage est, depuis *The Fateful Triangle,* son premier livre entièrement inédit qui soit consacré exclusivement à cette région du monde.

Gilbert Achcar partage le profond engagement de Chomsky pour la paix et la justice internationales, ainsi que son ardent désir de comprendre la politique étrangère des États-Unis. Achcar possède en outre une solide connaissance du Moyen-Orient, acquise tant sur le terrain que dans les livres. Ayant grandi au Liban et y ayant vécu de nombreuses années, il a participé activement à la vie politique de la région et connaît bien les milieux de gauche du monde arabe. Après s'être installé en France, il a continué de suivre de près les événements au Moyen-Orient, tant comme universitaire que comme militant antiguerre.

J'ai rencontré Gilbert en février 2003, peu de temps avant l'invasion de l'Irak menée par les États-Unis. Il donnait alors une conférence à l'occasion d'une tournée de promotion de livres à l'université William Paterson au New Jersey, où j'enseigne. Au cours des années suivantes, j'ai trouvé extrêmement précieuses ses analyses sur l'Irak et le Moyen-Orient en général, analyses qui s'appuient sur son expertise et sa lecture attentive de la presse de langue arabe. Afin de familiariser un plus grand nombre d'anglophones avec ses analyses, j'ai fréquemment publié ses articles et ses traductions sur ZNet, site Internet progressiste auquel je collabore[3]. Bien que nous ayons surtout communiqué par courriels transatlantiques, nous nous sommes liés d'amitié. Fin 2005, Gilbert et moi avons écrit ensemble un article où nous analysons les divers plans qui ont été mis en avant pour le «redéploiement» des troupes états-uniennes à partir de l'Irak[4].

Les écrits d'Achcar sont nourris par sa compréhension des grands enjeux internationaux, en particulier de la triade stratégique constituée par les États-Unis, la Chine et la Russie, sujet qu'il a analysé dans son livre *La Nouvelle Guerre froide*[5]. Son ouvrage *Le Choc des barbaries. Terrorismes et désordre mondial*[6] a établi sa réputation d'analyste perspicace et de critique intransigeant, tant de la quête de domination mondiale de Washington que de l'intégrisme islamique. Parallèlement, il a toujours fait preuve de sensibilité et de compréhension devant certaines émotions suscitées par le conflit israélo-palestinien, même parmi les cercles progressistes, comme en témoigne sa préparation pour la publication de la correspondance entre deux juifs de gauche[7]. Les nombreux articles d'Achcar – certains ont été réunis dans son ouvrage *L'Orient incandescent : le Moyen-Orient au miroir marxiste*[8] – fournissent à ceux qui sont en quête de justice mondiale des analyses réalistes et pourtant passionnées, ainsi que des conseils pratiques. Sa « Lettre à un(e) militant(e) antiguerre passablement déprimé(e) », d'avril 2003, est devenue à juste titre un classique[9].

Le présent ouvrage n'est pas un assemblage d'articles distincts de deux auteurs. Il se fonde sur un dialogue entre eux ; parfois ils sont d'accord, parfois, selon leur perspective et les informations dont ils disposent, leurs points de vue sont complémentaires, et il arrive qu'ils soient en désaccord. Aussi cet ouvrage représente-t-il plus que la somme de ses parties. De cette conversation émerge, grâce à leurs engagements partagés et à la diversité de leur expertise et de leur expérience, une compréhension plus riche.

Chomsky et Achcar sont convenus dès le début de l'utilité d'un tiers présent pour animer leur face-à-face. L'idée était d'avoir une conversation à deux, où une tierce personne poserait les questions, canaliserait la conversation et s'occuperait du procédé technique d'enregistrement, ce qui permettrait aux deux interlocuteurs de se concentrer sur leurs analyses et leurs arguments. Il m'a été demandé de jouer ce rôle. Autant que possible, j'ai tenté de rester à l'écart de la conversation dans la mesure du possible, me contentant au besoin de la faire progresser.

Notre démarche a comporté plusieurs étapes. Nous avons d'abord élaboré une série de questions à traiter. L'objectif était de formuler des questions auxquelles on ne peut répondre en consultant une encyclopédie, mais qui cherchent plutôt à mettre en relief les facteurs et la dynamique sous-jacents qui sont à l'œuvre. Les événements au Moyen-Orient se succèdent si rapidement que toute tentative de fournir une description factuelle est vouée à être vite dépassée. En revanche, une analyse des principales forces en jeu et de la manière dont il faut aborder les questions cruciales permettrait au lecteur de tirer des leçons du passé et de comprendre les développements actuels et futurs. Bien que le présent ouvrage soit censé traiter du Moyen-Orient, on ne saurait comprendre cette région en faisant abstraction des intérêts et des interventions des puissances étrangères, tout particulièrement, ces dernières années, ceux des États-Unis. Aussi avons-nous tenté d'inclure des thématiques élargies se rapportant au Moyen-Orient et à la politique étrangère des États-Unis ainsi qu'à des zones de conflit spécifiques. Parmi les thèmes abordés figurent le terrorisme (sa nature, l'étendue de la menace et la manière dont il faut l'affronter), les théories du complot (dans quelle mesure nous aident-elles à comprendre les développements politiques), l'intégrisme (ce qui le motive, où il est le mieux implanté), la démocratie (l'état des lieux au Moyen-Orient, les répercussions de la guerre en Irak à son égard) et les origines de la politique étrangère des États-Unis dans la région (en particulier le rôle du pétrole et l'importance du « lobby pro-israélien »). Les conflits particuliers sur lesquels nous nous sommes concentrés sont ceux de l'Afghanistan, dans la foulée du 11 septembre 2001, de l'Irak, toutes dimensions comprises – le rôle des États-Unis, les développements politiques, la situation du peuple kurde (en Irak de même qu'en Turquie) –, ainsi que les conflits potentiels en Iran et en Syrie. Enfin, nous avons bien entendu tenu à accorder une grande place au conflit palestino-israélien : ses origines historiques, sa dynamique actuelle et ses solutions possibles, mais aussi la nature de la société israélienne, les diverses forces politiques palestiniennes en présence et les problèmes de l'antisémitisme, de l'islamophobie et du racisme antiarabe.

Une fois les questions choisies, nous nous sommes réunis tous les trois du 4 au 6 janvier 2006 dans le bureau de Noam, au MIT, pour trois jours de discussions. Ce n'est jamais tâche facile que de réserver trois jours dans le calendrier de Noam, car son emploi du temps est incroyablement chargé – nous avons dû nous interrompre une fois pour céder la place à une interview qui était déjà prévue avec un journaliste étranger. Nous avons néanmoins réussi à enregistrer environ 14 heures de conversation. Nos séances étaient amicales et animées, et pourtant, lorsqu'il y avait désaccord, ni Noam ni Gilbert ne se retenaient d'exprimer leur opinion énergiquement. (La discussion était si intense que par deux fois nous avons omis de déjeuner.)

Les 14 heures d'enregistrement que nous avons réalisées ont ensuite été transcrites avec compétence par Melissa Jameson. À partir de cette transcription, j'ai préparé un brouillon, en supprimant redondances et diversions, modifiant l'agencement de certaines des sections et améliorant la lisibilité du texte. Gilbert et Noam ont ensuite parcouru et corrigé leurs interventions. L'objectif ici ne consistait pas à produire une transcription littérale de la conversation. Il s'agissait plutôt de permettre à chacun de clarifier ou de développer ses interventions (mais non de modifier un argument important auquel l'autre participant avait répondu.) Nous avons convenu que des commentaires oraux faits sans accès aux sources ne doivent pas constituer le dernier mot. Aussi avons-nous vérifié faits et citations et complété ces dernières au besoin. Enfin, puisque nous estimons que le lecteur ne doit pas être tenu de croire les auteurs sur parole, il nous a paru important d'ajouter une documentation pour toutes les assertions peu évidentes ou controversées.

Dans tout travail de ce genre surgit inévitablement la question de la remise à jour des matériaux. Nous avons estimé qu'il eût été trompeur, et que cela eût prêté à confusion, de mettre les conversations à jour par le biais du processus de révision. Il n'y a aucun doute qu'à l'instant où vous lisez la présente préface, de nouveaux événements importants se sont produits depuis peu au Moyen-Orient. Nous avons donc décidé de conserver le texte principal comme témoignage de l'état de la réflexion de Chomsky et d'Achcar en janvier 2006, mais d'ajouter un épilogue distinct, rédigé six mois plus tard, dans lequel chacun des auteurs aurait la possibilité de commenter les développements récents importants.

J'espère que le présent ouvrage, qui vous amène Noam Chomsky et Gilbert Achcar comme compagnons de table pour discuter du Moyen-Orient, vous fournira amplement matière à réflexion.

CHAPITRE 1

Terrorisme et théories du complot

Définition du terrorisme

Stephen SHALOM : Quelle serait, selon vous, une manière raisonnable de définir le terrorisme ?

Noam CHOMSKY : J'écris sur le terrorisme depuis 1981, l'année où l'administration Reagan est entrée en fonction. Elle a d'entrée de jeu déclaré qu'un des grands axes de l'administration consisterait à faire la guerre au terrorisme – en particulier au terrorisme international commandité par des États. Le président Ronald Reagan, le secrétaire d'État George P. Schultz et d'autres responsables de l'administration ont débité une rhétorique complexe sur « la plaie de l'ère moderne », le retour de « la barbarie à notre époque », le « fléau du terrorisme » et ainsi de suite.

Toute personne ayant un tant soit peu connaissance de l'histoire savait ce qui allait arriver. Il y aurait une guerre terroriste. Car on ne déclare pas la guerre au terrorisme sauf si l'on prévoit de se livrer soi-même à une campagne massive de terrorisme international, comme cela fut effectivement le cas. Je m'y attendais, ainsi que mon ami Ed Herman[1], aussi avons-nous commencé à écrire, en collaboration et séparément, au sujet du terrorisme. Puisque cela se passait dans le contexte de la déclaration de guerre de l'administration Reagan contre le terrorisme, il nous a semblé que la chose naturelle à faire était de reprendre les définitions officielles du gouvernement des États-Unis. J'ai donc repris la définition qu'on trouve dans le *US Code*, le code officiel des lois, qui est plutôt raisonnable; on en trouve des versions abrégées dans les manuels militaires et ainsi de suite. C'est la définition que j'utilise depuis lors. Elle est dans une large mesure une définition relevant du sens commun. Elle précise que le terrorisme est «l'usage délibéré de la violence ou de la menace de la violence pour atteindre des objectifs qui sont de nature politique, religieuse ou idéologique [...] par le recours à l'intimidation ou à la coercition ou en inspirant la peur[2]». Cette formulation est, pour l'essentiel, identique à l'actuelle définition officielle britannique. La définition états-unienne a toutefois été abrogée en pratique, vraisemblablement en raison de ses évidentes implications. Car si on l'interprète littéralement, il s'avère, de manière presque immédiate, que les États-Unis sont au premier rang des États terroristes et qu'en fait l'administration Reagan pratiquait le terrorisme international à grande échelle. Puisque celle-ci ne pouvait admettre une telle conclusion, elle a naturellement dû changer de définition. Or, depuis cette époque, de nouveaux problèmes sont survenus.

Ainsi, sous les pressions de l'administration Reagan, les Nations unies ont adopté diverses résolutions sur le terrorisme. La première remonte à décembre 1987 et condamne le crime du terrorisme dans les termes les plus énergiques; elle demande instamment à tous les États de collaborer afin d'éradiquer ce fléau et ainsi de suite – il s'agit d'une résolution longue et détaillée. Elle a été adoptée, mais pas unanimement: par 153 voix contre 2, avec 1 abstention, celle du Honduras. Les deux États qui s'y sont opposés sont les deux États habituels, les États-Unis et Israël[3]. Les ambassadeurs des deux États ont expliqué leur vote au cours des délibérations de l'Assemblée générale. Ils ont fait remarquer qu'il y a dans la résolution un passage offensant, qui stipule en effet que «rien dans la présente résolution ne saurait d'une quelconque façon porter préjudice au droit à l'autodétermination, à la liberté et à l'indépendance, tel que consacré par la Charte des Nations unies, des peuples privés de ce droit par la contrainte [...] particulièrement les peuples sous régime colonial ou raciste ou sous occupation étrangère ou sous toute autre forme de domination coloniale, ni, conformément aux principes de la Charte et à la Déclaration susmentionnée, au droit de ces peuples de lutter à cette fin et de chercher et d'obtenir du soutien[4] ». De toute évidence, les États-Unis et Israël ne pouvaient admettre cela, car les termes « régime colonial ou raciste » désignaient l'Afrique du Sud, qui était encore leur alliée sous le régime d'apartheid. Certes, les États-Unis s'étaient joints en principe à l'embargo contre l'Afrique du Sud – mais non dans les faits. Le commerce avec l'Afrique du Sud s'est accru, et l'on a trouvé moyen de contourner l'embargo de manière à ce que Washington puisse continuer de soutenir le régime de Pretoria. Même chose pour Israël, qui était en fait un des canaux permettant de contourner l'embargo contre l'Afrique du Sud. En outre, les termes « occupation étrangère » se référaient manifestement à la Cisjordanie, à la bande de Gaza et au plateau du Golan, alors que ni les États-Unis, ni Israël ne pouvaient permettre la résistance contre cette occupation – même pas une résistance légitime, qui ne comprend pas, bien entendu, d'attaques terroristes contre des civils. Ainsi, bien qu'il n'existe pas rigoureusement parlant de veto à l'Assemblée générale, les États-Unis et Israël ont *de facto* opposé leur veto à la résolution[5].

Or, lorsque les États-Unis opposent leur veto à quelque chose, il s'agit d'un double veto : d'abord, ce quelque chose est stoppé ; ensuite, il est gommé de l'histoire. Ainsi, cette initiative états-unienne, alors qu'on était en plein cœur de la tourmente au sujet du terrorisme, a été passée sous silence ; elle est donc effacée de l'histoire. On la trouve à peine dans les études savantes, car elle mène à des conclusions indésirables. Il en va de même des définitions officielles – elles ont été jetées aux oubliettes de l'histoire. Mais je continue de les utiliser, et elles sont encore officielles. Toutefois, depuis le milieu des années 1980 s'est développée toute une industrie savante qui produit, notamment, conférences, laborieux ouvrages, réunions des Nations unies et ainsi de suite, pour voir si quelqu'un peut résoudre ce « très difficile problème » consistant à définir le terrorisme. On trouve dans les revues juridiques des douzaines de définitions différentes et d'analyses divergentes, et personne ne parvient tout à fait à aboutir. La raison en est parfaitement évidente, mais personne ne veut le reconnaître. C'est qu'il s'agit de trouver une définition qui exclurait la terreur que *nous* exerçons contre *eux*, mais qui inclurait la terreur qu'*eux* exercent contre *nous*. Or, cela s'avère plutôt ardu. Certains ont tenté de restreindre la définition aux groupes infranationaux, mais cela ne marche pas parce qu'il s'agit de pointer du doigt des États terroristes. En fait, il est extrêmement difficile, voire probablement impossible, de formuler une définition qui ait les conséquences voulues, sauf si on la formule uniquement en fonction de ces conséquences.

Du point de vue des décideurs états-uniens, la bonne définition du terrorisme serait en pratique la suivante : la terreur est la terreur dans le sens habituel du terme si vous l'exercez contre nous ; mais si nous l'exerçons contre vous, elle est bénigne, c'est une intervention humanitaire, faite dans de louables intentions. Voilà la définition qui est utilisée dans les faits. Si les secteurs instruits de la population étaient honnêtes, c'est cela qu'ils diraient. C'en serait fait de tout ce problème de définition. Mais à défaut de cela, nous n'avons que deux options : soit utiliser les définitions officielles, comme je le fais ; soit dire que c'est un problème insoluble, un problème très profond, etc. Et les choses en resteront là tant que l'on n'aura pas reconnu la véritable signification de tout cela.

Gilbert ACHCAR : On peut également signaler les tentatives d'élargir le concept. Par exemple, la définition du terrorisme adoptée par l'Union européenne en juin 2002[6] inclut les termes « provoquer des dégâts importants à une installation gouvernementale ou publique [...] une place publique ou une propriété privée qui soient susceptibles [d']engendrer des pertes économiques importantes », voire de « menacer de provoquer » une telle destruction. Cela permettrait d'inclure les actes du genre de ceux que les protestataires altermondialistes, écologistes ou paysans ont commis, par exemple, contre un restaurant McDonald's ou contre un champ expérimental dans lequel poussaient des organismes génétiquement modifiés, ou d'autres actes de même nature, actes qui relèveraient ainsi du terrorisme. Il s'agit là d'une expansion grave et dangereuse de cette définition.

CHOMSKY : Cela fait partie de l'expansion de la définition, et d'une certaine manière c'est logique. Ce qu'il faudrait faire, c'est tout simplement définir le terrorisme comme les actes que nous désapprouvons. Quant à ceux que nous approuvons, il ne s'agit pas de terrorisme.

La même malhonnêteté se manifeste dans les discussions sur « agression » ou sur « intervention ». N'existe-t-il pas des définitions parfaitement simples de l'agression ? Robert Jackson, procureur en chef du Tribunal militaire international de Nuremberg de l'après-1945 pour les criminels de guerre nazis, a fourni une définition précise et claire de l'agression[7]. Celle-ci a été réaffirmée en 1974 dans une résolution de l'Assemblée générale de l'ONU qui a été adoptée par vote oral sans objections ; cette résolution de l'Assemblée générale, qui fait autorité, reprend ainsi à peu de choses près les termes de la définition de Jackson[8]. Mais elle est inutile, parce que selon elle presque tous les présidents des États-unis pourraient être accusés de crimes de guerre. Non seulement des guerres comme celles au Viêt-nam ou en Irak sont, bien entendu, des agressions, mais même la guerre des Contras livrée par l'administration Reagan contre le Nicaragua relève, selon les définitions de Jackson et de l'Assemblée générale, non du terrorisme international mais de l'agression. Un des cas cités à titre d'exemple dans la définition de l'agression concerne notamment le soutien apporté à des groupes armés sur le territoire d'un État pour perpétrer des actes de violence sur le sol de cet État sans son consentement[9]. Voilà la définition même de la guerre des Contras. Il s'agit donc d'une agression. Ainsi, tous les membres de l'administration Reagan et, bien entendu, les démocrates qui les ont largement soutenus sont coupables de crimes de guerre. Mais cela, on ne saurait l'admettre. C'est pourquoi on tient également la définition de l'agression pour très complexe et obscure.

ACHCAR : Jusqu'ici nous avons parlé des définitions officielles du terrorisme, mais sur quelle définition du terrorisme pourrions-nous nous-mêmes tomber d'accord ? Je dirais que, dans l'esprit du public, le terrorisme est conçu essentiellement comme étant ce qui prend pour cible les populations civiles ou les gouvernements démocratiques. C'est comme cela que l'on conçoit le plus souvent le terrorisme : prendre pour cible des civils dans le but de contraindre des gouvernements ou d'autres entités collectives à agir d'une certaine façon. Pour la plupart des gens, les actions menées contre une armée d'occupation ne relèvent pas du terrorisme. L'ironie du sort a voulu que même dans la déclaration finale de la conférence des forces politiques irakiennes tenue en novembre 2005 au Caire, en Égypte, une distinction ait été faite entre le droit de résister à une occupation étrangère, résistance considérée comme légitime – ce qui, bien que ce ne fût pas affirmé explicitement, signifiait que les actions menées contre les troupes d'occupation états-uniennes en Irak sont un exercice du droit à la résistance –, et le terrorisme répréhensible, qui se limite aux attaques contre les compatriotes irakiens. Cela est tout à fait ironique, car il s'agissait d'une conférence à laquelle participaient des représentants du gouvernement irakien, prétendument un allié des États-Unis, y compris le président et le Premier ministre.

Il me semble que la définition la moins problématique du terrorisme est celle qui se réfère à des civils innocents non armés. Prendre pour cibles ou otages des civils innocents, voilà certainement du terrorisme, même s'il s'agit de combattre une occupation étrangère.

CHOMSKY : Mais on se heurte alors à un problème de définition, car tuer quelqu'un dans la rue ne relève pas nécessairement du terrorisme. Il faut donc préciser qu'il s'agit de l'usage de la force ou de la menace d'y recourir, essentiellement contre des cibles civiles, à des fins idéologiques, religieuses, politiques ou autres, dans le but, par exemple, d'influencer un gouvernement. [ACHCAR : Ou une collectivité.] Ou une collectivité.

ACHCAR : Il ne s'agit pas d'actes visant des individus en tant que tels, mais de la tentative d'imposer quelque chose à une collectivité ou un gouvernement. [CHOMSKY : Exactement. C'est juste.] Cela serait, à mon sens, une définition bien tournée du terrorisme, quoique non exhaustive.

CHOMSKY : Elle est très proche de la définition officielle des États-Unis, bien qu'elle ne soit pas utilisée en pratique parce que cela ferait d'eux un des principaux États terroristes.

SHALOM : Il y a en outre la difficile question de savoir si les responsables gouvernementaux de bas niveau comptent parmi les civils innocents.

CHOMSKY : C'est vrai. Écoutez, il ne s'agit pas de physique. Il n'existe pas de termes du discours politique ou social dont la définition soit claire.

ACHCAR : Non. Dans les cas limites, cela devient une question juridique. Il faut alors en discuter au cas par cas. Et cela concerne les tribunaux.

CHOMSKY : Même dans les sciences dures, il n'y avait pas de définitions claires tant que les sciences n'avaient pas atteint un certain niveau d'avancement. Il en est ainsi même en mathématiques ; c'est le cas d'un terme comme « limite », par exemple. Les définitions sont arrivées très tardivement. Alors, ce que nous voulons vraiment, ce n'est pas trouver une définition précise, mais identifier un concept. Or celui-ci est facile à identifier, et il est tout simplement irrecevable. Car si l'on admet cette caractérisation, il s'avérera que les actes des puissants relèvent du terrorisme, ce qu'on ne saurait permettre.

ACHCAR : Nous pourrions en outre ajouter à la définition la même distinction qu'on fait dans un cours d'introduction aux relations internationales au sujet des « acteurs » : la distinction entre acteurs gouvernementaux, intergouvernementaux et non gouvernementaux. Or, la même distinction, les mêmes catégories s'appliquent au terrorisme. Il y a le terrorisme non gouvernemental, qui a fait la une des nouvelles ces dernières années, et il y a le terrorisme gouvernemental ; il y également le terrorisme intergouvernemental, par exemple lorsque l'OTAN ou des institutions intergouvernementales de ce genre commettent des actes qui, interprétés à la lumière de notre définition du terrorisme, relèvent bien du terrorisme. Le gouvernement des États-Unis lui-même ne peut rejeter l'idée que le terrorisme gouvernemental existe, puisqu'il accuse de nombreux autres États d'agir en terroristes.

CHOMSKY : On a tenté de restreindre le terrorisme aux groupes infranationaux, mais cela va à l'encontre des politiques effectives, car comme tu viens de le dire très justement, on ne pourrait alors plus étiqueter certains États « terroristes ». Et nous voilà ramenés au dilemme : comment s'exclure soi-même ? [ACHCAR : Exact.]

La menace terroriste

SHALOM : Existe-t-il réellement une menace terroriste contre l'Europe et les États-Unis, ou tout cela n'est-il qu'affabulation ?

CHOMSKY : Il existe une menace très sérieuse. En fait, on est en train d'aggraver cette menace, et cela consciemment. Elle n'est pas apparue le 11 septembre 2001. Rappelons-nous les années 1990. Il y a d'abord eu une tentative de faire sauter le World Trade Center en 1993, laquelle a failli réussir ; si elle avait été un peu mieux planifiée – je crois que c'est toi, Gilbert, qui l'as écrit dans l'ouvrage *Le Choc des barbaries*[10] –, elle aurait tué des dizaines de milliers de personnes. On a ensuite voulu faire sauter les tunnels [de New York], l'édifice de l'ONU, les immeubles du FBI et ainsi de suite. On a arrêté les terroristes juste à temps. Il s'agissait essentiellement de jihadistes. Ils avaient été entraînés en Afghanistan par les services états-uniens et étaient dirigés par un religieux égyptien qui avait été amené aux États-Unis sous la protection de la CIA. C'était un acte grave de terrorisme.

Il a paru pendant les années 1990 toute une série d'ouvrages techniques traitant du terrorisme, publiés par exemple par les éditions du MIT (MIT Press), qui étaient en quelque sorte des livres de recettes, où l'on expliquait notamment que le terrorisme était très probable[11]. Et, bien entendu, depuis le 11 septembre, il y en a eu bien d'autres. La menace terroriste est très sérieuse. Les anciens secrétaires à la Défense Robert McNamara et William Perry estiment, d'une façon subjective, à plus de 50 % la probabilité d'une détonation nucléaire sur une cible états-unienne au cours des dix prochaines années. C'est une probabilité plutôt élevée ; or les services de renseignements des États-Unis considèrent qu'une telle attaque est inévitable si l'on maintient le cap actuel[12]. Et d'autres types de terrorisme – le bioterrorisme, par exemple – sont également tout à fait concevables. Mais le problème n'est guère prioritaire pour le gouvernement des États-Unis. Il ne s'en soucie que fort peu ; c'est pourquoi il agit très consciemment d'une manière qui aggrave en fait la menace. Ce n'est même pas un secret, le problème n'est tout simplement pas d'importance prioritaire pour lui. L'exemple le plus parlant à cet égard est l'invasion de l'Irak. Celle-ci a été entreprise en sachant qu'elle aggraverait probablement la menace terroriste. C'était le pronostic émis notamment par les propres services de renseignement du gouvernement, ainsi que par de nombreux spécialistes, sur le terrorisme ; tous ont affirmé que l'invasion allait très probablement aggraver le terrorisme, pour des raisons passablement évidentes. Une des raisons, c'est que nous disons au monde que nous sommes susceptibles d'attaquer et d'envahir n'importe qui, comme bon nous semblera. Toute cible potentielle tentera donc de développer un moyen de dissuasion. Car personne n'ira affronter les États-Unis sur un champ de bataille. Les dépenses militaires des États-Unis équivalent à peu près à celles de l'ensemble du reste du monde et les armements des États-Unis sont beaucoup plus avancés technologiquement parlant. Il faut disposer d'une autre forme de dissuasion ; or, il n'y en a que deux. La première, ce sont les armes atomiques ; la seconde, c'est la menace terroriste. Ce que fait Washington, c'est en fin de compte demander à des adversaires potentiels de développer un système terroriste et des armes nucléaires.

Tout cela mis à part, et je ne crois pas qu'on aurait pu le prévoir, l'invasion de l'Irak est une catastrophe militaire si absolue qu'elle a en fait engendré une insurrection qui n'est pas soutenue à l'extérieur. Cela est presque inédit. Pendant l'occupation nazie, par exemple, les résistants européens n'auraient pas pu survivre sans soutien extérieur, bien que l'Allemagne ait dû combattre sur plusieurs fronts. Mais, en Irak, les États-Unis ont fait naître une insurrection qui forme des terroristes ; on y dispense une formation en terrorisme. Cette insurrection attire en outre des étrangers en quête de formation en terrorisme – en fait, cela correspond exactement aux évaluations faites pour l'après-guerre, notamment par la CIA : de la guerre sont nés des centres de formation de terroristes professionnels qui se disperseront dans le monde entier pour y semer le terrorisme. Cela avait été prédit, et cela s'est concrétisé au-delà des prédictions, mais la question n'est guère d'importance prioritaire à Washington, où l'on considère que la prise de contrôle des ressources énergétiques du Moyen-Orient a beaucoup plus d'importance.

Cela se manifeste de bien d'autres façons. Il existe par exemple une agence du Treasury Department (ministère des Finances), l'OFAC (Office of Foreign Assets Control), dont la tâche consiste à surveiller les transferts financiers douteux dans le monde. Cette agence constitue une composante importante de la prétendue guerre contre la menace terroriste. Or, en 2004, des responsables de l'OFAC ont fait état devant le Congrès de leurs opérations. Il s'avère qu'il y avait quatre employés qui tentaient de retracer les transferts financiers imputables à Oussama Ben Laden ou à Saddam Hussein, et presque six fois plus d'employés qui surveillaient les possibilités de contournement de l'embargo contre Cuba. En outre, cette pratique remonte à 1990, en plein dans les années Clinton. De 1990 à 2003, on a mené 93 enquêtes liées au terrorisme, et 10 683 liées à Cuba, soit plus de cent fois plus ! Depuis 1994, on a imposé des amendes liées au terrorisme pour une valeur de 9 425 dollars et des amendes pour une valeur de 8 millions de dollars, soit plus de huit cents fois plus, pour ce qui est de l'embargo cubain[13], embargo qui a été déclaré illégal par tous les organismes internationaux pertinents et qui n'est soutenu que par les États-Unis et Israël. Telles sont les priorités : il est beaucoup plus important de punir les Cubains que de combattre le terrorisme. C'est la même histoire d'un cas à l'autre.

La situation actuelle de la Syrie est un autre très bon exemple. Quoi qu'on pense de ce pays, c'est un fait que le gouvernement syrien a fourni aux États-Unis une quantité considérable d'informations sur le terrorisme. Les Syriens ont de bien meilleurs contacts et ils peuvent infiltrer les groupes islamiques comme ne saurait le faire la CIA. Le régime syrien n'aime pas les terroristes islamiques – c'est une monstruosité laïque et non une monstruosité religieuse –, c'est pourquoi il a fourni aux États-Unis de précieux renseignements. Mais les États-Unis étaient disposés à renoncer à cela pour s'assurer que toutes les parties de la région observent la consigne. Car ne pas observer la consigne est considéré comme un crime grave qu'il faut punir. Cette logique se comprend : n'importe quel parrain de la Mafia pourra l'expliquer : on ne peut permettre ce qui s'appelle un « défi réussi ». L'accusation portée contre Cuba il y a une quarantaine d'années, à l'époque de Kennedy et de Johnson, c'est que, selon la documentation interne, le « défi réussi » à la domination états-unienne – domination alors vieille de cent cinquante ans et remontant à la doctrine Monroe – était intolérable. Le problème n'avait rien à voir avec les Russes, il ne concernait que le défi réussi des Cubains à des politiques vieilles de cent cinquante ans. Or, cela est inadmissible. Au même titre que le commerçant qui ne verse pas l'argent de sa protection. Cela est inacceptable, car d'autres auraient alors la même idée et le système de domination et de contrôle en serait miné. Cela est beaucoup plus important pour les décideurs des États-Unis que de protéger le pays du terrorisme.

Une commission de niveau assez élevé a été mise sur pied afin de déterminer pourquoi les choses ont mal tourné le 11 septembre 2001. Elle a émis toute une série de recommandations, mais la plupart d'entre elles sont restées lettre morte. À la fin du mandat de cette commission, on a mis sur pied une commission privée pour poursuivre le travail ; on continue de rédiger des rapports et de déplorer le fait que les recommandations ne sont pas suivies d'effets[14] – la raison en est simplement que le problème n'est pas considéré comme très prioritaire. Car l'administration Bush ne s'en soucie guère. En fait, susciter le terrorisme, c'est bien si cela sert quelque objectif supérieur. Et cela abstraction faite du genre de terreur que nous inspirons aux autres. Si nous nous en tenons uniquement au terrorisme conformément à la définition pratique – ce qu'ils nous font à nous – la question n'est tout simplement pas d'importance prioritaire. Et elle ne l'a jamais été.

ACHCAR : Le terrorisme tel que nous l'avons défini est plus qu'une menace ; il est une réalité. [CHOMSKY : Et il va s'aggraver.] Il y a actuellement une guerre, une guerre tout à fait inégale, tout à fait asymétrique entre, d'une part, un énorme État très puissant et ses alliés et, d'autre part, des organisations terroristes non gouvernementales aux moyens limités mais pouvant infliger des dégâts considérables lorsqu'elles ciblent des civils. Il est de toute façon impossible de protéger un État contre le terrorisme – Israël en est la meilleure illustration. Les mesures adoptées par les Israéliens pour se protéger contre le terrorisme sont les plus poussées du monde, et pourtant cela ne marche pas. Manifestement, à l'échelle des États-Unis ou de l'Europe, des mesures préventives de ce genre sont tout à fait impossibles – vous ne pouvez pas entourer les États-Unis d'un mur !

CHOMSKY : On rapporte que le gouvernement des États-Unis envisage de construire un mur le long de la frontière canadienne.

ACHCAR : Même cela, ce ne serait pas efficace.

CHOMSKY : Non. Parcourez les ouvrages techniques sur le sujet ou les études gouvernementales, par exemple – comme je l'ai dit, ce sont des sortes de livres de recettes. On y fait notamment remarquer que le commerce d'importation des États-Unis se fait surtout par conteneurs. Or ceux-ci arrivent en nombre énorme, et il est presque impossible de les inspecter en totalité. Ils pourraient renfermer des matières radioactives, par exemple. Il est en outre impossible de les inspecter à leur point de départ. Une de ces études contient en effet des calculs d'où il ressort que si l'on tentait d'inspecter les conteneurs, mettons à Rotterdam, qui est un des principaux ports d'embarquement européens, l'Europe en serait littéralement paralysée.

ACHCAR : Cela mis à part, même si l'on admettait théoriquement qu'il est possible de protéger un pays contre le terrorisme non gouvernemental étranger, il subsisterait malgré tout le problème du terrorisme intérieur. Après tout, aux États-Unis il y a eu, avant le 11 septembre, Oklahoma City, et après l'épisode de l'anthrax qui, mystérieusement, a été oublié.

CHOMSKY : La source de l'anthrax était apparemment un laboratoire fédéral.

Réagir au terrorisme

SHALOM : Alors, que faire ? Que peut-on faire contre le terrorisme ?

CHOMSKY : En atténuer les causes. Prenons, par exemple, Al-Qaida. Pendant les années 1980, cette organisation perpétrait des attentats terroristes en Union soviétique à partir de l'Afghanistan. Ces attentats étaient assez graves. En fait, ils ont failli, à un moment donné, provoquer une guerre entre l'Union soviétique et le Pakistan. Or, après que les Russes se furent retirés de l'Afghanistan, le terrorisme a cessé. Bien entendu, Al-Qaida continue de perpétrer des attentats terroristes à partir de la Tchétchénie, mais non à partir de l'Afghanistan. Quoi que l'on pense de ces gens – Oussama Ben Laden et les autres –

leurs prises de position sont assez simples. De plus, leurs paroles et leurs actes sont plutôt concordants. À ma connaissance, les spécialistes sur le sujet s'entendent là-dessus : Ben Laden et les autres se considèrent comme les défenseurs des terres musulmanes. Donc, si l'on cesse d'attaquer les terres musulmanes, on réduira la menace terroriste. Il en va de même avec les autres types de terrorisme.

ACHCAR : Il y a en outre un aspect économique à cela. Il y a en effet une corrélation très évidente entre le virage néolibéral du dernier quart de siècle et l'accroissement des formes de violence qualifiées de terrorisme, voire de la violence urbaine en général. La mondialisation néolibérale a entraîné la désintégration du tissu social et des filets de sécurité sociale. De plus en plus, les gens vivent dans un état de désarroi et d'angoisse sociale, ce qui suscite diverses formes d'assertion violente d'« identité », d'extrémisme ou de fanatisme, qu'elles soient de nature religieuse, politique ou autre.

CHOMSKY : Selon les projections périodiques du National Intelligence Council, le collectif des services de renseignement états-uniens, le processus de ce qu'il appelle la « globalisation » sera, je cite, « difficile et sera marqué par une volatilité financière chronique et par l'élargissement des clivages économiques [...]. Les régions, les pays et les groupes qui se sentent délaissés devront affronter une aggravation de la stagnation économique, de l'instabilité politique et de l'aliénation culturelle. Cela engendrera un extrémisme politique, ethnique, idéologique et religieux, outre la violence qui l'accompagne souvent[15] ». Les projections militaires disent la même chose. De même, selon les études du commandement spatial de l'ère Clinton[16], il faudra militariser l'espace parce que, là aussi, les processus économiques dans le monde, c'est-à-dire la mondialisation, accroissent l'écart entre les riches et les pauvres. Or, les pauvres seront peut-être même en mesure de développer des armes nucléaires et d'autres armes comparables. Nous aurons donc besoin de nouveaux armements pour nous protéger contre les effets prévisibles des mesures internationales qui sont mises en œuvre. Là encore, on entreprend des mesures en sachant quelles en seront les conséquences, et ensuite on développe des moyens de plus en plus brutaux et violents pour contrecarrer ces conséquences. Mais si l'on veut vraiment faire disparaître le terrorisme, alors il ne faut pas mettre en œuvre des mesures qui vont dévaster les sociétés.

ACHCAR : De manière plus générale, je dirais que l'antidote au terrorisme n'est certainement pas la prétendue guerre à la terreur. C'est plutôt la justice : la justice politique, la primauté de la loi, la justice sociale, la justice économique. Voilà l'unique antidote réel au terrorisme.

CHOMSKY : Et mettre un terme à la répression. [ACHCAR : Bien entendu.] Quant au terrorisme islamique, il se ramène en bonne partie à ceci : « Vous nous attaquez, alors nous allons nous défendre. »

SHALOM : Certains des griefs évoqués par Al-Qaida sont manifestement des cas d'agression. Mais la liste de ces griefs comprend par exemple le cas du Timor oriental, considéré comme une attaque contre l'islam. Je suppose que vous êtes en désaccord avec cela.

CHOMSKY : Nous ne sommes pas tenus d'être d'accord avec les justifications d'Al-Qaida qui a soutenu l'invasion indonésienne du Timor oriental parce qu'un État musulman avait envahi un État animiste et chrétien. Il ne s'ensuit pas que nous devions partager ce point de vue. Il s'agit carrément d'une agression.

ACHCAR : La question n'a jamais été un problème important pour Al-Qaida ni pour Ben Laden ; c'est vraiment une question d'importance mineure pour eux.

CHOMSKY : L'essentiel, c'est qu'ils ont un point de vue. On peut tenter de le comprendre. En fait, le Pentagone le comprend, comme en témoigne l'annonce faite par Paul Wolfowitz, alors qu'il était encore sous-ministre de la Défense, que les États-Unis allaient tenter de retirer leurs bases militaires d'Arabie saoudite – c'était un des motifs de l'invasion de l'Irak. Il l'a dit ouvertement : cela sapera en partie la propagande d'Al-Qaida, car « nous avons occupé une terre sainte musulmane[17] ».

ACHCAR : Les responsables états-uniens savaient en effet que la raison du retournement de Ben Laden contre les États-Unis était le déploiement de troupes états-uniennes dans le royaume saoudien. Et ils connaissaient fort bien les dangers que cela entraînait, bien que du point de vue militaire cela fût absurde, car ils auraient pu déployer ces troupes au Koweït. Il y avait combien, 5 000 soldats ? Ce n'est rien, on aurait pu les déployer n'importe où dans la région, dans des endroits plus sûrs, mais on a voulu les stationner dans le royaume saoudien pour d'évidentes raisons liées à l'importance pour les États-Unis, sur le plan géostratégique, des énormes réserves pétrolières saoudiennes. En un certain sens, on était donc disposé à en payer le prix. Presque personne n'en a fait état pendant les années 1990. Les responsables états-uniens agissent en sachant que cela engendrera le terrorisme. S'ils agissent quand même de la sorte, c'est parce qu'ils obéissent à d'autres mobiles, lesquels ont beaucoup plus d'importance à leurs yeux que la vie des civils.

Les théories du complot relatives au 11 septembre 2001

SHALOM : Cela soulève la question suivante : que pensez-vous de l'hypothèse selon laquelle les attentats du 11 septembre 2001 auraient été planifiés par l'administration Bush, ou par le Mossad, par exemple ?

CHOMSKY : Je suis bombardé de textes là-dessus. Je ne les lis guère, car j'estime qu'ils ne méritent généralement pas la peine d'être lus. Mais j'ai jeté un coup d'œil sur certains d'entre eux, uniquement par curiosité, et il me semble que les personnes qui émettent de telles hypothèses ne comprennent tout simplement pas la nature des phénomènes. Après tout, pourquoi les scientifiques font-ils des expériences ? Pourquoi ne pas simplement faire des vidéos de ce qui se passe dans la nature ? Ce qui se passe dans le monde des phénomènes est tout simplement trop complexe pour qu'on puisse l'étudier tel quel. Vous n'obtiendrez pas de résultats précis en étudiant directement les phénomènes ; vous vous heurterez à toutes sortes de confusions, il se produira des choses étranges que vous ne pourrez pas comprendre et ainsi de suite. Alors, ce que vous faites, c'est mener des expériences contrôlées. Mais même dans les expériences menées avec soin, il y a toutes sortes d'anomalies : des coïncidences inexpliquées, d'apparentes contradictions, etc. Si vous lisez la rubrique du courrier d'une revue scientifique et technique telle que *Science*, vous constaterez que ces lettres ont généralement été écrites par des personnes qui mettent en avant des arguments de ce genre au sujet d'expériences soigneusement contrôlées : telle ou telle coïncidence n'a pas été remarquée, ou quelque chose ne s'est pas passé comme prévu mais on ne l'a pas remarqué. Si vous faites la même chose avec les phénomènes du monde réel, si vous appliquez à celui-ci les mêmes normes, vous découvrirez toutes sortes de choses bizarres. Avec de tels raisonnements, on pourrait prouver que la Maison-Blanche a été bombardée hier.

Il y a aussi la manière dont les phénomènes sont analysés. Des gens qui ne connaissent rien au génie civil, sauf ce qu'ils ont glané quelque part sur Internet, rédigent de doctes traités sur ce qui a dû se passer. Comment un immeuble a pu faire ceci, cela ou telle autre chose encore. Il ne s'agit pas de questions anodines. On ne peut pas se contenter d'aller voir sur Internet et dire ensuite : « Je suis un ingénieur civil chevronné. » Ceux qui avancent de telles hypothèses ne comprennent tout simplement pas la nature des phénomènes.

Deuxième argument, l'idée que l'administration Bush ait pu entreprendre une chose de ce genre dépasse presque l'entendement. D'abord, la suite des événements n'était pas claire du tout – on ne pouvait pas en prévoir l'issue. Regardez ce qui s'est passé lorsqu'un des avions a été contraint d'atterrir en Pennsylvanie. Supposons que cela soit arrivé à tous les avions. Il aurait pu arriver n'importe quoi. Il s'agissait d'une opération très risquée. Bien des personnes auraient été impliquées dans la planification. Il y aurait presque certainement eu des fuites.

[ACHCAR : Bien sûr.] S'il y avait eu la moindre fuite, ils auraient tous été alignés devant le peloton d'exécution sans procès, et c'eût été la fin du Parti républicain, à jamais. Pour quel profit ? Certes, il y a l'argument sous forme de question : Qui en profite ? Mais cela aussi est dépourvu de signification. Tous les systèmes de pouvoir ont profité du 11 septembre 2001. On pourrait prouver que les Chinois l'ont fait, parce que cela leur a fourni l'occasion d'écraser les Ouïgours dans l'ouest de la Chine. Au cours de la première interview que j'ai donnée après le 11 septembre, quelques heures après les événements, une des premières choses que j'ai dites, c'est que tous les systèmes de pouvoir du monde allaient utiliser ces événements pour accroître la violence et la répression. C'est exactement ce qui s'est passé partout – les Russes en Tchétchénie, les Israéliens en Cisjordanie, les Indonésiens dans l'Aceh, les Chinois en Chine occidentale ; la moitié des gouvernements du monde ont adopté des lois antiterroristes afin de mieux contrôler leur population. En vertu de cet argument du « Qui en profite ? », on pourrait dire que tous les systèmes de pouvoir en ont profité.

Le dernier argument, et le plus important à mon avis, c'est que ces hypothèses émises au sujet du 11 septembre 2001 sont des diversions. Même s'il était vrai que l'administration Bush avait planifié et mis en œuvre ces attaques, cela serait d'importance mineure en regard des crimes qu'elle commet contre le peuple états-unien et contre le monde entier. Le seul fait qu'elle incite au terrorisme constitue une menace bien plus grave envers la population des États-Unis que la destruction du World Trade Center. Car elle accroît considérablement le risque de guerre nucléaire. Cela est très important. On n'en parle guère, sauf dans la littérature technique. Or, cela est très grave et pourrait entraîner des conséquences infiniment plus tragiques que la destruction du World Trade Center. Toute l'importance accordée à ce scénario tout à fait improbable et invraisemblable ne fait donc que détourner l'attention des vrais crimes et des vraies menaces, et c'est pour cela, je pense, que ces élucubrations sont rarement critiquées par le gouvernement ou par les commentateurs. Je crois que tout cela fait l'affaire de l'administration. Si vous tentez de dire quoi que ce soit au sujet du fait que les États-Unis ont envahi l'Irak afin de s'emparer de son pétrole, ou quoi que ce soit de sérieux, cela déclenche immédiatement un torrent de dénigrement et de calomnies. Ce qui est très frappant avec ces théories du complot au sujet du 11 septembre, c'est qu'on les critique fort peu. Certaines personnes blagueront peut-être sur le sujet, par exemple, mais on ne critiquera pas sérieusement ces théories. À mon avis, c'est parce qu'elles font l'affaire en tant que diversions.

Un document pertinent à cet égard m'est récemment tombé entre les mains. Il contient des suggestions à l'intention du Pentagone au sujet de la mise en circulation de documents secrets (« déclassification »). Selon une de ces suggestions, les responsables du ministère de la Défense devraient divulguer périodiquement des informations sur l'assassinat de Kennedy pour entretenir l'industrie de l'assassinat de JFK, afin que celle-ci canalise ses énergies à tenter d'inventer des complots autour de l'assassinat de Kennedy. Tant que les gens seront engagés sur cette fausse piste, ils ne poseront pas de questions sérieuses[18]. Je pense qu'il en est largement de même ici.

ACHCAR : Et puis il y a ceux qui vous disent : Vous dites que c'est une « théorie de complot » et que ce n'est pas crédible, mais la version gouvernementale est également une théorie de complot – un complot de l'organisation Al-Qaida et des dix-neuf pirates de l'air. C'est mettre sur le même pied une construction purement fantasmagorique et quelque chose qui a été passé au crible d'une enquête à laquelle ont participé de nombreux pays et agences. Cela est absurde.

En revanche, il y a la version dite faible selon laquelle l'administration Bush, bien qu'elle n'ait pas planifié les attentats du 11 septembre ni ne se soit employée sérieusement à tenter de les empêcher, aurait disposé de certains indices qu'elle n'a pas voulu prendre en considération.

CHOMSKY : Mais nous disposons d'argumentaire bien plus fort que cela. Car l'administration Bush n'a pas seulement des indices sur de nouveaux attentats terroristes. Ainsi, comme je l'ai déjà dit, des sources très crédibles considèrent une attaque terroriste nucléaire comme très probable. La chose est grave. L'administration Bush agit-elle un tant soit peu en conséquence ? Elle ne fait qu'accroître la probabilité d'un tel attentat.

ACHCAR : Exactement. Cette manière d'exprimer les choses me paraît acceptable.

CHOMSKY : Ce n'est pas une théorie de complot. Ce n'est qu'un classement des priorités.

ACHCAR : Il y a en fait deux cas très manifestes où des attaques contre les intérêts des États-Unis ont eu des conséquences d'importance cruciale pour leurs desseins impériaux : l'invasion irakienne du Koweït en 1990, qui a entraîné la réorganisation de l'ordre mondial après la guerre froide, et les attentats du 11 septembre 2001, qui ont débouché sur la mise en œuvre de tout un ensemble de politiques visant à accroître le contrôle des États-Unis sur les zones pétrolifères du Moyen-Orient et sur d'autres endroits stratégiques. L'attaque contre le World Trade Center a été d'une importance tout à fait déterminante dans ce dernier cas. Que ce fût consciemment, inconsciemment ou semi-consciemment, les décideurs des États-Unis avaient besoin d'un certain type d'événement, et ils n'ont jamais entrepris quoi que ce soit de réellement sérieux pour empêcher que ce type d'événement ne survienne. J'estime donc qu'il y a une marge d'interprétation à laquelle les gens peuvent légitimement penser comme les théories du complot voulant que l'administration Bush ait organisé les attentats du 11 septembre.

CHOMSKY : J'ai encore des doutes à ce sujet. Je ne crois tout simplement pas que les planificateurs soient assez intelligents pour cela. Ce que je veux dire, c'est que dans les cas que j'ai étudiés, ils ne comprennent généralement pas ce qui se passe. Lorsque vous examinez les planificateurs de près, vous constatez qu'ils ne comprennent absolument pas ce qui se produit dans le monde. L'idée qu'ils pourraient dresser des plans méticuleux...

ACHCAR : Je n'ai pas dit cela. Il y a une très grande différence entre faire des plans méticuleux et être conscient du fait que vous ne faites pas…

CHOMSKY : Quelque chose que vous pourriez faire.

ACHCAR : Exactement. Vous ne faites pas ce que vous devriez faire pour empêcher un événement, parce que sa survenue vous serait en réalité utile. Il ne s'agit pas du tout d'une planification méticuleuse.

CHOMSKY : Cela me rappelle l'unique occasion où j'ai témoigné devant un comité sénatorial. Il s'agit du Foreign Relations Committee, qui était dirigé par J. William Fulbright. Fulbright, sénateur très conservateur, était passablement dégoûté de la guerre du Viêt-nam et pensait que les États-Unis devaient s'en retirer. Aussi avait-il transformé les audiences de son Foreign Relations Committee en une espèce de séminaire universitaire sur la guerre. On m'avait invité à donner mon opinion ; celui qui témoignait avec moi était Arthur Schlesinger Jr, qui avait servi à la Maison-Blanche au début des années 1960. Nous étions donc là tous les deux. C'était vers 1970. J'ai surtout parlé de l'administration Kennedy, que je considère comme le principal responsable [de la guerre]. Il était en désaccord avec moi, et à un moment donné il s'est tourné vers moi et m'a dit quelque chose comme ceci : « Vous savez, le problème avec votre analyse, c'est que vous sous-estimez la stupidité des planificateurs. » J'avais envie de dire : « Eh bien, vous étiez là. » Je crois qu'il n'avait pas tort. En général ils ne savent pas ce qu'ils font. Lorsque vous parcourez la documentation interne, c'est époustouflant de constater à quel point ils ne comprennent pas. [ACHCAR : Bien sûr.] Je ne suis tout simplement pas porté à leur attribuer la capacité à dresser des plans compliqués.

ACHCAR : Non. Je suis d'accord. C'est exactement de cela qu'il s'agit. Tout cela n'a rien à voir avec des plans compliqués. Il s'agit de se comporter de manière à permettre la survenue d'un événement dont vous souhaitez qu'il se produise. Ne pas l'empêcher n'est pas la même chose que le planifier.

CHOMSKY : Ils auraient couru des risques vraiment énormes. Ne pas prévenir les attentats du 11 septembre, cela aurait pu entraîner la destruction de la Maison-Blanche. Or, il s'en est fallu de peu que cela se produise.

ACHCAR : En effet, je crois qu'ils ne savaient rien en détail sur ce qui allait arriver. Bien sûr.

CHOMSKY : Si l'on avait eu la moindre idée que cela allait se produire, il eût fallu tenter de l'empêcher, car les conséquences étaient trop imprévisibles.

ACHCAR : Mais alors, permets-moi de signaler une contradiction. Tu as affirmé à maintes reprises que l'administration Bush ne combat pas sérieusement le terrorisme, or maintenant tu affirmes qu'elle courrait des risques considérables si elle disposait d'indices mais n'agissait pas en conséquence. Mais, en fait, elle a couru des risques considérables en ce sens que, comme tu l'as dit, elle n'a pas combattu sérieusement le terrorisme. Car il y a la possibilité d'un complot prévoyant le recours à un engin nucléaire, à une bombe sale ou à des armes biologiques, éventualités beaucoup plus graves que les attentats du 11 septembre.

CHOMSKY : Note la différence de comportement selon la nature des cibles. Les dirigeants ne font pas d'efforts sérieux pour protéger les civils, mais ils en font pour protéger les systèmes de pouvoir. [ACHCAR : Tout à fait vrai.] Voilà une différence d'importance capitale. Une attaque comme celle qui a eu lieu le 11 septembre 2001 aurait pu mettre en cause des systèmes de pouvoir [ACHCAR : Certainement.], et d'une certaine manière ce fut le cas, en l'occurrence avec le Pentagone et le World Trade Center. Je ne crois pas qu'ils souhaitaient que cela arrive. Car il s'agit d'attaques contre le centre du pouvoir.

ACHCAR : Le point essentiel, c'est qu'ils n'étaient certainement pas conscients de ce qui se tramait exactement. Bien entendu, ils ont pris toutes les mesures possibles pour protéger ce que tu appelles les « systèmes de pouvoir », mais, comme tu l'as toi-même signalé, ils se souciaient beaucoup moins de l'ensemble de la population.

CHOMSKY : S'ils avaient connaissance d'indices montrant qu'on veut faire entrer subrepticement une bombe sale aux États-Unis, je ne crois pas qu'ils laisseraient faire. C'est de manière beaucoup plus générale qu'ils ne prennent pas de précautions contre la bombe sale. Car ils ne mettent pas en œuvre une politique globale susceptible d'empêcher l'émergence du terrorisme qui aboutirait à tout cela – d'accord, voilà quelque chose d'important. Mais s'ils savaient qu'on planifie une attaque aérienne contre des centres importants ou qu'on est en train de faire entrer subrepticement une bombe sale à New York – cela, j'en suis convaincu, ils tenteraient de l'empêcher. C'est tout simplement trop dangereux.

ACHCAR : Oui, mais beaucoup d'arguments étaient la thèse selon laquelle ils souhaitaient que se produise quelque acte terroriste qu'ils pourraient ensuite utiliser comme prétexte. On pourrait dresser une liste entière des avantages que les attaques du 11 septembre ont procurés à l'administration Bush. Des avantages énormes. Car jusque-là elle était en quelque sorte illégitime, en raison de la manière même dont Bush est parvenu à la présidence. Or, voilà que subitement, après le 11 septembre 2001, est apparu un large consensus national et international pour le soutenir. Et il s'est senti soudainement en mesure de mettre en œuvre des politiques que l'on considérait jusque-là comme irréalisables, par exemple établir une présence militaire en Asie centrale, au cœur même de l'ex-Union soviétique, utiliser le prétexte de la guerre afghane pour ensuite envahir l'Irak, etc. Considérons d'autre part la présence au sein de l'administration d'un groupe très important de personnes qui figurent parmi les 25 fondateurs du Project for the New American Century (PNAC), dont le programme a été mis en œuvre après le 11 septembre 2001 – des personnes comme Dick Cheney, Donald Rumsfeld, Paul Wolfowitz et Zalmay Khalilzad, et de nombreux membres moins importants de l'administration Bush actuelle, auxquels il convient d'ajouter le frère de George W., Jeb Bush.

CHOMSKY : En fait, les politiques qu'elle met en œuvre ne sont pas très différentes de celles de l'administration Clinton.

ACHCAR : Ce qui fait la différence, c'est précisément le 11 septembre 2001. Il y a dans la documentation du PNAC, une référence à l'idée souvent citée que nous avons besoin de quelque chose comme un nouveau Pearl Harbor pour poursuivre la mise en œuvre des politiques que nécessite notre projet[19].

L'invasion du Koweït par Saddam Hussein

SHALOM : Gilbert, tu as soulevé la question de l'invasion irakienne du Koweït en 1990. À ton avis, quel rôle les États-Unis y ont-ils joué ?

ACHCAR : Les États-Unis n'ont pas tenté sérieusement d'empêcher Saddam Hussein d'envahir le Koweït en 1990. Maintenant, si l'on veut en conclure qu'ils voulaient réellement que Saddam Hussein envahisse le Koweït, il y a de bonnes raisons de le croire, mais on ne pourra jamais le prouver, parce que c'est une question d'intentions – à moins que Bush père n'écrive un jour dans ses Mémoires qu'il l'avait souhaité. Il me paraît évident qu'il était dans l'intérêt de la politique impériale des États-Unis que Saddam Hussein envahisse le Koweït à ce moment-là. C'était une aubaine pour la première administration Bush, de la même façon que le 11 septembre était en quelque sorte une bénédiction pour l'administration de Bush fils. Il y a donc de bonnes raisons de soupçonner – en vertu du fait qu'on n'a pas sérieusement tenté d'empêcher l'invasion, bien qu'on sût que quelque chose se tramait – qu'on souhaitait vraiment que l'invasion ait lieu.

CHOMSKY : J'ai des doutes là-dessus. Nous devons examiner de tels cas très soigneusement. Or, celui-ci, je l'ai étudié de manière assez approfondie. Nous disposons en outre de certains documents. En fait, j'ai longuement conversé après l'invasion avec April Glaspie, qui était ambassadrice des États-Unis en Irak en 1989-90. Après l'invasion du Koweït, elle était devenue une source d'embarras pour le gouvernement états-unien, aussi l'a-t-on envoyée là où je l'ai rencontrée par hasard, c'est-à-dire à San Diego, où nous avons discuté pendant quelque temps. J'ai ensuite lu les documents. Mon impression – c'est une conjecture – est qu'on ne savait vraiment pas à Washington ce qui allait se passer. Ainsi, les États-Unis ont fourni de l'aide à Saddam Hussein presque jusqu'au jour de l'invasion, ainsi que la Grande-Bretagne ; je crois qu'ils considéraient Saddam Hussein comme leur ami. Quelques mois avant l'invasion, rappelez-vous, l'administration Bush avait envoyé en mission une délégation sénatoriale. La transcription des discussions est plutôt comique[20]. Ces sénateurs y expriment même leur admiration pour Saddam Hussein, leur affection pour lui. À l'époque ils étaient en train de débloquer des fonds supplémentaires pour le soutenir, et Bush a fait fi des décisions du ministère des Finances (Treasury Department) pour accroître le soutien à Saddam Hussein. Cette politique a été maintenue presque jusqu'au jour de l'invasion. Il est vrai que Glaspie a transmis à Saddam Hussein des instructions, pour ainsi dire, qui étaient plutôt ambiguës. Celles-ci indiquaient que les États-Unis ne s'opposeraient pas s'il faisait quelque chose pour modifier le tracé de la frontière, c'est-à-dire s'emparer des gisements pétrolifères de Rumeilah aux dépens du Koweït, ou peut-être se ménager un accès à la mer ou quelque chose de ce genre. Ou encore augmenter le prix du pétrole. Car les États-Unis n'avaient pas d'objection à l'augmentation du prix du pétrole. Je soupçonne que Saddam Hussein a tout simplement mal interprété le message. Après tout, c'était un dictateur. Or les dictateurs sont très mal placés pour se former un jugement : personne ne leur parle, on ne leur dit rien et ils croient tout comprendre. Devant ce témoignage de l'attitude de la Maison-Blanche, ou ces instructions, il s'est dit : Bon, on ne s'en préoccupera pas si nous nous emparons du Koweït. En fait, dès l'instant où les Irakiens ont vu la vive réaction que l'on sait, en l'espace de quelques jours ils ont offert de se retirer. À partir du 8 ou du 9 août 1990 il y a eu des négociations, des propositions, cela n'en finissait plus. Tout cela en l'espace de quelques jours, dès qu'ils ont constaté la réaction. J'estime dans ce cas qu'on peut suggérer de manière plus convaincante que les États-Unis voulaient que les Irakiens restent au Koweït. Il y a même des preuves de cela.

ACHCAR : Oui, mais ce que tu dis, Noam, ne contredit pas ce que j'ai dit. Car si le gouvernement des États-Unis avait vraiment voulu que Saddam Hussein fasse ce qu'il a fait – je le répète, personne ne peut le prouver –, il se serait bien entendu comporté normalement envers lui jusqu'au dernier instant. On ne lui aurait pas donné l'impression qu'on était très inquiet. C'est cela que je veux dire. [CHOMSKY : C'est possible.] Penses-tu, ne serait-ce qu'une seconde, que si le gouvernement des États-Unis avait vraiment voulu empêcher ce type... [CHOMSKY : Il aurait pu l'en empêcher.] Il aurait pu simplement lui dire que si jamais il envahissait le Koweït, les États-Unis considéreraient cela comme un acte de guerre contre eux, un point c'est tout. Même un dictateur fou comme lui y aurait regardé à deux fois avant de le faire.

CHOMSKY : Comme je l'ai dit, je crois qu'il a été surpris par la réaction des États-Unis. Mais cela laisse encore pendante une question à laquelle on n'aura pas de réponse avant la divulgation des documents internes, et peut-être même alors restera-t-on sans réponse. Il y a des raisons de croire qu'il y a eu un double malentendu. Pour autant que j'ai pu en juger, Glaspie semblait tout à fait sincère dans sa manière de décrire les événements. Elle m'a donné à entendre que le gouvernement des États-Unis avait en fait l'intention de dire exactement à Saddam ce qui était permis : « Vous pouvez modifier le tracé de la frontière, vous pouvez augmenter les prix, mais n'en faites pas plus. » Et il a interprété cela comme voulant dire qu'il pouvait lancer l'invasion.

ACHCAR : Mais voyons donc. Le gouvernement des États-Unis savait exactement qui était Saddam Hussein, un homme assez fou pour envahir partiellement l'Iran.

CHOMSKY : Mais cela s'était produit dix ans auparavant, et il avait été affaibli entre-temps. En 1990 il était l'ami des États-Unis. Je ne sais pas. La question restera pendante tant que nous ne disposerons pas d'une documentation plus complète. Ce que nous savons réellement – et ici nous avons des preuves – c'est que tout juste après l'invasion, selon le compte rendu des réunions internes, Colin Powell (alors chef d'état-major interarmées), par exemple, a déclaré que le pire scénario serait que Saddam Hussein se retire du Koweït en laissant sur place un gouvernement fantoche. Cela, les États-Unis pouvaient l'empêcher. C'est pour cela qu'ils n'accepteraient pas de négociations ou un quelconque arrangement.

SHALOM : Tariq Aziz, le ministre des Affaires étrangères irakien [à l'époque], a affirmé que les dirigeants irakiens n'envisageaient que d'obtenir par la contrainte une modification du tracé de la frontière. Mais, au dernier instant, Saddam Hussein a décidé de lancer une véritable invasion[21].

CHOMSKY : C'est possible. Cela concorde avec ma vision des choses, eu égard à la manière d'agir d'un dictateur fou. Ce que je veux dire, c'est qu'un type de ce genre agit seul. Nous savons à quel point les erreurs commises par les dictateurs sont étonnantes. Regardez Staline et l'invasion de l'Union soviétique. Des preuves écrasantes émanant de tous côtés donnaient à penser que Hitler allait lancer une invasion. Mais Staline n'a fait confiance qu'à son seul instinct et n'a rien fait.

ACHCAR : J'incline à croire que même si l'armée irakienne s'était contentée, si l'on peut dire, de modifier le tracé de la frontière, les États-Unis seraient intervenus[22]. [CHOMSKY : Tu crois ?] Je le crois parce que c'était un moment déterminant de l'histoire mondiale, plus précisément de la période de l'après-guerre froide. Car la guerre du Golfe a été un événement d'une importance cruciale pour les États-Unis : cela leur a permis d'enterrer le syndrome du Viêt-nam, comme Bush père l'a dit à l'époque ; de faire la démonstration de l'efficacité des armements accumulés sous Reagan ; et de montrer, bien que l'Union soviétique fût en train de s'écrouler, qu'on avait grandement besoin des États-Unis dans le monde, surtout là où s'étaient engagés leurs partenaires – en l'occurrence l'Europe occidentale et le Japon, qui sont beaucoup plus dépendants du pétrole du Moyen-Orient que les États-Unis et qui étaient bien entendu incapables par eux-mêmes de contrecarrer les ambitions de Saddam Hussein et de repousser son armée. Ils avaient besoin pour cela des États-Unis, seul pays d'Occident qui puisse le faire. C'était en outre une excellente occasion pour les États-Unis d'inverser un événement qu'ils ont toujours souhaité inverser depuis qu'il s'est produit en 1962, à savoir le retrait de leurs troupes du royaume saoudien. Car à l'époque elles avaient été contraintes de s'en retirer en raison des pressions exercées par le nationalisme arabe sur le royaume saoudien, et depuis lors les États-Unis aspiraient à y retourner militairement, à rétablir une présence militaire directe dans cette partie du monde.

Faites la somme de tout cela, et vous comprendrez pourquoi les États-Unis cherchaient un prétexte convenable. Si Saddam Hussein n'avait pas existé à l'époque, il eût fallu qu'ils l'inventent. Ils avaient besoin d'un prétexte comme celui qu'il leur a fourni pour concrétiser leurs desseins. Je suis d'accord au sujet de la stupidité de Saddam Hussein et tout le reste, mais nous devons garder à l'esprit qu'à l'issue de la guerre froide il y avait toutes sortes de gens aux États-Unis qui affirmaient qu'il fallait réduire radicalement les dépenses militaires – c'est ce qu'on appelait les dividendes de la paix. Or, si l'on entrait vraiment dans une ère où la concurrence économique remplaçait la guerre, un des principaux atouts des États-Unis dans le système planétaire – leur puissance militaire – perdrait largement de sa valeur.

CHOMSKY : L'administration Bush père était composée de conservateurs plus ou moins traditionnels. [ACHCAR : C'est vrai.] Elle n'avait aucun intérêt social à susciter une confrontation internationale importante ; en fait, elle redoutait plutôt cela. Il ne lui était pas bien difficile de faire comprendre qu'elle souhaitait que l'Irak modifie le tracé de la frontière. Or elle l'a dit. Lors de sa conversation avec Saddam Hussein, Glaspie a affirmé en substance : « Nous ne voyons pas d'objection à ce que vous modifiiez le tracé de la frontière. » Et s'il ne s'était passé que cela, les États-Unis n'auraient jamais pu convaincre l'Arabie saoudite de permettre l'arrivée de troupes [états-uniennes]. Ils ont pu obtenir le consentement des dirigeants saoudiens en les convaincant que les Irakiens s'étaient massés le long de la frontière et allaient envahir leur pays. Si les Irakiens s'étaient arrêtés près de la frontière Irak-Koweït, les États-Unis n'auraient jamais pu y parvenir. Je ne puis le prouver, mais mon impression, c'est que les responsables états-uniens ont été pris de court.

SHALOM : Selon la transcription de la conversation entre Glaspie et Saddam Hussein, elle lui dit : « Nous n'avons aucune opinion sur les conflits arabo-arabes, tel votre différend frontalier avec le Koweït. » Mais elle ajoute que ce différend devra être résolu de manière pacifique. [CHOMSKY : C'est juste.] Il réplique qu'il espère qu'il pourra en être ainsi, mais qu'en l'absence de solution « l'Irak n'acceptera pas la mort ». Elle affirme en outre qu'elle a envisagé de retarder son voyage « en raison des problèmes auxquels nous faisons face. Mais maintenant je vais m'envoler lundi ». Ce qu'elle fit[23].

CHOMSKY : Cela veut dire : Vous pouvez modifier le tracé de la frontière. Et je crois qu'il a cru que cela voulait dire : Vous pouvez envahir le Koweït. Les États-Unis ne feront rien si vous modifiez le tracé de la frontière.

ACHCAR : À l'issue de la guerre contre l'Iran, Saddam Hussein avait adopté une attitude de plus en plus agressive envers ses voisins arabes. [CHOMSKY : Surtout pour tenter d'obtenir une hausse du prix du pétrole.] Or le royaume saou-dien était très inquiet. Contrairement à ce que tu dis, j'estime que les dirigeants saoudiens auraient certainement soutenu une intervention états-unienne, même si l'armée irakienne s'était arrêtée à une certaine limite à l'intérieur du territoire koweïtien, car ils savaient que Saddam Hussein tentait de mettre le grappin sur une nouvelle source de financement pour soutenir l'armée énorme, hypertrophiée qu'il avait mise sur pied pendant la guerre contre l'Iran. Car à l'issue de cette guerre, il avait deux options. L'une consistait à réduire radicalement tout cet appareil qu'il avait construit à des fins belliqueuses et mettre l'accent sur la reconstruction du pays et sur les problèmes d'ordre civil. L'autre était de conserver sa force militaire et de rechercher des sources additionnelles de revenus à cette fin. Il avait déjà commencé à faire chanter ses riches voisins par ses menaces, car il avait des dettes envers eux.

CHOMSKY : Le point essentiel, c'est qu'il y avait une manière simple d'y parvenir, et les États-Unis n'y voyaient pas d'inconvénient : augmenter le prix du pétrole et obtenir que les pays arabes annulent sa dette. Son argument était celui-ci : Regardez, nous avons fait la guerre contre l'Iran pour vous défendre, et maintenant vous devez nous payer et oublier notre dette à votre égard. Et vous devez augmenter le prix du pétrole. En fait, il a accusé le gouvernement koweïtien de maintenir à la baisse le prix du pétrole afin d'étrangler l'Irak.

ACHCAR : Mais Washington ne voulait pas cela et ne l'aurait pas admis.

CHOMSKY : Ce n'est pas vrai. Les États-Unis lui ont dit qu'ils n'y verraient pas d'objection. Je ne crois pas que les États-Unis s'y opposaient, en réalité. Car ils ne souhaitent pas nécessairement que le prix du pétrole soit bas. Ils veulent qu'il s'inscrive dans une fourchette. Lorsque les prix sont trop bas, c'est mauvais pour eux.

ACHCAR : Ni trop bas ni trop haut. Ils veulent le maintenir à ce qu'ils appellent le niveau optimal, c'est bien connu. Mais, à l'époque, je crois qu'ils ne voulaient pas que cela se fasse de cette manière, avec Saddam Hussein dictant le niveau du marché du pétrole.

CHOMSKY : Dans cette discussion avec Glaspie, rien n'indique que les États-Unis se soient opposés, mettons, à ce qu'il montre le poing pour hausser le prix du pétrole – chose tout à fait acceptable pour eux comme pour toutes les entreprises à but lucratif.

SHALOM : Glaspie affirme même que de nombreux États-Uniens (par exemple le président) souhaitent que le prix du pétrole augmente, parce qu'ils viennent d'États producteurs de pétrole[24].

CHOMSKY : Elle parlait tout simplement au nom du Département d'État et a dit : « nous ne nous y opposons pas »

– ce qui est probablement vrai. Les États-Unis n'y voyaient pas d'objection. Lorsque les prix montent, les profits des sociétés d'énergie grimpent. Les États-Unis et la Grande-Bretagne, qui exploitent du pétrole coûteux, peuvent alors écouler sur le marché leur pétrole de l'Alaska et de la mer du Nord. De toute façon, le financement reçu par l'Arabie saoudite est largement recyclé d'une manière ou d'une autre aux États-Unis : titres du Trésor, attribution de contrats de construction à la société Bechtel et ainsi de suite.

ACHCAR : Oui, oui, mais Washington n'aurait pas été content si Saddam Hussein, par son chantage militaire, était parvenu à convaincre les autres États arabes d'augmenter le prix du pétrole et à annuler sa dette à leur égard, ce qui lui aurait permis de continuer de développer sa puissance militaire. Ajoutons à cela le fait que pour Israël l'Irak était devenu une source importante d'inquiétude après la guerre Iran-Irak. Tant que les deux pays se détruisaient l'un l'autre, tout le monde était content – Israël était content, les États-Unis aussi. L'ancien secrétaire d'État Henry Kissinger, notamment, l'a dit carrément : « Notre intérêt, c'est qu'ils continuent à se détruire l'un l'autre le plus longtemps possible. » Mais après la guerre, Israël et les États-Unis avaient vraiment de quoi être inquiets devant l'énorme puissance militaire qu'avait édifiée Saddam Hussein. Certes, ils ont utilisé la menace militaire irakienne comme instrument de propagande pour justifier la guerre. Ce serait une guerre contre « la quatrième armée du monde », comme on l'a qualifiée, ce qui, comme nous le savons, n'était bien entendu que pur mensonge de propagande, car on a largement exagéré l'importance de cette armée, surtout pour ce qui est de la technologie dont elle disposait à l'époque. Mais je suis convaincu que la puissance militaire irakienne préoccupait réellement les États-Unis et que l'administration Bush père avait besoin d'un prétexte pour agir comme elle l'a fait à l'époque.

CHOMSKY : Les États-Unis ont soutenu Saddam Hussein presque jusqu'au jour de l'invasion – en fait, ils ont continué de le soutenir après la guerre. Car il aurait probablement été renversé par la rébellion chiite en mars 1991. On lui a permis d'écraser la rébellion [ACHCAR : Certainement.] parce qu'on ne considérait pas qu'il représentait une si grande menace.

ACHCAR : Mais on avait entre-temps obtenu ce qu'on voulait. On avait réduit la puissance militaire irakienne à un tiers de ce qu'elle était auparavant.

CHOMSKY : Mais pourquoi cela était-il même un objectif ? On a fourni à Saddam Hussein les moyens de développer des armes de destruction massive presque jusqu'au jour de l'invasion. Si l'on avait voulu affaiblir l'armée, pourquoi avoir agi ainsi ? Cela s'est passé bien après la guerre contre l'Iran. Je ne crois pas qu'on le considérait comme une menace. On le considérait comme quelqu'un qu'on pouvait incorporer au système états-unien. [ACHCAR : Je ne crois pas.] Mais pourquoi continuait-on à lui fournir des armements en quantité considérable ?

ACHCAR : Qui a fourni des quantités considérables d'armements à Saddam Hussein après la guerre Iran-Irak ?

CHOMSKY : Les États-Unis et la Grande-Bretagne – probablement la Russie, également, l'Allemagne, la France et d'autres – ont continué de lui fournir les moyens de développer des armements de pointe. En fait, même l'aide agricole servait à cette fin. Elle était d'une importance cruciale. De nombreuses zones agricoles avaient en effet été ravagées pendant la campagne de répression de Saddam Hussein contre les Kurdes en 1986-89. C'est pourquoi on s'est mis à lui fournir une aide agricole : cela renforçait le pays.

ACHCAR : On peut dire ça, dans un certain sens, mais après 1988 ça n'a pas changé grand-chose à la puissance militaire irakienne, qui constituait un problème sérieux pour les États-Unis. Avant la récente invasion états-unienne, les néoconservateurs envisageaient de réduire considérablement la taille de l'armée irakienne, objectif que les États-Unis ont tenté de mettre en œuvre et qu'ils ont ensuite abandonné au début de l'occupation actuelle de l'Irak. [CHOMSKY : C'était en 2003.] Oui, mais cela traduit le fait qu'ils ne veulent pas d'un État arabe puissant sur lequel on ne peut pas compter, et je suis certain qu'ils n'ont jamais considéré Saddam Hussein comme un allié fiable. J'étais en désaccord avec tous ceux qui au début de la guerre Iran-Irak présentaient Saddam Hussein comme une espèce d'agent des États-Unis. Je n'ai jamais cru que les États-Unis considéraient cet homme comme un allié stratégique – comme Israël, par exemple.

CHOMSKY : Non, bien sûr que non. Ce n'est pas un État inféodé. Il y a un autre élément ici. Pense à l'Iran, le principal ennemi de Washington. Washington a besoin d'un contrepoids à l'Iran dans la région. C'est l'Irak.

ACHCAR : Ici les États-Unis ont utilisé la très classique tactique machiavélique consistant à manœuvrer pour que deux ennemis se battent entre eux. C'est une politique très habile.

CHOMSKY : Mais cela s'est poursuivi après la fin de la guerre Iran-Irak en 1988. L'Iran est toujours là. Il n'a pas été détruit, il est encore un État puissant, et Washington veut encore lui opposer un contrepoids régional. Je crois que cette raison suffit pour expliquer pourquoi il a fourni un soutien limité mais bien réel à Saddam Hussein.

ACHCAR : Je crois que l'Iran a été très affaibli militairement, la preuve la plus convaincante en est que ce pays a dû accepter la résolution de l'ONU qui mettait un terme à la guerre. Comme le dirigeant iranien l'ayatollah Ruhollah Khomeini l'a dit en 1988, il a dû boire le calice jusqu'à la lie.

CHOMSKY : Mais notez bien le choix du moment. Les Iraniens l'ont fait quand les États-Unis se sont engagés directement dans la guerre. Lorsque Washington a indiqué clairement que les États-Unis allaient s'engager en armant des navires koweïtiens et en abattant un avion de ligne iranien, alors l'Iran s'est dit : « Eh bien, nous ne pouvons pas combattre les États-Unis. » Mais l'Iran était toujours là, comme grand État, important et puissant. Il n'y aurait pas de contrepoids dans la région en l'absence de l'Irak. Nous n'avons certes pas les documents, mais une position rationnelle pour des planificateurs du genre de Bush père et de Scowcroft aurait été de maintenir l'Irak en tant que société raisonnablement militarisée et relativement prospère. Pas une société qui soit capable de menacer quiconque, mais une société qui soit capable de contenir l'Iran. Il me semble que cette interprétation prudente suffit pour expliquer pourquoi les responsables états-uniens ont fourni à Saddam Hussein un soutien notamment militaire certes pas énorme, mais substantiel, et ce, jusqu'à l'invasion.

ACHCAR : Mon désaccord, c'est que pour contrer l'Iran, Washington ne voulait pas que l'Irak le fasse, il envisageait plutôt une présence directe des États-Unis dans la région. Il souhaitait que l'Arabie saoudite et les autres monarchies pétrolières éprouvent qu'elles avaient plus que jamais besoin d'une protection directe des États-Unis. Ceux-ci souhaitaient ardemment retourner dans la région, c'est-à-dire dans le royaume saoudien où, à Dhahran, après la Seconde Guerre mondiale, ils avaient aménagé une des plus importantes bases militaires du monde à l'extérieur des États-Unis. En outre, ils éprouvaient une profonde amertume devant le fait – perçu comme un problème réel et une défaite – qu'ils avaient dû évacuer cette base. C'est cela, en fait, qui a accru l'importance stratégique d'Israël, sujet que nous aborderons plus tard. Depuis son éjection de sa base saoudienne, Washington désirait fortement inverser la situation. Et Saddam Hussein lui a fourni une occasion en or de le faire.

Je crois que tu sous-estimes réellement le manque total de confiance des États-Unis en Saddam Hussein. Ils savaient que ce type était tout à fait imprévisible. Il avait à plusieurs reprises eu recours à une rhétorique fortement antiaméricaine, et il utilisait constamment une rhétorique anti-israélienne. Et il était en train d'élever la mise contre ses voisins arabes, y compris contre le royaume saoudien.

CHOMSKY : La présence militaire des États-Unis dans la région consiste essentiellement à contrôler la production pétrolière. Les États-Unis n'ont aucunement profité de la présence de 5 000 soldats là-bas. En fait, cette présence a probablement nui à leurs intérêts. Et cela exactement de la manière que nous avons déjà vue. Elle a contribué à engendrer un mouvement jihadiste que les États-Unis combattent aujourd'hui.

ACHCAR : Ça, c'est ton évaluation, et elle est juste. Mais ce n'est pas comme cela que les décideurs états-uniens voyaient les choses. Selon leur point de vue, ils avaient rétabli leur capacité à intervenir directement dans cette partie du monde, chose qu'ils aspiraient à faire depuis la présidence de Jimmy Carter. C'était extrêmement important pour eux.

CHOMSKY : Nous sommes d'accord que l'invasion du Koweït en 1990 a servi à cela, mais il s'en faut de beaucoup que cela signifie que les États-Unis aient souhaité cette invasion pour cette raison. Car ils avaient d'autres moyens de parvenir à leurs fins. Et ces autres moyens, c'était en réalité ce qu'ils faisaient déjà, c'est-à-dire suivre une politique assez prudente qui consistait à fournir à Saddam Hussein un soutien restreint mais important, en le conservant comme contrepoids à l'Iran et en conservant leurs relations tout à fait dominantes et très intimes avec l'Arabie saoudite et les émirats. C'était un assez bon arrangement pour eux, et il n'y avait pas de raison particulière de le compromettre, compte tenu des incertitudes et des complications qui s'ensuivraient. Ils savaient que c'est une région volatile : une fois que l'on commence à s'y ingérer, tout peut arriver.

ACHCAR : Alors, pourquoi les États-Unis ont-ils imposé un embargo à l'Irak après 1991 ?

CHOMSKY : Dès lors que l'Irak avait conquis le Koweït, c'était bien entendu la fin. [ACHCAR : Alors Saddam Hussein est subitement devenu un vilain ?] Il a enfreint les règles. C'est comme le défi réussi de Cuba. Vous pouvez agir jusqu'à une certaine limite, mais si vous contrevenez aux règles, vous serez puni. Pourquoi les États-Unis punissent-ils l'Iran ? Parce qu'en 1979 l'Iran a transgressé les règles, il sera donc puni à jamais. Et l'Irak sera puni à jamais. Comme la Serbie. Quiconque n'accepte pas les ordres en paiera le prix. C'est comme cela qu'on fait marcher un système bien huilé. Mais tant que les autres respectent plus ou moins les règles, il n'y a pas de raison particulière de les écraser. C'est cela, la gestion impériale !

ACHCAR : Nous n'avons pas la même interprétation du scénario.

CHAPITRE 2

Intégrisme et démocratie

L'intégrisme

SHALOM : Quelle est l'importance de l'intégrisme islamique comme source de désordres dans le monde d'aujourd'hui ?

CHOMSKY : L'intégrisme islamique est essentiellement une *réaction* à des forces perturbatrices dans le monde. Pendant de nombreuses années, il y avait un vigoureux nationalisme laïque dans l'ensemble du monde arabe et musulman. L'Égyptien Gamal Abdel-Nasser, par exemple, était un nationaliste laïque. L'Irak a une longue tradition de nationalisme laïque, vieille d'un siècle, marquée notamment par des initiatives de démocratisation. En Iran, lorsque le gouvernement de Mohammed Mossadegh a été renversé en 1953, il y a donc plus d'un demi-siècle, il y avait un programme nationaliste laïque. Or l'échec, tant intérieur qu'extérieur, du nationalisme laïque, qui avait été fortement attaqué de l'extérieur, a laissé un vide. Je crois que, dans une certaine mesure, ce vide a été comblé par l'intégrisme musulman. Je suppose, Gilbert, que c'est également comme cela que tu vois les choses.

ACHCAR : Certainement, mais permets-moi tout d'abord de souligner qu'aujourd'hui le terrorisme non gouvernemental, par exemple l'intégrisme islamique, n'est que la forme la plus visible du terrorisme. Le terrorisme non gouvernemental ne représente en effet qu'une infime fraction du terrorisme à l'échelle mondiale, qui est pour l'essentiel d'origine gouvernementale et qui est surtout pratiqué par les États-Unis. S'agissant de désigner la source principale de désordres dans le monde d'aujourd'hui, nous avons tous les deux insisté sur l'importance du comportement du gouvernement des États-Unis, et cela à tous les niveaux.

CHOMSKY : Nous accordons-nous pour dire que la puissance, la montée de l'intégrisme islamique traduisent le déclin, tant intérieur qu'extérieur, du nationalisme laïque ?

ACHCAR : Je serais encore plus catégorique que cela. La force actuelle de l'intégrisme islamique est une conséquence immédiate de politiques très concrètes des États-Unis. Ce que tu as dit est tout à fait exact, à la condition d'ajouter que le nationalisme laïque a été affaibli et détruit par les États-Unis, qui en étaient le principal ennemi. Pendant les années 1960, la tendance dominante dans l'ensemble du monde musulman était le nationalisme laïque. Dans le monde arabe, c'était le nationalisme arabe, tel qu'incarné par le président égyptien Gamal Abdel-Nasser. Or, les États-Unis ont combattu les nationalismes de ce genre en s'appuyant sur le plus réactionnaire des intégrismes islamiques, celui mis en œuvre et propagé par le royaume saoudien. C'est ce que je rappelle constamment à mon auditoire lorsqu'il m'arrive de donner une conférence : le principal et le plus ancien des alliés des États-Unis au Moyen-Orient n'est pas Israël, c'est le royaume saoudien, qui existait bien avant la fondation de l'État israélien. Les États-Unis ont utilisé tout à fait délibérément l'intégrisme musulman par le truchement du royaume saoudien pour contrer le nationalisme laïque, le communisme et tous les autres courants gauchistes ou progressistes laïques de cette région du monde, politique qui a été poursuivie pendant la guerre contre les Soviétiques en Afghanistan. Au cours de celle-ci, les États-Unis ont de nouveau soutenu l'intégrisme musulman – celui des *moudjahidin*. Qui étaient-ils ? C'étaient des groupes intégristes islamiques, dont certains étaient très fanatiques, qui ont été utilisés contre l'Union soviétique.

CHOMSKY : C'est exactement comme cela que je vois les choses. En fait, nous pourrions multiplier les exemples. Ainsi, l'appui fourni par les États-Unis au général pakistanais Zia-ul-Haq pendant les années 1980 constitue également un cas de soutien à un régime intégriste islamique contre le nationalisme laïque.

ACHCAR : Au début, les États-Unis ont même soutenu les *taliban* lorsqu'ils sont arrivés au pouvoir en 1996.

CHOMSKY : Nasser était bien entendu le principal ennemi arabe pendant les années 1950 et 1960. La même politique a été appliquée à Abd al-Karim Kassem en 1958 après qu'il eut renversé la monarchie irakienne, car les États-Unis ont supposé qu'il s'agissait d'un coup [d'État] nationaliste monté au nom d'un mouvement nationaliste laïque. Le président Dwight D. Eisenhower et le secrétaire d'État John Foster Dulles redoutaient en effet (comme l'ont révélé des documents internes du gouvernement des États-Unis) que ce mouvement ne s'empare du pétrole du Moyen-Orient et ne l'utilise pour des objectifs régionaux – ce qui eût été un désastre terrible pour les États-Unis. Certes, les États-Unis n'importaient pas de pétrole du Moyen-Orient à l'époque, mais ils voulaient que celui-ci serve à leurs alliés, l'Europe et le Japon. Ils craignaient que, sous l'influence de Nasser et, par la suite, de Kassem, la région n'utilise le pétrole pour sa propre population et son propre développement, ce qui eût affaibli considérablement leur maîtrise de l'approvisionnement de l'Europe et du Japon. Il fallait donc détruire le nationalisme laïque. Et l'Arabie saoudite, l'État intégriste le plus extrémiste, était le moyen d'y parvenir. Ultérieurement, pendant les années Reagan, les États-Unis ont poussé le Pakistan à évoluer vers l'intégrisme. Ils lui ont même permis de développer des armements nucléaires tout en prétendant qu'ils n'en savaient rien.

Israël a agi à peu près de la même manière. Il voulait en effet détruire l'Organisation de libération de la Palestine, l'OLP, qui était une organisation nationaliste laïque. Aussi a-t-il contribué au développement de groupes intégristes islamiques jusqu'à la fin des années 1980. [ACHCAR : C'est juste.] En fait, Israël soutenait précisément de tels groupes dans les territoires occupés afin de contrer l'OLP. Au Liban aussi, il a agi à peu près de la même façon. Je ne crois pas que c'était là son intention, mais les choses se sont passées ainsi. Il a envahi le Liban pour détruire la séculière OLP, et il s'est retrouvé avec le Hezbollah.

ACHCAR : En fait, les Israéliens ont très délibérément désarmé tous les groupes qui s'appuyaient sur une idéologie laïque et dont les effectifs étaient d'origine multireligieuse – que l'idéologie en question soit communiste, nationaliste ou autre. Et ils n'ont pas désarmé les groupes communautaristes, qu'ils soient chiites ou druzes, sans parler de leurs alliés chrétiens.

CHOMSKY : Y avait-il un germe qui a donné naissance au Hezbollah avant l'invasion israélienne ? Le Hezbollah s'est-il développé à partir de quelque chose d'autochtone au Liban ?

ACHCAR : Oui, il s'est développé à partir du mouvement Amal, mouvement communautariste chiite qui n'avait pas été désarmé par les Israéliens, pas plus que ne l'avaient été les milices druzes ou les milices de droite chrétiennes. Mais les Israéliens ont bien entendu désarmé l'OLP et la gauche libanaise.

CHOMSKY : Amal était-il un mouvement intégriste ?

ACHCAR : Non. Ce mouvement a certes été fondé par un personnage religieux, mais il a toujours été une organisation communautariste chiite plutôt qu'une organisation strictement religieuse ou à plus forte raison une organisation intégriste.

CHOMSKY : Alors, comment la transition s'est-elle faite d'Amal au Hezbollah ?

ACHCAR : Par une radicalisation qui a été catalysée par l'invasion israélienne du Liban en 1982.

CHOMSKY : Cela a catalysé l'intégrisme ?

ACHCAR : Oui. A émergé un groupe dissident soutenu par l'Iran qui est devenu le Hezbollah. C'est l'histoire classique de l'apprenti sorcier – on trouve des dizaines de cas de ce genre dans la région, surtout des cas liés au problème de l'intégrisme islamique. Ce qui s'est passé en général dans la région, c'est que, lorsque le nationalisme arabe, le nassérisme et autres tendances de ce genre ont commencé à s'écrouler pendant les années 1970, la plupart des gouvernements ont utilisé l'intégrisme islamique pour contrer les éventuels vestiges de la gauche ou du nationalisme laïque. Autre illustration frappante du même phénomène, le cas du président égyptien Anouar el-Sadate. Après qu'il se fut emparé du pouvoir en 1970, il a encouragé l'intégrisme islamique pour contrer les vestiges du nassérisme, et il a fini par se faire assassiner par des intégristes islamiques en 1981. C'est toujours la même histoire : le gouvernement des États-Unis a, pour ainsi dire, laissé un génie s'échapper de la lampe magique, mais il est incapable de le maîtriser, et après un certain temps celui-ci se retourne contre lui. L'effet combiné de leur propre répression des idéologies progressistes ou laïques et de l'échec subjectif – la faillite – de ces idéologies, cela aggravé par l'écroulement de l'Union soviétique, a laissé la voie libre au seul canal idéologique de protestation antioccidentale qui était disponible, à savoir l'intégrisme islamique. Cette idéologie religieuse, qui a été tolérée et même utilisée et encouragée par les régimes locaux et par les États-Unis, est devenue l'exutoire par lequel s'est finalement épanché le ressentiment contre les États-Unis et contre ces régimes eux-mêmes.

CHOMSKY : Sans vouloir pousser l'analogie trop loin, je crois qu'on peut dans une certaine mesure établir un parallèle avec le cas des intégristes chrétiens aux États-Unis. Le terme « fondamentalisme » (intégrisme) est d'origine protestante. Il est né à Princeton au début du siècle dernier. Mais ce qu'on appelle le « fondamentalisme » plonge profondément ses racines dans les premières colonies états-uniennes, il a donc toujours été présent. Il y a toujours eu un élément ultrareligieux extrémiste, plus ou moins « fondamentaliste ». Il a vécu de nombreuses renaissances, notamment dans les années 1950. C'est pour cela que nous disons « In God We Trust » [« Nous avons confiance en Dieu »], « One Nation Under God » [« Une Nation sous la protection de Dieu »] et toutes ces expressions[1]. Mais, depuis vingt-cinq ans, cet élément est devenu pour la première fois une force politique considérable. On a affaire, je crois, à une exploitation consciente, comparable à celle que vous avez décrite, visant à saper, dans le cas présent, les politiques sociales progressistes. Non pas les politiques très radicales. Ce sont plutôt les politiques sociales-démocrates édulcorées de la période antérieure qui sont vigoureusement attaquées – par les néolibéraux, par les néoconservateurs. Les intégristes chrétiens, qui ont toujours été présents, ont été pour la première fois mobilisés de manière à former une force politique. Il s'agissait de fournir une assise à l'offensive contre les politiques progressistes et – dans la mesure restreinte où fonctionne le système politique – de détourner autant que possible l'attention des électeurs des problèmes qui ont réellement des incidences dans leurs vies (comme ceux relatifs à la santé, à l'éducation, aux questions économiques et aux salaires) vers des croisades religieuses contre l'enseignement de l'évolution, les droits des homosexuels et le droit à l'avortement. Autant de questions, parmi d'autres, dont se soucient fort peu les chefs d'entreprise, qui, en revanche, s'intéressent beaucoup aux problèmes évoqués. Ainsi, si l'on parvient à détourner l'attention du public, les débats, la politique présidentielle et tout cela sur des questions d'intérêt minime pour les nantis – la question, mettons, des droits des homosexuels –, cela est formidable pour les gens qui veulent détruire les syndicats et élaborer un système sociopolitique au bénéfice des plus riches, pendant que surnagent à peine tous les autres.

Cette mobilisation intégriste s'est produite pendant une période particulière de l'histoire économique des États-Unis – c'est une première : depuis environ vingt-cinq ans, les salaires réels de la majorité ont stagné ou régressé. Le revenu familial médian réel de la majorité reste inchangé, peut-être même a-t-il diminué. Cela n'était jamais arrivé. Il y a certes eu des événements comme la Grande Dépression [des années 1930], mais jamais vingt-cinq ans de stagnation pour la majorité pendant une période sans perturbation économique grave. Or le nombre d'heures de travail a augmenté considérablement, à l'inverse des bénéfices sociaux et parallèlement au taux d'endettement. Il s'agit là d'une crise sociale et économique réelle. Et la manière dont on a géré tout cela, c'est, dans une large mesure, en mobilisant ce qui a toujours été là, c'est-à-dire les secteurs intégristes chrétiens, et en les transformant en une force politique active, tout en détournant les discours, le centre d'attention, sur des sujets qui préoccupent les intégristes, mais dont se soucient fort peu les gens qui possèdent et dirigent la société. Examinez l'attitude des chefs d'entreprise : ils sont ce qu'on appelle des libéraux. Ils ne sont pas très différents des professeurs d'université. Si la population devient obsédée par la « théorie de l'évolution », par les droits des homosexuels ou autres sujets du genre, cela leur convient, tant qu'ils dirigent les politiques sociales et économiques. Ainsi, après la dernière élection [2004], par exemple, la presse d'affaires a décrit l'« euphorie » qui, selon ses termes, régnait dans les salles de conseil, et non pas parce que les hommes d'affaires étaient contre les mariages homosexuels. En fait, certains étaient pour et d'autres contre – de toute façon, beaucoup parmi eux et leurs enfants sont des homosexuels ; non, c'est parce qu'ils voyaient que les milieux d'affaires avaient la voie libre. Si l'on peut parvenir à cela, c'est un succès. Car c'est un des moyens par lesquels on peut maîtriser la population, outre la tactique classique consistant à engendrer la peur.

C'est assez frappant, mais mon impression, c'est qu'il y a eu un changement réel sous l'administration de Jimmy Carter. Avant lui, personne ne se souciait vraiment de savoir si le président était religieux – se souciait-on de savoir si Lyndon Johnson allait à la messe tous les dimanches ? Mais Carter, qui était probablement sincère, a montré d'une manière ou d'une autre aux gestionnaires de parti que s'ils affectaient un air pieux – s'ils parlaient de ce que désire leur cœur et expliquaient qu'ils se sentent coupables, qu'ils ont vu Jésus, par exemple – cela séduirait un groupe important d'électeurs.

Depuis Carter, me semble-t-il, tous les présidents ont prétendu avoir eu une expérience religieuse. Même Bill Clinton, qui est probablement aussi religieux que moi, s'assurait qu'on le voie chaque semaine en train de chanter dans une église baptiste. Tout cela s'est déroulé en partie parallèlement à ce que tu as expliqué au sujet de la montée et, à vrai dire, de l'exploitation de l'intégrisme islamique.

ACHCAR : Tu viens de faire ici une remarque très importante, car il faut se poser la question : pourquoi, à partir de Carter, cela est-il devenu politiquement profitable ?

CHOMSKY : Les années Carter ont également vu la naissance des politiques néolibérales ; tout cela a eu lieu pendant la même période.

ACHCAR : Ici nous retrouvons exactement la même coïncidence que celle que j'ai déjà signalée. Nous sommes en présence de la crise du milieu des années 1970 – une crise économique globale, une grave crise économique synchronisée, qui a engendré un état de désarroi, la perte des points de repère familiers et le développement, chez des personnes de milieux très divers, de ce que les sociologues appellent l'« anomie ». Cela a rendu le terrain très fertile pour le regain du religieux ou l'intégrisme, car dans une telle situation les gens ont tendance à chercher refuge auprès de repères identitaires. C'est pourquoi nous assistons partout dans le monde, depuis le début du dernier quart du XXe siècle, à une remontée spectaculaire de toutes sortes de politiques identitaires ou tribales, qu'elles soient de nature ethnique, nationaliste, religieuse, sectaire, intégriste ou autre, tendance à laquelle n'échappe pas la société états-unienne. D'où l'attrait de l'attitude d'un Carter, comme tu l'as fait remarquer. La raison pour laquelle le même leurre religieux n'a pas été utilisé auparavant de la même manière, c'est que cela n'aurait pas été efficace. En fait, à certaines périodes de l'histoire moderne, cela allait même à l'encontre des intérêts des politiciens que d'affecter des allures trop religieuses.

SHALOM : Peut-être devrions-nous clarifier ici certains termes. Il existe des musulmans très traditionalistes, très religieux qui affirment que l'« intégrisme » est une attitude envers la religion et qu'il n'implique pas qu'on tente de l'imposer aux autres. Aux États-Unis, par exemple, nous avons les amish, qui sont des traditionalistes religieux, mais qui ne tentent pas de faire sauter les gens parce qu'ils sont d'une autre confession. Selon cette manière de voir, il ne faudrait pas utiliser le terme « intégrisme » comme terme politiquement péjoratif. Ce que nous appelons « intégrisme », il faudrait le désigner autrement, par exemple « intégrisme extrémiste », ou quelque chose de ce genre. Cette distinction vous paraît-elle pertinente ?

CHOMSKY : Je crois que les musulmans religieux feraient cette distinction, à l'instar des juifs religieux qui se sont démarqués des intégristes juifs qui ont été arrêtés au moment où ils allaient faire sauter une mosquée. Cela est raisonnable. Mais je crois que Gilbert parle d'autre chose, c'est-à-dire du phénomène général de l'attrait croissant de l'intégrisme, outre l'écroulement du nationalisme laïque et les problèmes réels auxquels les gens sont confrontés. Pour faire face à ces problèmes, ils éprouvent le besoin de se redéfinir. L'écroulement des valeurs du nationalisme laïque, du communisme, etc., qui ont été pour partie détruites de l'extérieur et se sont pour partie désagrégées de l'intérieur, a laissé un vide. Il s'est produit quelque chose de comparable aux États-Unis. Les années 1970 ont vu la naissance d'une violente réaction contre les programmes sociaux et économiques mis en œuvre dans le cadre du New Deal du président Franklin Roosevelt. Ces programmes, qui étaient avantageux pour la majorité de la population, se sont développés sous l'égide de la Great Society de Lyndon Johnson. Mais à partir de l'effondrement de l'ordre économique international, connu sous le nom de système de Bretton Woods, le capital est devenu de moins en moins réglementé et des programmes néolibéraux ont été mis en œuvre, lesquels ont engendré pour une bonne partie de la population, non pas de profondes souffrances, non pas des désastres, mais des conditions sociales et économiques difficiles. En fait, cela ne s'était jamais produit auparavant dans l'histoire des États-Unis. Il est désormais possible – peut-être Carter a-t-il, sans le vouloir, amorcé la chose – de mobiliser le sentiment religieux, qui avait toujours été là, et d'en faire une force politique importante et le point focal du discours politique, dans la mesure restreinte où celui-ci existe. Sont ainsi écartés les problèmes d'ordre social et économique. Considérons la situation actuelle. Pour la plupart des gens, les problèmes les plus criants concernent par exemple l'explosion du coût des soins de santé. Mais aucun des deux principaux partis politiques ne veut s'attaquer au problème, car l'un et l'autre sont beaucoup trop inféodés notamment aux compagnies d'assurance et aux institutions financières. Au lieu de cela, on discute et on se dispute au sujet de la théorie de l'évolution et du «dessein intelligent». Entre-temps, les riches vont leur petit bonhomme de chemin et dirigent le pays. La corrélation entre, d'une part, la mise en œuvre de ces programmes sociaux et économiques plus ou moins néolibéraux qui ont engendré des conditions difficiles pour la majorité de la population et, d'autre part, le renouveau religieux ainsi que, pour la première fois, l'exploitation et l'amplification de l'intégrisme religieux en tant que phénomène politique qui est désormais au cœur du débat politique, cette corrélation, donc, est à mon avis trop étroite pour qu'on puisse la négliger.

ACHCAR: Pour répondre à ta question, Steve [Stephen Shalom], il faudrait entamer une discussion sémantique sur les termes et leur signification, car nous pouvons choisir parmi plusieurs termes. On pourrait, par exemple, parler d'«orthodoxie» pour désigner une interprétation étroite ou littérale de la religion, tant qu'elle est pratiquée uniquement au niveau personnel ou familial. Le terme «intégrisme» implique en général non seulement l'interprétation littérale des écritures religieuses, mais également le désir de l'imposer à la société et au gouvernement et de contraindre l'ensemble de la population à se conformer à ses règles. Voilà ce qu'on entend généralement par «intégrisme». Selon cette acception, nous voyons, pour les raisons que nous venons de mentionner, qu'il s'agit d'un phénomène mondial, et non de quelque chose qui est lié uniquement à l'islam. L'intégrisme juif, l'intégrisme hindou, les intégrismes catholique et protestant, etc., toutes sortes d'intégrismes religieux ont surgi pendant le dernier quart de siècle. C'est un phénomène remarquable, qui est synchronisé à l'échelle mondiale.

CHOMSKY : Je crois que l'intégrisme hindou est un bon exemple. Car, là encore, il existait déjà, en l'occurrence depuis les années 1920, mais ce n'est que depuis environ deux décennies qu'il est devenu un phénomène puissant et extrêmement dangereux.

ACHCAR : Exactement, et pour les mêmes raisons et avec les mêmes ingrédients essentiels. Les conditions sociales et économiques engendrées par le tournant majeur de l'économie mondiale à partir des années 1970, d'une part, et, d'autre part, la faillite de toutes sortes d'idéologies progressistes en raison des échecs sociaux et politiques des États qui incarnaient ces idéologies, qu'elles soient de nature nationaliste, communiste ou autre, tous ces facteurs se sont combinés pour créer le vide qui est en train d'être comblé par le seul outil idéologique restant qui permette l'expression du ressentiment collectif, c'est-à-dire la religion. Tout cela s'explique par le caractère irrationnel de la religion, par l'acte de foi qu'elle nécessite, ce qui rend la réfutation des idéologies religieuses beaucoup plus difficile que celle d'idéologies incarnées dans des modèles d'État et des expériences politiques qui ont atteint leurs limites. Alors oui, il s'agit d'un phénomène mondial d'importance historique qui, bien entendu, ne se limite pas à l'islam.

CHOMSKY : Le fondamentalisme juif est un peu différent. Il est lié en partie à l'occupation de la Cisjordanie et de la bande de Gaza et, en partie, à des développements qui se sont faits ici, aux États-Unis, et qui remontent aux années 1960. Il est intéressant de constater que les groupes extrémistes juifs ont pris leur essor à la fin des années 1960, parfois par imitation consciente de mouvements comme le nationalisme noir ; certains de ces groupes ont donné naissance à la Jewish Defense League, qui prenait exemple sur les nationalistes noirs. Mais il y a également eu une très forte augmentation du nombre de ceux qui voulaient vivre conformément à une certaine vision du XVIIe siècle. Ainsi, alors que certains jeunes partaient, à la fin des années 1960, dans un ashram hindou, d'autres se joignaient au Rebbe Lubavitch[2] – mouvement qui a eu une expansion fulgurante. Tous ces groupes ont en outre été manipulés de manière à justifier l'occupation israélienne des territoires palestiniens.

ACHCAR : Ce phénomène a également été utilisé à des fins expansionnistes, comme dans le cas de Goush Emounim, le mouvement religieux des colons dans les territoires occupés. Simha Flapan, ancien dirigeant du parti Mapam d'Israël, a souligné dans son ouvrage *The Birth of Israel: Myths and Realities*[3], que c'est le travailliste Yigal Allon qui a encouragé Goush Emounim à fonder la première colonie à Hébron.

Le royaume saoudien

ACHCAR : S'agissant de l'intégrisme islamique, quel que soit le critère utilisé, il est évident que l'État islamique le plus intégriste du monde est, de loin, le royaume saoudien. C'est le plus obscurantiste, le plus réactionnaire et le plus opprimant pour les femmes. Le traitement des femmes là-bas est tout à fait abominable. Si l'on compare le royaume saoudien à la République islamique d'Iran, celle-ci a les allures d'un paragon de l'émancipation des femmes. Je ne plaisante pas. Cela en termes relatifs, bien sûr. Selon les normes de l'émancipation des femmes, de la démocratie ou de quelque valeur d'ordre social de modernité que vous voulez, l'Iran se classerait bien mieux que le royaume saoudien. Et pourtant, le pays que les États-Unis diffament comme étant fanatiquement religieux est l'Iran, alors que la dynastie saoudienne, c'est « nos amis ». Et des amis courtisés, qui plus est.

SHALOM : Quelles sont les origines de l'intégrisme saoudien ?

ACHCAR : L'intégrisme saoudien est une excroissance de l'alliance entre un prêcheur islamique du XVIIIe siècle, Mohammed ibn Abd al-Wahhab (prêcheur très intégriste, dont le nom sert à qualifier la variante saoudienne de l'intégrisme islamique, le « wahhabisme ») et Mohammed ibn Saoud, le chef d'une tribu qui a donné naissance à la dynastie saoudienne régnante. Cette tribu saoudienne a conquis ce grand morceau de la péninsule Arabique qui est devenu le royaume saoudien au début des années 1930. Depuis lors, le royaume saoudien est fondé sur un compromis entre la dynastie régnante – à laquelle s'applique en bonne partie ce que Noam disait au sujet de personnes comme Clinton : qu'il doute de leur sincérité quand elles prétendent avoir quelque croyance religieuse – et l'institution religieuse « wahhabite ». Le royaume saoudien a toujours reposé sur ces deux piliers. Or les États-Unis ont très consciemment encouragé et soutenu cet arrangement, car il constitue une excellente formule pour assurer la stabilité de ce bien-fonds qui est d'une extrême importance pour eux.

On ne saurait exagérer le degré de surveillance et de maîtrise que les États-Unis exercent sur le royaume saoudien. On discute même actuellement au Congrès du cursus éducatif saoudien ! J'ai récemment envoyé à Noam un lien informatique vers une résolution adoptée par la Chambre des représentants sur le sujet[4]. Il y a peu d'exemples dans l'histoire des États-Unis d'une telle interférence du Congrès dans le cursus éducatif d'un pays tiers. Mais il ne s'agit que d'un simulacre. En fait, Washington souhaite que la famille saoudienne ne procède qu'à des changements de forme, simplement pour que Washington puisse sauver la face après avoir été critiqué en raison de la contradiction entre ses liens étroits avec les Saoudiens et son intention affichée de démocratiser le Moyen-Orient – intention qui, après que s'est dissipée la fable au sujet des « armes de destruction massive », est devenue le principal prétexte idéologique de sa campagne belliqueuse dans la région.

Le royaume saoudien est une société bien arriérée qui s'est sclérosée en structure tribale et qui est soumise à un contrôle intégriste religieux très obscurantiste. C'est quelque chose que les États-Unis ne veulent vraiment pas changer car, ce faisant, ils introduiraient une incertitude ou une imprévisibilité quant à l'avenir du pays qui leur serait intolérable.

CHOMSKY : Crois-tu qu'il existe des forces progressistes qui militent activement pour des changements substantiels au sein du royaume saoudien ?

ACHCAR : Il n'existe rien d'important à cet égard, pour les raisons que nous avons déjà notées. Lorsqu'on supprime tous les modes d'expression idéologique sauf un seul, celui-ci, la nature ayant horreur du vide, deviendra le principal exutoire. L'ironie est que le phénomène à l'origine de l'émergence de l'intégrisme islamique comme principal vecteur du ressentiment populaire au Moyen-Orient depuis quelques décennies a même atteint le royaume saoudien, où le ressentiment contre la monarchie a pris la forme… de l'intégrisme islamique. Les intégristes qui s'opposent à la maison de Saoud, comme Ben Laden lui-même, condamnent l'hypocrisie de la dynastie régnante, qui est alliée à un État moralement corrompu, à un ennemi de l'islam : les États-Unis. Les deux principales rébellions contre la monarchie saoudienne de l'histoire récente sont l'insurrection de 1979 à La Mecque, qui était dirigée par un intégriste, et celle d'Al-Qaida.

CHOMSKY : Qu'en est-il de la bourgeoisie saoudienne ?

ACHCAR : La bourgeoisie saoudienne est très largement sous le contrôle de l'État et, pour la bonne marche des affaires, très enchevêtrée avec la dynastie. Vous avez là des milliers de princes et princesses de la famille régnante, et un secteur des affaires considérable qui leur est associé et qui réalise des profits si énormes à partir de l'exploitation des revenus pétroliers qu'il n'est certainement pas enclin à courir le risque d'abolir la monarchie – si tant est que cela fût possible. La famille d'Oussama Ben Laden en est un bon exemple. Ce sont des entrepreneurs extrêmement riches qui s'engagent dans toutes sortes de projets de construction en profitant de la vague de dépenses qui déferle sur le royaume saoudien depuis la première augmentation importante du prix du pétrole, dans les années 1970. Certes, un des membres de cette même famille est profondément et sincèrement motivé par l'interprétation fanatique de l'islam qui est dominante dans le royaume ; il a combattu l'Union soviétique en Afghanistan pendant des années et a tellement aimé cette expérience qu'il continue de combattre, cette fois contre les États-Unis. Mais les membres d'Al-Qaida dans le royaume saoudien ne sont certainement pas des Ben Laden, en ce sens qu'ils ne sont certainement pas les fils de riches familles. La plupart sont issus de secteurs relativement opprimés de la société saoudienne. On observe ici le même phénomène qu'ailleurs, à savoir un ressentiment massif d'origine sociale contre la monarchie et contre le parrain de la monarchie – c'est-à-dire les États-Unis. Ce ressentiment prend la forme de l'intégrisme islamique, en tant qu'unique vecteur idéologique qui soit accessible à ces gens – même sur le plan culturel. Car leur système éducatif est si profondément religieux que, mis à part les riches qui donnent à leurs enfants une éducation distincte en les envoyant à l'étranger et ceux à qui le système accorde une bourse leur permettant de poursuivre leurs études à l'étranger (quelques milliers en tout), tous les autres sont les prisonniers de ce cadre idéologique.

CHOMSKY : Qu'en est-il de ceux qui reviennent de l'étranger ? Rentrent-ils avec des idées et des aspirations laïques et plus modernes ?

ACHCAR : Non, très rarement pour ce qui est des aspirations. La plupart reviennent tout simplement heureux d'être des « Saoudiens », de profiter d'une société où ils jouissent de privilèges inaccessibles à leurs homologues occidentaux – une pléthore de serviteurs, par exemple. En outre, c'est une société extrêmement patriarcale ; or, puisque l'écrasante majorité de ceux qui étudient à l'étranger sont des hommes, la plupart d'entre eux ne souhaitent pas ébranler les structures actuelles. C'est en effet une société très hypocrite, car elle permet à certains secteurs de la société de profiter de plaisirs interdits – tant qu'ils sont cachés et non ostentatoires. De plus, les riches peuvent se permettre de temps en temps de prendre des vacances dans des pays plus libéraux. Selon leur niveau de richesse, les princes et les riches Saoudiens ont des appartements, des villas ou des palais à divers endroits où ils peuvent se rendre et jouir à volonté d'un autre mode de vie, le royaume saoudien restant leur base d'affaires. De telles personnes ont un intérêt matériel à conserver les structures sociales telles qu'elles sont.

CHOMSKY : Y a-t-il une amorce de mouvement syndical ?

ACHCAR : Oh, c'est inimaginable dans le royaume saoudien. C'est l'un des États les plus répressifs. Si le mot « totalitarisme » a quelque signification, voilà bien un régime totalitaire. Toute tentative d'organiser quoi que ce soit qui défie les pouvoirs en place est réprimée de la manière la plus terrible qui soit. Dans le royaume saoudien, les gens risquent leur vie ou leur intégrité physique pour des choses que vous considéreriez comme anodines. C'est un pays où une police spéciale flagelle les gens qui se trouvent dans la rue au moment de la prière. C'est une société sous contrôle total ; il est difficile d'imaginer une société pire que celle-là. Or c'est un allié important des États-Unis et c'est l'État musulman qui est le plus courtisé par les États occidentaux en raison de ses richesses pétrolières. Les États-Unis savent que cette structure très opprimante est la seule qui assure la stabilité du royaume saoudien, tout en garantissant que le royaume ait besoin de leur protection. Les États-Unis sont le seigneur protecteur, le suzerain du royaume saoudien, lequel en retour est un « royaume protégé » comme au Moyen Âge. Et il l'est depuis le début en ce sens qu'il a dès le départ noué des liens avec les États-Unis pour contrer la Grande-Bretagne et, ensuite, l'Union soviétique, ou toute autre menace quelle qu'elle soit. Je crois que l'opinion publique occidentale, en particulier celle des États-Unis, est dans l'ignorance à ce sujet. Les gens ne savent pas réellement qui est l'allié le plus fidèle des États-Unis au Moyen-Orient et ne comprennent pas ce que cela signifie. Et lorsqu'on jette un regard critique sur les Saoudiens, c'est pour des raisons plutôt douteuses. Il en est ainsi des critiques faites par certains néoconservateurs et autres partisans d'Israël dans le contexte de la concurrence entre Saoudiens et Israéliens aux États-Unis.

CHOMSKY : Ces néoconservateurs ne sont pas des gens importants – vous savez, les gens font beaucoup d'histoires à leur sujet, mais parmi les politiques qu'ils préconisent, seules sont admises celles qui s'insèrent dans la politique générale. [ACHCAR : Je suis d'accord.] Comme la proposition de Richard Perle, Douglas Feith et autres d'imposer à l'Irak un royaume hachémite[5]. On jette tout simplement ces propositions au panier.

ACHCAR : Un discours hostile au royaume saoudien comme celui des néoconservateurs n'aura jamais la caution de la présente administration, ni d'aucune autre quant à cela. C'est tout à fait évident. Je suis entièrement d'accord avec Noam là-dessus. Je n'ai jamais partagé l'idée que les néoconservateurs gouvernaient le pays.

La démocratie au Moyen-Orient

SHALOM : Comment évaluez-vous l'état de la démocratie au Moyen-Orient ?

CHOMSKY : Il y a eu depuis un siècle des développements très importants. On a progressé vers la démocratie un peu partout dans la région.

L'Iran n'avait pas une démocratie exemplaire, mais avait un très ancien système parlementaire, jusqu'à ce que les États-Unis et la Grande-Bretagne ne renversent le régime en 1953.

L'Irak, même sous le règne effectif des Britanniques, était en passe de développer les fondements d'une démocratie parlementaire. La Grande-Bretagne a tenté d'empêcher cela, et les États-Unis voyaient cela d'un mauvais œil, mais la démocratie a progressé. Un très vigoureux mouvement syndical, notamment, s'est développé. Selon la science politique états-unienne, un tel mouvement n'a pas sa place dans la démocratie, mais il en a une quand on a une vision sérieuse de la démocratie. Car cela permet à une bonne partie de la population de participer effectivement au processus de prise de décisions politique. En Irak, il y avait un vigoureux mouvement ouvrier, qui a été largement écrasé par le coup baathiste de 1963. Celui-ci, qui a certainement été soutenu par les États-Unis et qui a *peut-être* été fomenté par ces derniers – il y a des raisons de le croire mais, de toute façon, ils l'ont certainement soutenu[6] –, ce coup, donc, a été suivi d'un massacre où, comme en Indonésie, on a fait usage des listes de la CIA de membres de l'opposition à abattre, de prétendus communistes, terme au sens très élastique. Cela a gravement miné le Parti communiste irakien, qui à l'époque était une force de démocratisation, compte tenu, notamment, de la façon dont il participait au mouvement ouvrier. Le parti Baath et Saddam Hussein ont sévèrement réprimé le mouvement ouvrier, et maintenant les États-Unis en font autant. En fait, ils imposent encore aujourd'hui les lois anti-ouvrières de Saddam Hussein. Certes, on reconstruit les syndicats avec beaucoup de courage, mais nombre de syndicalistes se font tuer.

Une évolution analogue a eu lieu dans d'autres parties du monde arabe. On y a déployé des efforts soutenus, qui ont été minés à la fois par des forces extérieures et par des problèmes intérieurs. Ces efforts se poursuivent aujourd'hui.

En Égypte, on assiste à un renouveau de forces démocratiques déjà anciennes. Ainsi, le mouvement Kifaya cherche à se débarrasser de la dictature de Hosni Moubarak. Selon les membres du mouvement, celui-ci est né essentiellement à l'occasion de protestations contre la répression israélienne de la deuxième Intifada. C'est cela qui a déclenché le mouvement. Cette répression n'a guère eu de retentissement en Occident, bien qu'elle eût été dès le départ, en octobre 2000, très brutale. Ce mouvement s'est ensuite développé en s'adjoignant d'autres groupes solidaires des Palestiniens et, ultérieurement, des groupes d'opposition à la guerre en Irak. Ce mouvement démocratique est certes réprimé très brutalement par la dictature de Moubarak, mais il perdure.

Il y a bien d'autres développements comparables, comme peut le constater quiconque parcourt la région. Par exemple Beyrouth, au Liban, est une ville très animée. Nous venons d'ailleurs tout juste d'en voir une illustration comique. En effet, l'administration Bush a récemment envoyé en tournée au Moyen-Orient la spécialiste en relations publiques Karen P. Hughes, la sous-secrétaire d'État pour la diplomatie publique. Elle devait expliquer aux gens arriérés du Moyen-Orient qu'en réalité ils ne nous comprennent pas, que nous les aimons vraiment. Certains ont appelé cette tournée le « I'm a Mom Tour » [la tournée « Je suis une maman »] parce que partout Hughes commençait son discours en disant : « Je suis une maman, j'aime les enfants. » Ensuite, elle expliquait à son auditoire qu'il ne comprenait pas vraiment à quel point nous les aimons, etc. Comme on pouvait s'y attendre, cela est partout tombé complètement à plat. Elle était accompagnée par le correspondant diplomatique en chef du *New York Times*, Steven R. Weisman, qui a écrit un reportage de suivi sur le sujet[7]. Je ne sais pas si c'est par ironie. J'espère que oui, mais je n'en suis pas sûr. Toujours est-il qu'il a écrit que les discours de Hughes sont tombés à plat parce qu'elle s'en est tenue à des « séquences sonores concises, plutôt qu'à des arguments soutenus ». Et Weisman d'expliquer que « pendant les campagnes américaines, de tels messages répétés maintes et maintes fois peuvent produire un effet parce que chaque fois qu'un candidat présidentiel prend la parole, il domine les nouvelles. Et si cela ne marche pas, on peut déverser des flots d'argent pour une publicité de saturation. » « Par contraste, nous explique Weisman, dans le milieu animé et mouvementé de la région », cela n'a pas marché. Nous avons donc un bon bout de chemin à faire sur la route de la promotion de la démocratie pour enseigner comment devenir de vrais démocrates.

Peu de temps après cette péripétie est survenu un autre épisode révélateur, qui n'a pas été rapporté aux États-Unis mais qui l'a été dans la presse anglophone de Beyrouth[8]. Cela s'est produit à Beyrouth à l'occasion d'un débat entre Juliet Wurr, responsable des relations publiques à l'ambassade des États-Unis, et Joshua Landis, titulaire d'une bourse d'études Fulbright, sur la manière d'apporter la démocratie au Liban. La responsable des relations publiques aurait entamé son propos en se référant à ce qu'elle appelle « les quatre E : *exchange* [échanges], *engagement* [relations], *education* et *empowerment* [délégation de pouvoirs] » – à la manière d'une démonstration de Power Point à des cadres d'entreprise[9]. Ce n'est pas cela, la démocratie. S'il y a un endroit au Moyen-Orient où l'atmosphère est animée et percutante, c'est probablement Beyrouth. Il y a là des sociétés animées où l'on se moquera tout simplement de balivernes de ce genre.

ACHCAR : Noam vient de décrire le potentiel démocratique [de la région]. Comme il l'a expliqué, ce potentiel existe, bien sûr, et il est très vigoureux, bien plus que ne le croient généralement les gens. Pensons à un événement comme la révolution iranienne de 1979. Une des choses auxquelles aspiraient le plus les masses qui se révoltaient, bien qu'elles se fussent soulevées sous la direction de l'ayatollah Ruhollah Khomeyni, est la démocratie. C'est pour cela que Khomeyni a cru nécessaire d'inclure la démocratie parmi les principales revendications de sa plate-forme et a réclamé la création d'une assemblée constituante, revendication démocratique traditionnelle contre les régimes absolutistes. C'est au nom de la démocratie qu'il a affronté le dictateur iranien, le chah, Mohammed Reza Pahlavi. Bien sûr, une fois qu'il eut pris le pouvoir, Khomeyni a totalement perverti cette aspiration démocratique et, au lieu de mettre sur pied une assemblée constituante, a créé une « assemblée d'experts » islamique et imposé un gouvernement théocratique. Il n'en reste pas moins qu'il y avait dans la révolution iranienne une forte aspiration à la démocratie. Et, en un certain sens, il existe toujours, relativement parlant, et en dépit de tout le reste, un certain degré de vie démocratique en Iran. Ainsi, il y des élections qui causent des surprises – comme la récente élection présidentielle de 2005, qui a vu la victoire de Mahmoud Ahmadinedjad. Certes, la lutte se limite à des factions du régime, et il ne s'agit certainement pas d'une démocratie entière ou réelle ou libre, mais il y a une certaine participation de la population à la politique officielle. Or, il se trouve que cela a lieu dans l'État qui est considéré par l'administration Bush comme étant la quintessence du mal.

En revanche, comme je l'ai déjà souligné, l'allié musulman le plus ancien et le plus cher des États-Unis, le royaume saoudien, représente l'antithèse la plus extrême de la démocratie – on ne saurait imaginer pire. Le fait que le royaume saoudien soit la clé de voûte de l'hégémonie régionale des États-Unis a eu de très profondes répercussions sur la région tout entière, et c'est une des raisons pour lesquelles, lorsque le nationalisme laïque arabe et les courants progressistes se sont écroulés, cela n'a pas débouché sur des changements démocratiques comparables à ceux qu'il y a eu en Europe orientale. La seule exception à la « troisième vague » de changements démocratiques, pour reprendre les termes de Huntington[10] – c'est-à-dire le processus de démocratisation globale qui a démarré dans les années 1980 – est le Moyen-Orient. J'ai appelé cela « l'exception despotique arabe[11] ». Il y a eu des changements partout dans le monde – l'Amérique latine, l'Europe orientale, l'Afrique subsaharienne, l'Asie orientale – mais rien de comparable au Moyen-Orient. Il y a deux raisons à cette exception : le pétrole, bien sûr, et la possibilité, si l'on y implantait la démocratie, que les « vilains » l'emportent. C'est ce que Huntington appelle le « paradoxe de la démocratie[12] » : le fait que, dans certains pays, la démocratie débouche sur la victoire de forces hostiles à l'Occident. Pour lui, c'est un paradoxe, car il croit que si l'on est un véritable démocrate, il faut faire allégeance aux puissances occidentales.

On a donc au Moyen-Orient une situation où dominent les régimes autoritaires, à l'exception, parmi les pays arabes, du Liban et, à l'intérieur de certaines limites et en raison des pressions européennes, de la Turquie. (En Turquie, il y a une démocratie *dirigée* ; comme l'a précisé il n'y a pas longtemps un juge turc, la Turquie est un État avec une constitution et non un État constitutionnel – la formule est très juste.) Mis à part ces deux cas et, bien entendu, le très spécial cas israélien, ce que l'on a, ce sont des régimes plus ou moins autocratiques ou despotiques, des monarchies absolues, dont certains accordent un niveau restreint de représentation parlementaire, mais sans aucune souveraineté populaire, ou des dictateurs issus des rangs des militaires (ou de la police, comme le président tunisien, qui est considéré comme quelqu'un de bien par les gouvernements occidentaux en raison du zèle avec lequel il réprime les intégristes islamiques afin d'empêcher la contagion à partir de l'Algérie voisine). La démocratie au Moyen-Orient est donc encore dans une large mesure une revendication à l'ordre du jour, une exigence qu'il faut satisfaire. Elle est bien loin d'être une réalité.

Après le 11 septembre, l'administration Bush a reconnu cette situation. L'engagement à soutenir les droits de la personne, la « dignité humaine », comme elle le dit, était bien en évidence dans le discours de Bush de janvier 2002 sur l'état de l'Union [State of the Union Speech] ainsi que dans la National Security Strategy, document de septembre 2002. Bush a par la suite reconnu, à l'occasion de son fameux discours de novembre 2003 au National Endowment for Democracy, que, jusqu'ici, les États-Unis avaient privilégié la stabilité aux dépens de la démocratie et qu'au nom de la stabilité ils avaient permis et soutenu des régimes autoritaires. Mais maintenant, a-t-il déclaré, son administration en était venue à la conclusion qu'il fallait changer de cap, car – ici l'influence de l'idéologie néoconservatrice était très manifeste – nous devons comprendre que les intérêts des États-Unis seraient mieux servis si la démocratie était florissante dans l'ensemble de la région[13]. Mais, comme toujours, les choses en sont restées pour l'essentiel, au niveau de la rhétorique.

CHOMSKY : D'autres, en revanche, s'expriment avec beaucoup de franchise sur la nature *réelle* de la politique des États-Unis. Ainsi, l'érudit et défenseur le plus éminent de ce qu'on appelle la promotion de la démocratie, le chef du Democracy and Rule of Law Project du Carnegie Endowment for International Peace à Washington, Thomas Carothers, qui se qualifie lui-même de néoreaganien, a écrit avec grande honnêteté sur toutes ces questions[14]. Dans les années 1980 il a travaillé au Département d'État et a collaboré à ce qu'on appelle les programmes de « renforcement de la démocratie » sous Reagan. Il décrit ces programmes comme étant très sincères – on voulait vraiment les mettre en œuvre –, mais il y avait un problème : des personnes indésirables auraient pu l'emporter. Au Salvador, qui était l'exemple type, les États-Unis avaient selon lui deux options. L'une consistait à organiser des élections théoriquement crédibles, l'autre à s'assurer que le candidat inféodé aux États-Unis l'emporte. Ce sont, à peu de choses près, ses termes à lui. Et si l'on examine les événements, on constate que c'est exactement ce qui s'est passé. Certes, cela voulait dire qu'il fallait massacrer 70 000 personnes et faire sauter la cervelle des plus éminents intellectuels, mais c'est cela qu'il fallait faire. Et pourtant, affirme Carothers, on était sincères. Selon lui, on constatera après examen que ce qu'il appelle une forte ligne de continuité traverse toutes les administrations états-uniennes, y compris celle de George W. Bush. Chacune de ces administrations est schizophrène, comme atteinte d'une étrange maladie : elle ne soutient la démocratie que si celle-ci est conforme aux objectifs économiques et stratégiques des États-Unis[15].

ACHCAR : Lorsque nous examinons les faits, nous constatons en effet que ce que Carothers appelle un « dédoublement de personnalité présidentielle » – c'est sa formule – est une maladie dont souffre également George W. Bush[16]. Il est atteint exactement du même syndrome. D'un côté, il y a une espèce de discours prodémocratie. En fait, l'administration actuelle est allée plus loin en ce qui concerne le Moyen-Orient que toute autre administration – bien qu'il s'agisse là, bien entendu, d'une très ancienne tradition pour ce qui est de l'Europe orientale.

Mais lorsque, d'un autre côté, nous examinons les faits, par opposition aux mots, nous constatons qu'un des pays sur lesquels les États-Unis ont le plus d'influence au Moyen-Orient est le royaume saoudien. Or le seul problème que Karen Hughes a jugé nécessaire d'aborder avec les Saoudiens est celui du droit des femmes de conduire une voiture – cela dans un pays où les femmes n'ont pas le droit de vote, sans parler de droits même tout à fait élémentaires comme les droits civils ou les droits familiaux. En Arabie saoudite, les femmes sont privées de la plupart des droits, des droits qui, dans tout pays normal, seraient considérés comme tout à fait élémentaires.

Lorsque l'administration Bush a entamé sa campagne militaire après le 11 septembre, ses troupes ont envahi l'Afghanistan en alliance avec la dictature militaire pakistanaise, qui avait renversé un gouvernement élu démocratiquement. Le coup d'État d'octobre 1999 au Pakistan a été dirigé par le général Pervez Moucharraf; celui-ci est fréquemment invité à la Maison-Blanche, où il pose avec Bush pour des photos – un grand démocrate, selon la propagande officielle. En 1996, les États-Unis ont soutenu les taliban lorsque ceux-ci, avec le soutien des militaires pakistanais, se sont emparés du pouvoir. Mais, en 2001, les États-Unis et le Pakistan ont renversé les taliban en alliance avec d'autres ennemis de la démocratie, les seigneurs de guerre moudjahidin de l'Alliance du Nord. Cela a fourni aux États-Unis l'occasion d'étendre leur présence militaire en Asie centrale en achetant la collaboration de régimes très despotiques – ceux de l'Ouzbékistan et du Kirghizistan, notamment. L'administration Bush s'est beaucoup vantée de la « révolution rose » de 2003 en Géorgie, dans le Caucase. Mais, dans l'Azerbaïdjan voisin, elle soutient un des pires tyrans du monde, un des plus despotiques, en raison des intérêts pétroliers. Le dictateur azéri actuel, Ilham Aliyev, dont le père a régné sur le pays pendant plus de trente ans, a été nommé citoyen honoraire du Texas par le gouverneur de l'époque, George W. Bush, en reconnaissance de son soutien aux compagnies pétrolières états-uniennes[17]. Les références de Bush en matière de démocratie sont donc inexistantes. Quiconque ayant ne serait-ce qu'une connaissance élémentaire des faits n'accorderait pas la moindre crédibilité au discours démocratique de l'administration Bush. Nous aborderons plus tard le cas de l'Irak, mais une chose est claire: ce n'est que lorsque a commencé à s'écrouler le prétexte présence-d'armesde-destruction-massive après l'invasion de l'Irak en 2003 que l'administration Bush a pour ainsi dire augmenté le volume de sa rhétorique sur le prétexte démocratique. L'année suivante, elle a bâclé son projet de réforme de ce qu'elle a appelé le «Grand Moyen-Orient». Or toute la presse arabe et tous les observateurs sérieux ont souligné le fait que ce n'était qu'un projet exclusivement rhétorique, qu'il s'agissait surtout d'une opération de relations publiques[18]. Celle-ci n'était destinée qu'à créer l'illusion que les États-Unis avaient à cœur de répandre la démocratie dans cette partie du monde où faisait rage la «guerre à la terreur».

Washington a néanmoins dû exercer des pressions sur ses affidés traditionnels pour qu'ils mettent en œuvre un minimum de réformes purement formelles, afin de convaincre l'opinion publique états-unienne du sérieux de la chose. Aussi, sous ces pressions, les Saoudiens ont-ils organisé des élections municipales pour la première fois depuis trois décennies. Mais de quel type d'élections s'agissait-il ? Elles étaient réservées aux électeurs masculins, qui votaient pour des candidats qui étaient eux-mêmes des hommes et dont la candidature devait être approuvée par les autorités – la majorité écrasante des candidats étaient donc des intégristes, et beaucoup étaient des intégristes virulents. En outre, dans cette élection, seule la *moitié* des sièges des conseils municipaux du royaume était en jeu, ceux de l'autre moitié ayant été pourvus par la monarchie. Et cela a été salué comme une avancée importante vers la démocratie par l'administration Bush. Tout cela est parfaitement ridicule.

Washington a également exercé des pressions sur l'Égypte de Moubarak – lequel règne sur le pays depuis 1981, soit un quart de siècle déjà ! – afin d'introduire un certain niveau de concurrence apparente dans le système politique, qui avait été monopolisé par son parti. Mais Moubarak a accédé à cette demande de manière à ce que la mainmise de son gouvernement ne soit pas menacée. Alors qu'auparavant le président égyptien était rituellement confirmé dans ses fonctions par plébiscite après avoir été «élu» par la majorité parlementaire, qu'il contrôlait complètement, désormais il y aurait une élection prétendument pluraliste. Les autres candidats devaient toutefois être approuvés par la majorité parlementaire de Moubarak ! Il a donc autorisé la candidature de certaines personnes qui lui étaient hostiles, qui n'étaient pas sous son contrôle, simplement pour faire plaisir à Washington, tout en ayant recours à toutes sortes de subterfuges pour truquer l'élection, laquelle a eu lieu en septembre 2005. Les élections parlementaires ont ensuite eu lieu en novembre et décembre. Elles étaient organisées par tours régionaux, procédé très pratique pour une dictature, car lorsque vous devez organiser des élections sous pression, vous prenez la précaution de les organiser par tours, de sorte que si vous sentez entre un tour et le suivant que les choses tournent mal, vous pouvez encore les annuler, comme les militaires l'ont fait en Algérie en janvier 1992 – ou bien vous les truquez davantage. De toute façon, Moubarak, qui n'est pas stupide, a veillé à ce que l'organisation intégriste des Frères musulmans en ressorte nettement comme le parti qui a le plus profité de cette ouverture soigneusement contrôlée. C'était sa façon de convaincre les États-Unis de cesser de l'embêter. « Si vous exercez des pressions pour obtenir la démocratie, vous aurez ces types-là au pouvoir. Alors laissez-moi tranquille ! » – tel était son message à l'administration Bush. Je crois qu'on l'a bien compris à Washington. On a cessé de faire pression sur Moubarak, mais on redoute de perdre l'Égypte.

Intégrisme et démocratie

SHALOM : Que se passe-t-il lorsque la force qui a le plus de chances de l'emporter est un mouvement intégriste quelconque, comme ce fut le cas en Algérie, ou un mouvement fasciste ou quelque chose de ce genre, qui est susceptible de saper la démocratie ?

CHOMSKY : Comme aux États-Unis, par exemple ? Les États-Unis sont un des pays les plus intégristes au monde, et cela depuis longtemps. En outre, un des rares blocs électoraux qui fonctionnent vraiment ici est celui des intégristes extrémistes, lequel, de surcroît, a beaucoup d'influence sur l'administration, que celle-ci agisse par cynisme ou par conviction. Cela se voit partout. Connaissez-vous d'autres pays dans le monde où l'on se bagarre pour savoir si l'on a le droit d'affirmer que les humains n'ont pas été créés il y a 6 000 ans ? Je ne sais pas s'il y a un seul pays du monde où les choses se passent ainsi.

ACHCAR : Le royaume saoudien en est un. Le créationnisme y est la théorie officielle.

SHALOM : Nous voyons ce que tu veux dire, Noam. Mais je suppose qu'il y aura des élections aux États-Unis en 2008, et probablement en 2012.

CHOMSKY : Oui, les États-Unis ont une tradition vieille de quelques siècles, il est donc presque assuré qu'il y aura encore des élections. Mais ce n'est pas le cas en Algérie. Elle émerge tout juste du colonialisme français, et subit depuis lors des dictatures en série. Si l'élection de 1992 n'avait pas avorté, rien ne porte à croire qu'elle aurait été la dernière. Il y a eu un premier tour et il semblait que l'élection serait raisonnablement juste. Mais il semblait également qu'allaient l'emporter des gens qui n'étaient pas du goût de l'Occident et des dirigeants militaires algériens ; c'est pourquoi l'élection a été annulée.

SHALOM : Mais c'était également des gens qui te déplaisent.

CHOMSKY : C'est vrai. Je n'aime pas la plupart des gouvernements dans le monde – mais qu'est-ce que cela a à voir avec quoi que ce soit ? Je n'aime pas le Premier ministre israélien. Est-ce à dire que, pour la population juive, Israël n'est pas une démocratie ? C'est une démocratie. Une démocratie, cela ne signifie pas qu'on élise des gens qui sont de mon goût. S'agissant des États-Unis, les élections ne sont guère plus, à mon avis, qu'un exercice purement formel. Nous n'avons pas d'élections dans le même sens que d'autres pays en ont, des pays qui ne sont cependant guère eux-mêmes des modèles de démocratie. Prenez le deuxième plus grand pays de l'hémisphère américain, le Brésil. Il s'y est passé quelque chose qui paraît inimaginable aux États-Unis. On y a élu comme président une personne qui est réellement issue de la population, en l'occurrence un dirigeant syndical qui n'a pas fait d'études supérieures. Au Brésil, il existe réellement des partis politiques, contrairement aux États-Unis, où il n'y a que des organisations à fabriquer des candidats. Malgré ses très graves lacunes, le Parti des travailleurs brésilien est un parti politique. Les gens y participent de manières diverses ; il organise constamment toutes sortes d'activités, il propose des programmes sociaux et ainsi de suite. Il existe en outre des mouvements populaires de masse, comme le Mouvement des travailleurs sans terre, qui est d'ampleur énorme. Il y a des associations professionnelles, des syndicats, toutes sortes de choses. Avec une telle combinaison de ce que les politologues appellent des « associations secondaires », vous avez les fondements d'un certain degré de fonctionnement démocratique. Il devient alors possible pour la population d'élire une personne issue de ses propres rangs. Comparez cette situation à celle des États-Unis. En 2004, vous aviez deux hommes, tous deux issus d'un milieu extrêmement privilégié et extrêmement proche du pouvoir politique. Les deux sont allés à la même université d'élite et se sont joints à la même société secrète, une des sociétés secrètes de l'Ivy League qui offre une formation pour devenir membre de l'élite dirigeante. Les deux ont pu être candidats parce qu'ils étaient soutenus par les mêmes intérêts d'entreprise, à peu de choses près. Ils ont participé à une élection dans laquelle les problèmes ont été presque entièrement occultés. Cette élection était dirigée par l'industrie des relations publiques, elle était à peu près au niveau des publicités pour dentifrices. Car vous ne regardez pas une annonce dans l'attente d'apprendre quoi que ce soit. L'idée, c'est de tromper par l'image. C'est comme cela que s'est déroulée cette campagne. Les électeurs étaient souvent dans l'ignorance des prises de position des candidats sur les divers problèmes. Des études sérieuses ont en effet démontré que les électeurs étaient mal informés au sujet des positions des candidats[19]. L'élection a été détournée vers des sujets dont ne se soucient guère les gens qui dirigent le pays, vers les prétendues questions culturelles. La plupart des problèmes qui préoccupent vraiment les gens n'étaient tout simplement pas à l'ordre du jour.

Prenez la question [du programme national] de soins de santé. Durant la campagne électorale, le *New York Times* a rapporté que le candidat présidentiel démocrate John Kerry n'était pas en mesure de proposer un programme de santé gouvernemental, parce qu'« il y a fort peu de soutien politique à des interventions gouvernementales dans le marché des soins de santé[20] ». Mais regardez les sondages : depuis longtemps, selon la manière dont la question est posée, environ les deux tiers des personnes interrogées affirment que les États-Unis devraient disposer d'un système national de soins de santé[21]. Le fait que le système politique ne puisse aborder un problème qui préoccupe une grande majorité de la population est le signe d'une sérieuse détérioration de la démocratie. Les institutions formelles existent, mais elles ne fonctionnent pas. Alors, oui, il y a de sérieuses lacunes [dans les systèmes] démocratiques, et point n'est besoin de regarder vers l'Algérie pour en trouver.

ACHCAR : Le modèle algérien soulève deux problèmes. Le premier est le problème intérieur et le second l'attitude des forces extérieures. Le problème intérieur est l'absurdité de l'idée que l'on peut défendre la démocratie en l'abolissant. Sous prétexte d'empêcher que des forces que vous soupçonnez d'avoir un programme antidémocratique ne parviennent au pouvoir par des moyens démocratiques, vous annulez tout bonnement la démocratie ! Cela signifie que vous estimez que ces forces ont le soutien de la majorité de la population et que vous voulez empêcher la majorité d'exercer le pouvoir dans le pays. Vous établissez de la sorte le pouvoir d'une minorité s'appuyant sur la force, car, par définition, le pouvoir d'une minorité contre la majorité ne peut s'exercer que par la contrainte. Le résultat est une dictature militaire. En Algérie, cela a débouché sur une dégradation terrible de la situation, avec un coût énorme en vies humaines et une grave détérioration des conditions sociales et économiques. L'Algérie souffre encore de la terreur suscitée par l'affrontement entre, d'une part, les composantes du mouvement intégriste qui se sont radicalisées à la suite du coup et qui ont eu recours à des actes très violents et, d'autre part, la dictature militaire qui a commis de très nombreuses atrocités, ouvertement ou secrètement, la population se retrouvant entre l'enclume et le marteau. C'était une situation vraiment effroyable. De toute façon, en Algérie ce ne sont pas les urnes qui décident du pouvoir. On pourrait certes dire qu'il en va de même dans la plupart des pays du monde, mais dans des pays comme l'Algérie – ou, quant à cela, la Turquie – le vrai pouvoir est entre les mains des militaires. Ailleurs, le vrai pouvoir politique peut se trouver, par exemple, entre les mains des détenteurs du pouvoir économique. Si les intégristes islamiques avaient gagné les élections en Algérie, tout ce qu'ils auraient pu faire, c'est former un gouvernement comme celui de la Turquie, avec un pouvoir limité et sous le contrôle des militaires. En fait, cette issue aurait été bien préférable pour les Algériens : ces deux forces se seraient peut-être neutralisées l'une l'autre et équilibrées de manière pacifique, ce qui aurait pu contribuer à ouvrir un espace démocratique plus large. Le cas algérien illustre très clairement le fait que la suppression de la démocratie au nom de la démocratie entraîne des résultats désastreux.

Quant à l'attitude de l'Occident envers la question, elle n'a strictement rien à voir avec un quelconque attachement à la démocratie ou avec la haine de l'intégrisme. Encore une fois, le royaume saoudien est l'illustration flagrante du contraire. La raison pour laquelle les puissances occidentales ont soutenu le coup en Algérie est liée à la guerre du Golfe de 1991.

Pendant cette guerre, l'ensemble du mouvement intégriste islamique sunnite s'est scindé en deux dans tout le monde musulman. D'importants secteurs du mouvement, en s'opposant à la guerre, ont suivi leur base populaire, pendant que seule une minorité, qui est restée une alliée fidèle du royaume saoudien et des monarchies pétrolières, a soutenu la guerre. Si, en Algérie, le Front islamique du salut avait soutenu la guerre états-unienne en Irak – en prétendant par exemple qu'il se souciait de la souveraineté du Koweït – et s'il était resté un allié fidèle du royaume saoudien, Washington, à tout le moins, n'aurait certainement pas cautionné un putsch dans le pays – nouvel exemple de profonde hypocrisie. Or voilà qu'aujourd'hui on fait valoir le même argument en Irak, à savoir qu'on a besoin des États-Unis pour empêcher l'intégrisme, ou plutôt l'intégrisme à l'iranienne, de s'imposer. Washington considère le gouvernement saoudien comme un grand ami, mais empêcherait un gouvernement de type iranien de prendre racine en Irak, au nom de la laïcité. Voilà qui est tout à fait grotesque.

CHOMSKY : Cela n'a rien à voir avec l'intégrisme. Il s'agit de savoir qui vous soutient et qui ne le fait pas. En fait, les États-Unis sont passablement manichéens en matière de religion ; il y a ceux qu'ils soutiennent et ceux qu'ils combattent et, souvent, écrasent. L'Amérique latine, qui a l'expérience la plus longue en la matière, en est l'illustration la plus frappante. Pendant les années 1980, les membres de l'administration en exercice et leurs mentors ont, en fin de compte, fait la guerre à l'Église catholique, car celle-ci évoluait alors vers la théologie de la libération, chose intolérable. Et cette guerre fut sanglante.

Que quiconque puisse parler sérieusement de promotion de la démocratie faite par les États-Unis, cela, j'ai du mal à le comprendre. Ainsi, à l'époque même où Bush faisait ses déclarations au sujet de la promotion de la démocratie, Washington soutenait un coup militaire au Venezuela afin de renverser le gouvernement élu. Mais il a dû faire machine arrière à cause du tollé que cela a soulevé en Amérique latine où, dans une certaine mesure, on prend la démocratie au sérieux. Après cet échec, l'administration Bush s'est tout simplement rabattue sur ses tactiques habituelles de subversion, comme c'est le cas actuellement. Quoi qu'on pense du gouvernement vénézuélien, celui-ci est, de loin, le premier en Amérique latine en termes de soutien populaire au gouvernement élu. Et les États-Unis font tout leur possible pour le subvertir, de la manière la plus traditionnelle qui soit : c'est-à-dire en soutenant les groupes d'opposition, qu'on appelle « groupes prodémocratie » puisqu'ils s'opposent à un gouvernement auquel Washington s'oppose, même si ces groupes venaient tout juste de participer à un coup de main militaire contre un gouvernement élu.

Les États-Unis savaient que leurs candidats préférés allaient perdre largement l'élection de décembre 2005 au Venezuela. Ils ont donc soutenu, ou organisé – on ne le sait pas – un boycott. C'est un moyen classique de rendre illégitime un gouvernement qu'on rejette : on s'organise pour que l'opposition le boycotte. Ensuite on prétend que ce n'est pas une démocratie. Washington avait fait exactement la même chose au Nicaragua en 1984. Il était clair que le candidat favori des États-Unis allait perdre. En fait, il s'est avéré qu'il était un agent de la CIA. Ils ont manœuvré pour qu'il se retire, et ensuite ils ont pu prétendre que ce n'était pas une élection légitime. C'est un cas très intéressant, car à l'époque c'était probablement l'élection qui avait été le mieux observée de l'histoire. Or tous les observateurs internationaux – la Latin American Studies Association, diverses délégations parlementaires européennes et autres – ont confirmé que l'élection était équitable selon les normes latino-américaines[22]. Mais l'administration Reagan a déclaré que le Nicaragua était une dictature et l'élection a tout simplement disparu de l'histoire. Lorsque vous ne pouvez pas l'emporter, vous boycottez et vous délégitimez, entre autres tactiques, pour faire obstacle à la démocratie. Bien sûr, dans le cas du Nicaragua il n'y a pas eu que de la subversion : Washington a mené une guerre terroriste acharnée pour renverser le gouvernement sandiniste et y est finalement parvenu.

L'essentiel, sans entrer dans les détails, c'est que rhétorique démocratique et réalité non démocratique ont toutes deux une longue histoire aux États-Unis. Quiconque a un brin de jugeote sait qu'il ne faut tout simplement pas tenir compte de la rhétorique des dirigeants. Ainsi, pendant les élections irakiennes de janvier 2005, un ministre iranien a fait un discours très éloquent où il affirmait que l'Iran soutenait la tenue d'élections démocratiques en Irak et était favorable à la démocratie. L'a-t-on écouté ? Les articles érudits commençaient-ils ainsi : « Nous avons compris que l'Iran a affirmé clairement que la principale plate-forme de sa politique étrangère est la promotion de la démocratie» ? Or, c'est cela qui s'est passé aux États-Unis. Tous les articles de journaux commençaient à peu près comme ceci : «La promotion de la démocratie est la quintessence de la politique étrangère de Bush.» Sur quoi cette assertion s'appuie-t-elle ? Sur de la rhétorique. Le poids écrasant des preuves du contraire n'a aucune importance. Car le chef chéri a parlé : «D'accord, les choses se sont passées comme il l'a dit.» Les preuves passées et présentes disent toutes le contraire, mais quelle importance cela a-t-il ?

La démocratie depuis l'invasion de l'Irak

SHALOM : Certaines personnes soutiennent qu'indépendamment des intentions de Washington, l'invasion de l'Irak par les États-Unis a notamment eu pour conséquence davantage de démocratie au Moyen-Orient. Elles citent à cet égard le Liban en exemple.

CHOMSKY : À moins que la CIA ne s'attribue le mérite d'avoir posé la bombe qui a tué l'ancien Premier ministre libanais Rafic Hariri, déclenchant ainsi toute une chaîne d'événements, les États-Unis n'ont rien à voir avec la démocratie au Liban. Mais oui, cela pourrait être vrai. Il est intéressant sous ce rapport d'examiner les reportages publiés en Occident sur le Moyen-Orient, mettons ceux du *New York Times*. Ainsi, les correspondants du *Times* au Moyen-Orient ont à diverses reprises signalé qu'on a souvent l'impression dans la région qu'Oussama Ben Laden, en attaquant le World Trade Center, a apporté une contribution importante à la démocratie au Moyen-Orient. Cela est peut-être vrai. On pourrait en dire autant du fascisme japonais. Celui-ci était grotesque ; il est responsable d'atrocités horribles en Asie. Mais il a apporté une contribution majeure à la démocratie en Asie en déclenchant une chaîne d'événements qui ont évincé les envahisseurs européens. Faut-il alors faire l'éloge du fascisme japonais ? Lorsque vous prenez quelque chose d'aussi complexe qu'une société et que vous la fracassez avec une matraque, toutes sortes de choses peuvent arriver. Certaines d'entre elles peuvent avoir de bonnes suites, d'autres des suites bien moins bonnes. Cela n'a rien à voir avec le jugement que l'on porte sur les événements. Vous ne faites pas l'éloge d'Oussama Ben Laden ni celui du fascisme japonais, vous vous demandez ce qu'ils voulaient faire et ce qu'ils ont fait. Oui, il peut y avoir toutes sortes de conséquences. Il est concevable qu'avec le recul on affirme dans vingt-cinq ou trente ans que l'invasion de l'Irak a contribué à déclencher des forces de démocratisation au Moyen-Orient. Peut-être. Dans ce cas cette invasion aura fait autant de bien que le fascisme japonais ou Oussama Ben Laden.

ACHCAR : Si c'était cela le résultat historique, cela relèverait du domaine des conséquences involontaires. Car compte tenu de ce qu'entraîneraient au Moyen-Orient des choix réellement démocratiques – des gouvernements hostiles aux intérêts des États-Unis –, ce n'est certainement pas ce que souhaite Washington. Ce qu'il souhaite, conformément à sa définition de la démocratie, c'est mettre en place des gouvernements sous contrôle états-unien avec une façade démocratique, rien de plus. C'était cela le projet pour l'Irak.

L'administration Bush affirmait autrefois qu'après l'invasion l'Irak servirait de modèle dans la région. Aujourd'hui, l'Irak n'est certainement pas devenu l'exemple à suivre au Moyen-Orient. Au contraire, il est devenu un modèle effroyable, car les gens associent désormais cette démocratie à une profonde insécurité et à la guerre civile. C'est également un contre-exemple parce que les États-Unis, très consciemment, ont mis en œuvre en Irak une conception de la démocratie qui est inspirée du modèle libanais, en l'occurrence un modèle fondé sur une répartition ethnique et sectaire des fonctions. Voilà certainement une très mauvaise recette pour un système politique stable, car elle engendre toutes sortes de problèmes. J'ai rappelé antérieurement que l'administration Bush avait exercé certaines pressions sur ses alliés, ses États inféodés traditionnels, pour qu'ils mettent en œuvre des réformes « démocratiques » purement formelles – des modifications restreintes qui pourraient être introduites dans la structure despotique actuelle sans changer le cadre essentiel, mais qui pourraient être présentées à l'opinion publique états-unienne comme constituant un progrès pour la promotion de la démocratie. Une deuxième raison pour laquelle les responsables états-uniens soutenaient ces mesures, c'est qu'ils en étaient venus à la conclusion qu'ils avaient besoin d'une espèce de baromètre pour connaître l'évolution de l'opinion publique. En fait, la plupart du temps, c'est comme cela qu'ils envisagent les élections : comme des baromètres de l'opinion publique. Comme je l'ai déjà dit, Moubarak, quant à lui, a très astucieusement compris cela ; il s'est assuré que le baromètre indique le résultat le plus inquiétant possible à Washington. Aussi a-t-il ouvert dans ce but un espace réel, mais limité, aux Frères musulmans, et cela à dessein. S'il a ouvert cet espace à ces derniers et non à d'autres, c'est parce qu'il savait que le résultat inquiéterait Washington. Une fois la comédie terminée, il s'est vengé d'Ayman Nour, le candidat présidentiel relativement jeune qui avait osé le défier, en le condamnant à cinq ans de prison. Bien que Nour fût au goût de Washington, on n'a guère entendu parler de cette affaire, car les États-Unis ont bien reçu le message de Moubarak et ont cessé de le « harceler ».

À l'échelle historique, l'invasion de l'Irak a été un facteur important de déstabilisation de l'ensemble du Moyen-Orient. Certains parmi les plus fous des néoconservateurs en étaient toutefois vaguement conscients, comme en témoigne leur théorie sur l'« instabilité constructive[23] », laquelle a parfois eu des échos dans les discours de l'administration. Lorsqu'on leur disait : « Vous créez de l'instabilité », ils répliquaient : « C'est la démocratie ». Mais ce n'était qu'un argument défensif contre le fait qu'ils avaient réellement mis les intérêts des États-Unis en danger. L'administration Bush s'est comportée de la manière la plus stupide possible, et elle passera sans doute à l'histoire non pas comme le promoteur de la démocratie au Moyen-Orient, mais comme le fossoyeur des intérêts des États-Unis dans la région.

CHAPITRE 3

Les sources de la politique étrangère des États-Unis au Moyen-Orient

Le pétrole

SHALOM : Quel est le moteur de la politique des États-Unis au Moyen-Orient ?

CHOMSKY : Si le Moyen-Orient ne disposait pas des principales ressources énergétiques du monde, les décideurs ne s'en soucieraient guère plus aujourd'hui qu'ils ne se soucient de l'Antarctique. On sait depuis le début du XXe siècle, lorsque l'économie mondiale s'est convertie au pétrole, que les ressources énergétiques les plus considérables et les plus facilement accessibles sont situées au Moyen-Orient. Au cours des années suivantes, l'évaluation du potentiel quant à la richesse et à l'accessibilité de ces ressources a évolué, en l'occurrence à la hausse, et depuis les années 1920 on a une vision claire de l'ensemble de la situation. Bien que les États-Unis ne soient pas devenus eux-mêmes une puissance mondiale avant la Seconde Guerre mondiale, ils s'étaient néanmoins affirmés auparavant au Moyen-Orient, où ils avaient insisté pour que les compagnies pétrolières états-uniennes obtiennent une partie des ressources énergétiques de l'actuel Irak et des autres anciens territoires de l'Empire ottoman, ressources qui avaient au départ, après la Première Guerre mondiale, été partagées entre Britanniques, Néerlandais et Français. C'est au début des années 1930 que les entreprises états-uniennes ont pris pied en Arabie saoudite. Les autorités de Washington ont immédiatement reconnu qu'il s'agissait là d'un trésor énorme, et elles ont voulu le conserver pour elles. Aussi, pendant la Seconde Guerre mondiale, un conflit a-t-il éclaté entre la Grande-Bretagne et les États-Unis autour de la question du contrôle de l'Arabie saoudite. En 1943, le sous-secrétaire à la Marine William C. Bullitt a averti le président Franklin D. Roosevelt que les Britanniques tentaient de «rouler» les États-Unis afin de les priver de leurs concessions en Arabie saoudite[1]. C'est pourquoi Roosevelt a permis à l'Arabie saoudite de recevoir de l'aide sous forme d'un prêt-bail en vertu du raisonnement: «la défense de l'Arabie saoudite est vitale pour la défense des États-Unis[2]». C'est donc essentiellement pour tenir les Britanniques à l'écart et pour acheter la classe dirigeante saoudienne que l'Arabie a reçu de l'aide.

Il y a eu des développements semblables ailleurs. Ainsi, après la Première Guerre mondiale, on a découvert que le Venezuela – à l'époque dominé par la Grande-Bretagne – possédait d'importantes ressources pétrolières. Le président Woodrow Wilson a alors, à toutes fins pratiques, évincé les Britanniques du Venezuela pour s'emparer du pays.

Après la Seconde Guerre mondiale, les États-Unis étaient tout à fait disposés à voir les Britanniques agir en quelque sorte en partenaires pour contrôler le Moyen-Orient. Mais ces derniers ont été incapables de tenir ce rôle, de sorte que se sont graduellement développés entre la Grande-Bretagne et les États-Unis des rapports de totale dépendance, la Grande-Bretagne devenant presque un État inféodé. Dans un bon article d'un numéro récent de la grande revue de politique étrangère britannique *International Affairs*, publiée par le Royal Institute, la Grande-Bretagne est décrite comme «le porte-lance de la *pax americana*[3]».

Une chose importante qu'il faut garder à l'esprit, c'est qu'à l'époque les États-Unis ne voulaient pas contrôler cette région afin d'avoir le pétrole pour leur propre consommation. Car, jusqu'aux environs de 1970, les États-Unis étaient le premier producteur du monde, ou peu s'en fallait qu'ils le soient. Ils n'utilisaient guère le pétrole du Moyen-Orient, et aujourd'hui encore ils n'en ont pas vraiment besoin. Ils voulaient le contrôler parce que c'est un levier pour la domination mondiale. Ce qui les préoccupait surtout, c'étaient leurs rivaux industriels. Washington a toujours craint que l'Europe ne devienne ce qu'on appelle une troisième force, qu'elle ne parte dans une direction indépendante. Car elle le pourrait : c'est une région qui est en gros comparable aux États-Unis en ce qui concerne l'économie et la population et qui, à maints égards, est plus avancée. Jusqu'ici, un moyen de garder l'Europe dans un état de dépendance était de s'assurer qu'elle soit tributaire du pétrole et que les États-Unis contrôlent ce dernier. En fait, une bonne partie de l'aide fournie dans le cadre du plan Marshall pendant les années qui ont suivi la Seconde Guerre mondiale a servi à faire passer l'Europe de ses abondantes ressources en charbon aux ressources pétrolières contrôlées par les États-Unis. On a fait de même au Japon. Les décideurs états-uniens ont compris depuis longtemps qu'un tel dispositif donne aux États-Unis, comme l'a dit George Kennan[4], un droit de veto sur ce que les autres pourraient faire.

Zbigniew Brzezinski, un des plus perspicaces des commentateurs actuels, a récemment expliqué à son tour la situation. Bien qu'il ne se fût guère enthousiasmé pour l'invasion de l'Irak, il a néanmoins affirmé que le contrôle de l'Irak donnerait aux États-Unis un « avantage décisif » sur les autres sociétés industrielles, car si vous contrôlez le pétrole dont elles dépendent pour leur survie, elles dépendront de vos décisions pour bien d'autres choses – il s'agit d'un contrôle géopolitique[5]. Or, selon une analyse du National Intelligence Council publiée en 2000, *Global Trends 2015*, les États-Unis eux-mêmes dépendront en 2015 des ressources plus stables du bassin atlantique – dans l'hémisphère occidental et en Afrique occidentale[6]. C'est donc pour des motifs de domination planétaire que les États-Unis veulent contrôler les principales réserves énergétiques du monde qui se trouvent au Moyen-Orient.

Mon impression, c'est que, depuis le début, c'est cela le moteur. Certes, ont parfois joué au cours de l'histoire des préoccupations d'ordre stratégique – ainsi, pour les Britanniques, le Moyen-Orient était d'importance cruciale pour maintenir leurs lignes de communication avec les Indes. Mais je crois que, pour les États-Unis, de telles considérations ont été tout au plus d'importance secondaire. La pièce maîtresse était et est encore, essentiellement, l'énorme et incomparable ressource de cette région. Il est assez frappant de voir à quel point le simple fait de mentionner cela est l'objet d'un tabou. Pour toute personne douée d'un minimum de rationalité, il est évident que les États-Unis ont envahi l'Irak parce que celui-ci est situé au beau milieu des plus riches régions productrices de pétrole du monde. Or, on s'attend à ce que nous croyions que les États-Unis auraient envahi l'Irak même s'il ne produisait que des dattes et si toutes les ressources pétrolières du monde étaient concentrées en Afrique du Sud. Et si vous pensez autrement, on vous accuse de vous complaire dans une théorie de complot. Mais, en réalité, le pétrole est depuis toujours le moteur.

Lorsqu'ils dominaient la région à l'époque de la Première Guerre mondiale, au moment où l'on a commencé à prendre conscience de l'importance du pétrole, les Britanniques avaient élaboré une structure de contrôle. Lord Curzon, secrétaire aux Affaires étrangères britannique, a décrit la manière dont la Grande-Bretagne a dû mettre sur pied ce qu'il appelait une « façade arabe » – c'est-à-dire des États autonomes qui ne seraient que des façades derrière lesquelles les Britanniques régneraient au moyen de divers arrangements constitutionnels et autres[7]. Il y aurait donc apparence d'États indépendants, mais qui seraient en réalité gouvernés par les Britanniques, un peu à la manière des satellites est-européens de l'ex-Union soviétique ou des satellites d'Amérique centrale des États-Unis. Théoriquement, de tels États sont autonomes, mais, dans les faits, c'est essentiellement la grande puissance qui règne. Voilà le système qui avait été élaboré par les Britanniques au

Moyen-Orient. Ainsi, en 1932, l'Irak était théoriquement indépendant, mais les Irakiens ne pouvaient guère passer outre aux limites imposées par les Britanniques, situation qui a perduré jusqu'en 1958, lorsqu'ils ont évincé les Britanniques. Il en allait de même en Égypte et dans divers autres États arabes. Les États-Unis se sont alors emparés du système britannique et l'ont dans une large mesure maintenu, mais ils y ont ajouté un étage supplémentaire, ce qu'on a appelé les États périphériques. Ceux-ci serviraient de gendarmes – les flics de fraction sur place, comme l'administration Nixon les a appelés une fois – le commissariat central étant à Washington, avec une succursale à Londres. Ces États périphériques étaient de préférence non arabes, c'est pourquoi la Turquie était le principal d'entre eux. L'Iran, tant qu'il était gouverné par le chah, était également un État périphérique important. Le Pakistan, lui, a notamment fourni la garde royale aux rois saoudiens. Enfin, Israël a commencé de faire partie de ce système périphérique à partir de la guerre israélo-arabe de juin 1967.

Israël a rendu un énorme service au royaume saoudien en 1967 lorsqu'il a défait l'Égypte de Gamal Abdel-Nasser, qui constituait alors la principale menace contre le royaume. Si jamais nous pouvions un jour obtenir des documents d'archives de la famille saoudienne, je donnerais ma tête à couper qu'on y découvrira qu'elle a exercé des pressions sur Lyndon Johnson afin qu'il déchaîne Israël pour écraser Nasser. Il est difficile d'imaginer qu'elle ne l'ait pas fait, car il y avait alors une espèce d'alliance tacite. Cela a même été reconnu par les services de renseignement des États-Unis. En effet, l'agence de renseignement de la défense a diffusé notamment certains ouvrages où l'on décrit ce qui était vraisemblablement la politique des États-Unis. On y explique que le système états-unien dans la région s'appuie sur une alliance tripartite, une alliance tacite entre l'Arabie saoudite, où il y a le pétrole, l'Iran, qui est un État puissant, et Israël. En principe, l'Arabie saoudite était en guerre contre Israël, mais ils étaient fondamentalement alliés. Quant à l'Iran et Israël, ils étaient très étroitement alliés.

Il n'y avait pas reconnaissance réciproque, mais il y avait *de facto* une ambassade israélienne à Téhéran ; un agent y servait en réalité d'ambassadeur, et les principaux responsables faisaient la navette entre les deux pays.

Ce système de contrôle – façades arabes et gendarmes périphériques – a largement survécu à de nombreuses crises et s'est pour l'essentiel maintenu. J'estime que l'invasion de l'Irak n'en est qu'une péripétie.

ACHCAR : Le rôle central du pétrole dans la politique des États-Unis au Moyen-Orient ne relève pas de l'imaginaire. Il suffit pour s'en convaincre de lire les documents stratégiques émis par Washington depuis des décennies ; ils soulignent tous que le pétrole est le principal facteur étayant l'importance de la région. Et pourtant, comme l'a dit Noam, lorsqu'on fait valoir cela pour expliquer des invasions qu'ils justifient autrement, car l'argument pétrolier ne suffit pas aux yeux de l'opinion publique, on se fait morigéner. Néanmoins, la plupart du temps, l'explication est tout à fait transparente. Bien sûr, il y a moyen de l'exprimer de manière à la rendre plus digeste : les États-Unis protègent prétendument l'économie mondiale et son accès au pétrole. En effet, dans les documents stratégiques, les États-Unis se présentent systématiquement comme défendant non seulement leurs propres intérêts, mais également ceux de leurs partenaires et alliés contre les menaces les plus diverses.

Le pétrole est en fait le point focal de divers intérêts économiques et stratégiques. On ne saurait surestimer l'importance des intérêts d'ordre économique, qui sont considérables s'agissant de l'industrie pétrolière. Les compagnies pétrolières états-uniennes sont d'ailleurs plus prospères que jamais à la suite de la récente vague d'augmentations du prix du pétrole. Il faut également rappeler l'énorme importance stratégique de la maîtrise du pétrole, ce qui fournit aux États-Unis un avantage décisif sur leurs partenaires et rivaux potentiels. L'allégeance aux États-Unis du partenaire japonais est garantie, entre autres facteurs, par le contrôle des États-Unis sur ses sources de pétrole au Moyen-Orient. Mais la Chine, qui constitue une menace potentielle à l'hégémonie mondiale des États-Unis, est également bridée par ce même contrôle. On ne saurait comprendre la politique mondiale si l'on n'est pas attentif aux manœuvres auxquelles se livrent la Russie, la Chine, le Japon et les États-Unis autour de la question du pétrole.

CHOMSKY : Tout cela est en train de se cristalliser. Un Réseau asiatique pour la sécurité énergétique est actuellement en voie de formation. Il s'articule essentiellement autour de la Chine et de la Russie ; l'Inde et la Corée du Sud vont vraisemblablement s'y joindre et peut-être le Japon, bien que ce dernier soit ambivalent pour les raisons qu'a évoquées Gilbert. Il s'agit d'une tentative de mettre sur pied un vaste système de contrôle systématique des ressources énergétiques de cette énorme région asiatique. Car celle-ci dispose elle-même de ressources considérables, particulièrement en Sibérie. Ces pays aimeraient en outre que l'Iran se joigne à eux. Or, il est tout à fait possible que celui-ci – s'il en vient à la conclusion que l'Europe occidentale est trop inféodée aux États-Unis pour pouvoir agir indépendamment – renonce à l'Occident et se tourne vers l'Est pour se joindre à ce Réseau, dont il deviendrait une des clés de voûte. Cela serait un cauchemar pour les États-Unis.

Il est frappant de constater que l'Inde, bien qu'elle déploie de gros efforts pour maintenir sa nouvelle alliance avec les États-Unis, semble néanmoins avoir enfreint leurs ordres concernant un pipeline vers l'Iran. En effet, les États-Unis ont tenté avec acharnement de pousser l'Inde à renoncer à ce pipeline, mais elle a tout simplement refusé d'obtempérer. Là encore, il s'agit d'une initiative visant à l'indépendance énergétique.

Signalons en passant que le tabou qui interdit de faire état, aux États-Unis et en Grande-Bretagne, du pétrole irakien – on a presque affaire à un tabou religieux – engendre une très curieuse situation quant à l'ensemble du débat autour du retrait de l'Irak. De part et d'autre de l'éventail politique, de la gauche à la droite, quand on discute d'un éventuel retrait états-unien, on évite d'aborder la question des incidences en matière pétrolière. Or, pour les planificateurs états-uniens, cette question est forcément d'importance cruciale, car, pour eux, se retirer de l'Irak sans y laisser un État inféodé serait une catastrophe absolue. Ils perdraient ainsi leur position dans le monde. Imaginez ce qu'un Irak indépendant serait susceptible de faire. Qu'il soit démocratique ou non, il aura une majorité chiite, laquelle sera influente, voire vraisemblablement dominante. Celle-ci a déjà des liens avec l'Iran. L'ayatollah Ali al-Sistani, le plus éminent religieux chiite, y est né ; la brigade Badr, la milice qui contrôle pour l'essentiel le sud de l'Irak, y a été formée. Et ces relations s'intensifient. L'Irak chiite et l'Iran chiite ont déjà des rapports amicaux. Il y a en outre une importante population chiite en Arabie saoudite, tout juste de l'autre côté de la frontière, qui a été brutalement opprimée par la monarchie. Or, il se trouve que c'est là qu'est situé l'essentiel du pétrole saoudien. Un Irak indépendant dominé par les chiites encouragera certainement les initiatives autonomistes dans les régions chiites d'Arabie saoudite, en alliance avec l'Iran. Pensez seulement à ce que cela signifie : les principales réserves pétrolières du monde seraient en fin de compte hors du contrôle des États-Unis – voire, pis encore, elles seraient peut-être assujetties à un Réseau asiatique pour la sécurité énergétique dont le cœur serait la Chine. Il n'y a pas pire cauchemar pour Washington. Le fait qu'on n'aborde même pas le sujet dans toutes ces discussions sur le retrait de l'Irak est un cas époustouflant de cécité commandée par l'idéologie.

ACHCAR : Je crois que la question est néanmoins présente en filigrane. Lorsqu'on lit, par exemple, les déclarations des démocrates sur la stratégie de désengagement, il est clair que la préoccupation principale, c'est la question du pétrole. C'est pour cela qu'ils disent que les États-Unis ne peuvent pas simplement décamper.

CHOMSKY : Tu as raison de dire que la question est présente en filigrane, mais elle n'est jamais abordée ouvertement. On affirme que c'est pour des motifs de crédibilité que les États-

Unis ne peuvent pas simplement décamper, car un Américain ne décampe pas. Il est stupéfiant que personne ne puisse affirmer que nous ne pouvons pas simplement décamper parce que si nous le faisions, nous plongerions dans le cauchemar absolu : les réserves pétrolières du monde échapperaient à notre contrôle.

SHALOM : Certaines personnes avancent l'argument que cela entraînerait une dépression mondiale, perspective qui devrait préoccuper même les progressistes.

CHOMSKY : Cela aussi, c'est faux. La question n'est pas de savoir s'il y aura une dépression mondiale. Il s'agit de savoir si les États-Unis deviendront une puissance de seconde classe ; si Washington va rester sur la touche et dire : « D'accord, nous renonçons à notre position de domination mondiale. » Je n'ai pas trouvé une seule phrase dans quelque discussion publique sur le sujet, de la gauche à la droite, qui exprime ce qui devrait être la question centrale. Il en est de même avec toutes ces comparaisons entre le Viêt-nam et l'Irak. Elles n'ont aucun sens. Dans le cas du Viêt-nam, les États-Unis pouvaient atteindre leurs objectifs de guerre simplement en détruisant l'Indochine. Mais on ne peut pas détruire l'Irak. C'est inconcevable. Il est beaucoup trop précieux, il faut le contrôler. Le retrait du Viêt-nam a été une source mineure d'embarras pour Washington pendant quelques années, rien de plus. Le retrait de l'Irak serait une catastrophe absolue pour la domination mondiale des États-Unis.

ACHCAR : Cela a été reconnu dans les déclarations de personnes comme les anciens secrétaires d'État Henry Kissinger et George Shultz, qui affirment que l'Irak est un problème bien plus grave pour les États-Unis que le Viêt-nam. Car une défaite en Irak porterait un coup bien plus rude aux intérêts et à la crédibilité des États-Unis.

CHOMSKY : Notons les euphémismes. On utilise toujours le terme « crédibilité » – la crédibilité des États-Unis. Ce qui est en jeu, ce n'est pas la crédibilité, mais la direction du monde.

ACHCAR : Il faut lire entre les lignes. Les stratèges savent que les lecteurs qu'ils visent lisent entre les lignes.

CHOMSKY : Oui, au sein des cercles dirigeants, cela est certainement compris. Mais ça ne figure pas dans l'ensemble du discours public.

ACHCAR : Certains ajoutent qu'il serait cauchemardesque que des intégristes acquièrent le contrôle d'une ressource aussi importante que le pétrole.

CHOMSKY : Tout cela est exprimé en termes euphémiques. [ACHCAR : Hypocrites.] Ils se fichent des droits de la femme, ils se fichent de la religion, ils se fichent de la crédibilité ; ce qui les intéresse, c'est de diriger le monde. S'ils perdent les principales ressources pétrolières du monde, c'est fini. Car ils ne feraient pas que les perdre, ils les perdraient au profit d'une puissance d'avenir qui est un concurrent ! Une des raisons pour lesquelles ils haïssent tant la Chine, c'est que, au contraire de l'Europe, on ne peut l'intimider. La Chine est là depuis trois mille ans, elle fera ce qu'elle voudra, elle ne se laissera pas intimider. En fait, la Chine a déjà réalisé des percées en Arabie saoudite : elle a entamé des relations commerciales et a même des relations militaires limitées. Quant à l'Arabie saoudite, si elle voit le vent tourner, elle pourrait se joindre aux Asiatiques. Les conséquences pour les États-Unis seraient tout simplement effroyables. Mais on n'en discute pas, en raison du tabou. On ne nous permet pas d'imaginer que les États-Unis puissent obéir à des intérêts rationnels. Dans le monde intellectuel, dans le monde universitaire, dans les médias, on nous répète constamment que les États-Unis ne suivent pas des intérêts rationnels, mais des instincts moraux. Cela est si profondément enraciné que le débat en est presque surréaliste, de part et d'autre de l'éventail politique. Je ne me rappelle pas d'un exemple comparable.

SHALOM : Le citoyen lambda aux États-Unis ou en Europe occidentale peut-il voir un enjeu personnel en la matière, a-t-il un intérêt matériel à ce que le gouvernement des États-Unis réussisse dans sa mission de domination ?

CHOMSKY : S'il le croit, il faut le détromper. Le travail des mouvements progressistes consiste précisément à convaincre la population des puissances impériales que celles-ci n'ont absolument aucun droit à déterminer le cours des choses pour qui que ce soit.

Je suis souvent invité à donner des conférences en Europe – par des groupes plutôt progressistes, non par des droitistes, sinon on ne m'inviterait pas –, conférences où l'on aborde des questions telles que : « Est-il dans l'intérêt du monde que les États-Unis et l'Europe continuent à le dominer ? » ; « Qui dans le reste du monde le souhaite ? » De telles questions sont considérées comme légitimes par des gens qui sont plus ou moins des progressistes ou des libéraux, et non des fanatiques de droite. Une telle attitude a une longue tradition ; c'est, par exemple, la « mission civilisatrice » de la France. Des libéraux britanniques comme John Stuart Mill parlaient de responsabilité envers les barbares de l'Inde, de maintenir l'ordre afin de leur apporter les bienfaits de la civilisation. Aux États-Unis on appelle cela l'idéalisme wilsonien ! Mais voyez ce que Woodrow Wilson a fait à Haïti, en République dominicaine, et partout où il s'est immiscé. C'était monstrueux. Mais nous parlons néanmoins d'idéalisme wilsonien et de notre obligation d'enseigner au monde à bien se gouverner. Les peuples du tiers-monde, comme l'a dit le secrétaire à l'Intérieur de Wilson, sont comme de vilains enfants qui ont besoin d'une « main ferme[8] ». Il s'agit tout bêtement d'une conception impériale profondément enracinée qui imprègne toute la culture intellectuelle et morale. C'est une conception qu'il faut éradiquer.

Alors oui, c'est sans doute vrai. Le citoyen lambda en Europe et aux États-Unis pense probablement qu'il est important que les États-Unis maintiennent leur domination. Voilà exactement la tâche des mouvements progressistes : démanteler ce système de conceptions moralement grotesques et historiquement absurdes.

Israël, le lobby pro-israélien et la politique des États-Unis

SHALOM : Quel rôle le lobby pro-israélien joue-t-il dans la politique des États-Unis au Moyen-Orient ? Il arrive fréquemment que l'American Israel Public Affairs Committee (AIPAC) parvienne à convaincre 94 sénateurs sur 100 de signer certains de ses documents.

CHOMSKY : Les sénateurs sont contents de signer un document si cela leur apporte de l'argent et des votes et s'ils savent que cela ne veut rien dire. Ainsi, tous les ans, le Sénat approuve des résolutions affirmant que les États-Unis doivent reconnaître Jérusalem comme capitale unifiée et éternelle d'Israël, or ils savent que cela n'a rien à voir avec la politique. Ils peuvent alors signer librement, encaisser leurs chèques et gagner des voix. Pour ce qui est de l'influence effective, le lobby pro-israélien le plus influent, à mon avis, n'est pas l'AIPAC ; ce sont les intellectuels libéraux états-uniens. Je crois qu'ils jouent un rôle beaucoup plus important que l'AIPAC, réalité qui remonte à la guerre arabo-israélienne de juin 1967. Avant 1967, on ne parlait guère d'Israël. Mon ami Norman Finkelstein a parcouru une fois les anciens numéros de la revue *Dissent*, la revue des socialistes démocratiques, pour voir ce qu'elle avait à dire au sujet d'Israël. Avant 1967, il y avait une poignée d'articles sur Israël, la plupart plutôt désobligeants. Après 1967, la revue est devenue fanatiquement sioniste. Je me souviens qu'en 1982, époque où il y avait beaucoup de protestations à cause de l'invasion par Israël du Liban, a paru dans la presse israélienne un article plutôt ironique dans lequel on disait redouter, tout en le déplorant, que le Premier ministre Menachem Begin fasse perdre à Israël tout son soutien dans le monde. Et on ajoutait que la dernière personne qui agiterait le drapeau bleu et blanc d'Israël pendant que coulerait le navire serait Irving Howe, le coéditeur de *Dissent*. Or, avant 1967, Howe était tout à fait antisioniste, mais après cette date il a subitement changé son fusil d'épaule. Cela n'a rien à voir avec la guerre, cela a à voir avec la victoire d'Israël. En effet, après cette victoire, de nombreux libéraux de gauche sont devenus des ultrasionistes. Il s'agit d'un secteur important de l'opinion instruite aux États-Unis. Et ce ne sont pas nécessairement des Juifs ; beaucoup d'entre eux ne le sont pas.

À mon avis, cela a beaucoup à voir avec le Viêt-nam. Ces gens étaient essentiellement favorables à la guerre au Viêt-nam. Ils n'admettaient pas le fait que les États-Unis soient incapables d'écraser les Vietnamiens. Pour eux, c'était troublant et insultant. Tout cela était lié à ce qui se passait à l'intérieur du pays. En effet, un conflit entre Noirs et Juifs commençait alors à se dessiner à la faveur des clivages de classe. Dans les années 1960, de nombreux Juifs new-yorkais ont trouvé du travail dans la bureaucratie ou sont devenus enseignants, par exemple. C'était souvent eux qui se retrouvaient en position de superviser les communautés noires et hispaniques défavorisées. Le conflit du district d'Ocean Hill-Brownsville, en 1968, a marqué un véritable tournant dans les rapports entre Noirs et Juifs[9]. Par ailleurs, le mouvement féministe était en train d'émerger – les femmes commençaient à défendre leurs droits. Les jeunes n'obéissaient plus. Tout s'écroulait, que ce fût au Viêt-nam, à New York, dans la famille ou ailleurs. Et voilà qu'Israël nous montre tout soudain comment il faut traiter les parvenus du tiers-monde. Vous leur fracassez la figure et vous les écrasez, c'est formidable. Ça a valu aux Israéliens d'être admirés. C'était le début d'une véritable histoire d'amour, qui a changé la nature des discours. La moindre critique de la politique israélienne suscitait des tirades enragées, les gens en étaient réduits au silence. Le ton des discussions, leur contenu même, se sont énormément modifiés. Ce lobby était redoutable, et il l'est encore. Tous les reportages et commentaires sur la période de l'Occupation en ont été complètement défigurés. À mon avis, l'AIPAC est de bien moindre importance. L'intelligentsia libérale constitue donc le principal lobby pro-israélien. On n'en parle presque jamais lorsqu'il est question de lobbies, mais je crois que c'est le plus important à cet égard.

Oui, il a joué un rôle déterminant en transformant, voire en dénaturant gravement tout ce qui se produit aux États-Unis. Et il en est toujours ainsi. L'AIPAC, bien sûr, joue également un rôle important.

Il y a en outre un énorme bloc électoral d'importance : celui des chrétiens évangélistes. Ils constituent de loin le principal bloc électoral pro-israélien. Nombre d'entre eux sont antisémites, surtout ceux qui croient au ravissement. Songez à ce que signifie le ravissement : l'idée, c'est qu'après l'Armageddon, tous les Juifs vont soit se convertir au christianisme, soit aller en enfer. On ne peut pas être plus antisémite ! Mais ils soutiennent très fermement Israël, quelle que soit leur manière de concilier leurs actions avec leur théologie. Et Israël apprécie. Ainsi, le *Jerusalem Post*, le journal anglophone israélien, vient de lancer une nouvelle édition à l'intention des évangéliques chrétiens. Car on reconnaît qu'il s'agit là d'un bloc électoral important qu'on peut mobiliser – d'autant plus qu'aujourd'hui la droite chrétienne est devenue, pour la première fois, une importante force politique, pour d'autres raisons dont nous avons déjà discuté. Toutes ces influences ont donc leur importance, mais si vous les mettez sur le plateau de la balance, je crois qu'elles ne font toujours pas le poids contre la planification géopolitique des États-Unis. Si ces divers intérêts entrent en conflit, ce sont les planificateurs géopolitiques qui l'emportent. C'est ce qu'on constate d'un cas à l'autre.

Cela s'est vu récemment, une fois encore, relativement à un problème dont on a peu parlé aux États-Unis mais qui est très important en Israël. Aujourd'hui, l'économie israélienne est presque une caricature de celle des États-Unis. C'est une économie de haute technologie très militarisée, et son avantage comparatif est la production militaire de pointe, en association étroite avec les États-Unis. Or, Israël a besoin de marchés. Et le principal marché qu'il a tenté d'investir, c'est le marché chinois, ce qui déplaît aux États-Unis. Un conflit s'est donc développé entre Israël et les États-Unis au sujet de la vente par Israël d'équipements militaires de pointe à la Chine, conflit qui a éclaté à plusieurs reprises. Ces équipements sont fabriqués en Israël, mais ils sont étroitement tributaires des États-Unis puisqu'ils font largement usage des technologies états-uniennes. Aussi, en 2000, le président Bill Clinton a-t-il contraint Israël à annuler une importante vente d'armements, en l'occurrence la vente à la Chine du système de détection lointaine aéroporté Phalcon. Notons que le lobby pro-israélien n'a pas réagi, il n'a pas émis un son.

Il y a eu une autre controverse en 2005, laquelle s'est sérieusement envenimée. En effet, Israël avait vendu des missiles antiaériens à la Chine, et celle-ci, qui voulait les moderniser, avait signé un contrat avec Israël pour ce faire. Mais le Pentagone ne souhaitait pas qu'Israël accroisse la capacité militaire chinoise. Un véritable conflit a donc éclaté. Ce contrat était économiquement important pour Israël, mais les États-Unis ne voulaient pas qu'il le signe. Les choses en sont arrivées au point où le Pentagone a refusé de discuter avec ses homologues israéliens. On a imposé des sanctions. Les responsables du Pentagone ont demandé qu'Israël édicte une loi pour empêcher ces ventes et qu'il rédige une lettre d'excuses aux États-Unis, ce qu'Israël a fait. On a finalement réussi à arranger les choses, mais pour Israël ça n'a pas été une affaire bénigne[10]. Le lobby pro-israélien était tout à fait au courant de l'affaire, mais il n'a pas réagi. Il savait qu'il y avait mieux à faire que d'affronter la puissance états-unienne. Tant qu'il peut collaborer, ou travailler en étroite association avec elle, il peut se permettre de faire du tapage et de chanter bien haut ses propres louanges. Or, les Israéliens ne sont pas des idiots : ils ne vont pas affronter la puissance états-unienne ; ils ont donc fait machine arrière. C'était un des cas les plus saisissants. Chose frappante, cet épisode n'a, à ma connaissance, même pas été rapporté aux États-Unis, bien qu'on en ait fait largement état dans la presse israélienne pendant des semaines.

ACHCAR : Je crois qu'il s'agit là d'un point très important. C'est-à-dire que le principal facteur derrière la politique étrangère des États-Unis n'est certainement pas le lobby pro-israélien. C'est avoir une vision fantasmagorique de la politique que d'attribuer une importance décisive au lobby pro-israélien –cette vision est cependant très répandue. Bien sûr, on la tient largement pour vraie dans les pays arabes, mais elle est répandue partout dans le monde, même aux États-Unis. Derrière se tapit souvent une certaine mesure d'antisémitisme, surtout lorsqu'on se réfère à un « lobby juif » qui contrôlerait prétendument la politique étrangère des États-Unis. En fait, tout cela équivaut à mettre les choses dans le mauvais sens : croire qu'Israël dicte la politique des États-Unis, c'est croire que c'est la queue du chien qui remue sa tête. Il devrait être tout à fait évident, pour toute personne étudiant l'évolution de la politique étrangère des États-Unis, que le lobby pétrolier est bien plus important (s'agissant de l'orientation de la politique étrangère des États-Unis), et cela depuis les années 1930 et 1940, que n'importe quel lobby pro-israélien qu'on puisse pointer du doigt. Cela est corroboré par l'étude de l'évolution des rapports entre les États-Unis et Israël. Comme nous l'avons déjà mentionné, la valeur stratégique d'Israël est apparue au milieu des années 1960 – bien sûr, la guerre de 1967 était un tournant important, mais celui-ci s'inscrit dans une tendance qui existait déjà. Et qu'y avait-il derrière cette tendance ? Le principal problème en cause était la montée du nationalisme arabe progressiste, raison pour laquelle les États-Unis ont été contraints d'abandonner le royaume saoudien. Washington y a en effet perdu sa présence militaire directe. À l'époque, rappelez-vous, la logistique n'était pas ce qu'elle est devenue trente ans plus tard. Déplacer très rapidement des troupes comme on le ferait en 1990 n'était pas possible – c'est pourquoi les États-Unis ont ressenti comme un coup très dur le fait d'être chassés de cette région et de devoir démanteler l'importante base militaire qu'ils avaient installée à Dhahran, au cœur de la zone pétrolière du royaume saoudien. À l'époque, les États-Unis ont perdu du terrain dans l'ensemble du Moyen-Orient, car ils devaient affronter la montée du nationalisme arabe. Et il se trouve que les nationalistes arabes se sont emparés du pouvoir dans d'autres pays producteurs de pétrole, par exemple l'Irak, l'Algérie et, plus tard, la Libye. Tout cela a énormément accru aux yeux de Washington l'importance de l'État israélien, qui servait en quelque sorte de chien de garde ou de force étatsunienne par procuration. Bien sûr, pendant la guerre de 1967, Israël a très consciemment tenté d'abattre deux grands ennemis des États-Unis dans cette partie du monde – le gouvernement de Nasser en Égypte, et le gouvernement syrien qui, en 1967, était dirigé par l'aile gauche du parti Baath. À l'époque, la Syrie était considérée comme une espèce de deuxième Cuba, car l'aile gauche du parti baathiste faisait fréquemment usage de la phraséologie marxiste.

CHOMSKY : Quels étaient ses liens avec l'Irak à cette époque ?

ACHCAR : En Syrie, l'aile gauche a été au pouvoir de 1966 à 1970. Mais l'Irak n'était pas dirigé par les baathistes en 1967. Les baathistes étaient parvenus au pouvoir en Irak en février 1963, mais ils en ont été écartés en novembre de la même année ; ils n'ont repris le pouvoir qu'en 1968. Lorsque la guerre de 1967 a éclaté, la Syrie et l'Égypte étaient les deux ennemis principaux et prioritaires des États-Unis dans cette partie du monde. Et Israël, en vainquant ces deux ennemis des États-Unis, s'est avéré un formidable atout à cet égard.

La guerre de 1967 elle-même est une bonne illustration du rôle qu'Israël a fini par jouer comme atout stratégique des États-Unis. Les progressistes israéliens qualifiaient autrefois Israël de « porte-avions des États-Unis » – bien sûr, cette formule est une caricature, mais elle en dit long sur la nature des relations qui s'étaient établies. Pourtant, les intérêts israéliens n'ont pas toujours coïncidé exactement avec ceux des États-Unis. Nous en avons eu un exemple pendant la guerre de 1967, lorsque Israël a envahi et conquis la Cisjordanie, qui était alors sous domination jordanienne. Les États-Unis n'avaient en effet aucun intérêt particulier à ce qu'Israël s'empare de la Cisjordanie ; au contraire, celle-ci faisait partie du royaume jordanien, qui était un allié à toute épreuve du système occidental et, notamment, des États-Unis. Ainsi, la guerre de 1967 illustre bien, dans leurs grandes lignes, les rapports étroits et la convergence d'intérêts entre les États-Unis et Israël, mais sans qu'il y ait congruence parfaite des intérêts. En effet, de temps en temps apparaissent des motifs de divergence, lorsque le comportement d'Israël ou lorsque ses exigences ou ses revendications entrent en conflit avec les intérêts globaux des États-Unis dans la région – et, surtout, avec les exigences de stabilité des alliés des États-Unis dans la région, stabilité qui est souvent menacée par le comportement d'Israël. Cela explique également l'espèce de concurrence qu'il y a entre les Saoudiens et les Israéliens.

Ce que Noam a dit au sujet du royaume saoudien est indiscutable, à savoir que celui-ci était très content que l'Égypte soit vaincue en 1967, et ce, d'autant plus que Nasser était engagé dans une guerre directe contre le royaume saoudien au Yémen – les deux soutenaient des parties adverses dans une guerre civile yéménite. La défaite de l'Égypte aux mains d'Israël en 1967 signifiait en même temps la défaite de l'Égypte au Yémen, car Nasser a dû en retirer ses troupes. Par la suite, pendant les années 1970, le rôle du royaume saoudien s'est considérablement accru. Il y a d'abord eu la mort de Nasser lui-même en 1970, ce qui a mis un terme au nassérisme et entraîné la faillite du nationalisme arabe. Ensuite, il y a eu la flambée des prix du pétrole après la guerre arabo-israélienne de 1973, ce qui a accru considérablement le poids du royaume saoudien. Saoudiens et Israéliens ont alors entamé une espèce de concurrence afin de tenter d'influencer l'orientation de la politique des États-Unis dans un sens ou dans l'autre, conformément aux objectifs de chaque partie. Il y a donc, dans une certaine mesure, une concurrence tout à fait réelle entre les Saoudiens et l'État israélien, bien qu'ils fassent partie du même système. Cette concurrence est analogue à l'affrontement des lobbies aux États-Unis. En fait, cela relève du même système de lobbyisme, car Saoudiens et Israéliens exercent les uns et les autres une influence considérable au sein du système politique des États-Unis.

Israël et les intérêts des États-Unis

SHALOM : Permettez-moi de présenter quelques arguments que l'on fait souvent valoir contre votre raisonnement au sujet du lobby pro-israélien. Selon un de ces arguments, les États-Unis font obstacle au consensus international sur Israël et la Palestine qui préconise la création d'un État palestinien ; or, c'est précisément l'incapacité à mettre en œuvre ce consensus qui provoque l'instabilité dans la région. Israël n'est-il pas alors une source d'instabilité dans la région plutôt qu'un allié des États-Unis pour maintenir la stabilité ? Deuxième argument, vous parlez d'Israël comme d'une force agissant par procuration, mais, comme en 1991 pendant la guerre du Golfe, les États-Unis savent qu'aujourd'hui, en Irak, c'est un handicap pour eux que d'être identifiés très étroitement à Israël. Pendant la guerre du Golfe, on pouvait faire intervenir comme alliés les troupes syriennes ou égyptiennes, ou encore toute force arabe ou extérieure. Or, le seul pays qu'on ne pouvait pas faire intervenir, c'était Israël.

CHOMSKY : À mon avis, tout cela est vrai, mais cela répond à une autre question : quelle est la *bonne manière* de maintenir la stabilité ? Une des manières consiste à tenter de favoriser la paix et la justice et de satisfaire les besoins légitimes de la population. Dans ce cas, oui, on réduit les tensions. L'autre manière de maintenir la stabilité, c'est par les armes. Il s'agit de savoir de quelle façon on veut procéder. On pourrait en dire autant des bidonvilles aux États-Unis. Une manière de s'attaquer aux problèmes de la violence, de la criminalité, de la drogue, etc., c'est de mettre en œuvre des politiques sociales qui feront des villes des endroits où il fait bon vivre. L'autre manière, c'est de jeter des foules de gens en prison, d'avoir recours à un système policier répressif, etc. Il s'agit simplement de choisir comment on veut assurer la stabilité. En général, les États-Unis, non seulement au Moyen-Orient mais aussi à l'intérieur de leurs frontières, ont opté pour la manière forte. Je crois que la logique de tous ces arguments est juste, la question est de savoir quels moyens on choisit pour assurer la stabilité. Les systèmes de pouvoir optent très souvent pour la manière forte. Pour eux, c'est plus facile. Car choisir de satisfaire les besoins de la population entraîne des coûts – impôts, programmes divers, etc. Or la police ne coûte pas très cher. À mon avis, il en est de même sur la scène internationale. Alors, oui, vous pouvez dire qu'il y a erreur de jugement, par exemple, mais il n'en découle pas pour autant que ce jugement n'a pas été adopté délibérément.

ACHCAR : À cela s'ajoute le fait que l'importance d'Israël dépend d'autres facteurs de stabilité ou d'instabilité pour les intérêts des États-Unis. Israël n'est d'ailleurs pas le seul facteur en cause. Ainsi, le mouvement de guérilla palestinien est devenu un important facteur d'instabilité et une menace envers l'hégémonie des États-Unis dans la région – d'abord en Jordanie, où il a été écrasé en 1970, et ensuite au Liban. Cela était devenu une grave source d'inquiétude pour les États-Unis. Mais il n'était pas possible de régler le problème en créant un État palestinien. Ou bien celui-ci aurait été carrément un bantoustan, ce qui n'aurait rien réglé, ou bien il aurait été remis aux mains du mouvement palestinien, qui était considéré comme une menace terroriste et un ennemi dangereux. Ce n'était pas le moment d'exercer des pressions sur l'allié israélien.

Si vous regardez les choses sous cet angle, vous constatez que les pressions exercées par l'administration Bush père en 1991 sont les plus fortes exercées par les États-Unis sur Israël depuis le milieu des années 1960. Pourquoi ? Parce qu'entretemps, les États-Unis avaient rétabli leur présence militaire directe au Moyen-Orient. Ils avaient précisément inversé le facteur dont j'ai dit qu'il était à l'origine de l'importance accrue d'Israël à partir des années 1960. Aussi discutait-on avec anxiété en Israël d'une question existentielle : « Allons-nous perdre notre importance stratégique pour les États-Unis parce qu'ils ont rétabli leur présence militaire directe dans la région et parce que nous n'avons pas été utiles pendant la guerre en Irak ? » Les États-Unis avaient en fait exercé des pressions sur Israël pour qu'il n'intervienne pas pendant la guerre de 1991 contre l'Irak. Cela a engendré une véritable angoisse parmi les cercles sionistes en Israël au sujet des rapports stratégiques du pays avec les États-Unis. À l'époque, l'administration Bush avait en effet besoin de stabiliser la région et de s'assurer que l'hégémonie des États-Unis soit fermement rétablie. Mais le terme « rétabli » n'est pas le terme juste. L'hégémonie régionale des États-Unis n'avait jusque-là jamais atteint le niveau qu'elle a atteint en 1990-91, puisque auparavant il y avait plusieurs pouvoirs rivaux, entre autres l'Union soviétique et le nationalisme arabe. Les États-Unis voulaient donc stabiliser leur hégémonie unipolaire récemment acquise.

C'est à ce moment-là que l'administration Bush a réellement forcé la main au gouvernement israélien, qui était alors dirigé par le Likoud, parti de droite, afin que celui-ci participe au prétendu « processus de paix » – c'est-à-dire aux négociations qui ont débuté à Madrid, en Espagne, à la fin d'octobre 1991. C'était alors une période de fortes tensions entre Israël et le parrain états-unien.

Douze ans plus tard, Bush fils a fait quelques remarques qui traduisent une intention assez semblable. En effet, peu de temps après l'invasion de l'Irak en 2003, alors que l'administration croyait que ce serait une tâche facile que de contrôler l'Irak, le président a fait part de son intention d'exercer des pressions sur Israël afin que celui-ci soutienne sa « feuille de route ». Il s'agissait qu'Israël fasse les concessions nécessaires pour parvenir à un accord de paix quelconque ou pour remettre en branle la dynamique du processus d'Oslo, qui à l'époque s'était immobilisée. Mais le bourbier dans lequel l'administration s'était enlisée en Irak l'a empêchée d'exercer quelque pression sur Israël. Car elle ne pouvait pas courir deux lièvres à la fois : exercer de fortes pressions sur le Premier ministre Ariel Sharon tout en s'occupant des problèmes grandissants en Irak. Aujourd'hui, l'administration Bush est en train de perdre confiance au sujet de la force et de la stabilité de son hégémonie sur la région. Désormais, ce sont les décideurs états-uniens qui sont dans l'anxiété. Quel est notre avenir dans cette région ? Allons-nous subir une lourde défaite ? Et si oui, dans quelle mesure sera-t-elle catastrophique ? Ce n'est pas le moment, selon leur conception des choses, de mettre Israël dans l'embarras en exerçant de fortes pressions sur lui. La mesure dans laquelle le gouvernement des États-Unis est disposé à exercer des pressions sur son allié israélien pour qu'il fasse les concessions jugées nécessaires à un quelconque accord stabilisateur dépend donc très étroitement du contexte général et de l'ensemble des facteurs stratégiques favorisant la stabilité ou l'instabilité. Si l'on envisage la question uniquement à travers le prisme étroit d'Israël, on ne saurait comprendre le comportement de Washington, qui est déterminé par le contexte global.

CHOMSKY : Gilbert, cela m'intéresserait de savoir ce que tu en penses. Dans le monde arabe, le mythe de la puissance israélienne a servi en quelque sorte de réflexe défensif qui empêche les gens de tenter quoi que ce soit. On lit ou on entend partout : « Eh bien, que pouvons-nous faire ? Israël est si puissant aux États-Unis qu'il est inutile de tenter quelque initiative de diplomatie publique ou de toute autre nature. Nous allons tout simplement perdre. »

ACHCAR : Le mythe de la puissance israélienne a une fonction idéologique : il exonère les États-Unis de toute responsabilité. Et cela est parfait pour les Saoudiens, tout particulièrement, parce que cela leur permet de dire simplement : « Nous devons combattre les Juifs et leur influence nocive à Washington et tenter de gagner nos amis américains à notre point de vue, car nous avons des alliés aux États-Unis, que nous devons soutenir. » Devant un tel argument, on ne peut les blâmer d'être étroitement alliés aux États-Unis, puisqu'ils sont en concurrence avec les Israéliens pour obtenir les faveurs des États-Unis. La fonction idéologique de cet argument est donc claire.

CHOMSKY : Je pensais plutôt aux intellectuels arabes.

ACHCAR : Heureusement, ce ne sont pas tous les intellectuels arabes qui adhèrent à la thèse selon laquelle la puissance israélienne est déterminante. Une bonne partie d'entre eux pointeraient du doigt les États-Unis comme étant la source principale du problème, ou l'ennemi principal. [CHOMSKY : Et pas seulement un agent d'Israël ?] Oui, bien que la proportion d'intellectuels qui croient que les États-Unis sont l'ennemi principal ait sérieusement diminué en raison de la dynamique idéologique réactionnaire des dernières années.

SHALOM : Dans la période précédant la guerre en Irak, il y avait des personnes à gauche qui affirmaient que, puisque les compagnies pétrolières sont conservatrices et qu'elles ne veulent donc pas embraser toute la région, ce ne sont pas les intérêts pétroliers qui sont le moteur de la guerre. Il n'y aurait donc pas de raison logique pour que les États-Unis préconisent la guerre, si ce n'est qu'ils travaillent pour Israël. Voilà un exemple remarquable de la queue qui remue la tête du chien.

ACHCAR : Cette idée est répandue, mais elle est manifestement loin de la réalité.

CHOMSKY : Ce que dit Gilbert est également vrai aux États-Unis. Dans certains secteurs de la gauche, on se dit que si l'on peut exonérer les États-Unis et donner l'impression que le problème, c'est les Juifs, alors on n'est pas obligé d'affronter directement le pouvoir réel. On peut rester passif. On peut dire qu'en réalité les États-Unis sont de notre côté, qu'il nous faut seulement nous en prendre aux Juifs. D'une certaine façon, cela fait un peu penser à ce qui était écrit dans ce document « déclassifié » du Pentagone dont j'ai déjà parlé [au chapitre premier] : si l'on peut inciter les gens à concentrer leur attention sur quelque chose qui n'a pas d'importance, ils ne soulèveront pas les questions vraiment délicates.

ACHCAR : C'est un des procédés classiques de l'histoire, la désignation d'un bouc émissaire.

SHALOM : Il y a des gens, Noam, qui t'accusent de la même chose. Ils soutiennent que le combat difficile consiste à affronter la puissance du lobby pro-israélien. En affirmant que celui-ci n'a guère d'importance, tu évites le combat difficile.

CHOMSKY: Mais regarde leur manière de penser: «Il y a deux pouvoirs aux États-Unis, l'un est le gouvernement des États-Unis et l'autre est le lobby pro-israélien.» Lequel des deux est difficile à affronter? Nous est-il permis de discuter sérieusement? Quoi qu'on pense du lobby pro-israélien, il n'est rien devant la puissance du gouvernement des États-Unis.

ACHCAR: Noam n'a d'ailleurs jamais affirmé que le lobby pro-israélien n'a guère d'importance.

CHOMSKY: Oui, il a son importance. En fait, comme je l'ai déjà dit, il existe un véritable lobby pro-israélien. Or on le passe sous silence, je veux dire la communauté intellectuelle. Voilà un lobby important. Bien sûr, il est difficile de lui faire face, car dans ce cas il faut affronter l'opinion instruite. Elle ne vous tuera pas, mais vous serez submergé sous un déluge de mensonges et de dénigrement et tout le reste. Quant à ce que l'on considère généralement comme le lobby pro-israélien, on s'en moque. L'Anti-Defamation League (ADL) écrit de vilains commentaires sur vous? Est-ce que cela a de l'importance? Qu'y a-t-il de difficile à affronter l'ADL ou l'AIPAC? Cela coûte-t-il quelque chose? Non.

ACHCAR: Il y a en outre une évidente disproportion entre le degré d'attention qu'on accorde à ce lobby pro-israélien et celui qu'on accorde aux grandes sociétés pétrolières – même à gauche, même dans la gauche radicale.

CHOMSKY: Cela fait vingt-cinq ans que je suis sur la liste des personnes à abattre de l'ADL. Elle a un énorme fichier de propos calomnieux sur mon compte, qu'elle diffuse. Je le sais parce que, il y a environ vingt ans, tout juste avant un débat avec Alan Dershowitz[11], j'ai obtenu, grâce à une fuite, une copie de ce fichier, que quelqu'un dans le bureau de l'ADL était censé lui remettre – on avait écrit dessus «to Alan Dershowitz». C'était plutôt cocasse. Bon, l'Anti-Defamation League a un fichier sur vous, ou encore elle fait circuler des propos calomnieux à votre sujet. Cela a-t-il de l'importance?

SHALOM : En 1982, pendant l'énorme manifestation antinucléaire à New York, on a passé sous silence la cause la plus vraisemblable d'une guerre nucléaire, en l'occurrence le fait qu'à l'époque Israël était en train d'envahir le Liban.

CHOMSKY : C'est vrai, mais c'est parce que de puissants éléments dirigeants du mouvement antinucléaire font partie de la communauté intellectuelle libérale qui est amoureuse d'Israël. Ils font partie du lobby pro-israélien, de sa composante vraiment puissante, pas de l'AIPAC.

CHAPITRE 4

Les guerres dans le « Grand Moyen-Orient »

L'Afghanistan

SHALOM : Quelle est votre évaluation de la guerre des États-Unis contre l'Afghanistan en 2001 ?

CHOMSKY : À mon avis, la guerre en Afghanistan, telle qu'elle a été planifiée, est un des crimes les plus atroces des dernières années. En effet, les États-Unis sont allés en guerre en Afghanistan en s'attendant à plonger fort probablement 5 millions de personnes dans la famine. C'était criminel.

Le 16 septembre 2001, cinq jours après le 11 septembre, le *New York Times* a publié un article de John F. Burns, son principal correspondant en Afghanistan, dans lequel il affirme ceci : Washington a « exigé qu'on coupe les fournitures en combustible [...] et qu'on supprime les convois de camions qui apportent une bonne partie des denrées alimentaires, entre autres produits, à la population civile afghane[1]. » Lorsque j'ai lu cet article, j'ai cru que cela déclencherait un tollé dans le monde entier – on supprime les convois de nourriture dont dépendent 5 millions de personnes pour survivre[2] ! Mais rien. Anticipant les bombardements états-uniens, tous les organismes d'aide ont dû évacuer leurs travailleurs[3]. « C'est odieux », disaient-ils en quittant le pays. On pouvait le lire dans le *New York Times* : « Le peuple afghan est sur une bouée de sauvetage, et nous leur retirons cette bouée de sauvetage[4] », criaient-ils. Une fois que les bombardements eurent commencé, le nombre de personnes menacées de famine est passé à 7,5 millions[5] ; les organismes d'aide demandaient avec insistance qu'on fasse cesser les bombardements[6]. Les Afghans aussi poussaient les hauts cris, notamment certains des plus éminents d'entre eux. Ainsi, au cours d'un entretien avec Anatol Lieven pour le *Guardian*, le dirigeant de l'opposition afghane Abdul Haq, un des favoris des États-Unis, a vertement condamné les bombardements. Il a affirmé que les États-Unis ne procédaient à ces bombardements que pour « exhiber leurs muscles », qu'ils ne se souciaient pas de savoir combien d'Afghans étaient ainsi menacés et qu'ils sapaient les efforts des Afghans antitaliban pour renverser les taliban de l'intérieur[7].

Je dois ajouter que des groupes comme l'Association révolutionnaire des femmes afghanes (RAWA) s'opposaient vigoureusement à la guerre contre l'Afghanistan, mais on ne leur a pas prêté attention. Les 24 et 25 octobre 2001, après un peu plus de deux semaines de bombardements, se sont notamment réunis à Peshawar, au Pakistan, quelque 1 500 notables et chefs tribaux afghans – certains venaient de l'Afghanistan, d'autres du Pakistan. En réalité, on a assez largement fait état de cette réunion aux États-Unis ; le *New York Times*, entre autres, a publié plusieurs reportages majeurs sur le sujet. Les participants ont abordé les questions les plus diverses, et ils étaient souvent en désaccord. Mais une revendication faisait l'unanimité : Arrêtez les bombardements[8]. On l'a rapporté, mais les bombardements se sont poursuivis.

Heureusement, il n'y a pas eu de famine. Nous ne savons pas ce qui s'est passé. Personne ne s'est renseigné, car on ne regarde pas ses propres crimes en face. Quoi qu'il en soit, les bombardements n'ont en fin de compte pas tué 5 millions de personnes. Heureusement. Mais cela prouve-t-il que ces bombardements étaient raisonnables ? Non. Cela n'a absolument rien à voir. On pourrait tout aussi bien affirmer que le dirigeant soviétique Nikita Khrouchtchev a eu raison d'installer des missiles à Cuba en 1962 – parce que cela n'a pas déclenché une guerre nucléaire. Or, le fait que cela n'a pas eu lieu ne signifie pas qu'il a eu raison de risquer l'éclatement d'une guerre nucléaire. On évalue les actes selon leurs conséquences probables, et non selon leurs conséquences effectives. C'est élémentaire.

Les faits ne prêtent pas à controverse. Ainsi, Samina Ahmed, principale spécialiste sur l'Afghanistan de Harvard à l'époque, affirma dans un article publié dans *International Security*, revue tout ce qu'il y a de plus respectable, que, « parce que l'aide humanitaire a été désorganisée par les frappes militaires des États-Unis, des millions d'Afghans risquent fort de mourir de faim[9] ». Mais il semble qu'on n'ait pas compris ce que cela impliquait moralement que d'entreprendre des actes susceptibles de menacer de famine 5 millions, voire, selon les estimations ultérieures des auteurs mêmes de ces actes, jusqu'à 7,5 millions de personnes. Cela est tout à fait révoltant.

Hormis l'interruption des fournitures alimentaires quelques jours après le 11 septembre, il y a eu début octobre diverses manœuvres obscures. Les États-Unis ont exigé qu'on leur remette Oussama Ben Laden, et les taliban ont ensuite fait quelques gestes, affirmant notamment qu'il était peut-être possible de le remettre à un pays islamique. Diverses options de négociation se présentaient alors.

ACHCAR : Les taliban ont fait valoir un argument très sensé du point de vue du droit international. Ils ont demandé aux États-Unis de soumettre une demande d'extradition en bonne et due forme accompagnée de preuves. Le chef des taliban, le mollah Omar, a dit : « Donnez-nous des preuves, et nous le remettrons. »

CHOMSKY : C'est tout à fait juste. Ils ont dit : « Donnez-nous des preuves et nous étudierons la chose. » Demander à un gouvernement de remettre quelqu'un sans preuves, cela ne s'est jamais vu. Supposons que l'Iran dise : « Remettez-nous George Bush. » Y a-t-il une seule personne qui daignera écouter ? Cela est farfelu. Aujourd'hui, on connaît une des raisons pour lesquelles Washington n'a pas présenté de preuves. Il n'en avait tout simplement pas. En juin 2002, environ huit mois après les bombardements en Afghanistan, Robert Mueller, le chef du FBI, a pour la première fois informé la presse sur l'identité de ceux qui avaient participé aux attentats du 11 septembre 2001 : le FBI ne la connaissait pas. À la suite de ce qui était vraisemblablement l'enquête la plus approfondie de l'histoire, réalisée avec la collaboration de tous les services de renseignement, tout ce qu'il pouvait dire, c'est qu'il croyait que le complot avait peut-être été ourdi en Afghanistan, mais qu'il avait été planifié et mis en œuvre dans les Émirats arabes unis et en Allemagne[10]. Si l'on ne disposait pas de preuves sérieuses neuf mois après les faits, cela signifie qu'on n'en avait pas en octobre 2001. Huit mois après les faits, on avait des soupçons – ces soupçons sont probablement fondés, je les partage d'ailleurs – mais cela ne justifie pas qu'on livre quelqu'un. Par la suite, Bush a fait sa fameuse remarque selon laquelle les pays qui hébergent des terroristes sont des États terroristes, qui doivent être traités comme les terroristes eux-mêmes, et ainsi de suite. Imaginez ce que seraient les implications d'une telle politique si on l'appliquait aux autres ! Mais c'était la seule revendication : « Remettez-nous Oussama Ben Laden, sans preuves. Nous ne demanderons pas d'extradition parce que vous ne le méritez pas. » C'était là l'unique raison de la guerre.

Trois semaines après le début des bombardements en Afghanistan, le chef d'état-major de la Défense britannique, l'amiral Sir Michael Boyce, a déclaré : « La pression sera maintenue jusqu'à ce que les habitants du pays eux-mêmes comprennent que les choses se poursuivront ainsi tant qu'ils n'auront pas changé de dirigeants[11]. » Si l'on ne veut pas appeler cela une agression internationale, il s'agit assurément de terrorisme, tout à fait conformément à la définition la plus stricte – « Nous vous bombarderons jusqu'à ce que vous ayez renversé votre gouvernement. »

Par la suite, on a raconté que les États-Unis avaient toujours eu pour objectif humanitaire de pourchasser les taliban. Mais ce n'est pas vrai. Ce n'est que trois semaines après le début des bombardements qu'on y a indirectement fait allusion. Quel était le motif réel de la guerre ? En toute probabilité, exactement comme l'a dit Abdul Haq, exhiber les « muscles » des États-Unis, montrer que « c'est nous le patron ».

ACHCAR : L'administration Bush devait réagir aux attentats du 11 septembre. Il y a eu des réunions internes à ce sujet où l'on s'est demandé : l'Irak d'abord ou l'Irak ensuite ? La priorité a été accordée à l'Afghanistan parce qu'Al-Qaida y avait sa base et parce que le public états-unien comprendrait mieux ainsi que c'était là l'arène où il fallait réagir contre Al-Qaida – puisqu'on avait désigné Al-Quaida comme le coupable des attentats du 11 septembre. Bien entendu, à première vue, les décideurs des États-Unis avaient de bonnes raisons de vouloir détruire le réseau d'Al-Qaida.

Pour comprendre le reste de cette histoire, je crois qu'il faut d'abord exposer ce que n'étaient *pas* les motifs de l'entrée en Afghanistan. Je n'ajoute pas foi aux explications relatives à des projets états-uniens de construire des pipelines à travers l'Afghanistan. Elles ne tiennent pas debout comme élucidation des motifs de la guerre. C'est un fait que les États-Unis n'ont pas planifié et ne planifient pas le contrôle de l'Afghanistan de la même manière qu'ils tentent de contrôler l'Irak. Cette différence importante est illustrée par l'écart très important quant à l'ampleur du déploiement militaire des États-Unis dans les deux pays. Il y a dix fois plus de soldats états-uniens en Irak qu'en Afghanistan, bien que, comme l'exigerait toute tentative sérieuse de contrôler l'Afghanistan, il faille y utiliser beaucoup plus de soldats qu'il n'en faut pour contrôler l'Irak et, cela va sans dire, bien plus qu'il n'y en a présentement en Irak. Il en est ainsi en raison de la géographie de l'Afghanistan, de sa taille et de toutes ses complexités. Les États-Unis ont donc délégué à leurs alliés de l'OTAN la mission de contrôler la capitale parce qu'ils n'y tiennent pas vraiment eux-mêmes. Washington veut maintenir des bases en Afghanistan en raison de la position stratégique du pays, et non parce qu'il veut contrôler le pays en tant que tel. Celui-ci ne représente pas en lui-même un enjeu important, un bien-fonds important. En fait, le cadre idéologique engendré par le 11 septembre et par la guerre en Afghanistan a fourni l'occasion d'établir une présence militaire directe non seulement en Afghanistan, mais également en Asie centrale, laquelle, stratégiquement parlant, est beaucoup plus importante. En effet, des pays comme le Kirghizistan et l'Ouzbékistan, où les États-Unis ont installé des bases aériennes après le 11 septembre, se trouvent carrément dans l'ex-Union soviétique. Si vous ajoutez à cela l'engagement des États-Unis dans le Caucase, vous voyez que Washington tente de cerner dans un étau militaire le bassin de la Caspienne, qui est une importante source d'hydrocarbures, non seulement de pétrole, mais surtout de gaz.

Plus important encore, s'ajoute à cela une considération stratégique très importante qui n'est pas liée au pétrole, à savoir le fait que l'Afghanistan et, plus encore, l'Asie centrale sont situés, en termes géopolitiques, au cœur de la masse continentale qui s'étend de la Russie européenne à la Chine. Or, la coopération militaire croissante entre la Russie et la Chine depuis le début des années 1990 était, et reste, une source importante d'inquiétude pour les décideurs états-uniens, bien qu'ils n'en parlent guère. En fait, cette inquiétude va croissant. Ainsi, en août 2005 ont eu lieu des manœuvres conjointes entre les forces armées russes et chinoises – événement sans précédent. Le fait que les États-Unis sont militairement présents au centre de cette région est, du point de vue stratégique, d'une extrême importance. Après le 11 septembre, le président russe Vladimir Poutine s'est rendu compte qu'il ne pouvait pas empêcher les États-Unis d'intervenir dans cette région, parce que ceux-ci désiraient trop ardemment y intervenir, et parce qu'ils disposaient d'un prétexte idéologique : ils pouvaient justifier cette entreprise au public états-unien au nom de la « guerre à la terreur », d'autant plus que des despotes locaux étaient favorables à leur présence. Tout cela a mis l'administration Bush dans une position très avantageuse. Les Russes ne pouvaient pas s'opposer ouvertement à l'initiative des États-Unis, aussi Poutine a-t-il fait bonne contenance et tenté de limiter les dégâts et d'obtenir une compensation. Mais il n'a rien obtenu. Bush n'a fait aucune concession à la Russie, que ce soit au sujet du traité ABM[12] ou autre. Moscou a donc repris ses efforts pour lutter contre l'intervention des États-Unis à sa porte. Aussi la récente volte-face de l'Ouzbékistan au sujet de la base états-unienne dans le pays constitue-t-elle un revers important pour les États-Unis. Cette volte-face avait été souhaitée par l'Organisation de coopération de Shanghai, qui constitue actuellement le cadre principal de l'alliance sino-russe et qui regroupe la plupart des ex-républiques soviétiques d'Asie centrale, avec l'Iran, le Pakistan et l'Inde comme observateurs.

CHOMSKY : L'Organisation de coopération de Shanghai est une organisation parallèle au Réseau asiatique pour la sécurité énergétique. Il semble qu'elle soit en passe de se transformer en une organisation du type de l'OTAN axée sur l'Asie centrale, dans le but de tenir tête aux États-Unis.

ACHCAR : À première vue, cette organisation était au départ irréprochable aux yeux de Washington – elle s'intégrait à la guerre au terrorisme. Mais, en réalité, c'est une structure au moyen de laquelle les Russes et les Chinois tentent d'unir leurs efforts contre les incursions des États-Unis dans leurs domaines et contre les menaces envers leurs lignes de ravitaillement. Du point de vue de Washington, la valeur de l'Afghanistan consiste essentiellement en sa position stratégique. Au-delà de cela, il n'a pas réellement d'importance – outre le problème d'Al-Qaida, bien sûr, que l'administration Bush n'a pu résoudre, car jusqu'ici elle n'a réussi à capturer aucun des individus les plus recherchés.

CHOMSKY : Ce qu'elle a fait, c'est répandre Al-Qaida partout dans le monde, comme un cancer.

ACHCAR : Exactement.

Réagir au 11 septembre 2001

SHALOM : Alors, comment les États-Unis auraient-ils dû réagir au 11 septembre ?

CHOMSKY : C'était un crime grave, n'est-ce pas ? Alors, comment réagit-on à un crime ? Vous tentez d'abord d'identifier les criminels, ensuite vous les appréhendez et enfin vous les traduisez en justice. Vous ne pouvez évidemment pas les appréhender tant que vous ne les avez pas identifiés. La première étape consiste donc à tenter de les identifier. Comme je l'ai dit, on n'a jamais réussi à le faire. Huit mois après les attentats, on affirmait que la planification et la mise en œuvre avaient probablement eu lieu dans les Émirats arabes unis et en Allemagne. C'est donc là qu'il eût fallu chercher pour pouvoir les appréhender. De toute façon, la première étape consiste à identifier les auteurs du crime et à accumuler des preuves. Supposons que vous ayez des preuves mettant en cause Oussama Ben Laden – je suppose qu'elles seraient fondées –, alors vous l'arrêtez. Comment ? Vous demandez son extradition.

Voici une manière de procéder. Nous avons actuellement un exemple devant nous. En effet, le Venezuela demande l'extradition de Luis Posada Carriles, un des terroristes internationaux les plus notoires. Il est recherché au Venezuela pour sa participation à l'attentat qui est à l'origine de l'explosion, en 1976, d'un avion cubain, explosion qui a fait 73 victimes. Il a également participé à de nombreux autres actes terroristes. Le Nicaragua devrait le poursuivre pour sa participation à la guerre des Contras. Après son évasion miraculeuse d'une prison vénézuélienne en 1985, les États-Unis l'ont envoyé à la base aérienne d'Ilopango au Salvador, où il a travaillé dans le cadre de l'opération menée par Oliver North pour soutenir la guerre des Contras, opération terroriste internationale de grande envergure qui a tué beaucoup plus de personnes que les attentats du 11 septembre. Voilà donc un terroriste international notoire qui a réussi récemment à trouver refuge aux États-Unis, et dont le Venezuela demande l'extradition. C'est comme cela qu'il faut procéder. Mais, bien entendu, il y a un problème : les États-Unis ne veulent pas l'extrader. On va donc probablement l'envoyer en Floride, où il vivra heureux en compagnie, je suppose, de son ami Orlando Bosch, co-organisateur de l'attentat contre l'avion cubain qui est accusé par le FBI d'avoir participé à une trentaine d'actes terroristes – le FBI et le ministère de la Justice souhaitent que Bosch soit déporté parce qu'il représenterait une menace envers la sécurité des États-Unis. Mais George Bush père lui a accordé le pardon présidentiel. Rappelez-vous la doctrine de George W. Bush, qu'il avait annoncée au sujet de l'Afghanistan : les États qui hébergent des terroristes sont des États terroristes qui doivent être traités comme tels. Donc, selon George W. Bush, les forces aériennes devraient bombarder Washington. Cela dit, quelle est la bonne manière de procéder ? La bonne manière consiste à faire ce que le Venezuela et Cuba ont tenté de faire : recueillir des preuves solides qu'il s'agit bien de criminels et ensuite demander leur extradition. Dans le cas de Ben Laden, personne n'aurait exigé des preuves à profusion ; il aurait suffi de présenter des motifs raisonnables de son extradition et d'exercer des pressions sur les taliban pour qu'ils détruisent les bases d'Al-Qaida. Cela aurait peut-être bien marché. On ne peut pas le savoir tant qu'on n'a pas essayé. Si ça marche, tant mieux. S'il faut une opération internationale quelconque, eh bien soit, organisons-en une.

SHALOM : Une opération militaire internationale ?

CHOMSKY : Si nécessaire, mais c'est un dernier recours. Il faut d'abord passer par les étapes d'une enquête et d'une opération policières, comme pour tout acte criminel.

ACHCAR : Le Conseil de sécurité de l'ONU a adopté une résolution par laquelle il offrait ses services aux États-Unis. On ne demandait même pas des preuves, on était disposé à agir sur demande des États-Unis. Et on l'aurait fait. Car la Charte de l'ONU prévoit toute une gamme de mesures pour contraindre les États à se conformer aux décisions du Conseil de sécurité.

CHOMSKY : En fait, il n'aurait peut-être pas été nécessaire de contraindre les taliban. Bien qu'on ne puisse le prouver, ils ont laissé entendre qu'ils auraient peut-être coopéré. Mais les États-Unis n'ont pas voulu sonder le terrain, car ils voulaient bombarder l'Afghanistan.

SHALOM : Le Conseil de sécurité avait déjà pris des sanctions contre l'Afghanistan.

CHOMSKY : Oui, pour d'autres raisons. Mais les taliban ont donné à entendre qu'ils étaient disposés à envisager l'extradition. Nous ne savons pas exactement dans quelle mesure ils étaient sincères, ni ce qu'ils envisageaient, parce que les États-Unis ne voulaient rien entendre. Certes, il eût fallu franchir de nombreuses étapes – pas les États-Unis directement, mais le Conseil de sécurité – mais on ne peut rien faire de tel si l'on n'a pas de preuves. Or, dans ce cas, on aurait probablement pu avoir gain de cause sans preuves… En tout cas, la bonne manière de procéder est celle à laquelle a présentement recours le Venezuela dans le cas de Posada Carriles.

ACHCAR : Le fait est que le comportement de Washington trahit ce que nous venons de dire : son objectif principal ne consistait pas réellement à capturer Oussama Ben Laden.

CHOMSKY : Ni même à détruire les bases, puisque les taliban l'auraient peut-être également fait. Car ceux-ci n'étaient pas en très bons termes avec Al-Qaida. En fait, jusqu'en 1998, les rapports entre les taliban et Oussama Ben Laden étaient plutôt froids. Ni eux ni lui ne voulaient subir l'influence d'un concurrent. C'est à la suite du bombardement du Soudan et de l'Afghanistan commandé par Clinton qu'ils se sont rapprochés. Les bombardements commandés par Clinton sont en effet à l'origine du resserrement des rapports entre les taliban et Al-Qaida.

ACHCAR : Mais même là, on faisait souvent état de tensions, d'inimitiés et d'antipathies entre ceux que l'on appelait les guérilleros arabes en Afghanistan – c'est-à-dire Al-Qaida – et les Afghans, c'est-à-dire les taliban.

CHOMSKY : Vous savez, les chefs de l'opposition afghane – notamment Abdul Haq – avaient un argument plausible lorsqu'ils affirmaient qu'ils pouvaient renverser les taliban de l'intérieur. Nous savons aujourd'hui ce qu'ils savaient déjà – que le système de pouvoir des taliban était très ténu et très faible. On aurait peut-être pu le renverser de l'intérieur. Mais les États-Unis ne l'ont pas voulu ainsi.

ACHCAR : Mais, en réalité, c'est ce qui s'est passé en fin de compte. Les États-Unis n'ont pas à proprement parler envahi l'Afghanistan.

CHOMSKY : C'est vrai, ils ont utilisé l'Alliance du Nord, une bande de seigneurs de guerre et de terroristes. Mais Abdul Haq et les autres étaient des gens passablement sérieux qui auraient eu l'approbation de l'Occident. Ils auraient peut-être pu défaire les taliban de l'intérieur. Ils pensaient pouvoir le faire, mais les États-Unis ne l'ont pas voulu.

ACHCAR : Exactement. De même qu'ils ne voulaient pas que quiconque renverse Saddam Hussein de l'intérieur sans qu'ils puissent contrôler eux-mêmes l'Irak.

CHOMSKY : Et de même, ils n'ont pas permis à la rébellion chiite de l'emporter en 1991.

ACHCAR : En Irak, Washington a voulu mettre le grappin sur l'ensemble du pays. Mais dans le cas de l'Afghanistan il a simplement voulu y assurer une présence militaire et contrôler le gouvernement central.

CHOMSKY : En tout cas, il y avait de nombreuses options de rechange pour l'Afghanistan. La pire chose à faire, c'était de menacer des millions de personnes de famine. C'était horrible. C'est vrai que le 11 septembre était une terrible atrocité, mais s'il a marqué l'Occident, ce n'est pas parce que c'est une terrible atrocité – il y a eu beaucoup d'atrocités qui étaient pires encore – mais parce que c'était contre les personnes inadéquates. Vous ne faites pas cela à des gens comme *nous*, nous faisons cela à des gens comme *vous*. Comme en témoigne l'histoire. Les exemples sont légion. Il y en a un que j'ai déjà cité et qui rend des gens furieux, mais je le citerai de nouveau, car il est pertinent. Il s'agit du bombardement en 1998 de l'usine pharmaceutique d'al-Shifa au Soudan, lequel a probablement tué dix fois plus de personnes que les attentas du 11 septembre. La destruction de cette usine, qui comblait la moitié des besoins du pays, a entraîné, selon les meilleures estimations disponibles, la mort de dizaines de milliers de personnes extrêmement pauvres qui n'ont pu obtenir les médicaments dont elles avaient besoin[14]. Les États-Unis ont prétendu qu'ils croyaient qu'elle produisait également des armes chimiques. C'est vrai ou ça ne l'est pas. Mais cela n'a rien à voir. Supposons qu'Al-Qaida fasse sauter une énorme installation chimique à Londres parce qu'elle soupçonne que cette installation participe à un programme d'armements quelconque, tuant ainsi, toutes proportions gardées, des centaines de milliers de personnes. Cela serait-il légitime ? Ce serait aberrant.

C'est vrai que le 11 septembre est une atrocité horrible. Ce n'est toutefois pas l'horreur de l'atrocité qui a suscité la réaction que l'on sait, mais l'identité des victimes. Lorsque nous avons tué des gens en nombre bien supérieur au Soudan et, au fil des siècles, à tant d'autres endroits, c'est à peine s'il y a eu une réaction.

L'Afghanistan aujourd'hui

SHALOM : Qu'en est-il de l'Afghanistan aujourd'hui ? Est-il une vitrine exemplaire ?

CHOMSKY : L'Afghanistan n'est pas une vitrine exemplaire, mais on pourrait peut-être soutenir qu'il est aujourd'hui en meilleure posture . Il faut plutôt se demander si l'Afghanistan est aujourd'hui en meilleure posture qu'il ne le serait si on avait laissé les Afghans renverser eux-mêmes les taliban, ce qu'ils auraient probablement fait. Or il y a une autre question. Considérons le cas de l'Inde. Est-elle en meilleure posture aujourd'hui qu'elle ne l'était sous les Britanniques ? Oui, en bien meilleure posture : depuis que les Britanniques ont été chassés, la population indienne n'a subi aucune de ces famines gigantesques qui ont tué des dizaines de millions de personnes. Faut-il alors célébrer Pearl Harbor tous les ans le 7 décembre ?

Car, comme je l'ai déjà rappelé, Pearl Harbor a déclenché une série d'événements qui ont chassé l'homme blanc de l'Asie.

ACHCAR : Il est tout à fait discutable, en fait, que l'Afghanistan soit aujourd'hui en meilleure posture. Cela est même mis en doute par certains organismes de défense des droits de la personne. Plusieurs indices vont en ce sens. Le fait est que les États-Unis, parce qu'ils n'avaient pas besoin de contrôler entièrement le pays, ont eu recours à des forces qui ont renversé les taliban par procuration. Il s'agit des seigneurs de guerre de l'Alliance du Nord, qui n'étaient certainement pas meilleurs que les taliban. En fait, si les taliban ont pu s'emparer si facilement du pays en 1996, c'est précisément en raison de la haine et du ressentiment de la majorité des Afghans envers ces mêmes seigneurs de guerre de l'Alliance du Nord. Les taliban ont en effet fourni aux Afghans une chose à laquelle ils aspiraient ardemment : la stabilité. Bien sûr, cette stabilité s'accompagnait d'une idéologie et d'une pratique intégristes très obscurantistes et très arriérées, pires que moyenâgeuses. Mais ils ont néanmoins apporté une certaine dose de stabilité. Voilà l'explication principale de l'arrivée des taliban au pouvoir. Ils n'y sont pas parvenus grâce à la supériorité de leurs moyens militaires – en fait, ils n'étaient pas très bien armés. Certes, ils étaient soutenus par l'allié des États-Unis qu'est le Pakistan et avaient la bénédiction de Washington – deux sources importantes de puissance. Mais c'est pour la raison que j'ai indiquée qu'ils ont été acceptés par une majorité relative d'Afghans. Ce qu'ont fait les États-Unis, c'est précisément favoriser le retour des seigneurs de guerre, qui avaient provoqué tant de désastres lorsqu'ils gouvernaient le pays après l'écroulement en 1992 du régime Najibullah, lequel avait survécu au départ des troupes soviétiques en 1989.

On pourrait dire que Kaboul, la capitale, où sont concentrées les troupes de l'OTAN, est en meilleure situation qu'elle ne l'était sous les taliban. Mais le reste du pays est en général sous le contrôle des seigneurs de guerre, ainsi que le nouveau soi-disant parlement, qui est une caricature absolue de tout ce qui à trait à la démocratie. C'est une moquerie que de mettre sur pied des institutions comme un parlement dépourvu de tout contenu démocratique réel, et contrôlé par les forces quasi moyenâgeuses les plus arriérées, et d'appeler cela la démocratie. Les seigneurs de guerre contrôlent aujourd'hui l'essentiel du pays et laissent Hamid Karzaï, le pantin des États-Unis, jouer le rôle de président et servir de façade au pays, comme le souhaitent les États-Unis. S'agissant des droits de la personne, le pays n'est certainement pas en meilleure situation aujourd'hui qu'il ne l'était sous les taliban. Il est encore soumis à un régime intégriste islamique tout à fait réactionnaire. Dans la plupart des régions, les femmes souffrent toujours de la même oppression intolérable. En outre, la situation s'est même aggravée pour des secteurs importants de la population afghane, car, bien que les taliban soient des gens tout à fait réactionnaires, du moins respectaient-ils leurs propres règles – assurément des règles très réactionnaires – alors que les seigneurs de guerre exercent le pouvoir de manière tout à fait arbitraire. Ils n'agissent que conformément à leurs intérêts. Prenez la production de la drogue, par exemple. Sous les taliban, la production et le trafic des narcotiques avaient considérablement diminué, mais l'Afghanistan est redevenu ce qu'on appelle un « narco-État ». Affirmer que ce pays est une vitrine exemplaire ne peut être que très ironique. De toute évidence, l'administration Bush ne se soucie guère de la situation intérieure en Afghanistan. Je crois qu'elle n'a même jamais eu l'intention de changer ce pays pauvre. Elle était peut-être assez stupide pour croire qu'il serait facile de contrôler l'Irak, mais elle ne pourrait être assez stupide pour s'imaginer qu'il serait facile de contrôler l'Afghanistan. Elle savait que ce pays était incontrôlable, c'est pour cela qu'elle n'y a déployé que 19 000 soldats.

SHALOM : 19 000 soldats états-uniens, mais il y a les troupes de l'OTAN et celles d'autres pays.

ACHCAR : Oui, cela représente quelques milliers de soldats supplémentaires, mais ce n'est encore rien comparé à ce qu'il faudrait déployer en Afghanistan si l'on voulait vraiment maîtriser la situation dans ce pays.

SHALOM : Alors, que faut-il faire maintenant ? Que devraient réclamer ceux qui luttent pour la justice ?

CHOMSKY : Des réparations. Des réparations massives par ceux qui se sont immiscés dans le pays – les États-Unis et la Russie.

SHALOM : À qui faut-il donner ces réparations ?

CHOMSKY : Il faut trouver des organisations locales qui fonctionnent bien, et il y en a. Certaines sont étrangères. Il y a par exemple un dispensaire étranger qui est dirigé par Gino Strada, un extraordinaire médecin italien qui a dirigé des dispensaires et de petits hôpitaux un peu partout dans le monde, en particulier en Afghanistan. Son organisation était là sous les Russes, sous les seigneurs de guerre, sous les taliban et pendant la guerre états-unienne. Elle y est encore. Elle est de taille modeste, mais elle mérite qu'on l'aide. Il y a également des organisations proprement afghanes, notamment des organisations féminines et divers autres groupes locaux. Dans la mesure où il y a quelque chose à faire avec le gouvernement Karzaï en place, c'est cela qu'il faut faire. Mais la tâche essentielle consiste à trouver des mécanismes permettant de compenser les atrocités commises pendant les vingt-cinq dernières années contre la population afghane par les Russes et les États-Uniens. Ce n'est pas pour libérer le pays que les États-Unis ont organisé les jihadistes islamiques en Afghanistan pendant les années 1980. Ils l'ont fait pour leurs propres raisons. Et cela a gravement nui à l'Afghanistan. Or, il semble ressortir des données historiques contenues dans des archives russes qui ont été partiellement divulguées que les Russes se seraient retirés de l'Afghanistan un an ou deux après l'intervention étrangère. Mais lorsque la résistance afghane a commencé à recevoir de l'aide de l'étranger, les Russes se sont obstinés à rester dans le pays. Rien de tout cela n'a été fait pour aider les Afghans. Cela leur a fait beaucoup de mal, tout comme l'invasion russe. Voilà qui mérite réparations.

SHALOM : Qu'en est-il des troupes états-uniennes et alliées qui sont dans le pays ?

CHOMSKY : Les troupes états-uniennes ne devraient pas être là. Si tant est qu'il faille intervenir, il faudrait envoyer des forces qui soient sous le contrôle de l'Assemblée générale de l'ONU, afin d'éviter l'intervention du Conseil de sécurité. L'Assemblée générale n'est pas grandiose, mais, en tout cas, elle est moins ridicule que le Conseil de sécurité, avec ses règles et procédures d'adhésion et de scrutin tout à fait antidémocratiques. Il faudra cependant trouver un financement, car les États-Unis ne veulent pas financer les Nations unies. Soit dit en passant, la *population* des États-Unis souhaite les financer. Il s'agit là d'un de ces nombreux écarts béants entre l'opinion publique et la politique publique aux États-Unis. La population souhaite en effet accroître considérablement le soutien du pays aux opérations de maintien de la paix de l'ONU, ce qui serait réalisable si l'on transformait les États-Unis en une démocratie authentique où l'opinion publique a de l'importance. Il existe certainement d'abondantes ressources pour aider l'Afghanistan. Mais ce ne sera pas facile d'y arranger les choses ; ce sera même difficile, comme le dit Gilbert. Je ne sais pas ce que l'on peut faire pour le pays. Il faudra que les Afghans le fassent eux-mêmes, indépendamment de ce que pourront faire les autres. Toute aide extérieure doit en tout cas être constructive et désintéressée. Elle ne doit donc pas être fournie par une grande puissance.

ACHCAR : Je suis d'accord. C'est un fait que, par leur présence en Afghanistan, les États-Unis sont en train d'attiser le retour des taliban – comme en Irak, où leur présence attise ce qu'on appelle l'« insurrection ». Une forte proportion de la population afghane est ulcérée par la présence des troupes états-uniennes, qu'elle déteste profondément. Il y a d'ailleurs en Afghanistan les mêmes complications ethniques et sectaires qu'on trouve en Irak : les Pachtouns y sont plus ou moins dans la même situation que les sunnites arabes irakiens, sauf qu'ils constituent une majorité relative. On assiste réellement en Afghanistan –

comme le confirment de nombreux témoignages – au retour, voire à l'accroissement de l'influence des taliban, et cela partout dans le pays. Tout ce que l'on peut dire, c'est que les États-Unis doivent se retirer immédiatement de l'Afghanistan.

CHOMSKY : Ils doivent également démanteler leur base aérienne à Baghram.

ACHCAR : En effet. Quant à la présence des troupes onusiennes dans le pays, je crains que l'action militaire des États-Unis n'y ait engendré un véritable dilemme. Ou bien le pays est gouverné par les seigneurs de guerre, avec un certain niveau de coopération entre eux en raison de la présence étrangère, ou bien, si celle-ci est supprimée, il y aura une reprise de la guerre intestine entre seigneurs de guerre qui a amené les taliban au pouvoir. Je crains que ce ne soit un exemple d'une de ces situations tragiques que l'on trouve aujourd'hui dans certaines parties du monde en raison des politiques irresponsables des États-Unis. Il est difficile de trouver quelque solution satisfaisante. Mais une chose me paraît claire : les États-Unis doivent quitter le pays. Si les Afghans souhaitent que des troupes étrangères soient déployées dans leur pays, ces troupes, en tout cas, ne doivent pas comprendre des troupes états-uniennes ni être sous le contrôle des États-Unis par OTAN interposée, ni, comme l'a dit Noam, comprendre des troupes de quelque autre grande puissance.

Les États-Unis et l'Irak en 2003

SHALOM : Tournons-nous vers l'Irak. Pourquoi les États-Unis ont-ils envahi le pays en 2003 ?

CHOMSKY : Je partage l'opinion des habitants de Bagdad. En novembre 2003, le président a fait au National Endowment for Democracy[15] l'éloquent discours auquel Gilbert a fait allusion, par lequel il a expliqué qu'il poursuivait sa mission messianique pour apporter la démocratie au Moyen-Orient et que c'est pour cette raison que les États-Unis avaient envahi l'Irak. La presse s'est pâmée d'admiration devant cette guerre, la plus noble de l'histoire. Quelques jours plus tard, la maison Gallup a rendu public un sondage réalisé à Bagdad peu de temps auparavant. Ce sondage contenait la question ouverte suivante : « Pourquoi, à votre avis, les États-Unis ont-ils envahi l'Irak ? » Quelques personnes interrogées – 1 % – étaient d'accord avec la vision messianique. Un habitant de Bagdad sur cent, donc, a répondu que l'objectif de la guerre était d'apporter la démocratie ; 5 % ont dit que son objectif était d'aider les Irakiens et 4 %, de détruire les armes de destruction massive. Mais une majorité relative, soit 43 %, ont répondu qu'elle avait pour objectif de « voler le pétrole de l'Irak[16] ». En gros, j'estime que cela est juste. Car l'Irak possède d'énormes ressources énergétiques – en fait, elles sont inconnues parce qu'elles restent inexplorées. Mais on considère généralement qu'elles sont les deuxièmes du monde, après celles de l'Arabie saoudite ; en outre, leur exploitation est fort peu coûteuse et elles sont extrêmement accessibles. Il n'est pas nécessaire de forer à travers le pergélisol ni de s'embarrasser de sables bitumineux – il suffit d'enfoncer un tuyau dans le sol. Nous avons déjà rappelé que les décideurs ont compris que celui qui contrôle les ressources énergétiques de la région dispose d'un pouvoir énorme – c'est ce que George Kennan a appelé il y a une soixantaine d'années un « pouvoir de veto » sur les rivaux. Nous en avons récemment vu un exemple en Europe avec l'interruption des livraisons de gaz russes à l'Ukraine. Il suffit que la Russie ferme le robinet pour faire paniquer l'Europe. Mais cette menace n'est guère crédible, car la Russie n'est pas assez puissante pour la mettre à exécution. Or, de la part des États-Unis, une telle menace serait redoutable. Il suffit qu'ils disent : Augmentons le prix du pétrole. L'invasion de l'Irak confère donc à Washington un pouvoir énorme. Il s'ensuit également que les compagnies pétrolières états-uniennes et britanniques seront mieux placées pour exploiter les ressources irakiennes que, mettons, les françaises ou les russes, qui avaient auparavant conclu des marchés importants avec Bagdad. L'Irak offrira en outre aux États-Unis un emplacement excellent pour leurs bases militaires, étant donné, comme l'a admis le Pentagone, qu'ils ne peuvent pas conserver leurs bases militaires en Arabie saoudite.

Il y avait donc, pour qui veut dominer le monde, toutes les raisons d'envahir l'Irak. De plus, cela paraissait facile. J'avais moi-même supposé qu'en trois jours environ la guerre serait terminée et qu'il serait aisé pour les États-Unis de reconstruire le pays. Cela semblait être la conquête la plus facile de l'histoire, mais elle est devenue une des pires catastrophes militaires de l'histoire. J'estime qu'il était raisonnable de supposer que la victoire serait très facile. L'Irak ne tenait qu'avec du ruban adhésif, car il avait été dévasté par les sanctions. On ne le savait pas à l'époque, mais aujourd'hui on sait que les États-Unis et la Grande-Bretagne ont bombardé l'Irak très intensivement pendant au moins un an avant l'invasion pour s'assurer qu'aucune défense ne serait possible. À ma connaissance, le budget militaire de l'Irak était comparable à celui du Koweït, dont la population est inférieure au dixième de celle de l'Irak. Par ailleurs, les États-Unis étaient en mesure de reconstruire facilement le pays. L'invasion, si elle avait été menée intelligemment, aurait mis un terme aux sanctions, qui étaient en train de détruire le pays, et aurait débarrassé celui-ci de Saddam Hussein, au soulagement de l'écrasante majorité de la population. On aurait pu envoyer une classe du département de génie électrique du MIT pour remettre en état le système électrique et on aurait pu investir tout l'argent qu'on voulait pour reconstruire le pays. Il n'existait alors aucun soutien extérieur pour une quelconque insurrection. C'est par leur brutalité et leur férocité que les États-Unis auront quasiment créé une insurrection. La victoire paraissait facile et l'enjeu était énorme. C'est donc tout naturellement, à mon sens, que les États-Unis ont pensé qu'ils réussiraient facilement l'opération, car les motifs de l'invasion étaient impérieux, abstraction faite, bien entendu, de toute tentative de justification. L'Allemagne aussi, bien sûr, avait ses raisons d'envahir l'Europe occidentale. Oui, je crois que l'analyse des habitants de Bagdad est tout à fait plausible.

ACHCAR : Il y a un autre aspect de la question qui est intéressant : pourquoi les États-Unis ont-ils envahi l'Irak en 2003 et pas avant ? Et, tout particulièrement, pourquoi les États-Unis n'ont-ils pas envahi l'Irak en 1991 ? À mon sens, cette question est directement liée à notre discussion antérieure au sujet de la politique des États-Unis et de l'invasion du Koweït par l'Irak. Les États-Unis souhaitaient à mon avis que l'Irak, à l'instar de l'Arabie saoudite, s'ajoute à la liste des pays qui sont entièrement sous leur coupe. En effet, ces deux pays possèdent presque les deux cinquièmes des réserves de pétrole du monde : 25 % pour le royaume saoudien et 12 % pour l'Irak, selon les chiffres officiels. Cela fait 37 %, ce qui est énorme. Ajoutez à cela les 8 % du Koweït. En contrôlant ces pays ainsi que les autres émirats pétroliers du Golfe, l'Iran mis à part, les États-Unis contrôleraient la moitié des réserves pétrolières du monde. Voilà donc, exactement comme l'a dit Noam, un enjeu d'une extrême importance. Mais Washington savait fort bien que si les États-Unis n'occupaient pas l'Irak et n'y exerçaient pas un contrôle direct par leur présence militaire, il leur était tout à fait impossible d'avoir à Bagdad un gouvernement soumis de type saoudien. Or, le problème en 1991, comme Bush père l'a dit lui-même dans les Mémoires qu'il a rédigés avec Brent Scowcroft, son conseiller en matière de sécurité nationale – nous pouvons dans ce cas, à mon avis, ajouter foi à ses propos –, c'est que, si les États-Unis étaient entrés à Bagdad, ils auraient « outrepassé unilatéralement le mandat des Nations unies[17] ». Rappelez-vous que c'est avec beaucoup de difficulté que l'administration Bush avait reçu du Congrès en janvier 1991 le feu vert pour aller en guerre, bien que l'objectif qui était d'expulser les troupes irakiennes du Koweït fût limité – à l'époque, la population états-unienne était encore très affectée par ce qu'on appelle le syndrome vietnamien. Au Sénat, il s'en est fallu de trois voix que la résolution sur la guerre ne soit repoussée. L'administration Bush ne disposait d'aucun mandat l'autorisant à occuper la totalité de l'Irak, d'autant moins que Bush père avait eu besoin de la caution de l'ONU pour obtenir l'approbation de l'intervention par la population et que les résolutions de l'ONU ne prévoyaient que la libération du Koweït. Aussi, privé de la possibilité d'occuper le pays, Washington a préféré laisser Saddam Hussein au pouvoir. C'est pour cela qu'il l'a laissé écraser les insurrections dans le sud et le nord de l'Irak. Il a également permis à Saddam Hussein d'utiliser des hélicoptères, bien que les forces états-uniennes eussent la maîtrise absolue de l'espace aérien. En outre, l'armée des États-Unis a exécuté une manœuvre qui a permis à la Garde républicaine, la colonne vertébrale d'élite du régime de Saddam Hussein, d'avancer vers le Sud et d'y écraser l'insurrection. La population du Sud s'en souvient parfaitement, c'est pour cela qu'elle ne fait absolument pas confiance au gouvernement des États-Unis.

L'administration de Bush père a fait le calcul suivant : nous n'avons aucune solution de rechange à Saddam Hussein qui convienne à nos intérêts. La meilleure solution consiste donc à garder un Saddam Hussein affaibli – nous lui avons coupé les griffes et prendrons toutes les mesures nécessaires pour qu'elles ne repoussent pas. Conservons un Saddam Hussein affaibli et bridé par un embargo, jusqu'à ce que les conditions soient favorables pour que nous puissions envahir et occuper le pays, et que nous soyons donc en mesure d'installer un gouvernement inféodé. Par la suite, Washington a attendu qu'une occasion favorable se présente. Dans les cercles dirigeants états-uniens, il y avait un consensus bipartite sur l'importance de l'enjeu et de la mainmise sur l'Irak. Lorsqu'on demande à Clinton pourquoi il n'a pas envahi l'Irak, il ne répond jamais que c'est pour telle ou telle raison morale ou juridique. Il répond seulement qu'il n'était pas en mesure de le faire. Au moment précis où s'est présentée une véritable occasion politique d'envahir l'Irak, en 1998, relativement à la question des inspections de l'ONU dans le pays, l'affaire Lewinsky était à son apogée. Il n'a donc pu que bombarder le pays, rien de plus.

Même l'administration de Bush fils, bien qu'elle regorgeât au départ de gens qui étaient obsédés par l'invasion de l'Irak –

par exemple les signataires qui avaient été rassemblés par le Project for the New American Century pour la rédaction, en 1998, de la fameuse lettre à Clinton où on l'exhortait à prendre des mesures militaires contre l'Irak et à supprimer le régime de Saddam Hussein[18] – et bien que Bush eût déclaré lui-même au cours de la campagne présidentielle de 2000 que son père avait commis une erreur en n'allant pas jusqu'à Bagdad, même l'administration de Bush, donc, n'a pas été à même de le faire avant le 11 septembre 2001. Nous savons aujourd'hui grâce à plusieurs sources que la première réaction des barons de l'administration Bush après le 11 septembre pourrait se résumer ainsi : Formidable ! Nous avons enfin l'occasion d'envahir l'Irak. Il y avait toutefois des désaccords au sein de l'administration ; Powell, par exemple, préconisait d'envahir d'abord l'Afghanistan et Rumsfeld, d'abord l'Irak. Nous connaissons aujourd'hui la fin de l'histoire. Nous pouvons donc affirmer que les États-Unis, en un certain sens, ont envahi l'Irak grâce au 11 septembre, bien qu'il n'y eût aucun rapport entre l'Irak et le 11 septembre. Les attaques contre New York et Washington ont fourni à l'administration Bush le prétexte idéologique pour envahir l'Irak.

SHALOM : Sous l'administration de Bush père, les décideurs ont donné à entendre qu'ils croyaient que Saddam Hussein serait renversé de l'intérieur, ce qui aurait rendu superflue toute invasion.

ACHCAR : Cela signifie qu'ils pensaient que la CIA, avec la collaboration des royaumes saoudien et jordanien, serait en mesure d'organiser une quelconque fraction de l'armée et de renverser un Saddam Hussein affaibli au moyen d'un coup d'État, ce qui aurait ouvert la voie à une tutelle états-unienne d'une espèce ou d'une autre sur le pays.

CHOMSKY : Les États-Unis ont tenté à maintes reprises de faire cela au cours des années 1990. Si l'on me permet de compléter ce qu'a dit Gilbert, j'ajouterai que cela a été affirmé assez ouvertement en 1991. Prenez le *New York Times*, dont le titulaire du poste de correspondant diplomatique principal, euphémisme pour représentant du Département d'État, était à l'époque Thomas Friedman. Celui-ci l'a écrit sans détour : le meilleur des mondes pour les États-Unis serait une junte militaire à la main de fer qui régnerait sur l'Irak tout à fait à la manière de Saddam Hussein, mais *sans lui*, car il est une source d'embarras. Et si cela s'avérait impossible, il faudrait se contenter d'un pis-aller, à savoir Saddam Hussein lui-même[19].

Soit dit en passant, ajoutons à ce qu'a dit Gilbert que les États-Unis ont même refusé de permettre à des généraux irakiens en rébellion d'avoir accès à du matériel pris à l'ennemi. Ceux-ci n'ont pas sollicité un soutien, mais seulement l'accès à ce matériel. Les États-Unis ont refusé et les rebelles ont été massacrés. À la suite de ces massacres – il était assez facile de voir ce qui s'était passé –, Alan Cowell, correspondant depuis longtemps du *Times* au Moyen-Orient, a écrit que cet épisode était plutôt déplaisant et qu'on en n'était pas satisfait, mais qu'il y avait un assez large consensus aux États-Unis et chez leurs alliés, notamment l'Arabie saoudite, pour dire que Saddam Hussein offrait de meilleures perspectives de stabilité dans la région que ceux qui tentaient de le renverser[20]. En d'autres termes, si on laissait les Irakiens acquérir leur indépendance, cela nuirait à la stabilité. Or « stabilité » est un mot convenu pour dire domination états-unienne. Mais si on laissait Saddam Hussein en place, cela accroîtrait les perspectives de stabilité et les États-Unis pourraient alors contrôler la région – en partie en orchestrant la prétendue menace de Saddam Hussein envers ses voisins. Je crois que c'est exactement ce qui s'est passé. Les États-Unis ont tenté pendant les années 1990 d'organiser des coups de main, ce qui aurait permis d'obtenir le meilleur des mondes : une junte militaire à la main de fer mais ne portant pas le nom de Saddam Hussein ; mais ils ont sous-estimé son emprise sur l'appareil des services de renseignement, le Moukhabarat, et sur les autres forces de sécurité. Ils n'ont pu réussir leur coup, mais ils l'ont certainement tenté. Oui, j'estime que le 11 septembre a fourni la couverture idéologique nécessaire à l'invasion. Cela me paraît tout à fait juste.

SHALOM : La position du royaume saoudien a-t-elle évolué de 1991 à 2003, en ce qui concerne son désir que Saddam Hussein reste au pouvoir ou non ?

ACHCAR : L'Arabie saoudite avait la même « vision » que Bush père. On voulait bien entendu se débarrasser de Saddam Hussein – celui-ci était réellement une source d'ennuis pour le royaume. Mais on ne voulait pas se débarrasser de lui à tout prix. C'est-à-dire qu'on voulait s'assurer qu'il serait remplacé de manière satisfaisante. On était favorable à l'option choisie par Bush père – c'est-à-dire l'embargo et des contraintes diverses, tout en tentant de renverser Saddam Hussein de l'intérieur du pays.

CHOMSKY : Les services de renseignement saoudiens étaient-ils au fait de ce qui se passait à l'intérieur de l'Irak ? Avaient-ils une appréciation juste de la puissance du régime ?

ACHCAR : Tout le monde savait que le régime était très puissant. On avait affaire à un dictateur paranoïaque qui s'était entouré de cercles se surveillant les uns les autres.

CHOMSKY : Les Saoudiens avaient-ils l'impression que les tentatives de coup de main avaient quelque chance de réussir ?

ACHCAR : Ils ont tenté de monter un tel coup jusqu'à la dernière minute avant l'invasion. En fait, on a tenté pendant les années 1990 de renverser le régime de deux manières différentes. C'est ce que j'appelle les deux scénarios : le scénario Chalabi et le scénario Allaoui. En vertu du premier, incarné et préconisé par Ahmed Chalabi, proche collaborateur du Pentagone de Rumsfeld et pote des néoconservateurs, il s'agissait de parier sur une quelconque action insurrectionnelle à partir de l'extérieur de l'appareil baathiste dans le but de démanteler celui-ci. En vertu du second scénario, celui incarné et préconisé par Iyad Allaoui, il s'agissait de tourner l'appareil baathiste contre Saddam Hussein en exploitant les dissensions en son sein et en achetant la collaboration d'un gros morceau de celui-ci. Bien sûr, on savait qu'on ne serait pas réellement capable de briser le cercle intime autour de Saddam Hussein, mais on aurait pu au moins s'emparer de secteurs importants de l'appareil et, surtout, de l'armée, car celle-ci n'a traditionnellement jamais été contrôlée aussi étroitement que les autres composantes de l'appareil.

CHOMSKY : Y compris la Garde républicaine ?

ACHCAR : La Garde républicaine ainsi que les autres forces spéciales constituaient la garde prétorienne du régime ; il aurait donc été difficile, mais non impossible, de diviser ces forces. Mais l'armée régulière avait, dans une certaine mesure, une tradition de relative indépendance. Les baathistes sont arrivés au pouvoir en tant que modeste parti minoritaire – au moyen d'un coup d'État. Saddam Hussein n'a jamais appartenu au monde militaire et qui se méfiait de l'armée, s'appuyait essentiellement sur les milices de son parti et sur le Moukhabarat, ses services de renseignement. Je crois que les Saoudiens misaient gros sur l'armée. Les Saoudiens et les Jordaniens étaient très favorables au scénario Allaoui, lequel, sous l'administration Bush fils, était soutenu par le Département d'État et la CIA. Allaoui, un ancien baathiste, a en effet été pendant de nombreuses années un collaborateur des services de renseignement britanniques et de la CIA. Il a tenté en 1996 d'organiser un coup d'État avec certains officiers de l'armée irakienne, mais il a échoué.

CHOMSKY : Les Saoudiens et les Jordaniens prenaient-ils Chalabi au sérieux ?

ACHCAR : Certainement pas. Sur cette question, dans le contexte de la scission au sein de l'administration Bush, le royaume saoudien avait manifestement de bien meilleurs rapports avec le Département d'État qu'avec le Pentagone. Comme tu le sais, c'est au Pentagone qu'il y a la plus grande concentration de néoconservateurs ; or, ceux-ci utilisent une rhétorique hostile au royaume saoudien à laquelle j'ai fait allusion plus tôt et qui irrite considérablement les Saoudiens. Rappelle-toi le fameux incident en 2002, où le Defense Policy Board, alors présidé par le « prince noir » néoconservateur Richard Perle, a organisé une conférence sur le royaume saoudien au cours de laquelle un conférencier est allé jusqu'à identifier des cibles à bombarder dans le pays. Les Saoudiens étaient furieux, et ils ont obtenu le renvoi de cet homme de la Rand Corporation. Bush lui-même, vraisemblablement, ainsi que toute la famille Bush étaient également très irrités – on allait trop loin ! Les Saoudiens étaient donc certainement favorables au scénario Allaoui. Nous savons aujourd'hui – cela a été rapporté dans le *New York Times*[21] – qu'au cours des mois qui ont précédé l'invasion le débat n'était toujours pas tranché. D'un côté il y avait Allaoui, le Département d'État et la CIA qui préconisaient une entente quelconque avec les militaires irakiens. Ils avaient établi des contacts avec le ministre de la Défense irakien afin d'organiser une sorte de coup au moment où les forces états-uniennes commenceraient à entrer dans le pays, ce qui aurait mis au pouvoir un interlocuteur disposé à collaborer avec celles-ci. De l'autre côté il y avait Chalabi, qui était soutenu par les néoconservateurs, lesquels avaient beaucoup d'influence sur Rumsfeld et, indirectement, sur le vice-président Dick Cheney et, en fin de compte, sur Bush. C'est Chalabi qui a eu le dernier mot dans ce débat. Son projet prévoyait le démantèlement total des appareils militaire et politique irakiens et la transformation de l'Irak en État neutre qui aurait même des rapports amicaux avec Israël. On imaginait un Irak qui serait doté d'une armée de seulement 40 000 hommes, force ridiculement réduite pour un pays de cette taille, et qui serait structurellement dépendant de la protection des États-Unis, autrement dit un protectorat permanent des États-Unis.

La principale préoccupation de Chalabi était de démanteler l'appareil baathiste. Pourquoi ? Cela s'explique certainement en partie par sa profonde haine du parti Baath, non pour des motifs sectaires, mais plutôt pour des motifs politiques. (Allaoui et Chalabi sont tous deux des chiites, le facteur religieux n'explique donc pas leur désaccord.) Quand tout a commencé à tourner au vinaigre, Washington a fini par croire que Chalabi avait été si impatient de détruire l'État baathiste en raison de quelque lien entre lui et l'Iran – c'est à ce moment-là qu'on l'a accusé d'avoir divulgué des informations à l'Iran. Il est vrai qu'il s'est comporté dans une très large mesure comme une figure sectaire chiite, surtout après qu'il eut encouru la disgrâce de Washington, bien que personne ne l'eût pris très au sérieux. Il n'en reste pas moins qu'avant l'invasion il était très favorable au démantèlement de l'appareil de pouvoir baathiste et craignait, à juste titre à mon avis, que le scénario Allaoui ne l'emporte. En effet, pendant les derniers mois avant l'invasion, les néoconservateurs ont laissé filtrer dans les médias la nouvelle que les États-Unis envisageaient de conclure une entente avec une partie de l'appareil baathiste et ils ont lancé l'avertissement qu'une telle entente déboucherait sur un « saddamisme sans Saddam ».

CHOMSKY : C'est ce qu'on appelait en 1991 « le deuxième meilleur des mondes ».

ACHCAR : En effet. Mais, comme nous le savons, c'est le scénario Chalabi qui l'a emporté. On a envahi et occupé entièrement le pays, l'armée s'est écroulée et, par la suite, L. Paul Bremer, le chef de l'autorité d'occupation états-unienne, a démantelé les vestiges de l'appareil baathiste : le parti, les forces armées, les services secrets et même la police frontalière, acte tout à fait insensé du point de vue de la sécurité ! Les États-Unis se sont par la suite retrouvés dans le bourbier actuel.

Les autres grandes puissances et l'Irak

SHALOM : En février 2003, pendant que les forces proguerre aux États-Unis se débarassaient du vin français et débaptisaient les *French fries* (frites) parce que la France ne collaborait pas avec les États-Unis au Conseil de sécurité, beaucoup de membres du mouvement antiguerre ont acclamé en quelque sorte la France, l'Allemagne et la Russie ainsi que les autres gouvernements qui s'opposaient à la guerre. Dans quelle mesure ces gouvernements sont-ils fiables dans leur opposition à la guerre ?

CHOMSKY : Leur fiabilité est à peu près nulle. Les militants antiguerre sensés ne s'allient pas avec des gouvernements. Il y avait cependant un élément important dans la prise de position de ces gouvernements – c'est pour cela que les élites états-uniennes les ont si vertement dénoncés : ils satisfaisaient aux normes minimales de la démocratie. Pour une raison quelconque – par pur cynisme, en fait – ils ont agi de la manière dont est censé agir un gouvernement démocratique. Bref, ils ont répondu à la volonté de la majorité écrasante de leurs populations. Le mouvement antiguerre aurait dû adopter la position suivante : tant mieux si ces gouvernements tiennent compte de l'opinion de leurs populations, quelles qu'en soient les raisons, mais nous n'allons certainement pas nous allier avec eux ni leur faire confiance.

Ce qui s'est passé aux États-Unis est extrêmement curieux, mais on a en général feint de l'ignorer. Je ne me rappelle pas d'une manifestation de haine et de mépris de la démocratie qui ait été aussi extrême que ce qu'on a vu pendant ces quelques mois aux États-Unis, presque d'un bout à l'autre de l'éventail politique. Il y avait ce que Rumsfeld appelait « la Vieille Europe » et « la Nouvelle Europe » que lui-même distinguait selon un critère très précis : la Vieille Europe, c'était les pays dont le gouvernement avait adopté la même position que celle de la grande majorité de la population ; la Nouvelle Europe – qualifiée d'« espoir pour la démocratie » –, les pays dont le gouvernement avait passé outre un pourcentage plus que majoritaire de la population. Dans certains cas, c'était presque cocasse, par exemple lorsque le Premier ministre italien Silvio Berlusconi a été invité à la Maison-Blanche comme représentant de l'« espoir pour la démocratie ». On ne sait s'il faut en rire ou en pleurer. Le pire cas était celui de José María Aznar, le Premier ministre espagnol. Il a été à tel point porté aux nues par Bush et par le Premier ministre britannique Tony Blair qu'ils l'ont invité à leur sommet aux Açores, où ils ont pratiquement déclaré la guerre quelques jours avant l'invasion. Aznar s'est joint à cette déclaration de guerre tout juste après que des sondages réalisés en Espagne eurent révélé que la guerre avait le soutien de 2 % de la population – il était donc bien un grand « espoir pour la démocratie »[22]. Il était disposé à suivre les ordres émanant de Crawford, Texas, avec le soutien de 2 % de sa propre population. Qu'est-ce que cela nous dit sur les attitudes de certains quant à la démocratie ?

Par moments les choses sont devenues surréalistes. Lorsque le gouvernement turc, à la surprise générale, y compris la mienne, s'est rallié à l'opinion de 95 % de la population du pays et a refusé de permettre une offensive états-unienne à travers la Turquie, il a été sévèrement réprimandé pour l'inadéquation de ses « références démocratiques » – c'est l'expression qui a été utilisée – parce qu'il s'était rallié à l'opinion de 95 % des Turcs. La grande colombe qu'est Colin Powell a immédiatement annoncé l'imposition de sanctions contre la Turquie[23]. Le plus extrémiste fut l'ancien sous-secrétaire à la Défensc, Paul Wolfowitz. C'est lui qu'on identifiait dans les médias états-uniens et, à ma connaissance, dans les médias européens comme étant le chef de file de la promotion de la démocratie – l'« idéaliste en chef », écrivait même le *Washington Post*[24]. Il a réprimandé les militaires turcs parce qu'ils n'étaient pas intervenus pour contraindre le gouvernement à faire fi de l'avis de 95 % de la population. Il leur a pratiquement ordonné de s'excuser auprès des États-Unis, leur intimant de se demander : Comment pouvons-nous être aussi utiles que possible aux Américains[25] ? Tout cela était censé être une manifestation de démocratie. Cette farce s'est poursuivie dans le silence général. Il est stupéfiant que quiconque puisse encore parler de promotion de la démocratie après une telle démonstration.

Voilà sur quoi le mouvement antiguerre devrait mettre l'accent. S'il se trouve que quelques gouvernements, pour leurs propres motifs cyniques, partagent l'avis de la majorité de leurs populations et adoptent la bonne position, fort bien, mais ça ne va pas plus loin ; il n'y a rien d'autre à en dire. Demain, ils feront le contraire parce qu'ils agissent de toute façon par pur cynisme – conformément à des intérêts de pouvoir.

ACHCAR : Noam a tout à fait raison de souligner l'importance de cette caractéristique de notre époque. Il y a une tendance générale dans les médias dominants à louer les détenteurs du pouvoir qui gouvernent sans tenir compte des sondages, attitude considérée comme témoignant d'une grande vertu. Derrière cette tendance se tapit l'idée très élitiste, qui est incrustée dans le concept même de « démocratie représentative », qu'une fois au pouvoir l'élu est libre d'agir à sa guise, même contre la volonté unanime de son électorat. Je dois dire que dans le cas des trois gouvernements dont nous avons parlé – ceux de la France, de l'Allemagne et de la Russie – ce n'est certainement pas par respect pour la démocratie qu'ils se sont opposés à la guerre. Point n'est besoin de s'attarder sur le gouvernement russe. Mais les gouvernements français et allemand eux-mêmes n'hésitent pas à mettre en œuvre les politiques néolibérales les plus impopulaires et à s'attaquer aux acquis sociaux. S'agissant de l'Irak, leur motivation n'était certainement pas quelque principe démocratique. Des considérations beaucoup plus terre à terre étaient en jeu.

L'Irak est un pays où s'opposent directement, dans un sens économique immédiat, les intérêts des États-Unis et de la Grande-Bretagne, d'une part, et ceux de la France et de la Russie (auxquelles on pourrait ajouter la Chine), d'autre part. Pendant de nombreuses années, l'Union soviétique et la France étaient les principaux partenaires de Saddam Hussein ; elles lui ont notamment fourni des armements. La France, en particulier, était son principal soutien militaire pendant la guerre contre l'Iran. En dépit de la collusion russe et de la participation française à la guerre de 1991 contre l'Irak, Saddam Hussein a tenté, pendant les années d'embargo imposées par l'ONU, de faire jouer son partenariat traditionnel avec la France et la Russie comme contrepoids, au Conseil de sécurité, aux États-Unis et à la Grande-Bretagne. Les compagnies pétrolières françaises et russes se sont vu accorder d'importantes concessions qui supposaient la levée de l'embargo. C'est pour cela qu'à un certain moment Paris et Moscou ont changé d'attitude et ont tenté de trouver des moyens de lever l'embargo, mais ils se sont heurtés au refus de Washington et de Londres. Le refus des États-Unis et de la Grande-Bretagne de lever l'embargo – c'est-à-dire le refus de permettre la levée de l'embargo si les inspecteurs de l'ONU déterminaient que l'Irak avait désarmé – a été à juste titre perçu par Paris et Moscou comme un refus de leur permettre de profiter des concessions pétrolières qu'on leur avait accordées. Et ils étaient convaincus que l'empressement de Washington et de Londres à envahir l'Irak traduisait le désir de ces derniers de leur enlever leur butin. Aussi, une des premières proclamations après l'invasion annonçait que tous les contrats accordés par Saddam Hussein seraient considérés comme nuls et non avenus. Voilà la raison principale pour laquelle Paris et Moscou se sont opposés à la guerre. Si l'administration Bush leur avait offert une part substantielle du gâteau, je suis sûr qu'ils se seraient ralliés à la guerre. Mais l'administration Bush a fait preuve de tant d'arrogance qu'elle n'a pas daigné leur accorder grand-chose. C'est donc pour cette raison qu'ils se sont jusqu'à la fin opposés à la guerre.

Dans le cas de l'Allemagne, il n'y avait pas d'intérêts économiques directs en jeu. On pourrait tout au plus, si l'on traitait le chancelier allemand Gerhard Schröder avec générosité, lui accorder une certaine préoccupation pour des considérations géopolitiques supérieures – par exemple dire qu'il estimait que les États-Unis ne devraient pas disposer de tous les leviers de pouvoir sur l'Europe –, position qu'on pourrait associer aux liens très étroits qu'il avait tissés avec Poutine et aux ententes qui étaient alors en voie d'élaboration pour l'aménagement d'un nouveau gazoduc allant de la Russie à l'Allemagne en passant par la mer Baltique. Mais ce serait là une interprétation généreuse des motivations de Schröder. Si l'on voulait être moins généreux, on soulignerait que sa position était motivée par une forte dose non pas de souci d'ordre démocratique, mais d'électoralisme opportuniste. Car les préparatifs pour l'invasion de l'Irak se sont déroulés à une époque où le chancelier allemand semblait devoir perdre les futures élections parlementaires en raison de son programme social néolibéral, qui lui avait aliéné le soutien de la base éléctorale traditionnelle de la social-démocratie. Aussi la seule prise de position populaire qu'il a pu trouver était l'opposition à la guerre, cela à une époque où les sondages indiquaient en effet que l'écrasante majorité de l'opinion publique allemande s'y opposait.

Le mouvement antiguerre ne doit certainement pas considérer des dirigeants tels que Chirac, Poutine ou Schröder comme des alliés ; ils se comportent eux-mêmes en va-t-en-guerre lorsque leurs intérêts sont en jeu. Ainsi, les forces russes mènent une guerre terrible, quasi génocidaire en Tchétchénie. Le gouvernement français se considère encore comme une puissance coloniale en Afrique et se comporte comme telle, sans parler du fait que la France et l'Allemagne sont engagées en Afghanistan, à l'instar des troupes états-uniennes. À quoi s'ajoute le fait que, bien que Paris et Berlin n'aient pas soutenu politiquement l'invasion de l'Irak, ils ont fait tout leur possible, concrètement, pour la faciliter. Les Allemands, bien sûr, ont permis que l'ensemble de l'infrastructure militaire états-unienne installée sur son territoire soit utilisé à cette fin[26], alors que les Français ont ouvert leur espace aérien aux avions de guerre des États-Unis. Il ne faut pas se laisser duper par de tels gouvernements. Le mouvement antiguerre, tout au moins ses composantes les plus dynamiques, est étroitement associé au mouvement pour la justice altermondialiste. Cette combinaison me paraît très féconde, car il s'agit là de deux facettes d'une même réalité : l'opposition aux guerres impériales et au néolibéralisme.

CHOMSKY : Je pourrais ajouter un commentaire analogue au sujet de l'attitude des États-Unis. Je ne crois pas qu'ils agissent uniquement par arrogance. Il est réellement dans leur intérêt de saper la France et l'Allemagne, car celles-ci constituent le centre industriel, commercial et financier de l'Europe. Le reste du continent est plutôt périphérique. En effet, les États-Unis redoutent depuis les années 1940 que l'Europe ne suive une voie indépendante, raison parmi d'autres pour laquelle l'exhortation du président français Charles de Gaulle à la création d'une Europe allant de l'Atlantique à l'Oural leur donnait tant d'inquiétude. C'est la « Vieille Europe », celle qui tend à pousser l'Europe dans cette direction. Cela explique en partie pourquoi les États-Unis étaient si favorables à ce que l'expansion de l'Union européenne se fasse de manière à inclure les anciens satellites soviétiques, dont ils supposent sans doute avec raison qu'ils peuvent les maîtriser. C'est également pour cette raison que les décideurs états-uniens sont si favorables à l'entrée de la Turquie dans l'Union européenne – non parce qu'ils aiment la Turquie, mais parce que ce serait un moyen supplémentaire de diluer l'influence des centres de pouvoir européens et de s'assurer, espèrent-ils, que l'Europe reste sous l'emprise des États-Unis. Ainsi, cette emprise serait maintenue quelle que soit la position adoptée par l'Allemagne et la France au sujet de la guerre en Irak.

De telles préoccupations ont également joué en 1990, lorsque le dirigeant soviétique Mikhail Gorbatchev a permis que l'Allemagne soit réunifiée, ce qui, du point de vue des Russes, représentait une menace considérable. Contrairement aux États-Unis, la Russie a de véritables soucis d'ordre sécuritaire. En effet, à elle seule, l'Allemagne a failli détruire la Russie à deux reprises pendant la première moitié du XXe siècle. Qu'une Allemagne réunifiée soit incorporée à une alliance militaire occidentale, cela représente une menace énorme. Si Gorbatchev a permis la réunification allemande, c'était à une condition : l'engagement ferme de Bush père que l'OTAN ne s'étende pas vers l'est. Mais, quelques années plus tard, Clinton est tout simplement revenu sur cet engagement et a étendu l'OTAN vers l'est, jusqu'aux frontières de la Russie. Comme on pouvait s'y attendre, la Russie a réagi en accroissant sa capacité militaire offensive. Elle avait jusqu'alors préconisé avec insistance l'élimination des armes nucléaires et avait déclaré – contrairement aux États-Unis et à l'OTAN – qu'elle ne frapperait pas en premier avec des armes nucléaires. Mais, après que Clinton fut revenu sur l'engagement relatif à l'OTAN, la Russie a changé son fusil d'épaule et a adopté une position plus militariste et offensive, qui s'est raffermie sous Bush fils. Il s'agit là de développements d'une réelle importance qui gisent à l'arrière-plan derrière l'hystérie au sujet de la « Vieille Europe » et de la « Nouvelle Europe ». Cette dernière est importante pour les États-Unis comme moyen de miner l'indépendance européenne.

ACHCAR : Je suis tout à fait d'accord. Nous devrions également souligner le fait que, dans la « Nouvelle Europe », l'opinion publique était dans une majorité écrasante contre la guerre, encore plus même que dans la « Vieille Europe » !

CHOMSKY : Le seul pays où le pourcentage de soutien à la guerre a atteint 10 % est la Roumanie[27].

ACHCAR : Ainsi, ce sont les gouvernements de la « Nouvelle Europe » qui ont traité leur opinion publique avec le plus de mépris.

CHOMSKY : Lorsqu'ils diluent l'indépendance européenne, ils se conforment à la volonté des États-Unis.

La situation actuelle en Irak

SHALOM : Quelle est la situation politique actuelle en Irak ? Que s'y passe-t-il ?

ACHCAR : En un sens, c'est le prolongement direct de ce que j'ai déjà expliqué. Pour comprendre la situation actuelle, il faut remonter au plan Chalabi. Celui-ci, qui a été un échec total, a dû être abandonné après quelques mois, mais il avait entretemps engendré le chaos et provoqué la totale désintégration de l'appareil d'État. Le plan Chalabi a été mis en œuvre au début par L. Paul Bremer. Conformément à la vision qu'on avait de la situation irakienne, il s'agissait d'abord pour les États-Unis de trouver un soutien populaire à leur protectorat ou leur emprise sur le pays par le truchement d'hommes comme

Chalabi, car ils croyaient que celui-ci jouissait réellement d'un soutien populaire. Or il est apparu clairement, dès le début de l'occupation, que tel n'était pas le cas. Aussi Bremer a-t-il décidé de prendre le temps nécessaire pour créer les conditions qui auraient engendré un tel soutien, tout en mettant en œuvre des tentatives plutôt stupides d'imiter le comportement des États-Unis dans l'Allemagne et le Japon de l'après-1945. Ainsi, avant d'organiser des élections, il a voulu verrouiller l'avenir politique, constitutionnel et économique du pays. De manière tout à fait coloniale, il a commencé à promulguer des décrets visant à imposer des réformes néolibérales à l'économie irakienne, réformes à la fois ineptes et ruineuses pour le pays. Bremer a également voulu rédiger la constitution du pays. Mais il s'est heurté à un obstacle imprévu : le grand ayatollah Ali al-Sistani et le pouvoir religieux chiite. En effet, avant l'invasion, les États-Unis traitaient avec l'opposition irakienne en exil, Chalabi jouant le rôle d'intermédiaire. Parmi les exilés, les seules forces conséquentes étaient, d'une part, les Kurdes et, de l'autre, les forces intégristes islamiques chiites : le Conseil suprême pour la révolution islamique en Irak (CSRII) et le parti islamique Dawa. Pour Washington, il était évident qu'il s'agissait là d'un mariage de raison provisoire et de rien d'autre – c'étaient des alliés dont on se passerait une fois l'objectif atteint.

Les États-Unis croyaient en fait que Sistani serait plutôt un collaborateur – c'était là un de leurs paris. Ils avaient également misé sur Abdoul Madjid al-Khoei (le fils d'un grand ayatollah qui avait été le maître de Sistani et qui est mort alors qu'il était en résidence surveillée en Irak en 1992), mais celui-ci a été assassiné tout au début de l'occupation lorsqu'il est retourné en Irak, en provenance de Grande-Bretagne. C'était là le premier échec important subi en Irak par Washington et Londres, qui ont accusé Moqtada al-Sadr d'avoir planifié l'assassinat.

CHOMSKY : Crois-tu que Khoei aurait joué le même rôle que Sistani dans le pays, je veux dire le même rôle politique ?

ACHCAR : Non, je crois qu'il aurait collaboré beaucoup plus étroitement avec l'occupation que Sistani et qu'il était bien mieux disposé envers elle que celui-ci, qui n'a jamais vécu en Occident. Au départ, les instructions de Sistani à ses disciples, telles qu'elles m'ont été rapportées à l'époque par un ami bien renseigné, étaient les suivantes : pas de résistance à l'invasion, mais pas d'accueil favorable non plus, rien que de la prudence. C'était là une attitude plutôt sage de sa part : « N'accueillons pas favorablement les envahisseurs, car nous avons déjà subi la pénible expérience de 1991 et avons vu ce qu'ils nous ont fait, mais ne défendons pas le régime baathiste non plus. Laissons-les renverser Saddam Hussein et nous verrons ensuite s'ils sont vraiment disposés à nous aider. »

Il importe de noter que, contrairement à une opinion répandue, le CSRII n'était pas favorable à l'invasion de l'Irak. En effet, Abdul-Aziz al-Hakim, le chef actuel du CSRII, avait affirmé avant l'invasion qu'il y avait de meilleurs moyens de se débarrasser de Saddam Hussein que d'envahir le pays. Il avait demandé aux États-Unis et à la Grande-Bretagne de se contenter de mettre en œuvre la résolution 688 du Conseil de sécurité de l'ONU (adoptée en 1991)[28], ce qui aurait empêché le régime d'utiliser ses moyens répressifs, puisque les États-Unis et le Royaume-Uni jouissaient d'une domination militaire totale sur le pays grâce à leur contrôle de l'espace aérien. Saddam Hussein ne pouvait pas déplacer un seul char d'assaut sans leur accord. Il s'agissait donc, dans l'esprit de ceux du CSRII, de l'empêcher d'utiliser son artillerie lourde et de lui imposer des élections libres – ou encore de créer des conditions « qui nous permettront de nous révolter sans nous faire massacrer ».

CHOMSKY : Était-ce la position officielle du CSRII ?

ACHCAR : Elle a été exprimée par exemple à l'occasion d'un long entretien publié dans le *Tehran Times* quelques mois avant l'invasion[29]. En outre, d'autres factions de l'opposition en exil ont exprimé le même avis. Personne ne saurait prétendre que le peuple irakien souhaitait une invasion s'il y avait d'autres moyens de se débarrasser de la dictature. Il aurait certainement préféré qu'on ait recours à d'autres moyens, car personne ne souhaite être occupé par les États-Unis, tout au moins au Moyen-Orient, où ils sont tellement détestés pour des raisons diverses que nous connaissons tous et dont nous avons déjà discuté.

Un mois après que Bremer eut pris les commandes, en mai 2003, il a commencé à élaborer son projet de rédaction d'une constitution – comme l'avait fait le général Douglas MacArthur dans le Japon de l'après-1945. Ayant pris connaissance de la chose, Sistani a émis une très officielle fatwa rejetant totalement le plan Bremer, lequel prévoyait la mise sur pied de « caucus » constituants dont les membres étaient fondamentalement nommés par l'autorité d'occupation. Sistani a alors exigé qu'on organise plutôt des élections pour former une assemblée constituante – c'était selon lui le seul moyen acceptable pour élaborer une constitution. La prise de position de Sistani contre Bremer se résumait essentiellement ainsi : « Nous ne vous faisons pas confiance, ni à quelque assemblée soigneusement choisie par vous ; nous voulons une assemblée constituante élue. » La confrontation s'est poursuivie ainsi pendant plusieurs mois. En novembre 2003, Bremer a tenté d'imposer à Sistani une espèce de demi-concession : sa procédure ne prévoyait que la mise sur pied d'une constitution provisoire, après quoi il y aurait des élections pour une constitution permanente. Mais Sistani n'était pas stupide. Il a compris que Bremer voulait créer des réalités sur le terrain qu'il serait très difficile de modifier. Aussi a-t-il maintenu ses pressions et a-t-il fini par se convaincre de la nécessité d'une action de masse. Il a donc appelé à des manifestations de masse, d'où les manifestations énormes de janvier 2004 contre l'autorité d'occupation états-unienne. À l'époque Washington croulait sous les difficultés. Il devait en effet affronter de nombreux problèmes, notamment la reconnaissance officielle du fait qu'il n'y avait pas d'armes de destruction massive en Irak, ce qui annulait le prétexte clé de l'invasion. C'est à cette époque, en 2003, que Bush a adressé au National Endowment le discours dont nous avons déjà parlé et au cours duquel il a accentué sa rhétorique sur la démocratie. Le prétexte auxiliaire de l'invasion est ainsi devenu le seul prétexte restant, et donc le prétexte principal. Sont également survenus en même temps de nombreux autres problèmes, notamment le scandale au sujet de la pratique de la torture à la prison d'Abou Ghraïb. L'administration Bush n'était donc certainement pas en mesure d'affronter un mouvement de masse chiite, mouvement bien plus redoutable que toute action violente ou armée de quelque groupe que ce fût.

CHOMSKY : Il faut souligner qu'il s'agit là d'un réel triomphe de la résistance non violente.

ACHCAR : Bien sûr.

CHOMSKY : Il est plutôt étonnant que même les mouvements antiguerre occidentaux qui s'engagent pour la non-violence et le pacifisme n'en aient pas fait état. C'est une des plus grandes réussites de la non-violence que j'aie en tête. Ce mouvement a contraint l'armée d'occupation à faire machine arrière, à organiser des élections et à permettre aux Irakiens de rédiger une constitution. Une vraie réussite.

ACHCAR : Oui. Une des raisons pour lesquelles on n'a pas fait grand cas de ce mouvement de masse, c'est que les médias l'ont presque passé sous silence. [CHOMSKY : C'est juste.] Il ne s'agissait pas de quelque décapitation ou autre délice de ce genre dont ils aiment faire leurs gros titres. On pourrait en dire autant de la manifestation organisée à Bagdad par Moktada al-Sadr le 9 avril 2005. Une manifestation énorme au cours de laquelle on a brûlé des effigies de Bush, Blair et Saddam Hussein – un geste très significatif.

CHOMSKY : Les planificateurs voient certainement tout cela ; ils ne peuvent pas ne pas en tenir compte. Mais ici les médias peuvent le passer sous silence.

ACHCAR : Bien sûr. L'opinion publique, y compris sa frange de gauche, ne le voit pas, son attention n'est pas concentrée sur cet aspect des choses – d'autant moins qu'une section de la gauche radicale semble croire que la résistance à une occupation étrangère n'est possible que par la lutte armée.

Mais revenons à notre histoire. Bremer a feint de faire une concession à Sistani, tout en tentant d'imposer son plan. Sous divers prétextes fallacieux, il a retardé les élections autant que possible, en l'occurrence jusqu'en janvier 2005, alors que Sistani, dès le début de l'occupation, avait réclamé des élections immédiates. Bremer a en outre promulgué une constitution provisoire, la Loi administrative de transition, laquelle introduisait de nombreux mécanismes difficilement réversibles et stipulait que la future constitution ne serait pas ratifiée si une majorité des deux tiers dans 3 provinces sur 18 s'y opposait. Cette disposition visait à octroyer un droit de veto aux Kurdes, c'est-à-dire en réalité aux États-Unis, puisque l'Alliance kurde agissait par procuration pour ces derniers.

Quoi qu'il en soit, des élections ont finalement eu lieu en janvier 2005. L'Alliance irakienne unie (AIU), coalition dominée par les organisations intégristes chiites (le CSRII et le parti Dawa), a obtenu une majorité au Parlement. Le nouveau pantin favori de Washington après la disgrâce de Chalabi, Iyad Allaoui – que Bremer avait placé en juin 2004 à la tête du gouvernement intérimaire irakien, qui était théoriquement souverain – n'a guère eu de succès électoral, en dépit de la lourde ingérence et du soutien appuyé des États-Unis et de leurs États vassaux arabes, et malgré toutes les ressources dont disposait Allaoui en tant que chef du gouvernement intérimaire. Les États-Unis étaient très déçus de ce revers important. Bien qu'Allaoui eût obtenu moins de 15 % des voix, Washington a néanmoins tenté de lui procurer des ministères clés dans le nouveau gouvernement. Mais l'AIU a refusé. C'est pour cette raison qu'il a fallu tant de temps pour former un nouveau gouvernement après les élections. Pendant plusieurs semaines il y eut une lutte acharnée entre, d'une part, l'AIU et, d'autre part, les États-Unis par le truchement de l'Alliance kurde. Un gouvernement a finalement été formé sans la participation d'Allaoui, sous la direction d'Ibrahim al-Jaafari, de l'AIU et du parti Dawa.

Le reste du calendrier politique et constitutionnel dont on avait convenu pour 2005 a par la suite été mis en œuvre: la rédaction de la constitution, l'organisation le 15 octobre 2005 d'un référendum sur la constitution et, enfin, la tenue le 15 décembre 2005 de nouvelles élections parlementaires. À l'issue de ces dernières, l'AIU a obtenu environ la moitié des sièges parlementaires. Il semble en outre que la prestation d'Allaoui ait de nouveau été une source de déception pour les États-Unis, bien qu'il eût encore une fois bénéficié d'un important soutien financier – il avait même un avion privé à sa disposition, qu'il n'a certainement pas payé de sa poche – et du soutien vigoureux des médias de masse arabes. Il n'en a pas moins échoué une deuxième fois.

Des débats acharnés font de nouveau rage parce que l'Alliance kurde – c'est-à-dire les États-Unis – tente encore une fois d'introduire Allaoui ou son groupe dans le nouveau gouvernement, en particulier dans un important « ministère de pouvoir » comme ceux de l'Intérieur ou de la Défense. Or l'AIU est à tout le moins très récalcitrante à cet égard, et les sadristes – les partisans de Moqtada al-Sadr au sein de l'AIU, dont l'influence s'est considérablement accrue dans le pays et au sein de l'AIU – affirment qu'ils considèrent qu'on ne saurait faire la moindre concession sur la question. De plus, ce qu'on ne dit pas, c'est que l'Iran, pour faire contrepoids à la tentative de Washington d'imposer Allaoui, lui barre également la route. C'est donc là que nous nous trouvons avec tous ces bras de fer, toutes ces épreuves de force et toutes ces tractations d'affaires entre les diverses forces présentes en Irak, y compris l'autorité d'occupation représentée par l'ambassadeur états-unien Zalmay Khalilzad, qui se comporte comme s'il était un politicien irakien.

Tout porte à croire que l'année 2006 sera probablement une année très difficile et tout à fait décisive en Irak, tout au moins pour les États-Unis, car Washington devra selon toute vraisemblance faire face à des pressions croissantes pour qu'il se retire du pays, pressions émanant désormais de l'ensemble de l'éventail sectaire des Irakiens arabes. On en trouve déjà un indice dans la dernière demande soumise en novembre 2005 au Conseil de sécurité de l'ONU par le gouvernement Jaafari en vue du renouvellement du mandat de l'ONU qui sert de prétexte juridique à la présence de troupes d'occupation en Irak. Le gouvernement Jaafari a en effet veillé à ce que la résolution de l'ONU qui proroge le mandat des troupes d'occupation jusqu'à la fin de 2006 stipule que le gouvernement irakien conserve le droit d'exiger à tout moment la résiliation du mandat[30]. L'AIU a donc obtenu des garanties afin de s'assurer qu'elle conserve le pouvoir d'exiger le départ des États-Unis.

À cela s'ajoute le fait que les sadristes sont beaucoup plus puissants dans le nouveau parlement qu'ils ne l'étaient dans le parlement antérieur. Bien qu'il y ait une profonde inimitié entre le CSRII et les sadristes, le premier n'a pu manquer de reconnaître la popularité croissante du courant sadriste. Il a compris que s'il ne ménageait pas une place aux sadristes, ces derniers obtiendraient, à tout le moins, une part comparable à la sienne du vote populaire ; il se retrouverait alors dans une situation difficile ou serait même menacé de défaite électorale. En fait, son niveau de popularité est inférieur à celui de Sadr, car il est perçu comme étant composé d'anciens exilés en Iran, alors que Sadr joue la carte irakienne et nationaliste arabe et peut donc attirer les sunnites arabes irakiens. Aussi Sadr a-t-il désormais beaucoup plus d'influence dans les institutions, sans parler de son influence dans la rue. Les sadristes agissent sur deux fronts : ils sont entrés dans l'arène électorale et ils organisent régulièrement des manifestations de masse, qui ne sont guère rapportées dans les médias.

CHOMSKY : Ces manifestations ont-elles également lieu à l'extérieur de Bagdad ?

ACHCAR : Oui, surtout dans le Sud. Les sadristes ont récemment organisé de nombreuses manifestations, dont une qui aurait rassemblé quelque 100 000 personnes, afin de protester contre l'inadéquation des services publics et la pénurie d'électricité, dont ils rendent l'occupation responsable.

SHALOM : Où cette manifestation a-t-elle eu lieu ?

ACHCAR : Elle s'est déroulée dans plusieurs villes, dont Bagdad, ainsi que dans le Sud et ailleurs. Lorsque les sadristes disent : « nous allons manifester ce vendredi ou tel autre jour », ils organisent des manifestations un peu partout dans le pays. Pour des raisons qui sont probablement liées à la sécurité et à la logistique, ils n'ont organisé jusqu'ici qu'une seule manifestation centrale à caractère national. Elle a eu lieu à Bagdad le 9 avril 2005 et était gigantesque. Les estimations quant au nombre de manifestants varient énormément, mais les chiffres cités sont généralement de l'ordre de plusieurs centaines de milliers. Le courant sadriste gagne de plus en plus d'influence parmi les chiites, ce qui constitue en soi une terrible défaite pour les États-Unis : il est devenu le pire et le plus redouté des ennemis de l'occupation états-unienne.

CHOMSKY : Crois-tu que les ébauches de travaux de reconstruction à « Sadr-City[31] » ont quelque influence sur la population – je veux dire toutes ces tentatives de l'autorité d'occupation de reconstruire un peu ?

ACHCAR : Non, parce que ces travaux ne font que nourrir les sentiments de frustration de la population. Lorsqu'ils comparent la rapidité avec laquelle le gouvernement baathiste a rétabli les services essentiels après 1991 avec ce qui se passe aujourd'hui, les Irakiens en concluent que les occupants ne se soucient guère des besoins essentiels des Irakiens et qu'ils ne s'intéressent qu'au pétrole, un point c'est tout.

SHALOM : Et les Irakiens ne rejettent pas la responsabilité de la lenteur des travaux de reconstruction sur la résistance, sur l'insurrection ?

ACHCAR : Les gens ne sont pas dupes. Dans le sud du pays on ne peut blâmer l'insurrection car elle ne s'y manifeste pour ainsi dire pas. Lorsque certains Occidentaux louent l'« insurrection », tout au moins à gauche ou dans le mouvement antiguerre, ils tendent à oublier que cette insurrection n'est le fait que d'une minorité. Elle se limite à la population sunnite arabe, qui ne représente qu'environ 20 % de la population – minorité qui a de bonnes raisons, des raisons de fierté et de liberté nationales, d'être hostile à l'occupation états-unienne, en plus, bien entendu, des raisons liées au comportement brutal et maladroit des forces états-uniennes. Pour tous ceux qui connaissent la société irakienne, les forces armées des États-Unis se sont comportées en Irak exactement à la manière d'un éléphant dans une boutique de porcelaine. Mais, mis à part ce ressentiment tout à fait légitime, une proportion importante des sunnites arabes d'Irak éprouvent de l'amertume devant le fait qu'ils ne représentent plus la minorité qui était auparavant investie du pouvoir – bien que cela relève plutôt du fantasme chez beaucoup d'entre eux, car ils ne jouissaient pas de privilèges réels. Ces sunnites arabes considèrent néanmoins comme la manifestation d'un privilège communautaire le fait qu'ils constituaient une majorité importante parmi les groupes dirigeants militaires et politiques baathistes, ainsi qu'au parlement, dans le corps des officiers de l'armée et ainsi de suite. Bien sûr, non seulement la clique dirigeante était surtout composée de sunnites arabes, mais elle se limitait essentiellement aux cercles familiaux et tribaux de Saddam Hussein, qui a exploité considérablement cet aspect de la société irakienne en dépit de sa prétendue image « moderniste », qui est très largement imméritée.

La population sunnite éprouve donc, à des degrés divers, un fort ressentiment contre l'occupation pour ces deux types de raisons. Cela transparaît aussi dans les écrits et les déclarations émanant des zones sunnites ou des groupes d'insurgés, qui sont souvent tout aussi antichiites qu'antiaméricains. Ces déclarations ne disent pas nécessairement « nous haïssons les chiites », mais elles utilisent des expressions comme « chiites safavides », ce qui est une insulte (référence à la dynastie qui a brutalement imposé le chiisme en Perse au XVIe siècle). Ou encore, s'il s'agit de sunnites intégristes islamiques, on utilisera, pour désigner les chiites, le terme de *rafida* (c'est-à-dire « refusards », ceux qui ont rejeté le califat légitime), terme également considéré comme péjoratif. Les sunnites diront par surcroît qu'ils combattent deux occupations : l'occupation états-unienne et l'occupation iranienne.

CHOMSKY : La brigade Badr a-t-elle combattu pendant la guerre Iran-Irak au sein de l'armée iranienne ?

ACHCAR : Selon toute vraisemblance, elle n'était pas incorporée à l'armée iranienne. Mais elle a tenté de se frayer un chemin à travers le Kurdistan, raison parmi d'autres pour laquelle le CSRII a des rapports amicaux avec les forces kurdes. D'autre part, on sait qu'après 1991 l'Union patriotique du Kurdistan (UPK), la formation dirigée par Djalal Talabani, a tissé des liens étroits avec l'Iran.

CHOMSKY : Ainsi qu'avec la Syrie ?

ACHCAR : Oui, bien sûr, tous les groupes kurdes ont des liens avec la Syrie. Ils y étaient en tant que réfugiés, car on leur avait accordé l'asile politique en raison du conflit entre le Baath syrien et le Baath irakien.

Disons, pour résumer la situation actuelle, que les États-Unis font face à d'énormes difficultés. Ils essaient de constituer un bloc suffisamment fort qui comprendrait Allaoui et l'Alliance kurde, outre les forces parlementaires sunnites arabes. La préoccupation essentielle d'Allaoui et l'espoir principal de Washington, c'est de gagner les anciens baathistes, en les détachant de leur loyauté saddamiste, et de les convaincre qu'ils pourraient retrouver leurs privilèges s'ils collaboraient avec l'occupant. L'ancien baathiste Allaoui est l'homme qu'il faut pour cela.

L'insurrection irakienne

SHALOM : Arrêtons-nous sur la question de l'insurrection. Comment la caractériseriez-vous ? S'agit-il d'une bande de terroristes ou d'un mouvement de libération nationale ?

CHOMSKY : Gilbert est bien plus compétent que moi en la matière, mais mon impression, c'est qu'elle est très disparate. Il existe un véritable mouvement de résistance nationale, cela pour toutes sortes de raisons, qui jouit apparemment d'un soutien populaire considérable. Selon un sondage secret commandé par le ministère britannique de la Défense qui a été divulgué à la presse britannique[32], et dont on a à peine fait état aux

États-Unis, 82 % de la population souhaite le retrait des troupes de la «coalition». Moins de 1 % pense que l'occupation apporte la sécurité et 45 % estime que les attaques contre les forces d'occupation sont justifiées. Mais le reportage sur le sujet dans la presse britannique me paraît un peu ambigu. On y parle de 45 % de *tous les Irakiens*, ce qui me paraît peu plausible. Je crois qu'il est probablement question des *Irakiens arabes*, car les Kurdes ne sont pas de cet avis. Cela voudrait dire que s'il s'agit réellement de tous les Irakiens, on a affaire à une proportion incroyable de l'Irak arabe, où se trouvent en fait les forces d'occupation, car elles sont absentes des zones kurdes. Quoi qu'il en soit, la résistance nationale semble jouir d'un soutien populaire considérable. Il existe par ailleurs des éléments carrément terroristes, du genre de ceux qui provoquent des explosions pendant les funérailles, par exemple. Il s'agit là d'une sorte tout à fait différente, qui qu'ils soient. Je ne crois pas qu'on puisse mettre tous ces gens dans le même sac et les rassembler sous le vocable «insurrection». Gilbert, je suis certain que tu peux donner une image plus nuancée de tout cela.

ACHCAR : En fait, le chiffre de 45 % est plausible. Cela voudrait dire qu'on a affaire à une majorité importante, mais non à une majorité écrasante des Arabes. Si l'on admet, comme c'est généralement le cas, que les Kurdes représentent 20 % de la population irakienne, et si l'on admet que le soutien kurde à la résistance armée contre l'occupation est quasi nul, cela signifie qu'une majorité de 56 % des non-Kurdes soutiennent la résistance. La question posée dans le sondage était apparemment la suivante : «Les actions armées contre les troupes états-uniennes et britanniques sont-elles justifiées ?» Il y a gros à parier qu'une majorité écrasante des Arabes sunnites répondrait oui. Selon toute vraisemblance, une fraction importante des chiites répondrait également oui, bien que, en raison de l'existence de groupes qui revendiquent à la fois des attaques contre les troupes états-uniennes ainsi que des meurtres sectaires massifs de chiites, l'insurrection dans son ensemble soit mal vue par une majorité de la population chiite. Le dernier sondage réalisé par Oxford Research International pour ABC et la BBC, notamment, est instructif à cet égard[33]. Il en ressort qu'une majorité écrasante des Irakiens, soit 65 %, s'oppose à la présence des « Forces de la coalition ». Il est bien connu que les sondages posent des problèmes en général, et tout particulièrement dans un pays comme l'Irak. Le sondage en question montre néanmoins qu'une majorité relative d'Irakiens (47 %) souhaite que les troupes étrangères quittent le pays lorsque l'État irakien sera en mesure d'y assurer la sécurité, alors que 26 % d'entre eux souhaitent qu'elles quittent le pays immédiatement. Mais si l'on ajoute à ce dernier pourcentage les 19 % d'Irakiens qui souhaitent que les troupes étrangères quittent le pays immédiatement après la formation du prochain gouvernement – c'est-à-dire très bientôt, dans leur esprit – on obtient le pourcentage étonnamment élevé de 45 %, soit une proportion presque égale à celle des personnes qui associent retrait et sécurité dans le pays. Au vu de ces chiffres, je crois qu'on peut raisonnablement conclure qu'il existe dans le pays un large consensus en faveur d'un calendrier pour le retrait des troupes étrangères. C'était d'ailleurs un des éléments du programme de l'AIU avant l'élection de janvier 2005. Mais les États-Unis ont exigé que cette demande soit retirée de tout programme gouvernemental, et l'Alliance kurde leur a emboîté le pas lorsqu'elle a conclu son accord gouvernemental, par une sorte de contrat, avec l'AIU.

SHALOM : Cela s'est passé en 2005 ?

ACHCAR : Oui, en avril, lorsque se sont terminées les négociations qui ont débouché sur la formation du gouvernement dirigé par Jaafari. Depuis lors, la direction de l'AIU – y compris Jaafari – a répété à maintes reprises qu'on ne pouvait exiger un calendrier, reprenant ainsi l'argument de l'administration Bush, parce que cela serait artificiel et dangereux. Je crois que, lorsqu'il a dit cela, Jaafari était de bonne foi et que ce n'était pas un prétexte pour masquer son désir que l'occupation se prolonge indéfiniment. En effet, il a à maintes reprises répété : « Nous prendrons graduellement les choses en main, région après région, dès que nous le pourrons ; lorsque nous estimerons pouvoir nous tirer d'affaire par nous-mêmes, nous demanderons aux troupes étrangères de quitter le pays. » Mais l'AIU sera désormais soumise aux fortes pressions exercées par les sadristes. Ces derniers étaient en effet parvenus à convaincre divers courants qui feront probablement partie du prochain gouvernement, y compris toutes les composantes de l'AIU, de conclure avant la récente élection un pacte d'honneur dont un des éléments principaux était l'exigence d'un calendrier pour le retrait des troupes étrangères.

CHOMSKY : Dans quelle mesure prends-tu l'engagement de l'AIU au sérieux ?

ACHCAR : Cela reste à voir. Diverses déclarations émanant notamment de personnalités et de responsables de l'AIU donnent l'impression qu'ils croient que l'occupation se terminera en 2006 – autrement dit que d'ici la fin de l'année ils pourront se passer de la présence des États-Unis. En témoignent également les clauses conditionnelles dont ils ont demandé l'inclusion dans la résolution du Conseil de sécurité de l'ONU qui prolonge le mandat de l'occupation. Ils sont convaincus – même Moqtada al-Sadr peut comprendre cet argument – qu'ils doivent s'assurer de pouvoir maîtriser la situation.

CHOMSKY : La maîtriser aux dépens de qui ?

ACHCAR : Surtout aux dépens des baathistes et de l'« Organisation d'Al-Qaida en Mésopotamie », la branche d'Al-Qaida d'Abou Mousab al-Zarqawi. Tous deux sont également considérés comme des ennemis redoutables par les sadristes.

CHOMSKY : De quel type d'organisation disposent actuellement les baathistes ?

ACHCAR : Là, nous arrivons à la question de l'insurrection.

Il me semble tout d'abord que, surtout pendant la première période de l'occupation, lorsque l'insurrection armée a commencé à devenir un phénomène préoccupant, puis un phénomène important, la plupart des actes de résistance étaient le fait de groupes locaux qui étaient scandalisés par le comportement des troupes états-uniennes et qui refusaient l'occupation. Ces groupes locaux agissaient uniquement contre l'occupation, et beaucoup d'entre eux dans des zones où il y a fort peu de chiites. Leurs actions n'avaient aucun caractère sectaire. Mais ensuite sont survenus des assassinats et des meurtres en masse de nature sectaire au moyen de voitures piégées ou d'attaques suicides, notamment l'assassinat en août 2003 de l'ayatollah Mohammed Baqir al-Hakim, le chef du CSRII, qui a été remplacé par son frère, Abdoul-Aziz. Cet assassinat a été revendiqué par Zarqawi, mais on ne sait pas avec certitude si celui-ci a agi de son propre chef ou pour les baathistes, car, bien que les prétendus liens antérieurs à l'invasion ou au 11 septembre 2001 entre Al-Qaida et le Baath irakien soient de pure invention, il y a gros à parier qu'il existe aujourd'hui des liens entre les divers réseaux armés souterrains. L'appareil baathiste, qui a déjà vécu l'expérience de 1991, alors qu'il disposait d'une armée trois fois plus grande qu'en 2003, savait parfaitement qu'il ne pourrait pas rivaliser avec les troupes états-uniennes. Il n'est pas assez stupide pour l'avoir ignoré, aussi s'est-il préparé en conséquence pour l'occupation. Nous pouvons dresser ici un parallèle avec les nazis, ce qui n'est pas réellement tiré par les cheveux, car le régime baathiste sous Saddam Hussein était en effet un gouvernement de type semi-fasciste – je n'hésite pas à le qualifier ainsi, et si je dis « semi », c'est uniquement parce qu'il ne bénéficiait pas du même soutien de masse que le fascisme traditionnel. Le parallèle, ici, c'est que l'appareil baathiste a organisé quelque chose de semblable au « Loup-garou », cette force que les nazis ont laissée derrière pour combattre les Alliés dans les régions allemandes qu'ils ont commencé à perdre en 1945. De même, les baathistes ont mis de côté et caché de l'argent en espèces et des armements en grandes quantités – des ressources énormes. Bien sûr, il leur aura fallu du temps pour se réorganiser après l'invasion, mais ils sont ensuite passés à l'acte.

CHOMSKY : Est-ce que tu leur attribues les tueries de nature sectaire ?

ACHCAR : Bien sûr. J'estime qu'une bonne partie des tueries de nature sectaire à caractère politique, à tout le moins, leur est imputable, par exemple ces attaques indirectement sectaires contre les centres de recrutement de l'armée ou de la police ou contre des policiers.

CHOMSKY : Qu'en est-il des cibles purement civiles, comme les funérailles et les mosquées ?

ACHCAR : Je crois que les attaques aveugles contre des cibles purement civiles, dont la plupart sont des attaques suicides, sont vraisemblablement l'œuvre d'intégristes islamiques purs et durs du genre des wahhabites (ou salafistes, comme ils s'appellent eux-mêmes), qui considèrent les chiites comme des hérétiques qu'il faut combattre. Le fameux discours de Zarqawi où il déclarait la guerre aux chiites donnait réellement la chair de poule par le ton et les termes utilisés, et par la très grande violence de ses métaphores.

On a donc un mélange de toutes sortes d'actions et de groupes, mais je crois qu'on peut raisonnablement supposer que la plupart de ceux qui sont impliqués dans les actions armées sont plutôt inspirés par des sentiments nationalistes que par des sentiments sectaires. Les médias de masse donnent en fait une image déformée de la réalité, car ils accordent beaucoup plus d'importance aux tueries sectaires les plus brutales qu'aux attaques quotidiennes et aux engins explosifs improvisés, ainsi qu'aux autres actions qui se produisent fréquemment un peu partout dans les zones sunnites arabes.

Les deux dernières consultations électorales donnent une idée de l'équilibre politique des forces en présence, à savoir le référendum du 15 octobre 2005 et l'élection du 15 décembre 2005. Certains des principaux groupes revendiquant des opérations armées ont en effet conclu que le boycott des élections de janvier 2005, qu'ils avaient ordonné et imposé dans les zones sunnites arabes, était une erreur parce que, disent-ils, ils ont ainsi perdu l'influence qu'ils auraient pu avoir sur l'avenir politique du pays. Ils ont donc appelé leurs partisans à participer au processus électoral, en votant, le 15 octobre, contre le projet de constitution en soutenant les listes des candidats sunnites arabes aux élections parlementaires.

CHOMSKY : Ces appels n'ont pas été soutenus par le Baath ?

ACHCAR : Non. Bien que les acolytes de Saddam Hussein eussent organisé leur réseau, il n'est pas du tout certain qu'ils aient pu le maîtriser, car ils ont perdu les leviers clés du pouvoir. Il y a ainsi des pans entiers de l'ancien appareil baathiste qui, apparemment, œuvrent en toute indépendance ; ce ne sont plus des « loyalistes de Saddam ». Mais la fraction « loyale envers Saddam » est toujours là, et elle possède d'abondantes ressources, notamment plusieurs sites Web. Les fidèles de Saddam se sont opposés à toute participation au processus électoral, et cela pour de bonnes raisons. Car ils savent qu'ils n'ont pas la moindre chance de gouverner de nouveau le pays par la voie électorale, sauf en cas d'élections bidons comme celles qu'ils organisaient autrefois. De toute façon, leur conception même du pouvoir exclut toute élection réelle ou libre. C'est pourquoi ils se sont opposés très clairement à toute participation aux élections, à l'instar de Zarqawi, qui rejette le concept même d'élections. Comme nous l'avons néanmoins constaté, les deux journées électorales se sont assez bien déroulées selon les normes irakiennes, elles ont été relativement pacifiques. Cela ne s'explique certainement pas par quelque mesure adoptée par l'occupation ; cela est dû au changement d'attitude des principaux groupes insurgés. On a là un indice de l'équilibre des forces, puisqu'on constate que les factions les plus sensées, pour ainsi dire, de l'insurrection ont pu imposer aux autres la tenue d'élections dans des conditions relativement calmes. Comme on pouvait s'y attendre, au vu des résultats électoraux, qui étaient très décevants pour les sunnites arabes, les baathistes ont publié une déclaration proclamant : « Nous vous avions avertis. Ces élections sont nulles, mais vous avez servi l'occupation, vous l'avez légitimée en participant au vote. »

CHOMSKY : C'est cela que tu vois sur les sites Web baathistes ? Ces sites sont-ils identifiés comme des sites baathistes ?

ACHCAR : Bien sûr. Ce sont des sites Web avec des images de Saddam Hussein, des sites baathistes très officiels, et il y en a plusieurs. On y affiche des déclarations officielles du parti Baath, ainsi que des déclarations d'Izzat Ibrahim al-Douri, le principal membre de la direction baathiste encore en liberté. (On a récemment rapporté qu'il était mort, mais la nouvelle a par la suite été démentie.)

Les dernières élections, auxquelles a participé massivement tout l'éventail de la population irakienne, donnent une bonne idée de l'équilibre tant politique qu'ethnico-sectaire des forces. Beaucoup d'Arabes sunnites irakiens croient au mythe selon lequel leur communauté représenterait nettement plus que le pourcentage généralement admis de 20 % de la population. Le fait que le taux de participation à l'élection de janvier 2005 fut de 58 %, élection qu'ils ont massivement boycottée – contrairement aux chiites et aux Kurdes – a porté les sunnites à croire qu'ils représentent quelque 40 % de la population, ce qui les mettrait sur un pied d'égalité avec les chiites parmi les Arabes irakiens. Et puisque les Kurdes, qui représentent 20 % de la population irakienne, sont également des sunnites, les Arabes sunnites ont prétendu qu'il y a en Irak une majorité de 60 % de sunnites. Or le fait que ces résultats n'ont pas été corroborés par les dernières élections est une des raisons essentielles pour lesquelles les sunnites ont protesté contre le scrutin ; ils ont prétendu que les résultats étaient truqués, assertion qui n'est guère convaincante. Même si ces élections étaient certes très imparfaites, puisque entachées de lacunes et de problèmes de toutes sortes, l'opinion générale parmi les observateurs était qu'elles traduisaient fidèlement l'équilibre des forces dans le pays. Bien qu'ils aient contesté les résultats, je crois que les dirigeants sunnites arabes ne sont pas assez stupides pour ajouter foi aux mythes auxquels croient leurs partisans. Ils ont tout simplement utilisé cette protestation et la remise en question des résultats électoraux comme monnaie d'échange pour obtenir ce qu'ils voulaient au niveau gouvernemental, faute de quoi ils menaçaient de ne pas reconnaître la légitimité de la nouvelle

Assemblée ou d'empêcher la formation d'un nouveau gouvernement.

CHOMSKY : Quelle est l'attitude des Saoudiens envers les élections ?

ACHCAR : Les Saoudiens ont soutenu la participation des sunnites arabes à l'élection.

CHOMSKY : Acceptent-ils le résultat ?

ACHCAR : Ils soutiennent la principale force sunnite arabe qui a contesté le résultat des élections, en particulier le Parti islamique, qui est la branche irakienne des Frères musulmans. Mais comment les Saoudiens pourraient-ils affirmer que les élections étaient truquées, alors qu'ils n'ont même pas de parlement eux-mêmes ?

CHOMSKY : Ont-ils fourni un soutien important ou sont-ils restés silencieux ?

ACHCAR : À en juger par les apparences, ils ne se sont pas immiscés dans les élections.

CHOMSKY : Je suppose qu'ils sont plutôt préoccupés par ce scrutin.

ACHCAR : Ils le sont, bien sûr. Dans les déclarations publiques sur la question, c'est leur ministre des Affaires étrangères, Saoud al-Faisal, qui est allé le plus loin, jusqu'à affirmer, notamment à New York, que les États-Unis avaient maladroitement mis les chiites au pouvoir en Irak et y avaient renforcé le pouvoir de l'Iran.

CHOMSKY : Il l'a déclaré officiellement ?

ACHCAR : Oui, il l'a affirmé publiquement devant le Council on Foreign Relations à New York[34]. Cela a suscité des réactions furieuses de la part des chiites irakiens contre cette immixtion. Le ministre irakien de l'Intérieur, un dirigeant éminent du CSRII, a employé des mots très durs à l'égard du ministre saoudien et de la famille régnante saoudienne, déclarant qu'ils n'étaient que des gardiens de troupeaux de chameaux, etc. C'était un moment de fortes tensions entre les deux pays.

SHALOM : Cela s'est-il passé après décembre ?

ACHCAR : Bien avant, cela s'est passé en septembre 2005, avant même le référendum d'octobre. Ce n'était pas la première fois que les Saoudiens exprimaient publiquement leurs soucis au sujet de l'Irak. Ce qui est surprenant, c'est qu'ils ont exprimé publiquement leur inquiétude de ce que les États-Unis sont en train d'échouer complètement à la tâche.

Pour revenir au résultat des élections irakiennes, il convient de noter qu'il n'y a pas que les groupes politiques sunnites arabes qui les contestent ; il y a également la coalition d'Allaoui, ce qui démontre que les États-Unis ont soutenu pleinement ces protestations. L'AIU, pour sa part, tente d'empêcher toute alliance contre elle entre Allaoui, les groupes sunnites arabes et les Kurdes. Quant aux sadristes, qui incarnent une certaine sensibilité nationaliste arabe parmi les chiites, ils tentent de privilégier un accord avec les sunnites arabes, car ils considèrent que les Kurdes, pour lesquels ils n'ont d'ailleurs guère d'estime, sont associés trop étroitement aux États-Unis.

Mais les sadristes sont tout à fait en désaccord avec la plupart des forces sunnites arabes au sujet des baathistes, puisque les sadristes sont très radicalement antibaathistes. Comme je l'ai rappelé, le fait qu'ils ont brûlé une effigie de Saddam Hussein, outre celles de Bush et de Blair, pendant l'énorme manifestation du 9 avril 2005 est très révélateur à cet égard. La situation est complexe, car les sadristes, qui sont radicalement opposés à l'occupation états-unienne, sont en même temps tout à fait favorables au processus de débaathification, qui a été lancé par Chalabi. Voilà leur seul terrain d'entente avec Chalabi : « Écrasons le Baath ! » Rappelons l'historique de la famille al-Sadr : le père de Mouqtada et deux de ses frères ont été assassinés par les baathistes, et d'autres membres de sa famille ont été atrocement torturés ou tués par le régime baathiste. Il est donc facile de comprendre pourquoi Moqtada al-Sadr lui-même et, bien entendu, sa base sociale – les secteurs opprimés de la population irakienne qui ont le plus souffert sous le régime de Saddam Hussein – éprouvent une haine si profonde pour les baathistes.

Cela explique que les sadristes soient sélectifs dans leurs alliances avec les sunnites. Ils tentent de tisser des liens amicaux essentiellement avec les sunnites arabes, qu'on ne saurait soupçonner de sympathies baathistes. C'est particulièrement le cas des Frères musulmans, qui ont été persécutés sous Saddam Hussein, et de l'Association des ulémas musulmans. Au sein de l'AIU il y a des dissonances entre les sadristes, qui veulent s'allier avec ces organisations, et le CSRII, qui se rapproche de l'Alliance kurde, avec laquelle il a tissé des liens il y a longtemps déjà. Mais il est peu probable que puisse se former un gouvernement qui ne soit pas fondé sur une coalition tripartite. Ce qui reste à voir, c'est si Allaoui sera de la partie, option qui est soutenue par des pressions diverses émanant des États-Unis. Ainsi, l'ambassadeur Khalilzad s'est métamorphosé en joueur local, à la façon d'un T.E. Lawrence à l'époque coloniale. Il organise des réunions avec Allaoui et, ensuite, des réunions conjointes avec Allaoui et la fraction kurde, tout en complotant de manière tout à fait visible avec certaines forces politiques au détriment d'autres forces – visible, c'est-à-dire, pour les Irakiens, mais pas très visible à l'étranger en raison du caractère très superficiel de la couverture médiatique.

CHOMSKY : On présente Khalilzad comme un personnage neutre qui tente d'amener la paix.

ACHCAR : Il est, bien sûr, tout sauf cela. Ainsi, les porte-parole de l'AIU ont souligné à maintes reprises le fait – ils le disent tout à fait ouvertement – que les États-Unis tentent de leur imposer leurs choix. Cela est de notoriété publique en Irak. C'est pourquoi Melvin Laird, qui était secrétaire à la Défense des États-Unis à l'apogée de la guerre du Viêt-nam de 1969 à 1973, avait tout à fait raison lorsqu'il a écrit : « Ceux qui appellent le nouveau gouvernement irakien [sous Jaafari] le "fantoche" de Washington ne savent pas ce qu'est réellement un gouvernement fantoche[35]. » Laird le sait. Il le sait même fort bien !

La politique des États-Unis dans l'Irak d'aujourd'hui

SHALOM : Vous avez certes déjà abordé le sujet, mais qu'est-ce que les États-Unis ont en tête aujourd'hui pour ce qui concerne l'Irak ?

CHOMSKY : Je crois que cela est clair dans les grandes lignes, même si l'on ignore les détails. Du point de vue des décideurs états-uniens, il est tout à fait impératif d'imposer quelque chose de comparable aux pays satellites d'Europe de l'Est ou d'Amérique centrale. S'ils n'y parviennent pas, ce sera catastrophique pour les États-Unis, pour les raisons que nous avons déjà évoquées. Ils doivent imposer un gouvernement qui soit réellement inféodé, peut-être avec une certaine mesure d'autonomie interne, comme c'était le cas des satellites est-européens de Moscou. En fait, c'était même le cas dans l'Europe occupée par les nazis. Vichy gérait ses propres affaires, et pas les nazis. Vichy jouissait d'un soutien populaire considérable : il avait ses propres forces de sécurité et ses propres forces politiques et bénéficiait du soutien de nombreux intellectuels, contrairement aux assertions fantaisistes qu'on a concoctées par la suite. C'était également le cas en Amérique centrale. Une fois qu'ils avaient écrasé toutes les forces populaires, les États-Unis pouvaient confier le pays aux élites traditionnelles, qui leur étaient inféodées. Quant à ce qu'on a raconté au sujet de l'Allemagne et du Japon de l'après-guerre, cela aussi est généralement de l'ordre de l'invention. Les États-Unis ont littéralement écrasé la Résistance en Europe et au Japon et imposé le retour à des structures traditionnelles, incluant des collaborateurs fascistes. En Allemagne, ils sont parvenus à faire la même chose même s'ils ne maîtrisaient pas tout à fait la situation. Fait peu connu, c'est George Kennan qui, en 1946, a appelé de ses vœux « l'érection d'un mur pour protéger [l'Allemagne de l'Ouest] de la pénétration de l'Est[36] ». Car les décideurs états-uniens redoutaient le mouvement ouvrier allemand, ainsi que la Résistance. Celle-ci jouissait en effet de beaucoup de prestige après la guerre. En outre, elle était radicalement démocratique, socialiste, communiste et ainsi de suite. Les États-Unis se devaient donc de l'écraser. C'est ce qu'ils firent avec une grande brutalité en Italie et en Grèce et, de diverses autres manières, en Allemagne, en France, en Belgique et ailleurs. En Italie, les États-Unis ont été impliqués dans des activités de subversion à grande échelle de la démocratie au moins jusqu'aux années 1970. Nous ne savons pas ce qui s'est passé par la suite, faute de documentation, mais je suppose que des activités de cette sorte se poursuivent encore aujourd'hui.

Au Japon, le général Douglas MacArthur, dont la conception de la démocratie était probablement celle qu'il avait apprise dans son cours d'instruction civique de huitième année scolaire, a permis d'emblée aux Japonais de commencer réellement à élaborer des institutions démocratiques. Mais les libéraux à Washington étaient furieux. En 1947, ils ont mis en œuvre ce qu'ils appelaient le « cours inverse » afin de miner le mouvement ouvrier, de restaurer les élites traditionnelles et, en somme, de restaurer quelque chose comme l'ordre traditionnel. Ils ont réussi, puisque depuis le Japon est un État à parti unique[37].

En Amérique latine, point n'est besoin de réitérer en détail l'historique, qui est bien connu, ou qui devrait l'être. Pendant les années Reagan, qui sont la source de l'administration actuelle, on a tout simplement eu recours à une haineuse brutalité qui était bien pire que tout ce qu'on a vu dans les ex-satellites est-européens. Une fois qu'ils eurent écrasé les forces populaires intérieures, les États-Unis ont alors mis en place ce qu'il est convenu d'appeler un « gouvernement légitime ».

Nous pouvons donc nous attendre à la même chose en Irak. Les intellectuels bien éduqués relèveront bien entendu un paradoxe. Rappelons-nous en effet les propos de Thomas Carothers, l'ancien responsable qui a découvert que toutes les administrations états-uniennes, dont la « sincérité », nous assure-t-il, ne saurait être mise en doute, n'ont fait la promotion de la démocratie que lorsque cela favorisait les intérêts stratégiques et économiques des États-Unis. Dans son ouvrage de 2004 sur la « promotion de la démocratie » après la guerre froide[38], il dit craindre que la même politique ne soit mise en œuvre en Irak, en dépit de la sincérité de l'administration. Quelle surprise ! Oui, nous sommes sincères. Bien que nous fassions systématiquement le contraire de ce que nous disons, cela n'altère en rien notre sincérité ! Les responsables états-uniens ont donc tenté d'empêcher et ensuite de subvertir les élections irakiennes, comme Gilbert l'a rapporté. Cette politique se poursuit encore aujourd'hui. Ce qu'il leur reste à faire, c'est suivre cette forte ligne de continuité et imposer en Irak, d'une manière ou d'une autre, un régime de type salvadorien ou semblable à celui de la Pologne sous les Russes, ou encore de type vichyssois. Mais cela ne sera pas facile. L'Irak n'est pas le Salvador.

ACHCAR : Je suis tout à fait d'accord. Les États-Unis sont présentement en très, très grande difficulté en Irak. Lorsqu'on considère la situation à la lumière de déclarations comme « la défaite n'est pas une option » – compte tenu de l'importance de ce qui est en jeu, pour les raisons que nous avons expliquées –, on sent la gravité des difficultés que doit affronter Washington. Comme Noam vient de l'expliquer, les États-Unis ont envahi l'Irak en suivant des plans inspirés des cas du Japon et de l'Allemagne en 1945. Il est révélateur qu'on ne se soit pas inspiré du cas italien, bien que la situation en Irak ressemble plutôt à celle de l'Italie de l'après-guerre, en ce sens que dans les deux pays il existait ou existe une force s'appuyant sur des assises populaires – le Parti communiste en Italie en 1945 et l'AIU en Irak aujourd'hui – qui n'est pas sous le contrôle des États-Unis et qui est liée à un État ennemi des États-Unis. Dans le cas de l'Italie, c'était l'Union soviétique ; dans celui de l'Irak, c'est l'Iran. Or, l'équilibre des forces est bien plus défavorable pour les États-Unis en Irak qu'il ne l'était en Italie. Dans ce dernier cas, ils ont pu écarter le Parti communiste, alors qu'il sera beaucoup plus difficile d'écarter l'AIU en Irak. Bien que les responsables états-uniens aient eu recours à tous les stratagèmes possibles l'année dernière, ils ont échoué. Khalilzad n'a pu faire de miracle. Le problème pour

Washington est donc le suivant: que faire, si les choses se poursuivent ainsi? Aujourd'hui, des articles publiés en Irak, notamment sur le Web, font état d'inquiétudes au sujet de la possibilité que les États-Unis envisagent un coup d'État. Ainsi, il y a eu récemment un scandale en Irak – je ne sais pas si cela a été rapporté aux États-Unis – lorsque le ministre de la Défense s'est organisé pour qu'Allaoui, qui n'est rien de plus qu'un député, passe en revue un détachement de l'armée comme s'il était le chef de l'État. En effet, le ministre de la Défense irakien dans le gouvernement Jaafari qui a été constitué après les élections de janvier 2005, a été nommé par les États-Unis. L'AIU – le CSRII, en l'occurrence – a réussi à obtenir le ministère de l'Intérieur après beaucoup de tiraillements avec les États-Unis et leurs acolytes. Mais les autorités d'occupation civiles et militaires états-uniennes ont insisté pour garder le ministère de la Défense sous leur contrôle – elles ont mis leur propre candidat désigné à la barre – et elles ont tenté d'en faire autant avec l'armée elle-même, tout au moins avec le corps des officiers. Elles ont rétabli dans leurs fonctions de nombreux baathistes, pratique qui remonte à la période où Allaoui dirigeait le gouvernement intérimaire et qui s'est poursuivie depuis. Les rumeurs au sujet d'un possible coup d'État monté par les militaires irakiens s'expliquent donc par le fait que l'armée est la chasse gardée des États-Unis.

Toute la campagne de propagande menée récemment par les États-Unis au sujet des actes de répression et de torture perpétrés par le ministre de l'Intérieur, qui est un membre de l'AIU et du CSRII, est bien entendu tout à fait hypocrite – un vrai coup de bluff. On pourrait en dire autant des récentes déclarations d'Allaoui selon lesquelles les atteintes aux droits de la personne, qu'il n'impute qu'au ministère de l'Intérieur, sont «pires» aujourd'hui que sous Saddam Hussein[39] – c'est lui qui ose le dire ! Outre son caractère manifestement exagéré, cette assertion a de quoi étonner. J'ai été atterré de constater que les commentateurs les plus divers, des médias dominants aux sources antiguerre, se sont contentés de la citer sans faire preuve d'esprit critique. Pourtant, tout le monde devrait savoir que lorsque Allaoui dirigeait le gouvernement intérimaire avec le soutien entier des États-Unis, c'est lui qui, avec l'aide des « conseillers » états-uniens, dont certains ont été formés au Salvador ou dans des endroits comparables, a mis sur pied des commandos de police spéciaux et des centres de détention secrets, et c'est sous son autorité que les forces irakiennes ont commencé à pratiquer la torture, en présence de conseillers des États-Unis. Il s'agit donc là encore de pure hypocrisie : on tente ainsi de diriger les sentiments sectaires des Arabes sunnites contre les chiites et de montrer à l'opinion publique occidentale, notamment celle des États-Unis, à quel point les forces chiites sont « viles ». En fait, c'est cela qui donne de quoi s'inquiéter. Rappelons-nous que Rumsfeld répète depuis 2003 que les États-Unis ne permettraient jamais à un gouvernement de style iranien de diriger l'Irak. C'est l'équivalent états-unien de la doctrine de Brejnev de « souveraineté limitée[40] » : Vous avez le droit souverain de faire ce que vous voulez – tant que nous l'approuvons.

Le problème, pour l'administration Bush, c'est que même un coup d'État n'est pas réellement une option sérieuse. Il est vrai qu'elle pourrait probablement compter sur son influence auprès de bon nombre d'officiers, mais la grande majorité des soldats sont des chiites et des Kurdes – des unités entières de « Pechmergas » ont été intégrées à l'armée. Il est très peu probable que des soldats chiites obéissent à des ordres émanant d'un commandement militaire dominé par les États-Unis et dirigés contre leur propre peuple. Par ailleurs, les Kurdes ne veulent pas combattre aux côtés des sunnites. Ce qui intéresse surtout l'Alliance kurde, c'est de contrôler la région de Kirkuk et son pétrole ; or leurs rivaux n'y sont pas les chiites, mais surtout les Arabes sunnites et les Turkmènes.

Voilà pourquoi toute cette situation est si complexe. Les États-Unis sont habitués à des situations en noir et blanc qui sont relativement faciles à gérer. Mais la complexité des sociétés du Moyen-Orient est telle que leur gestion nécessite des gens beaucoup plus intelligents que la bande qui s'occupe actuellement de la région à Washington.

L'administration Bush est réellement en difficulté. La question qui se pose est de savoir quelle est, maintenant, la stratégie des États-Unis. Tout ce qu'ils ont est une stratégie à très court terme. Afin d'assurer leurs positions, ils interviennent dans les tractations autour de la formation du prochain gouvernement. Mais ont-ils une stratégie à long terme ? J'en doute fort, car tout s'est écroulé. [CHOMSKY : Ils ont un objectif à long terme.] Bien sûr. Comme nous l'avons déjà dit, ils veulent la haute main sur les ressources énergétiques de la région. Mais le problème est de savoir quels sont les moyens à leur disposition pour atteindre cet objectif. Je crois qu'ils sont réellement dans un état de désarroi quant à savoir ce qu'il faut faire. Lorsqu'on observe de près ce qu'ils font sur le terrain, on a l'impression qu'ils changent constamment de politique. Ils cherchent à réagir de manière pragmatique à l'adversité, mais le fait est qu'ils n'ont pas de bonne stratégie à long terme.

Tout cela est réellement inquiétant. La *vox populi* irakienne a certainement raison de s'en faire au sujet des plans des États-Unis, car la bête blessée pourrait être terriblement dangereuse.

CHOMSKY : La population chiite irakienne a-t-elle considéré les allégations relatives à la torture comme une manœuvre antichiite ?

ACHCAR : Oui, une majorité écrasante des chiites les considèrent comme extrêmement hypocrites. Lorsqu'ils entendent Allaoui porter ces accusations, ils sont particulièrement irrités, car ils le détestent réellement, surtout les sadristes, qui sont en même temps les plus hostiles à la présence états-unienne. Le CSRII soutient que les personnes qui ont été torturées, ou « maltraitées », comme il dit, sont en fait des « terroristes ». Il considère ces pratiques comme tout à fait légitimes, d'autant plus que les militaires états-uniens ont montré la voie. Il n'existe malheureusement pas dans cette partie du monde une culture réelle des droits de la personne, la torture y est une pratique tout à fait courante. Si le gouvernement

Bush, le représentant autoproclamé de la civilisation occidentale, considère que la torture est légitime dans certaines circonstances, comment peut-on reprocher aux chiites et aux autres Irakiens d'en faire autant ? C'est pourquoi la campagne de Washington contre le ministère de l'Intérieur a été désavouée, car elle est très largement perçue comme une manœuvre contre l'AIU. C'est un fait que les forces armées du ministère de l'Intérieur comptent de très nombreux partisans organisés au sein des diverses factions de l'AIU – mais non à la suite de quelque « infiltration », car tout cela n'a rien de secret. Les milices ont été très ouvertement fondues dans les forces armées, conformément à la politique officielle soutenue par les États-Unis – mais ces milices, au lieu de passer sous l'autorité des États-Unis, se sont emparées du contrôle des forces du ministère de l'Intérieur. La présence au sein de celles-ci de partisans du CSRII et des sadristes, tout particulièrement, est très visible. Les journalistes vous diront qu'il y a souvent sur les voitures de police des portraits soit de Moqtada al-Sadr, soit de dirigeants du CSRII. On constate donc *de visu* à quel point la situation échappe aux États-Unis.

Que devrait exiger le mouvement antiguerre ?

SHALOM : Quelle position devrait adopter le mouvement antiguerre en Irak ? Que devrait-il exiger ?

CHOMSKY : Une armée d'occupation, ou une force d'invasion, ce que sont bien sûr les troupes états-uniennes, n'a que deux responsabilités : verser des réparations pour les dommages qu'elle a causés et simplement laisser la population agir comme bon lui semble. Nous devrions donc respecter la volonté de la population irakienne, quelle qu'elle soit. Or sa volonté est plutôt manifeste. À défaut de preuves écrasantes d'un soutien important à l'occupation militaire, les États-Unis devraient tout simplement se retirer. À vrai dire, ce devrait être le point de vue de tous aux États-Unis. En outre – cela, il ne faut pas le négliger – il faudrait tenter d'instruire la population au sujet des enjeux. Elle doit comprendre quels enjeux sont en cause pour les États-Unis s'ils installent un régime inféodé quelconque en Irak. Il s'agit là d'une préoccupation de la plus haute priorité et d'intérêt tout à fait bipartite, qui concerne indifféremment démocrates et républicains. Tant que les forces antiguerre ne l'auront pas compris, elles n'auront guère d'influence sur le cours des événements.

ACHCAR : Je suis d'accord avec la manière dont Noam vient de définir les responsabilités. Mais j'estime qu'il importe de mettre en garde contre une autre manière de définir ces responsabilités dans le cas présent. Il existe en effet dans certaines sociétés une coutume horrible voulant que celui qui viole une femme non mariée soit obligé de l'épouser. De manière analogue, c'est ce que nous entendons dans certains milieux aux États-Unis : « Nous avons violé l'Irak, nous devons l'épouser. Nous devons y rester, car nous avons une responsabilité. » Cette manière de voir la responsabilité doit être combattue énergiquement. Il devrait être clair que si les Irakiens avaient besoin d'une aide militaire pour stabiliser leur pays et édifier ses institutions, la pire source possible d'une telle aide serait les États-Unis et leurs troupes. Je dirais donc que, dans le cas de l'Irak, la responsabilité des États-Unis consiste essentiellement à payer des réparations et à fournir toute aide nécessaire, mais non à titre d'occupants. Si Washington avait réellement manifesté un sens des responsabilités envers l'Irak et s'était véritablement préoccupé de son sort, il aurait retiré ses troupes il y a longtemps et aurait fourni la logistique nécessaire pour des troupes de l'ONU ou des troupes semblables, si tel était le souhait de la majorité irakienne.

CHOMSKY : Qu'il me soit permis d'ajouter qu'en fait c'est comme cela que la majorité du public états-unien voit les choses. Selon les sondages, depuis le début de l'occupation de l'Irak en avril 2003, la grande majorité des États-Uniens se dit ceci : « Écoutez, cela ne nous concerne pas ; il faut confier aux Nations unies la responsabilité de la reconstruction, de la sécurité, de la transition politique et ce qui s'ensuit. » Le fait que les résultats de ces sondages n'ont pas été rapportés en dit long sur l'état de la démocratie états-unienne, d'autant plus que ces sondages sont nombreux et qu'ils ont été réalisés par des instituts bien établis. C'est également la position qu'ont adoptée les Espagnols en mars 2004, lorsqu'ils ont été vertement tancés et accusés de pratiquer une politique munichoise d'apaisement. En réalité, ils n'ont pas réclamé le retrait des troupes ; ils ont dit qu'elles devaient être sous la supervision de l'ONU. C'est la même position qu'ont adoptée la grande majorité des États-Uniens. Notons deux différences entre l'Espagne et les États-Unis. D'abord, bien que l'Espagne ne soit pas une démocratie parfaite, la population espagnole savait ce qu'était l'opinion publique sur la question. Aux États-Unis, ce n'est pas le cas, car l'opinion publique n'y est pas diffusée. Ensuite, en Espagne on pouvait voter sur la question. Aux États-Unis, c'est inconcevable. Aucun sujet de ce genre ne ne peut faire l'objet d'élections, ce qui en dit long sur le déficit démocratique, comme on dit, aux États-Unis. Voici quelque chose que les mouvements populaires aux États-Unis *peuvent* faire. Car ils ont déjà l'opinion publique de leur côté. Ils doivent donc organiser le public de manière à réduire l'écart entre les politiques publiques et l'opinion publique, de sorte que l'opinion publique ait une certaine influence sur les politiques.

SHALOM : Je crois que les États-Unis seraient tout à fait contents de pouvoir confier l'Irak aux troupes de l'ONU, si Washington conservait la maîtrise du pays par l'intermédiaire du Conseil de sécurité.

CHOMSKY : C'est le point suivant. Il faudrait passer par l'Assemblée générale, car le Conseil de sécurité est discrédité par le veto[41]. Or, en dépit de ce que l'on raconte, les veto ont été émis dans une majorité écrasante par les États-Unis. Depuis le milieu des années 1960, lorsqu'ils ont en quelque sorte perdu le contrôle des Nations unies, les États-Unis ont pris largement la tête du classement en matière de veto, les Britanniques étant deuxièmes et les autres, très loin derrière. Alors oui, tant que les États-Unis et la Grande-Bretagne pourront opposer leur veto en toute liberté, le Conseil de sécurité sera essentiellement dépourvu de signification. Mais ils ne peuvent pas se comporter ainsi à l'Assemblée générale.

ACHCAR : C'est vrai. Mais, cela dit, d'autres pays disposent également du droit de veto. C'est pour cela que Washington n'aime pas passer par le Conseil de sécurité, car il n'y détient pas le monopole du veto.

De toute façon, il est trop tard maintenant. Si l'administration Bush s'était réellement souciée du peuple irakien – c'est un gros « si » – elle aurait agi autrement dès le départ. C'est-à-dire qu'après avoir renversé le régime baathiste, elle aurait retiré les troupes états-uniennes et les aurait remplacées par des troupes que la population irakienne considère comme neutres – au lieu des troupes d'un pays qui est fortement soupçonné de tenter d'accroître son influence sur l'Irak et la région. C'est la présence même des troupes états-uniennes en Irak qui a engendré la situation actuelle ; or, plus longtemps elles resteront, plus la situation deviendra chaotique. Comme l'a déclaré lui-même le général George W. Casey, commandant militaire des États-Unis en Irak, au cours d'une audience devant le Senate Armed Services Committee, la présence même des troupes états-uniennes « en tant que force d'occupation » est « un des éléments qui alimentent l'insurrection »[42]. Cela est vrai, car quels que soient les résultats de l'ensemble des sondages sur l'Irak, une chose est sûre : une majorité écrasante d'une des composantes principales de la population, en l'occurrence les Arabes sunnites, s'oppose violemment à l'occupation. En fait, c'est précisément dans les zones habitées par ces derniers que se concentre pour l'essentiel l'occupation et qu'elle s'affaire le plus à tuer des gens. C'est sur cette réalité que s'appuie la demande de retrait des troupes états-uniennes. Ce n'est pas en vertu de quelque vision égoïste, intéressée ou indifférente du genre « décampons en vitesse ». C'est en vertu d'un véritable souci pour le sort des Irakiens, car nous savons ce que les États-Unis tentent de faire en Irak – nous en avons abondamment discuté jusqu'ici – et savons également que la simple présence des troupes états-uniennes envenime les choses.

Bien entendu, il y a probablement une majorité d'Irakiens qui estiment avoir besoin d'aide pour édifier de nouvelles institutions, faute de quoi les anciens réseaux de pouvoir disposant d'armements et de ressources pourraient les menacer. Une majorité de chiites voient certainement la situation ainsi. Cela est une chose, mais c'en est une tout autre que de croire que la population souhaite que cette force étrangère soit *précisément constituée par les États-Unis*. Si tant de personnes exigent un calendrier pour le retrait des troupes étrangères plutôt qu'un retrait immédiat, c'est parce qu'on ne leur a pas donné d'autre possibilité que d'opter pour ce qu'elles considèrent tout au plus comme un moindre mal. C'est pourquoi j'estime que ce que nous, progressistes, faisons depuis le début – développer le mouvement antiguerre – est exactement ce qu'il fallait faire et ce qu'il faut encore faire. Le renforcement du mouvement antiguerre autour de l'exigence résumée par « Dehors maintenant ! » accentue la pression sur Washington, laquelle deviendra décisive lorsque la demande de retrait sera exprimée ouvertement et publiquement en Irak par les représentants d'une majorité de la population. La pression du mouvement antiguerre aux États-Unis sera alors absolument décisive, soit directement au moyen des manifestations et tout le reste, soit indirectement par l'intermédiaire des sondages d'opinion, dont les élites états-uniennes tiennent compte, bien sûr.

Le retrait mènera-t-il à la guerre civile ?

SHALOM : Comment répondez-vous à ceux qui affirment qu'un retrait mènera à une guerre civile d'ampleur comparable à celle du Liban ?

CHOMSKY : La charge de la preuve est ici inversée. La preuve incombe à ceux qui veulent prolonger une occupation militaire, comme elle incombe à quiconque veut utiliser la force, dans quelque situation que ce soit. Point n'est besoin de prouver que le fait de *ne pas* recourir à la force entraînera un désastre. On pourrait dire la même chose dans le contexte d'unités sociales plus petites – mettons le cadre familial.

Supposons qu'un père patriarcal abusif dise : « Si je ne bats pas ma femme et mes enfants, ils seront épouvantables. » Il n'incombe pas à ces derniers de prouver que ce ne sera *pas* le cas ; il incombe au père de prouver que ce sera *bel et bien* le cas. Aucun autre argument n'est nécessaire. Il en va de même pour tout emploi de la force, pour toute forme de violence, y compris l'occupation militaire, qui est une forme extrême de violence. La preuve incombe à ceux qui prétendent que l'emploi de la force est nécessaire. À moins qu'ils ne puissent assumer le lourd fardeau de la preuve pour démontrer que leur recours à la violence, par exemple une occupation, est nécessaire, ils doivent tout simplement cesser d'y avoir recours. Il n'y a rien d'autre à dire. Point n'est besoin de se disputer à ce sujet, pas plus que dans le cas d'un parent abusif.

ACHCAR : À cela on peut ajouter qu'il est très facile, en revanche, de prouver que la présence des troupes d'occupation est nuisible. Personne ne peut fournir quelque garantie que ce soit s'agissant de l'avenir de l'Irak, que les troupes états-uniennes y restent ou qu'elles se retirent. Il n'y a aucune certitude concernant la suite des événements. Il existe divers scénarios, diverses possibilités, allant des plus défavorables aux plus favorables. Mais une chose est certaine : l'occupation a mené l'Irak à une situation très dangereuse, et plus elle se prolonge, plus la situation s'aggrave.

La Conférence des forces politiques irakiennes qui s'est tenue au Caire en novembre 2005[43] a démontré que lorsque l'ensemble des forces politiques irakiennes est rassemblé, celles-ci sont capables de parvenir à un consensus – quand Zalmay Khalilzad, l'ambassadeur des États-Unis, n'est pas là à « diviser pour régner » et à manipuler. Ce n'est pas un hasard si le consensus auquel on est parvenu à cette conférence était en partie formulé indirectement contre les États-Unis : on y faisait en effet la distinction entre résistance légitime contre une occupation en général et actes terroristes, ce qui reflète un point de vue très répandu en Irak. Les Irakiens font généralement référence à la « résistance honorable » pour parler des actions armées contre les troupes d'occupation états-uniennes et autres, par contraste avec « terrorisme », par quoi ils désignent toutes les autres actions violentes. Chose surprenante, bien que ce ne soit pas une nouvelle du genre de celles qu'on rapporte couramment aux États-Unis, même Jalal Talabani, le dirigeant kurde qui a été élu président irakien en 2005, a utilisé cette distinction. Il a déclaré à plus d'une reprise qu'il faudrait être disposé à discuter avec la « résistance honorable ». Ainsi, le président de l'Irak, qui est censé être un allié à toute épreuve des États-Unis, affirme que ceux dont les actions violentes ne sont dirigées que contre les États-Unis sont des gens honorables. Divers indices laissent donc entrevoir la possibilité qu'émerge dans le pays une certaine volonté de compromis.

L'assertion du général Casey selon laquelle la présence de troupes états-uniennes alimente l'insurrection mérite quelque réflexion. Pourquoi en est-il ainsi ? Il y a bien sûr un fort ressentiment contre ces troupes, mais, de plus, c'est la présence même des troupes états-uniennes qui légitime la prétendue insurrection. Si ces troupes se retiraient, cela aurait vraisemblablement deux conséquences. Premièrement, la principale source de légitimité des actions armées disparaîtrait. Deuxièmement, la population sunnite arabe se verrait confrontée à la perspective d'une guerre civile. En fait, ce sont eux, les sunnites arabes, qui ont le plus de raisons de craindre une guerre civile, car ils ne font pas le poids face aux chiites, d'autant moins que ceux-ci sont soutenus par l'Iran. Il y a donc de bonnes raisons de croire que si l'on mettait un terme à l'occupation, ils seraient fortement incités à cesser leurs actions armées. En fait, c'est exactement ce que le groupe sunnite le plus influent, l'Association des ulémas musulmans, a répété à maintes reprises : si l'occupant annonçait un calendrier pour le retrait – même pas si les troupes d'occupation *se retiraient* – il appellerait tous les groupes à cesser leurs actions armées[44].

Si vous prenez tout cela en considération et le mettez en regard des résultats effectifs de l'occupation, j'estime que les arguments en faveur d'un retrait immédiat des troupes états-uniennes sont probants. Permettez-moi de répéter encore une fois que personne ne peut prévoir avec certitude l'évolution de la situation, car elle dépend de très nombreux facteurs, par exemple de la question de savoir si ce seront des gens sensés et raisonnables qui prendront le pouvoir, ou si ce seront des fanatiques. Tout est possible. Pourquoi faut-il imaginer, en cas de retrait, l'hypothétique scénario le plus défavorable et le considérer comme le plus vraisemblable, pour ensuite conclure que les troupes états-uniennes doivent rester dans le pays, alors qu'on ne tient pas compte du bien réel scénario extrêmement défavorable engendré par la présente occupation ? Il s'agit là, bien sûr, d'une tentative de justification de l'occupation, mais elle ne tient pas debout.

Les Kurdes en Irak

SHALOM : Qu'en est-il des Kurdes ? Comment ont-ils été traités en Irak ?

CHOMSKY : C'est une histoire horrible. Sous Saddam Hussein, ç'a été monstrueux – les massacres de la campagne d'al-Anfal en 1988, le gazage et le reste[45]. Il est plutôt frappant de constater que, bien que ces atrocités aient été évoquées comme motif pour renverser le terrible criminel qu'était Saddam Hussein, les États-Unis et la Grande-Bretagne n'ont rien fait pour les empêcher au moment où elles ont été commises. Aux États-Unis, il y a certes eu des initiatives au Congrès pour condamner l'Irak à l'époque où sont survenus les massacres et le gazage, mais l'administration Reagan y a fait obstruction. Elle n'a pas permis que Saddam Hussein soit condamné. Les administrations de Reagan et de Bush père ont continué par la suite de fournir à l'Irak des armements en quantités considérables, notamment les moyens de développer des armes de destruction massive – des missiles, des armes biologiques et autres[46]. Le Pentagone a prétendu que ce n'était pas Saddam Hussein qui était à l'origine du gazage, mais les Iraniens[47]. En ce qui concerne la Grande-Bretagne, le gouvernement du Premier Ministre Margaret Thatcher a, à toutes fins utiles, passé ces atrocités sous silence – tout au plus a-t-il dit quelques mots sur le sujet. Il y a certes eu quelques protestations parmi les parlementaires mais, chose intéressante, ceux qui forment le cœur de ce qu'on appelle les « nouveaux travaillistes » – Tony Blair, Jack Straw, Geoff Hoon et les autres[48] – ne se sont pas joints à ces protestations, apparemment parce qu'ils ne se souciaient guère des crimes de Saddam Hussein contre les Kurdes. Les choses se sont poursuivies ainsi de manière tout à fait étonnante. Jack Straw, qui été secrétaire de l'Intérieur avant de devenir secrétaire aux Affaires étrangères, était, en 2001, responsable des demandes d'asile. Or un Irakien qui avait été torturé dans les prisons de Saddam Hussein a fait une demande d'asile en Grande-Bretagne, mais sa demande a été rejetée par Straw au motif que les Irakiens « pouvaient s'attendre à avoir un procès équitable sous une organisation judiciaire indépendante et bien constituée[49] ». Il se trouve que j'étais en Angleterre à ce moment-là, ct j'ai cru que le gouvernement allait certainement s'écrouler le lendemain. Mais on n'a pas entendu le moindre soupir de protestation. J'avais largement sous-estimé la loyauté des classes instruites britanniques.

Pour revenir aux Kurdes, les responsables états-uniens et britanniques ne s'en souciaient tout simplement pas. L'incident en question s'est produit au sommet des atrocités, mais ce n'est pas tout.

Permettez-moi de revenir aux années 1970, pendant lesquelles les États-Unis utilisaient les Kurdes comme arme dans leurs manipulations de l'Irak et de l'Iran. Washington avait en effet soutenu une rébellion kurde contre l'Irak en 1974. Mais, l'année suivante, l'Irak a conclu une entente avec l'Iran, ce qui a laissé les Irakiens libres de massacrer les Kurdes. Or les États-Unis se sont tout simplement désengagés. C'est alors que le secrétaire d'État Henry Kissinger, pour répondre aux critiques, aurait fait sa fameuse déclaration : « les opérations secrètes ne doivent pas être confondues avec le travail missionnaire[50]. » Les Kurdes prennent un risque énorme aujourd'hui s'ils comptent sur les États-Unis ou sur quelque autre grande puissance. Ils ont été systématiquement trahis tout au long de leur histoire. Les grandes puissances les utiliseront à leurs propres fins. Et s'il se trouve que les Kurdes s'opposent à ces fins, elles leur couperont l'herbe sous le pied et ils se feront massacrer de nouveau. La situation est très dangereuse pour eux.

ACHCAR : En effet. L'histoire kurde regorge de telles trahisons. La plus marquante est la façon dont le chah d'Iran les a poignardés dans le dos en 1975 afin d'obtenir ce qu'il voulait de Saddam Hussein. Le chah les a simplement abandonnés et a laissé Saddam Hussein les écraser, pendant que les Nations unies se tenaient à l'écart. On fait souvent référence au gazage mentionné par Noam. Ainsi, Halabja, la ville qui était la principale cible de l'attaque au moyen d'armes chimiques, est devenue une espèce de symbole – le Guernica du mouvement kurde, pour ainsi dire. Mais il ne faudrait pas oublier 1991. [CHOMSKY : Tout à fait juste.] En 1991, à la suite de la guerre du Golfe, les États-Unis ont très manifestement donné le feu vert à Saddam Hussein pour écraser la rébellion kurde après la rébellion chiite, alors qu'ils les avaient encouragées toutes deux.

CHOMSKY : Je ne peux pas croire que les Kurdes ont oublié cela.

ACHCAR : Il est impossible qu'ils l'aient oublié, mais les États-Unis se sont « rachetés » peu de temps après qu'ils eurent permis à Saddam Hussein d'écraser la rébellion de 1991 dans le sang. En effet, un tollé s'est élevé en Occident contre le sort des réfugiés kurdes retenus dans des camps situés du côté turc de la frontière. Le tollé du public était motivé par des considérations humanitaires, mais les gouvernements s'inquiétaient plutôt de l'éventualité de devoir accepter ces réfugiés comme immigrants et de devoir leur accorder l'asile politique. [CHOMSKY : Parce que la Turquie n'en voulait pas.] Exactement. Ensuite, ils seraient inévitablement allés en Europe. Le gouvernement turc et les gouvernements européens, qui étaient obsédés par la lutte contre l'immigration, ont alors dit à Washington : « Vous devriez faire quelque chose pour cela, vous devriez les repousser en Irak. » Mais le seul moyen de parvenir à ce que les réfugiés retournent en Irak, c'était d'agir comme on l'a fait à l'époque – leur fournir une espèce de sanctuaire, en transformant en sanctuaire la partie kurde de l'Irak.

C'est pourquoi, depuis 1991, les Kurdes représentent, en termes relatifs, la composante la plus privilégiée de la population irakienne. Ils n'ont pas souffert des conséquences de l'embargo – ils ont même profité du transit sur leur territoire de toutes sortes de commerces et de trafics vers l'intérieur et vers l'extérieur de l'Irak, notamment de ventes illégales de pétrole. Il est bien connu que certains dirigeants kurdes, en particulier Massoud Barzani, chef du Parti démocratique du Kurdistan, a traité des affaires avec les fils de Saddam Hussein, qui étaient les grands organisateurs du « marché noir » et du trafic illicite en Irak. Cela explique d'ailleurs pourquoi les dirigeants kurdes sont beaucoup moins zélés à réclamer la débaathification que les dirigeants chiites.

CHOMSKY : Les Kurdes conservent-ils ces alliances avec les anciens réseaux du Baath ?

ACHCAR : Je ne crois pas. Mais les dirigeants kurdes en général, et Barzani en particulier, ont adopté une position beaucoup plus modérée sur la question du Baath et de la débaathification que les dirigeants chiites. C'est pour cela qu'ils peuvent s'adapter très facilement à la position actuelle de Washington et se rapprocher des sunnites arabes, y compris les anciens baathistes. Cela ne leur est pas très difficile. Ceux qui réclament avec insistance la débaathification sont les dirigeants islamiques chiites, surtout Moqtada al-Sadr, mais également le CSRII.

CHOMSKY : Lorsque je regardais les nouvelles télévisées pendant les massacres de 1991, j'avais l'impression qu'il y avait un écart considérable entre la couverture du massacre des chiites et celle de l'expulsion des Kurdes. Le massacre des chiites, me semble-t-il, était présenté sans commentaires, mais non celui des Kurdes. Je me souviens de correspondants disant à la télévision : « Regardez ces enfants, ils ont les yeux bleus comme les nôtres, comment cela peut-il leur arriver ? » J'avais l'impression qu'il y avait carrément un clivage raciste entre chiites et Kurdes.

ACHCAR : Oui. On a entendu des commentaires de ce genre – au sujet des musulmans bosniaques aussi, soit dit en passant, des commentaires vraiment racistes. Les médias étaient de toute façon disposés à témoigner de la sympathie pour les Kurdes parce que ceux-ci sont considérés comme des alliés de l'Occident, alors que les chiites sont associés à l'Iran. De manière tout à fait hypocrite, l'insurrection dans le sud de l'Irak a été présentée comme étant inspirée par l'Iran. On entendait en Occident les mêmes assertions au sujet du rôle de l'Iran que celles propagées par les baathistes à propos du soulèvement chiite, bien que celui-ci ne fût pas inspiré par l'Iran, encore moins dirigé par lui.

CHOMSKY : À l'exception de ces épisodes monstrueux, comme à al-Anfal et ailleurs, les Kurdes ont été, au fil de l'histoire, plus maltraités en Turquie qu'en Irak. Es-tu d'accord avec cela, Gilbert ?

Les Kurdes en Turquie

ACHCAR : Mis à part les périodes de guerre intensive, oui. S'agissant des droits culturels et du statut juridique, les Kurdes s'en sont mieux tirés en Irak qu'en Turquie. Non parce que les Arabes irakiens ont l'esprit plus démocratique que les Turcs, mais simplement en raison de l'équilibre des forces. En effet, l'Irak est le pays où l'équilibre des forces est le plus favorable aux Kurdes en ce qui concerne leur nombre par rapport à l'ensemble de la population. Leur condition s'y est en outre améliorée au fil du temps, et même le gouvernement baathiste, pour des raisons tactiques, leur a accordé en 1970 des droits d'autonomie beaucoup plus grands que tout ce qu'ils ont en Turquie. Les Kurdes jouissent ainsi de droits culturels, notamment linguistiques, plus poussés en Irak qu'en Turquie, où, jusqu'à tout récemment, on ne pouvait même pas mentionner l'existence des Kurdes – on les appelait « Turcs des montagnes ». Cela fait penser à la déclaration de l'ancien Premier ministre israélien Golda Meir en 1969 sur les Palestiniens : « les Palestiniens, cela n'existait pas[51] ». En pratique, la brutalité du traitement, notamment l'oppression et la répression, est une caractéristique permanente en Turquie. Il n'y a pas eu de hauts et de bas comme en Irak, où alternaient les périodes pendant lesquelles la situation au Kurdistan était même moins répressive que dans le reste du pays et les périodes de guerre et de répression très brutale. En Turquie, les conditions brutales évoquées plus haut étaient une caractéristique permanente jusqu'à une période récente : le gouvernement et les militaires turcs, sous la pression de l'Union européenne, ont alors fait des concessions aux Kurdes. Bien entendu, il s'en faut de beaucoup que les Kurdes vivent en liberté en Turquie, sans parler d'autodétermination.

CHOMSKY : J'ai vécu une expérience personnelle à cet égard il y a seulement quelques années. En 2002, j'ai donné des conférences à Diyarbakir, la capitale kurde non officielle qui se trouve dans le sud-est de la Turquie. Les forces de sécurité turques étaient partout, au vu et au su de tous, prenant des photos. C'était encore passablement brutal à l'époque, pas autant que quelques années plus tôt, mais il y avait encore des vestiges de la terreur des années 1990. À la fin d'une de mes conférences, trois jeunes hommes se sont approchés de moi et m'ont remis un dictionnaire kurde-anglais à la barbe des forces de sécurité turques, ce qui à l'époque était un acte de bravoure tout à fait incroyable. Il contenait un message plutôt émouvant au sujet de leur désir de pouvoir exprimer leurs pensées dans leur propre langue. Nous étions vraiment dans un État policier. En fait, j'étais moi-même à l'époque l'objet d'une enquête menée par les forces de sécurité de l'État turc en raison de cette conférence, dont on prétendit qu'elle encourageait le séparatisme. J'arrivais tout juste d'Istanbul, où j'avais insisté pour agir comme codéfendeur dans un procès contre un éditeur turc. Celui-ci avait publié la traduction d'un de mes ouvrages renfermant quelques pages sur les atrocités perpétrées contre les Kurdes dans les années 1990 avec le soutien des États-Unis, on lui avait donc intenté un procès pour diffamation de l'État turc. Des avocats, dont le sien, m'avaient pressé d'insister pour agir comme codéfendeur, car ils pensaient que cela tuerait le procès dans l'œuf, ce qui fut en effet le cas (mais l'éditeur a de nouveau été renvoyé en jugement par la suite, sous le poids des mêmes accusations).

La répression était encore brutale en 2002, mais ce n'était pas comme dans les années 1990. Il existe un très bon indicateur du niveau de répression : le niveau des livraisons d'armements états-uniens à la Turquie. Il y a en effet une étroite corrélation entre l'intensité de ce trafic et l'ampleur de la répression des Kurdes par la Turquie. Ainsi, pendant la campagne de contre-insurrection, qui a débuté en 1984, la Turquie a reçu plus d'armements états-uniens que pendant l'ensemble de la guerre froide. En fait, pendant la seule année 1997, qui marque le point culminant des atrocités ainsi que celui du soutien de Clinton, celui-ci a envoyé plus d'armes à la Turquie qu'elle n'en avait reçu de 1950 à 1983[52]. Jusqu'en 1997, pendant les années Clinton, la Turquie était le principal bénéficiaire de l'aide militaire états-unienne, exception faite d'Israël et de l'Égypte, qui sont dans une catégorie à part. En 1999, la Turquie a été devancée à ce chapitre par la Colombie, car les militaires turcs avaient alors pour l'essentiel réprimé l'insurrection dans le sud-est du pays, de sorte qu'ils n'avaient guère besoin de cette aide. Mais le gouvernement colombien, qui est un gouvernement hideux, atroce et meurtrier, n'avait pas encore réprimé l'insurrection en Colombie, qui est donc devenue en 1999 le troisième bénéficiaire de subventions pour l'assistance à la sécurité (là encore derrière Israël et l'Égypte)[53].

Pendant les années 1990, les États-Unis ont fourni 80 % des armements de la Turquie, notamment des équipements lourds, alors même qu'y étaient perpétrées de graves atrocités. Des secteurs entiers du sud-est de la Turquie ont été tout simplement rasés, des milliers de villages ont été détruits, la population a été expulsée. Il n'y a pas eu de décompte, mais, selon des sources kurdes plutôt prudentes, il y a peut-être eu jusqu'à 3 millions de réfugiés. Selon un groupe kurde de défense des droits de la personne que dirigeait à l'époque l'actuel maire de Diyarbakir, 50 000 personnes ont été tuées. Puisque les États ne font pas le décompte des victimes de leurs propres atrocités, il ne s'agit là que d'estimations. Ce n'est pas comme à Srebrenica, où l'on essaie de trouver le moindre débris d'os et où l'on a recours à des expertises médico-légales parce que les tueries ont été perpétrées par d'autres.

La *New York Review of Books* a récemment publié un article assez précis de Steven Kinzer sur la répression des Kurdes en Turquie[54]. Il était le reporter du *New York Times* dans le pays pendant qu'étaient commises les atrocités, et pourtant il n'a presque rien écrit au sujet de ces crimes. Il y avait certes un reportage par-ci par-là, une tribune libre écrite par quelqu'un de Human Rights Watch ou quelque chose du genre, mais, pour l'essentiel, il n'y avait guère de couverture. Les choses ont toutefois changé après les événements dont nous avons déjà discuté. En effet, après que la Turquie eut refusé d'obéir aux ordres des États-Unis relativement à l'invasion de l'Irak, des articles ont soudainement commencé à paraître, notamment dans le *Boston Globe* et le *New York Times*, au sujet de la terrible répression des Kurdes perpétrée par les Turcs. Mais les auteurs de ces articles ne mentionnaient toutefois pas le fait que c'était leur héros, Bill Clinton, qui avait payé la note et fourni un soutien diplomatique, et que leurs propres reporters n'avaient pas rapporté les événements. Tout d'un coup, il était devenu opportun de condamner les Turcs pour ces atrocités perpétrées contre les Kurdes. C'était honteux.

Je dois ajouter que les dissidents turcs sont extrêmement courageux. En fait, je ne puis m'empêcher de rire quand je suis en Europe et que j'entends des gens dire que les Turcs ne sont pas assez civilisés pour rejoindre l'Union européenne. Pendant toute cette période, non seulement les intellectuels turcs – non pas des gens marginaux, mais les écrivains, artistes, journalistes, universitaires et éditeurs les plus éminents – ont protesté contre les crimes dont étaient victimes les Kurdes et contre le caractère draconien des lois, mais encore ont-ils continuellement pratiqué la désobéissance civile, s'exposant ainsi à de graves risques. Ce n'est pas une partie de plaisir que d'être jeté dans une prison turque, comme beaucoup l'ont été.

Pour revenir à la situation des Kurdes, des amis ont réussi à m'amener dans les bidonvilles d'Istanbul où vivent les réfugiés kurdes. C'est vraiment indescriptible. Nous avons rendu visite à une famille qui, après avoir été chassée de son village, vit dans des conditions horribles. Le gouvernement turc lui a dit qu'il lui permettrait d'y retourner si le père signait une déclaration affirmant que c'est le Parti des travailleurs kurdes (PKK), le mouvement de guérilla kurde, qui a incendié le village. Il n'a pas voulu la signer parce que c'est l'armée turque qui l'a incendié ; sa famille est donc restée enlisée sur place. Si vous allez dans la région de Diyarbakir, vous constaterez que les gens vivent dans des grottes creusées dans l'ancien mur de la ville. Cependant, en ce qui concerne la répression, les choses se sont améliorées. Il fut un temps où, dans une certaine partie de la Turquie, la couleur des feux de circulation avait été modifiée, car il se trouve que les couleurs rouge, orange et vert sont les couleurs kurdes, qui étaient interdites. Depuis 1991, on peut parler en kurde sans être persécuté, mais on ne peut pas encore enseigner le kurde dans les écoles publiques. On a très récemment permis aux journaux et aux stations de radio et de télévision privés d'utiliser la langue kurde, mais sur les canaux de télévision et de radio publics l'emploi du kurde est encore très restreint – quelque chose comme une demi-heure de musique par semaine.

Les Kurdes ont été traités de manière épouvantable en Turquie. La situation s'est améliorée sous la pression de l'Union européenne, et je dois ajouter que les États-Unis veulent également que les Turcs fassent le ménage chez eux, car Washington souhaite ardemment, pour des raisons cyniques, que la Turquie rejoigne l'Union européenne. Il y a donc moins de violence. Mais lorsque l'Europe a commencé de retirer son soutien à l'entrée de la Turquie dans l'Union européenne, les conditions sont devenues, me semble-t-il, plus difficiles. Peut-être les Turcs se sont-ils dit en réaction : « Eh bien, si l'on ne nous permet pas d'entrer dans l'Union européenne, pourquoi devrions-nous jouer à leur jeu des droits de la personne ? » En outre, je pense qu'en Turquie on a l'impression – à mon avis celle-ci n'est pas sans fondement – que l'opposition à l'entrée de la Turquie dans l'Union européenne n'est pas due à ses antécédents en matière de droits de la personne, mais au racisme des Européens. Ceux-ci ne veulent pas voir les Turcs se promener dans leurs rues. Il existe réellement, dans de nombreux pays européens, un élément raciste qui ne veut tout simplement pas qu'il y ait des Turcs dans le décor et qui, pour les empêcher d'entrer, exploitera le problème des droits de la personne.

ACHCAR : Le gouvernement turc est très largement sous le contrôle des militaires turcs, qui sont très inquiets des événements en Irak. Et ils sont bien entendu très préoccupés par le fait que l'autonomie *de facto* du Kurdistan irakien, qui était considérée comme une solution temporaire en raison des circonstances exceptionnelles de 1991 à 2003, soit en passe de devenir une réalité institutionnelle, voire une réalité constitutionnelle. Cela inquiète profondément les militaires et le gouvernement turcs, ce dont les États-Unis, bien entendu, tiennent rigoureusement compte.

Dans le Kurdistan irakien, il y a une majorité écrasante de la population qui, presque à l'unanimité en fait, aspire à l'indépendance, à une solution allant donc au-delà du statut constitutionnel qu'elle a déjà acquis. Toutefois, les dirigeants kurdes font valoir à leurs mandants qu'il est irresponsable d'aspirer à cet objectif, car la situation géographique du Kurdistan est telle que la meilleure option, aujourd'hui, consiste à jouir d'une indépendance *de facto* au sein de l'État irakien. Lorsqu'ils parlent de situation géographique, ils pensent surtout à la Turquie. Mais la vérité, c'est que s'ils avaient le moindre soutien des États-Unis à leurs aspirations nationales et leur droit légitime à l'autodétermination, ils pourraient répondre aux aspirations de leur peuple. On devrait permettre à la nation kurde, comme à toute autre nation, d'exercer son droit à l'autodétermination, notamment le droit de faire sécession et de constituer son propre État – de se séparer de l'Irak ainsi que de la Turquie, de l'Iran et de la Syrie, et de créer un État national kurde unifié, ce qui est la plus profonde des aspirations du peuple kurde. [CHOMSKY : Ils sont 25 millions.] Voilà une nation qui a été dépecée en minorités opprimées par des États plus vastes.

Le problème, bien sûr, c'est que Washington ne soutiendra pas les Kurdes contre la Turquie, puisque l'État turc est un des piliers de l'OTAN, qu'il était un allié important à l'époque de la guerre froide et qu'il est aujourd'hui une composante importante de la stratégie des États-Unis au Moyen-Orient et dans le bassin de la mer Caspienne. Nous revenons donc à ce que nous disions plus tôt, à savoir que les dirigeants kurdes continuent de miser sur des forces auxquelles on ne peut pas du tout se fier. Pour les Kurdes, les États-Unis sont certainement une source de protection très peu fiable.

CHOMSKY : Malheureusement, il en va de même des Kurdes turcs. Malgré la très récente vague de répression implacable, brutale et violente, dont ils savent qu'elle était soutenue par les États-Unis, les Kurdes accordent aujourd'hui toute leur confiance aux États-Unis pour que ceux-ci les aident, d'une manière ou d'une autre, à obtenir – non pas l'autonomie, ils ont perdu tout espoir à ce sujet bien qu'ils y aspirent probablement encore – simplement une certaine reconnaissance de leurs droits.

ACHCAR : Mais ne mettent-ils pas plus d'espoir dans l'Europe, ce qui est plus logique ?

CHOMSKY : Les plus réalistes savent que la puissance des États-Unis est écrasante, qu'il faut donc miser sur eux plutôt que sur l'Europe. Ils se réjouissent néanmoins que l'Europe exerce des pressions sur la Turquie en s'appuyant, notamment, sur les critères de Copenhague sur les droits de la personne[55].

Sécession, autodétermination et justice

SHALOM : Quand vous parlez de sécession, les choses sont relativement simples lorsqu'une nationalité quelconque constitue la seule collectivité habitant une région donnée. Mais, de toute évidence, en partie à cause des transferts de populations du temps de Saddam Hussein, il existe de nombreuses zones contestées à populations mixtes.

CHOMSKY : La zone de Kirkuk est la principale de ces zones.

SHALOM : Oui. Alors, quelle est la solution juste à un problème de ce genre ?

CHOMSKY : J'ai l'impression, franchement – c'est ce qui a suscité l'hostilité de l'appareil de sécurité étatique de la Turquie – que la meilleure solution comporte certains des éléments de l'ancien Empire ottoman. Le simple fait d'affirmer cela, c'est s'exposer à être partout anathème. Bien sûr, personne ne souhaite reconstruire l'Empire ottoman – il était brutal, corrompu et j'en passe. Mais on connaissait la manière dont il fallait traiter les régions : on laissait leurs populations tranquilles. Dans l'Empire ottoman, pour se rendre du Caire à Istanbul et à Bagdad, point n'était besoin de traverser des frontières. Dans les villes, les Grecs dirigeaient les quartiers grecs ; les Arméniens, les quartiers arméniens. Partout dans cette région du monde il y avait une mosaïque très complexe, on y laissait donc généralement les gens tranquilles. Un des avantages de l'Empire ottoman, c'est justement qu'il *était* corrompu : il était trop corrompu pour qu'on puisse comprendre ce qui s'y passait et pour qu'on puisse y faire grand-chose. Alors, oui, l'Empire était brutal et, à l'occasion, on y perpétrait quelque atrocité, mais la plupart du temps les choses marchaient – on laissait en quelque sorte les gens en paix. Or c'est une solution de ce genre qu'il faut pour une mosaïque complexe de populations. En fait, j'estime qu'il en va de même en Europe. Il aura fallu des siècles d'extrême violence pour y imposer le système des États-nations. Ce système est très peu naturel – où trace-t-on les frontières ? Prenez l'Allemagne, l'Italie ou la France. Il n'y a pas longtemps, il y avait beaucoup de gens qui ne connaissaient pas la langue nationale, et il fallait enseigner la langue nationale à l'école. Ce n'est que très récemment, à des rythmes différents selon les pays, qu'on est parvenu à ce que tout le monde se comprenne. Tenter d'imposer un système d'États nationaux à des sociétés complexes, qui présentent toutes sortes de particularités culturelles, notamment locales, régionales, ethniques et religieuses, n'est qu'une entreprise brutale. Voilà une des raisons pour lesquelles l'Europe a été pendant plusieurs siècles une des régions les plus barbares du monde. Et lorsque les Européens ont conquis le reste du monde, ils ont tenté d'imposer le même système – du point de vue des populations concernées, c'était tout aussi aberrant.

Plusieurs des conflits les plus horribles dans le monde aujourd'hui sont la conséquence de l'imposition du système d'États-nations à des sociétés complexes auxquelles il n'est tout simplement pas adapté. Si vous rassemblez dans le même État des populations très disparates et si certaines d'entre elles aspirent au pouvoir, il y a toujours la possibilité que celles-ci massacrent les autres. Certains des plus graves conflits dans le monde font rage dans des régions qui étaient entièrement sous l'emprise de l'Empire britannique – comme le conflit entre l'Inde et le Pakistan ou, quant à cela, le conflit palestinien. Il s'agit dans une large mesure des séquelles de tentatives d'imposer le système aberrant des États-nations à des mosaïques complexes de sociétés auxquelles il n'est pas adapté.

Une des choses qui sont bien aujourd'hui en Europe, conjointement aux tendances centralisatrices de l'Union européenne, c'est qu'il existe un fort courant de « régionalisation ». J'étais à Barcelone peu d'années après le renversement de la dictature de Franco, on n'entendait pas un mot de catalan dans les rues. On n'aurait pas cru que c'était la langue de la population, je ne le savais que par mes lectures. Mais lorsque j'y suis retourné quelques années plus tard, tout ce qu'on entendait, c'était le catalan. Il est sorti d'on ne sait où. Il existe aujourd'hui une autonomie considérable en Catalogne, ainsi que dans le Pays basque et, dans une certaine mesure, dans les Asturies, et des pressions allant en ce sens se font sentir en Galice et ailleurs. Une évolution analogue est même en train de se produire en Grande-Bretagne, où il y a eu une dévolution restreinte des pouvoirs au pays de Galles et en Écosse, ce qui à mon avis est une bonne chose. Il y a selon toute vraisemblance des développements semblables un peu partout en Europe. Alors, si l'on me demandait : « Quel est le *meilleur* système pour le Kurdistan ? », je crois que je répondrais quelque chose comme ceci : « Supprimons graduellement, et entièrement, le système de l'État-nation et permettons une plus grande autonomie régionale et locale, même à l'intérieur des villes. » Cela marcherait, de manière pacifique, et bien mieux que le système de l'État-nation.

ACHCAR : Dans l'idéal, je serais d'accord avec Noam. Toutefois, la situation actuelle n'est bien sûr pas idéale, aussi devons-nous considérer comme tout à fait légitime que les Kurdes aspirent à la création d'un État-nation, d'autant plus qu'il s'agit d'une aspiration à la réunification d'une nation que se partagent plusieurs États. Mais, en un certain sens, les dirigeants kurdes ont raison d'estimer que, dans les circonstances actuelles, la meilleure option pour le Kurdistan irakien est une autonomie très étendue au sein d'un État fédéral. Autrement, on aurait une enclave kurde qui serait dépendante de la protection étrangère. [CHOMSKY : Après tout, elle est entourée de terre, il n'y a pas d'accès à la mer.] En effet. Ce serait une situation très dangereuse pour la population kurde irakienne et ce ne serait certainement pas la meilleure option pour elle.

Le problème de Kirkuk est probablement le plus explosif en Irak, tout au moins potentiellement. L'attention de tous est focalisée sur la question des rapports entre sunnites et chiites, mais en fait celle-ci est plus facile à résoudre que le problème de Kirkuk, qui est très volatil et assez complexe. Kirkuk est en effet une ville qui, il y a quelques décennies, était un creuset ethnique, avec des Arabes, des Kurdes et une importante communauté turkmène qui, selon certains, est majoritaire. C'est pour cela que la Turquie menace d'intervenir et de traiter Kirkuk comme s'il s'agissait d'un protectorat turc. Il est vrai, en revanche, que le développement de l'industrie pétrolière a entraîné une immigration massive de travailleurs à partir de la région montagneuse kurde, Kirkuk devenant ainsi une ville à majorité kurde. Par la suite, Saddam Hussein a tenté d'inverser cette évolution et d'« arabiser » la ville, comme il a tenté d'« arabiser » des régions entières du Kurdistan irakien par diverses mesures de nettoyage ethnique et de déplacement forcé des populations. Nous sommes donc en présence d'une situation fort complexe. Le risque, c'est que les dirigeants kurdes se comportent de manière très agressive eu égard à la question de Kirkuk et qu'ils utilisent leur supériorité militaire par rapport aux autres communautés irakiennes pour tenter d'obtenir la maîtrise complète de la ville. Mais ce serait faire preuve de beaucoup d'imprévoyance. Car si l'on tentait de résoudre ce problème par la force, la question resterait brûlante pendant des décennies, ce qui serait tout à fait désastreux. C'est pourquoi il faut mettre en œuvre la solution à laquelle Noam a fait allusion, tout au moins dans un cas comme celui de Kirkuk. Il faut qu'il y ait un compromis quelconque, notamment une entente sur l'attribution d'une part équitable de l'ensemble des revenus pétroliers au Kurdistan. Ce principe est inscrit dans la constitution qui a été adoptée en octobre 2005. Elle prévoit en effet que les revenus pétroliers soient répartis « de manière équitable conformément à la répartition de la population dans toutes les parties du pays » (article 109[56]), principe empreint de bon sens.

SHALOM : Il s'agit bien des revenus pétroliers *actuels*, n'est-ce pas ?

ACHCAR : C'est ambigu. Il y a eu diverses interprétations de la formulation de la constitution sur le sujet. Le principe selon lequel les revenus pétroliers doivent être répartis dans le pays conformément à la répartition de la population fait en effet référence aux «champs actuels». En revanche, la constitution affirme sans ambiguïté que «le pétrole et le gaz appartiennent à tous les peuples de l'Irak, dans toutes les régions et tous les gouvernorats» (article 108). Cela favorise en fait les Kurdes irakiens, puisque l'essentiel du pétrole irakien est dans le sud du pays. Si les Kurdes obtenaient une part des revenus pétroliers proportionnelle à leur importance démographique relative, ils y gagneraient en fin de compte. Cette solution serait préférable pour eux, plutôt que de tenter de s'emparer de Kirkuk à un coût terrible. Il devrait donc y avoir moyen de trouver une solution et un compromis raisonnables pour cette question brûlante. Or il se trouve que les États-Unis, qui auraient été en mesure d'offrir leurs bons offices à cette fin, n'ont pas agi sérieusement en ce sens, car Washington, qui a subi tant de revers, préfère garder le problème irrésolu dans le cadre de la stratégie consistant à «diviser pour régner» qu'il met actuellement en œuvre comme dernier recours en Irak. Espérons que la raison l'emportera en Irak et qu'on parviendra à un compromis pacifique quelconque sur ce problème, ainsi que sur les autres problèmes en suspens.

La Syrie

SHALOM : On évoque la possibilité d'une action militaire des États-Unis contre deux autres États du Moyen-Orient : la Syrie et l'Iran. Comment évaluez-vous la politique des États-Unis à l'égard de la Syrie ?

CHOMSKY : La politique des États-Unis à l'égard de la Syrie a toujours été très opportuniste. Considérons les rapports entre la Syrie et le Liban. Les États-Unis ont vu d'un bon œil l'entrée de la Syrie au Liban en 1976, comme l'a fait tacitement Israël. L'intervention des Syriens était la bienvenue, puisque à l'époque leur tâche consistait à massacrer les Palestiniens ; il n'y avait donc pas d'opposition particulière à leur présence au Liban. En 1990, Bush père était très favorable à ce que les Syriens restent au Liban, car il voulait que Damas se joigne à la coalition anti-irakienne. Toutefois, au fil des ans, Washington est revenu à une position plus naturelle. Car la Syrie n'obéit pas aux ordres de Washington. C'est un peu comme la Serbie dans les années 1990. Ainsi, Strobe Talbott, qui occupait un poste de responsabilité dans l'administration Clinton, estime que le motif principal de la guerre du Kosovo et du bombardement de la Serbie n'était bien sûr pas d'ordre humanitaire, mais plutôt le fait que la Serbie était le dernier bastion européen qui n'acceptait pas de s'intégrer au système du marché[57]. Ce qu'il entendait par là, c'est que la Serbie n'obéissait pas aux consignes, qu'elle ne se joignait pas au consensus néolibéral. Or la Syrie est un peu comme cela. C'est une dent pourrie. Dans la plupart des pays, les dirigeants s'inclinent tout simplement devant les États-Unis. Mais pas en Syrie. Certes, les dirigeants syriens sont horribles et ils ont fait toutes sortes de choses terribles, mais ce n'est pas pour cette raison que Washington leur est hostile.

Pour mesurer à quel point est sérieuse la critique que font les États-Unis à la Syrie relativement à ses atteintes aux droits de la personne, il suffit de jeter un coup d'œil sur l'historique des événements. Il existe en effet une liste d'États soutenant le terrorisme, c'est-à-dire essentiellement des États qui déplaisent aux États-Unis pour une raison quelconque; or en 1994 Clinton a offert à la Syrie de la retirer de cette liste si elle acceptait les propositions américano-israéliennes concernant le plateau du Golan, dont Israël s'était emparé pendant la guerre de 1967. Mais comme la Syrie voulait récupérer son territoire, elle n'a pas accepté ce marché, elle est donc restée sur la liste des États soutenant le terrorisme. Point n'est besoin d'en dire plus sur la question.

En 2004 s'est présentée une occasion de se débarrasser de cette dent pourrie. Aussi, de concert avec la France, les responsables états-uniens ont-ils fait adopter par l'ONU une résolution visant à contraindre les troupes syriennes à quitter le Liban. Aujourd'hui les États-Unis exercent de fortes pressions pour renverser le régime syrien – bonne idée en soi, mais pas pour les raisons invoquées par les États-Unis. Leur vrai motif est le même que celui pour lequel ils ont bombardé la Serbie : la Syrie n'est pas obéissante.

Les États-Unis vont-ils intervenir en Syrie ? Mon impression, c'est qu'ils sont certes plus susceptibles d'attaquer la Syrie que l'Iran, mais je ne crois pas vraisemblable qu'ils attaquent l'une ou l'autre. Si la Syrie me paraît être une cible plus probable que l'Iran, c'est notamment parce qu'elle est beaucoup plus faible. Il est risqué d'attaquer l'Iran, mais probablement pas la Syrie. J'ai par ailleurs l'impression qu'Israël aimerait peut-être bien attaquer la Syrie. Il dispose sans doute d'une force militaire suffisante pour le faire facilement et à peu de frais. Il y a donc là une possibilité, mais j'ai l'impression qu'elle est peu probable.

Le régime syrien est un régime affreux. Il faudrait que les Syriens aient la possibilité de s'en débarrasser, mais l'intervention de forces extérieures ne ferait qu'aggraver les choses. Or les raisons pour lesquelles les États-Unis s'opposent à la Syrie ne sont guère édifiantes. On pourrait en dire autant de la France, pour autant que je puisse en juger.

ACHCAR : Tu as tout à fait raison. Lorsqu'on examine les positions du gouvernement des États-Unis, il faut toujours les mettre en perspective historique pour les comprendre. La question qui se pose ici est la suivante : pourquoi Washington est-il devenu subitement si préoccupé par la présence de la Syrie au Liban en 2004, et pas auparavant ?

Considérons l'historique de la question. Au départ, l'armée syrienne est entrée au Liban en 1976 avec le feu vert des États-Unis et d'Israël, à une époque où les alliés de ces deux derniers, les forces chrétiennes de droite libanaises, étaient à deux doigts de la défaite face à une alliance de forces palestiniennes et de forces de gauche libanaises. (Plus précisément, ces dernières étaient une coalition de forces de gauche et de forces communautaristes dirigée par Kamal Joumblatt, qui combinait des prétentions de gauche et son statut de dirigeant communautaire et féodal de la secte et du paysannat druzes.) C'est donc au moment où cette alliance de forces s'opposant aux milices de droite était sur le point d'infliger à celles-ci une lourde défaite que la Syrie a reçu le feu vert pour intervenir et l'écraser. Pendant plusieurs mois, l'armée syrienne s'est engagée dans de très violents affrontements contre les forces palestiniennes et les forces de gauche libanaises, ce jusqu'à ce que soit conclue une entente parrainée par les Saoudiens, laquelle institutionnalisait la présence syrienne au Liban. Certes, lorsqu'on dit parrainée par les Saoudiens, cela signifie également soutenue par les États-Unis. Cette entente en appelait aux forces syriennes et aux autres forces arabes à rétablir la paix et l'ordre public au Liban. Mais la lune de miel entre Washington et le régime syrien n'a pas duré longtemps. En effet, le Likoud, parti sioniste de droite, est arrivé au pouvoir en 1977 et, peu de temps après, le président égyptien Anouar el-Sadate a fait sa visite historique en Israël, mettant ainsi en branle un processus qui a débouché sur l'accord de paix égypto-israélien. Le régime syrien s'est alors senti tenu à l'écart et les tensions se sont ranimées entre Damas et Washington. Mais il n'y a pas eu de campagne à l'époque pour que les Syriens se retirent du Liban, car Washington considérait encore que la présence de la Syrie au Liban et que sa maîtrise du pays étaient un moindre mal en regard de la reprise vraisemblable de l'expansion palestinienne en alliance avec les forces de gauche libanaises et les forces musulmanes.

On a cru pendant un certain temps que l'invasion israélienne du Liban en 1982 avait réglé le problème, puisque le gros de l'Organisation de libération de la Palestine (OLP) avait été expulsé du Liban et que des présidents en relations d'amitié, d'abord avec Israël puis avec les États-Unis, avaient été installés au pouvoir. En outre, l'invasion israélienne avait circonscrit la présence militaire syrienne à une certaine partie du Liban et, jusqu'à son terme en 2000, la présence militaire israélienne était présentée comme un contrepoids direct à la présence syrienne. D'une certaine manière, il était utile à Israël que les Syriens restent au Liban, car les deux forces étrangères pouvaient être placées en vis-à-vis. Mais toute l'entreprise de mise sur pied au Liban d'un gouvernement sous le contrôle des États-Unis s'est écroulée en 1984 ainsi que, du coup, la tentative de signature d'un traité libano-israélien. En effet, il y a eu un soulèvement dans les régions à majorité musulmane du pays et la situation s'est de nouveau envenimée du point de vue des intérêts états-uniens. On a encore une fois donné le feu vert à la Syrie pour qu'elle reprenne les choses en main comme auparavant, en déployant ses troupes dans les régions du Liban dont elle avait été expulsée par l'invasion israélienne, y compris à Beyrouth, la capitale.

Cette situation a duré jusqu'à l'invasion irakienne du Koweit en 1990, à la suite de quoi la Syrie s'est jointe à la coalition sous domination états-unienne pour faire la guerre à l'Irak. On l'oublie souvent aujourd'hui, mais, sous la dictature de Hafez el-Assad, la Syrie était devenue pendant la guerre du Golfe de 1991 un de ces alliés arabes dont s'étaient targués les États-Unis. Or la raison pour laquelle subitement, en 2004 – à travers la résolution 1559[58] du Conseil de sécurité de l'ONU, qui était également parrainée par la France –, les États-Unis ont pris à cœur d'évincer la Syrie du Liban est le fait que le régime syrien ne s'est pas joint à la deuxième guerre contre l'Irak en 2003 et a adopté, au contraire, une position hostile à cet égard, emboîtant ainsi le pas dans les deux cas à ses grands frères à Moscou. Cette fois, par contraste marqué avec ce qu'il avait fait en 1990-91, non seulement Damas ne s'est pas joint à la coalition dirigée par les États-Unis, mais encore, en dénonçant avec véhémence l'invasion de l'Irak, il s'est avancé bien au-delà de l'attitude semi-neutre adoptée par d'autres régimes arabes. C'est pour cela que les États-Unis ont décidé de punir le gouvernement syrien. À cela s'ajoute le fait qu'ils ont commencé à utiliser la situation au Liban comme moyen d'exercer des pressions sur la Syrie pour que Damas aide les forces états-uniennes à contrôler la frontière irako-syrienne et à empêcher l'infiltration de combattants arabes.

Pour l'essentiel, donc, l'attitude de Washington est purement instrumentaliste. Elle ne provient pas de quelque préoccupation réelle pour la population libanaise.

CHOMSKY : Pourquoi la France s'est-elle engagée dans cette affaire ?

ACHCAR : C'est là une question plus complexe, qui est liée à la déception de la France par rapport à la Syrie. Car elle avait formulé certaines demandes à la Syrie – notamment des demandes de nature économique – qui ont été rejetées par Damas. Autre facteur, les rapports très étroits – certains diraient très profitables – entre le président français Jacques Chirac et l'ancien Premier ministre libanais et multimilliardaire Rafic Hariri, qui avait rompu avec Damas après plusieurs années d'étroite collaboration et qui a été assassiné le 14 février 2005. Or derrière Hariri se dressait son protecteur, le royaume saoudien, bien sûr, avec lequel la France a des rapports bien plus étroits qu'avec le Liban. L'attitude de Paris, donc, ne provient pas non plus de quelque souci réel pour la population libanaise.

Washington a utilisé le Liban et l'assassinat de Hariri comme monnaie d'échange afin d'obtenir des actes précis ou la collaboration de Damas s'agissant de l'Irak et d'une des principales sources d'inquiétude d'Israël : le Hezbollah libanais, dont les États-Unis exigent le désarmement. La vérité, c'est que ce n'est pas la pression de Washington qui a joué un rôle déterminant dans le retrait des troupes syriennes du Liban, mais plutôt les manifestations et la mobilisation de masse qui ont suivi l'assassinat de Hariri[59]. Cela est tout à fait clair. La résolution 1559 du Conseil de sécurité de l'ONU avait en effet été adoptée bien avant cela et avait été rejetée par les gouvernements libanais et syrien.

Je ne crois pas que les États-Unis envisagent sérieusement une action militaire contre la Syrie. Ils ont très peu de raisons de faire cela. De toute façon, il est impossible d'envisager en Syrie une invasion comme celle de l'Irak. Les États-Unis, enlisés comme ils le sont dans le bourbier irakien, sont tout simplement dans l'impossibilité aujourd'hui de faire quoi que ce soit de comparable en Syrie. Ce serait un acte de pure folie. S'ils exercent des pressions sur Damas, c'est pour obtenir quelque chose de précis : sa collaboration eu égard à l'Irak et au Hezbollah.

Je ne crois pas non plus qu'Israël ait quelque motif d'entreprendre une action militaire contre la Syrie. Au contraire. En fait, certains s'inquiètent en Israël d'une action militaire des États-Unis contre le régime syrien. En substance, ils disent ceci : « Calmons les choses. Nous ne souhaitons pas que ce régime soit renversé, car nous ne voulons pas avoir un Irak à nos frontières. » Les Israéliens préfèrent que le régime Assad reste en place, car celui-ci maîtrise la situation. Les Israéliens savent très bien que la ligne de démarcation israélo-syrienne est la plus sûre des frontières d'Israël. Bien entendu, les Israéliens souhaitent que le gouvernement syrien cesse de soutenir le Hezbollah et qu'il exerce des pressions sur lui pour qu'il renonce à ses armes, mais ils ne souhaitent pas renverser le gouvernement syrien. Le fait est qu'encore moins qu'en Irak Washington possède une solution de rechange au régime syrien qui soit un tant soit peu crédible. Au moins y avait-il, dans le cas de l'Irak, toute la coalition de l'opposition organisée par Chalabi. Certains des membres de cette opposition n'étaient pas au goût de Washington, mais l'administration Bush pouvait néanmoins accorder une certaine crédibilité à ce que Chalabi lui racontait au sujet de son influence en Irak. Mais l'équivalent syrien de Chalabi, qui est soutenu par les États-Unis et qu'on voit dans les médias états-uniens, a encore moins de poids qu'en avait et qu'en a Chalabi en Irak.

CHOMSKY : Qu'en est-il de cet ancien responsable syrien à Paris – a-t-il quelque influence auprès de quiconque ?

ACHCAR : Tu as raison de poser la question. Ce que Washington aurait pu espérer, c'est que le régime syrien se scinde. En fait, celui-ci a perdu deux de ses membres éminents : l'ancien vice-président Abdel Halim Khaddam, qui vit aujourd'hui comme transfuge à Paris, et le ministre de l'Intérieur et ancien commandant des troupes et des services de renseignement syriens au Liban, Ghazi Kanaan, qui se serait prétendument suicidé. On sait que tous deux avaient des liens étroits avec Hariri. Or il a toujours été très profitable d'avoir des liens étroits avec Hariri, qu'il s'agisse de Chirac ou de qui que ce soit d'autre. Peut-être les États-Unis et les Saoudiens comptaient-ils sur ces personnalités pour qu'elles s'emparent du pouvoir de l'intérieur, mais l'homme clé « s'est suicidé » et l'autre est à l'écart du pouvoir et hors du pays. Sauf surprise, j'estime que les États-Unis n'ont, à ma connaissance, aucune solution de rechange sérieuse en Syrie. Je crois que Washington partage l'inquiétude d'Israël : si la Syrie devenait un pays chaotique, cela aggraverait considérablement la situation d'ensemble en Irak.

L'Iran

SHALOM : Qu'en est-il de la politique des États-Unis à l'égard de l'Iran ? Quelles sont les perspectives d'une intervention militaire là-bas ?

CHOMSKY : Le cas de l'Iran est plus complexe. Vu de Washington, l'Iran doit être puni, car il s'est libéré de sa tutelle en 1979. Si l'on se fie à ce que l'on raconte aux États-Unis sur l'Iran – dans les commentaires médiatiques et ailleurs –, il ne s'y est rien passé jusqu'en 1979. Un événement comme l'installation du chah en 1953, par exemple, est sans importance. Récemment a paru dans le *New York Times* une critique étonnante d'un ouvrage récent de Robert Fisk[60] par Geoffrey Wheatcroft, historien-journaliste pondéré[61]. Celui-ci a rédigé une critique plutôt favorable de l'ouvrage, mais il affirme dans sa conclusion que Fisk est beaucoup trop critique envers le coup d'État américano-britannique qui a renversé le gouvernement parlementaire iranien. S'il affirme cela, ajoute-t-il, c'est parce que son voisin, un gentleman britannique très sympathique qui a participé au coup d'État, l'a assuré qu'il a été monté pour de bonnes raisons. Il est époustouflant que cela puisse tout simplement paraître dans un journal ! De toute façon, cet épisode est tombé dans les oubliettes de l'histoire.

Il existe une bonne analyse de la couverture par la presse des atrocités commises en Iran[62]. Selon celle-ci, de 1953 à 1979, sous la houlette du pro-états-unien chah d'Iran, toutes les tortures, les massacres et tout ce qui s'ensuit ont été quasiment passés sous silence par les médias. Mais, à partir de 1979, après que le chah eut été renversé par une révolution populaire, tout d'un coup on s'est mis à couvrir abondamment les atrocités perpétrées en Iran.

Quoi qu'il en soit, l'Iran a coupé les ponts avec les États-Unis en 1979, crime pour lequel il doit être puni. Cela va bien au-delà des intérêts étatiques rationnels. Comme dans le cas de Cuba, on a affaire à la mentalité de la Mafia : il n'est pas question de tolérer la désobéissance. Cela est trop risqué puisque d'autres pourraient croire qu'eux aussi peuvent désobéir. Si les États-Unis ont soutenu l'Irak pendant la guerre Iran-Irak, c'est en partie parce qu'ils souhaitaient simplement que les deux pays s'entre-déchirent, mais ils avaient une préférence pour l'Irak. Et lorsqu'il a semblé que l'Irak n'aurait pas gain de cause, les États-Unis sont entrés en guerre à ses côtés, en armant de nouveau les navires, en abattant un avion iranien, etc. En fait, les États-Unis ont tellement soutenu l'Irak que ce pays s'est vu accorder un privilège qui n'a été accordé à aucun autre sauf Israël : il a pu attaquer en toute impunité un navire des États-Unis, tuant ainsi quelques douzaines de marins états-uniens[63]. Qui fait mieux ? Si l'Irak s'en est tiré, c'est parce que cela s'était produit au cours de l'attaque contre l'Iran. Et les événements ont continué dans cette veine.

Aujourd'hui, les États-Unis tentent énergiquement d'isoler l'Iran et d'y fomenter la subversion, chose peut-être réalisable. Il s'agit d'une société complexe et multiethnique qui est sous la férule d'un gouvernement très répressif. Peut-être les États-Unis arriveront-ils à stimuler un soulèvement intérieur quelconque. Ils veulent en tout cas isoler le pays économiquement.

Il est intéressant de constater que Washington a du succès en la matière auprès des Européens. En effet, l'Europe a été suffisamment intimidée par les États-Unis pour que d'importantes entreprises européennes telles que BP et Krupp-Thyssen se retirent d'Iran. Car elles ne veulent pas marcher sur les pieds des États-Unis. La Chine, en revanche, n'a pas emboîté le pas. L'incapacité des États-Unis à intimider la Chine à cet égard explique en partie pourquoi celle-ci les irrite tant. Quant à l'Inde, le bilan est mitigé. Comme nous l'avons déjà mentionné, en dépit des pressions considérables des États-Unis, l'Inde a maintenu un projet de construction de pipeline à partir de l'Iran. En revanche, à l'instar des États-Unis, elle a voté contre l'Iran à l'Agence de l'énergie atomique internationale, au moins en partie en échange du soutien apporté par les États-Unis à son programme d'énergie nucléaire civile[64]. L'Inde ménage en quelque sorte la chèvre et le chou.

L'Iran est l'objet d'une importante entreprise d'isolement. Depuis un certain temps il est très gravement menacé. Selon la version américano-britannique, l'Iran est censé perpétrer actuellement des actes terroristes aux États-Unis, exemple de ce qu'on appelle la légitime défense anticipative. On fait des histoires à propos des grotesques déclarations du président iranien Mahmoud Ahmadinedjad sur l'Holocauste nazi, mais imaginez qu'il déclare – de manière crédible – que l'Iran se prépare à bombarder les États-Unis et Israël et à y perpétrer des actes terroristes. Ce serait bien entendu la fin de l'Iran ; or, c'est exactement ce qu'affirment ouvertement, et depuis des années, les États-Unis et Israël au sujet de l'Iran. On prétend qu'environ 10 % de l'aviation israélienne est stationnée en Turquie orientale dans des bases états-uniennes et qu'elle fait des vols de reconnaissance jusqu'à la frontière iranienne, voire au-delà – non pas pour surveiller quoi que ce soit, mais simplement en guise de menace, pour dire « nous sommes ici[65] ». Or, comme chacun sait, Israël est un État nucléaire. Il est certes un petit pays, mais il est une ramification des États-Unis. Selon le directeur de la recherche et du développement des forces de défense israéliennes, les composantes aériennes et blindées de ces forces sont plus importantes et plus perfectionnées que celles de toutes les puissances de l'OTAN, mis à part les États-Unis[66]. De plus, pour renforcer Israël, l'administration Bush lui a livré depuis un an ou deux plus d'une centaine de chasseurs-bombardiers perfectionnés munis de ce que la presse hébraïque d'Israël appelle des « armements spéciaux[67] » – allusion qui s'adresse aux services de renseignement iraniens et signifie probablement « armes nucléaires » ou quelque chose de comparable. Il est notamment question d'« antibunkers », mais j'ignore si cela est vrai. L'envoi de ces nouveaux avions n'a apparemment pas été rapporté aux États-Unis, mais il y a gros à parier que les services de renseignement iraniens sont au courant – la nouvelle a été rapportée dans la presse et les journaux militaires israéliens. Tout cela a vraisemblablement pour objectif d'ébranler l'Iran, de lui dire en quelque sorte : Oui, vous êtes sérieusement menacés.

Les Iraniens sont-ils *réellement* menacés d'être attaqués ? Ici, on ne peut que spéculer. Mais, à mon avis, ils ne le sont probablement pas. Je crois que les États-Unis ne les attaqueront pas, et cela pour diverses raisons. D'abord, parce que les Iraniens ne sont pas sans défense. Il est en effet absurde d'attaquer quelqu'un s'il n'est pas sans défense. Toutes les brutes de cour d'école le savent. On attaque les autres s'ils ne peuvent pas se défendre. Or, l'Iran en est capable. Il ne peut certes pas se défendre contre une invasion, mais il peut réagir de diverses manières. Il peut notamment susciter de graves ennuis aux États-Unis en Irak, où ceux-ci éprouvent déjà de sérieuses difficultés. L'Iran peut aussi réagir autrement, car il possède probablement des missiles. Par ailleurs, si l'on veut attaquer un pays, on ne l'annonce pas trois ans durant, lui permettant ainsi de disperser ses cibles, de préparer sa riposte et ainsi de suite. Cela n'est guère logique.

Alors pourquoi les États-Unis font-ils toutes ces menaces ? Mon impression, c'est qu'ils le font en partie pour isoler l'Iran – avec succès dans le cas des Européens, puisque ceux-ci font machine arrière – et en partie simplement pour décontenancer les dirigeants iraniens. Si l'on parvenait à les ébranler, ils agiraient avec plus de brutalité, ce qui accroîtrait l'opposition intérieure et augmenterait les possibilités de subversion intérieure, et peut-être que, tôt ou tard, ils seraient suffisamment affaiblis pour qu'on puisse les attaquer. Les causes de subversion sont en effet multiples – qu'il s'agisse des Azéris, des Kurdes, ou tout simplement de jeunes qui ne supportent plus la répression ou d'autres encore. Je suppose que ce sont là les mobiles des États-Unis. Mais il ne s'agit que de spéculations, car la planification interne nous est inconnue.

Ces spéculations ne prennent en compte qu'une planification raisonnée. Mais il est possible que surgisse ce que Gilbert appelle le phénomène de la bête blessée. Si les décideurs états-uniens agissaient de manière désespérée, alors il faudrait jeter aux orties toute considération fondée sur une planification rationnelle. Dans un tel cas de figure, nous ne savons tout simplement pas ce qu'ils feraient.

ACHCAR : S'agissant de l'Iran, je dirais l'inverse de ce que j'ai dit au sujet de la Syrie. À mon avis, il est beaucoup plus probable qu'il y ait des frappes militaires contre l'Iran. Permettez-moi tout d'abord de préciser que je ne parle pas d'une quelconque invasion comme celle de l'Irak, bien que l'Iran, à la différence de la Syrie, possède de toute évidence d'importantes ressources de pétrole et de gaz. Outre le bourbier irakien, qui empêche les États-Unis d'envahir tout autre pays de la région, surtout un pays de la taille de l'Iran, il y a le fait que le régime iranien dispose d'une base sociale beaucoup plus importante que n'en eut jamais Saddam Hussein, ce qui fait de l'Iran un problème bien plus difficile à résoudre que l'Irak. Lorsqu'on voit toutes les difficultés auxquelles se heurtent les États-Unis en Irak, il est tout à fait inconcevable qu'ils envahissent l'Iran – ce serait pure folie. Ce n'est donc pas à cela que je pense. Mais, en raison du fait que Washington a par mégarde consolidé les forces irakiennes favorables à l'Iran, il est d'autant plus urgent pour les États-Unis, à mon sens, de mater le régime iranien ou de s'en débarrasser. Car celui-ci est en bien meilleure posture qu'avant 2003, il est beaucoup plus puissant. Il a en effet été renforcé, involontairement, par l'intervention des États-Unis. Voilà un véritable problème pour l'administration Bush ; c'est pourquoi elle a tendance à croire que Téhéran est la clé de sa maîtrise de l'Irak. Ce qui est juste, bien entendu. En outre, et cela va sans dire, on s'inquiète réellement à Washington et en Israël de la possibilité que l'Iran acquière l'arme nucléaire.

Israël, cela est bien connu, est une grande puissance nucléaire. Puisque aucun de ses adversaires dans la région ne possède d'armes nucléaires, il a donc le monopole régional de la dissuasion et du chantage nucléaires. Et il ne souhaite pas qu'un autre État de la région compromette ce monopole. Cela est tout à fait logique. Il en va de même des États-Unis, non pas en ce sens que Washington craint que Téhéran ne lance une attaque nucléaire contre les États-Unis – cela serait tout simplement suicidaire pour l'Iran, ou pour tout autre État quant à cela. La raison pour laquelle Washington craint que l'Iran ne devienne une puissance nucléaire, c'est que cela donnerait à Téhéran un pouvoir de dissuasion, ou de contre-dissuasion, très efficace dans la région du Golfe et au Moyen-Orient contre les forces israéliennes et états-uniennes. De plus, l'acquisition par l'Iran de la bombe nucléaire accroîtrait considérablement son prestige en tant que meneur de l'opinion publique musulmane anti-états-unienne et anti-israélienne. L'Iran œuvre très activement en ce sens. Noam a rappelé les grotesques déclarations d'Ahmadinedjad sur l'Holocauste et Israël. À première vue, on a l'impression que ce type est détraqué. Mais la vérité, c'est qu'il s'agit de déclarations calculées au moyen desquelles l'Iran rehausse sa position dans le monde musulman et en particulier vis-à-vis de l'opinion publique sunnite. Or cela a lieu à un moment où les États-Unis tentent d'isoler l'Iran et où les alliés arabes de Washington se font fort d'attiser chez les sunnites des sentiments antichiites. En témoignent de nombreuses déclarations comme celles des Saoudiens et des Jordaniens, notamment celle du roi de Jordanie mettant en garde contre l'émergence d'un croissant chiite, etc. En renchérissant sur tous les régimes arabes pour rejeter Israël, Ahmadinedjad, par ses discours, agit ainsi dans le cadre des contre-mesures de Téhéran. Il est très significatif à cet égard qu'une des déclarations provocatrices du président iranien fut faite à La Mecque, où il participait en décembre 2005 à une conférence des États islamiques. De telles déclarations font certainement vibrer une corde sensible au sein de l'institution religieuse wahhabite du royaume saoudien. Plus important encore, le chef du Hamas palestinien s'est rendu à Téhéran où il a exprimé son plein soutien au régime iranien, et même le chef de la Confrérie musulmane égyptienne a soutenu publiquement la position iranienne.

CHOMSKY : Au sujet de ces déclarations sur l'Holocauste ?

ACHCAR : Oui. Cela constitue un succès politique important pour l'Iran. Ces déclarations illustrent ainsi la stratégie du régime iranien visant à accroître sa popularité auprès des masses musulmanes, dont l'écrasante majorité est sunnite. Compte tenu de tout cela, la probabilité que soit les États-Unis, soit plus vraisemblablement Israël lancent des frappes contre les installations nucléaires iraniennes est donc assez élevée. Le territoire iranien est très étroitement surveillé par toutes sortes de dispositifs électroniques – les États-Unis ont par exemple développé diverses catégories des armements « antibunkers » évoqués par Noam.

CHOMSKY : Je ne suis pas sûr qu'ils soient efficaces. Les États-Unis ne possèdent d'ailleurs pas d'« antibunkers » nucléaires, car on n'a pas financé leur fabrication. Ils possèdent en revanche un certain type d'armes conventionnelles à pénétration profonde.

ACHCAR : Mais le fait d'attiser le problème iranien leur donne un argument pour réclamer un tel financement.

CHOMSKY : Il est intéressant de constater que malgré tout ce battage, ils n'ont pas pu obtenir ce financement. Au Congrès, on veut restreindre la prolifération, car on suppose que l'existence de tels armements engendrerait une réaction.

ACHCAR : Quoi qu'il en soit, j'estime que la probabilité qu'il y ait des frappes contre l'Iran, soit par les États-Unis, soit par

Israël, est assez élevée. Je ne dis pas que c'est une certitude, mais j'estime qu'il ne faut pas considérer que c'est improbable.

CHOMSKY : Je ne vois pas les choses ainsi, mais tout cela n'est que spéculation.

Permettez-moi de commenter le problème des armes nucléaires iraniennes. Je n'en suis pas certain, mais je soupçonne que les Iraniens cherchent à développer des armes nucléaires. Un des plus éminents historiens militaires israéliens, Martin Van Creveld, a écrit en août 2004 un article dans l'*International Herald Tribune*[68] où il affirme qu'il ne souhaite pas, bien sûr, que les Iraniens possèdent de telles armes, mais qu'ils seraient fous de ne pas tenter d'en développer. Tout État qui est soumis à de telles menaces chercherait à développer une arme de dissuasion nucléaire. Si les Iraniens le font bel et bien, ce n'est pas pour l'utiliser – ils ne le pourraient pas, car ils seraient instantanément détruits. Mais ce serait une arme de dissuasion. Des forces états-uniennes sont en effet présentes le long de deux frontières iraniennes. De plus, l'Iran est entouré d'États qui possèdent l'arme nucléaire – Israël, notamment, est une grande puissance nucléaire – et les États-Unis et Israël menacent ouvertement de l'attaquer et de le détruire. Je parie donc que les Iraniens sont vraisemblablement en train de développer une arme de dissuasion nucléaire.

Mais si l'on est réellement préoccupé par le problème des armes nucléaires de l'Iran, il existe des moyens plus faciles d'accroître la probabilité qu'il n'en développe pas. Entre autres moyens, si l'on réduisait les pressions sur l'Iran, celui-ci serait beaucoup moins incité à développer une arme de dissuasion.

Le problème de la prolifération est lié à des questions plus profondes. Il se trouve que je partage le point de vue de l'administration Bush sur un point précis, à savoir qu'il faut réviser le Traité de non-prolifération nucléaire[69]. En effet, l'article IV du traité permet aux pays de développer librement l'énergie nucléaire à des fins civiles, et jusqu'ici rien n'indique que l'Iran ait outrepassé cette autorisation. Or cette disposition du traité est trop faible. Elle était certes logique lorsqu'elle a été introduite en 1970. Mais, en raison de l'amélioration des technologies survenue entre-temps, l'écart entre énergie nucléaire et armes nucléaires s'est considérablement réduit, de sorte qu'aujourd'hui, lorsqu'on développe l'énergie nucléaire à des fins civiles, on se rapproche beaucoup plus des armements nucléaires qu'en 1970. C'est là un grave problème. Il existe pourtant des moyens de le résoudre, et depuis des années ces moyens sont l'objet de discussions. Le problème essentiel est celui de l'enrichissement des matières fissiles, lesquelles servent à la fabrication des armes nucléaires. Si l'on pouvait empêcher ou contrôler la production de matières fissiles, cela mettrait essentiellement un terme au problème de la prolifération. Cela ne résoudrait certes pas la question des armes nucléaires actuelles – tous les États nucléaires violent le traité, les États-Unis plus que tout autre – en fait, ils rejettent certaines des dispositions du traité. Mais cela mis à part, si l'on pouvait contrôler la production de matières fissiles, cela éviterait la prolifération. Il y a quelques années, Mohammed al-Baradeï, directeur général de l'Agence internationale de l'énergie atomique, a proposé de mettre sous contrôle international l'enrichissement des matières fissiles jusqu'au niveau des armes nucléaires, solution qui résoudrait à toute fin pratique le problème de la prolifération. Mais cette proposition a été tuée dans l'œuf parce que les États-Unis ne voulaient pas en entendre parler. Déjà en 1993, je crois, l'ONU avait émis une décision prévoyant la mise en œuvre, dans le but de mettre un terme à la production de matières fissiles enrichies jusqu'au niveau des armes nucléaires, d'un traité vérifiable sur l'interdiction de la production de matières fissiles, ainsi que l'adoption à l'échelle internationale de mesures de surveillance, de vérification et de contrôle. Mais les États-Unis font depuis longtemps obstruction aux négociations pour modifier ce traité. Il y a eu un vote dans ce sens en novembre 2004. Il n'est pas exagéré d'affirmer que l'avenir du genre humain est en jeu. Si les mesures proposées ne sont pas mises en œuvre, il y aura inévitablement un conflit nucléaire. Ce vote a eu lieu au 1er comité de l'Assemblée générale le 4 novembre 2004 ; le résultat était de 147 contre 1, avec 2 abstentions. Seuls les États-Unis ont fait opposition. Israël s'est abstenu de manière automatique, puisqu'il ne peut se permettre de voter contre les États-Unis. L'autre abstention est celle de la Grande-Bretagne. L'ambassadeur britannique à cette réunion de l'ONU a en effet expliqué que la Grande-Bretagne est favorable au traité, mais que la version en question avait « divisé la communauté internationale[70] » : le monde étant « divisé » à raison de 147 contre 1, la Grande-Bretagne ne pouvait donc pas soutenir ce traité ! Je n'ai jamais vu de compte rendu sur le sujet, bien qu'il s'agisse probablement d'un des votes les plus importants de l'histoire. Cela signifie qu'il n'y a pas d'interdiction de produire des matières fissiles pour des armes nucléaires. Si l'on se préoccupait réellement de la prolifération nucléaire, il y aurait moyen de la stopper. Mais les États-Unis ne l'entendent pas ainsi, car cela implique que les installations états-uniennes soient inspectées, ce qu'ils n'admettent pas. Quant à la Grande-Bretagne, elle ne désobéit tout simplement pas au maître. Les autres ont certes désobéi, mais essentiellement parce qu'ils savaient qu'il ne se passerait rien – s'il y avait eu une possibilité que des mesures contre la prolifération nucléaire soient réellement mises en œuvre, ils s'y seraient probablement opposés. Tant que les États-Unis s'y opposent, il n'y a aucune chance que de telles mesures soient adoptées.

ACHCAR : Pour lutter avec une réelle efficacité contre la prolifération nucléaire au Moyen-Orient, il faut s'attaquer au problème de l'arsenal nucléaire israélien. On ne peut pas fermer les yeux devant ce problème tout en menaçant les États voisins s'ils cherchent à rétablir l'équilibre stratégique. La seule solution de rechange efficace à la prolifération dans la région consiste à la transformer dans son ensemble en zone dénucléarisée.

CHAPITRE 5

Le conflit israélo-palestinien

La légitimité d'Israël

SHALOM : On a beaucoup débattu autour de la question de la légitimité de l'État israélien. Dans quelle mesure Israël est-il un État légitime ou illégitime ?

CHOMSKY : Je ne crois pas que la notion de légitimité d'un État signifie grand-chose. Les États-Unis sont-ils un État légitime ? Ils sont fondés sur un génocide et ils ont conquis la moitié du Mexique. Qu'est-ce qui les rend légitimes ? Le système international est ainsi conçu que les États ont certains droits ; cela n'a rien à voir avec leur légitimité. Tous les États du monde sont fondés sur la violence, la répression, l'expulsion et d'autres crimes de toutes sortes. Le système étatique lui-même ne possède aucune légitimité intrinsèque. Il n'est qu'une forme institutionnelle qui s'est développée et qui a été imposée avec beaucoup de violence. La question de la légitimité ne se pose tout simplement pas. Il existe un ordre international en vertu duquel il est pour l'essentiel admis que les États ont certains droits, mais cela ne leur confère aucune légitimité, ni à Israël ni à quelque État que ce soit.

ACHCAR : Nous pourrions formuler la question autrement. Si l'on tentait de cerner les origines de l'État israélien, la formule qui vient à l'esprit est le titre de l'étude très connue de Maxime

Rodinson, *Israël, fait colonial ?*, publié en anglais sous le titre : *Israel : A Colonial-Settler State ?* (littéralement : Israël, un État issu du colonialisme de peuplement ?)[1] Ce titre fait référence à une réalité historique de cet État ; on pourrait bien sûr en dire autant de bien des États. [CHOMSKY : De la plupart.] Mais il y a aussi le facteur temps : Israël est un État colonial très récent, fondé sur l'expulsion des habitants originels de la Palestine et non sur un génocide comme aux États-Unis. Ironiquement, les États fondés sur un génocide sont en meilleure posture devant une remise en question de leur légitimité, non du point de vue moral, bien sûr, mais du point de vue politique. Dans le cas de l'expulsion, ceux qui ont été expulsés continuent de remettre en question la légitimité de l'État ; dans le cas du génocide, ceux qui pourraient le faire ont été exterminés. Certes, tous les États sont fondés sur la violence, mais on ne saurait mettre dans la même catégorie des États comme l'Afrique du Sud à l'époque de l'apartheid ou l'Algérie à l'époque de la domination française et, disons, des États dont la légitimité n'est pas ou n'est plus contestée. Le fait est, donc, qu'Israël est confronté à une remise en question radicale de sa légitimité, de son « droit à l'existence ». La plupart des Arabes sont disposés à le reconnaître *de facto*, de fait, mais non *de jure*, de droit.

CHOMSKY : La notion de « droit à l'existence » a apparemment été conçue par les partisans de la politique du refus américano-israélienne. Il est intéressant d'observer la façon dont cette notion s'est propagée. Car, selon le droit international, elle n'existe pas. Aucun État n'a le droit d'exister. Ainsi, les Mexicains n'admettent pas le droit à l'existence des États-Unis, qui occupent la moitié du Mexique. Ils reconnaissent les États-Unis, ils reconnaissent le droit des États-Unis de vivre en paix et en sécurité à l'intérieur de frontières reconnues, mais ils ne reconnaissent pas le droit des États-Unis à l'existence, ce qu'ils ne sont pas tenus de faire. Pas plus que les Hopis. Ils reconnaissent les États-Unis, mais pas leur droit à l'existence. Je n'ai jamais lu une analyse soignée sur le sujet, mais, pour autant que je puisse en juger, la notion de « droit à l'existence » a été élaborée dans les années 1970, lorsque les principaux États arabes, avec le soutien tacite de l'OLP, ont admis qu'Israël possède le « droit de vivre en paix à l'intérieur de frontières sûres et reconnues » – formulation de la résolution 242 du Conseil de sécurité de l'ONU qui a été adoptée à la suite de la guerre de juin 1967 et incorporée à une résolution du Conseil de sécurité de l'ONU à laquelle les États-Unis ont opposé leur veto en janvier 1976[2]. Mais, pour hausser la barre afin d'empêcher toute négociation et tout accord, la propagande états-unienne et israélienne a fait passer cette exigence d'un droit qui existe pour tous les États – « vivre en paix à l'intérieur de frontières sûres et reconnues » – au « droit à l'existence ». En vertu de celui-ci, à moins que les Palestiniens n'admettent le droit d'Israël d'exister – c'est-à-dire la légitimité de leur dépossession et de leur expulsion –, ils ne sauraient être admis comme partenaires de négociation. Pour autant que je puisse en juger, ce n'était qu'un moyen d'empêcher les négociations à un moment où les États-Unis et Israël étaient en passe de devenir tout à fait isolés à l'échelle internationale dans leur refus de mettre en œuvre un consensus international très large sur un règlement à deux États. Je ne crois pas que nous devions accepter cette notion, car c'est une notion de propagande. Aucun État n'a le droit à l'existence, et il n'y a aucune raison que quiconque admette un tel droit à l'existence. Les États sont ce qu'ils sont. Aucun d'entre eux n'a quelque légitimité. Tu as raison, les États sont très différents les uns des autres ; ils comportent des dimensions multiples. Ainsi, l'Afrique du Sud de l'apartheid était illégitime dans un sens particulièrement hideux. Est-elle légitime aujourd'hui ? L'apartheid est une chose du passé, mais, depuis la mise en œuvre de mesures néolibérales en Afrique du Sud, la situation est peut-être pire pour les 80 % de la population représentés par la population noire qu'elle ne l'était auparavant. Un tel État est-il légitime ?

Tu as tout à fait raison d'affirmer qu'en un certain sens Israël est presque un cas unique – il a été fondé *après* la création, en 1945, de l'ordre international contemporain. Israël est en effet devenu un État en 1948, tout comme l'Inde et le Pakistan, il compte donc parmi les quelques États qui ont été fondés après la mise sur pied de l'ordre international actuel. Cela engendre une problématique supplémentaire – tout comme pour l'Inde. Ainsi, en vertu de quoi l'Inde occupe-t-elle le Cachemire ? Les Cachemiris ne veulent pas de cette solution. Celle-ci s'est imposée parce qu'il se trouve que le maharadjah du Cachemire l'a adoptée contre la volonté de la population. L'Inde occupe le Cachemire par la violence. Elle ne permet pas la tenue d'un référendum, pourtant exigé par les Nations unies. Les forces spéciales de l'Inde, les Rashtriya Rifles, commettent de terribles atrocités. Elles ont en outre truqué les élections, ce qui a suscité beaucoup de violence, laquelle se poursuit aujourd'hui. Il y a là un élément d'illégitimité.

ACHCAR : Je crois qu'ici plusieurs niveaux de considération s'entremêlent. Bien sûr, dans aucun État au monde il n'y a l'égalité sociale. Cela est tout à fait évident. Ce que tu as dit au sujet de l'Afrique du Sud s'applique aux États-Unis ou à tout autre État. [CHOMSKY : Mais il y a des extrêmes.] Il y a des extrêmes, bien sûr, mais nous parlons ici de niveaux distincts. Il y a par exemple des États qui sont considérés par la majorité écrasante des habitants comme étant leur État ; il n'y a donc pas de problème. Mais il y a également les situations qui sont issues de l'héritage colonial ; elles ont été engendrées par la force et elles sont rejetées par la majorité des populations concernées. Le Cachemire et le Kurdistan, par exemple, constituent des États de fait qui sont illégitimes en ce sens que la majorité de la population concernée ne s'y considère pas comme représentée par la structure étatique actuelle.

CHOMSKY : Nous pourrions multiplier les exemples. Prenons le cas de la Turquie. Les Grecs n'ont pas accepté d'en avoir été expulsés, et ils ne l'acceptent toujours pas. Cette expulsion n'a rien de légitime, puisqu'elle n'est que la résultante de divers arrangements traduisant des rapports de force. Le cas d'Israël est atypique en ce sens qu'il a été créé un peu plus récemment que la plupart des autres États, mais il est très semblable par son caractère. Les États-Unis constituent peut-être le cas le plus extrême. Presque la totalité de la population originelle a été soit exterminée, soit chassée de ses terres. De plus, ils occupent la moitié d'un autre pays. Et s'ils n'ont pas conquis le Canada, c'est uniquement parce que la dissuasion britannique était trop forte. Je ne crois tout simplement pas qu'on puisse soulever sérieusement la question de la légitimité des États. Ils sont tous illégitimes.

ACHCAR : Oui, mais là encore cela dépend de ce que l'on entend au juste. Dans le cas d'Israël, nous avons une situation où l'écrasante majorité (plus de 80 %) de la population palestinienne a été expulsée du territoire en 1948.

CHOMSKY : Que penserait la population originelle des États-Unis d'aujourd'hui ?

ACHCAR : J'ai dit au départ que les États fondés sur un génocide effectif sont, en un certain sens, en meilleure posture, car il n'existe pas une population nombreuse qui conteste leur existence ou leur légitimité. En revanche, dans le cas de l'État israélien, il existe une population qui est au moins aussi nombreuse que celle des colonisateurs dominants et qui affirme ses droits sur le même territoire, dont elle considère qu'ils sont usurpés. Tant qu'il n'y aura pas de solution qui soit acceptable pour cette population, il y aura un problème de légitimité. Si cette population admettait que cet État, bien qu'issu d'une injustice historique et de l'oppression, doit néanmoins être accepté comme un fait accompli, dans le contexte d'un accord quelconque, alors le problème serait réglé. Mais, faute de cela, nous avons un problème de légitimité – dans le sens démocratique très formel du terme.

CHOMSKY : Tant que quelque chose est contesté, il reste contesté, je suis d'accord. Le Sri Lanka, par exemple, est sérieusement contesté. L'Inde est sérieusement contestée. L'Alsace et la Lorraine ne sont plus contestées parce que les deux parties en cause reconnaissent que si elles les contestaient encore une fois, ce serait la fin du monde. Dans le cas d'Israël, son existence est généralement admise, même par les Palestiniens. Mais tant qu'elle ne sera pas admise par tous, oui, il y aura contestation. Il s'agit d'une problématique autre que celle de la légitimité. Le fait que certains ont renoncé à contester ne rend pas l'État israélien légitime.

ACHCAR : Non. La légitimité est fondée sur le consentement. Elle traduit le consentement de la majorité. C'est le consentement de la majorité qui définit la légitimité, tout au moins selon la philosophie politique et le droit constitutionnel démocratique. Un État est légitime lorsqu'il s'appuie sur le consentement de la majorité de sa population « légitime ». Répétons-le, le problème de l'État israélien est que la majorité du peuple palestinien a été expulsée et privée de ses droits depuis 1948. Si l'on admet que cette population a des droits sur le territoire d'où elle a été expulsée, alors on ne peut pas affirmer que l'État israélien est fondé sur le consentement de la majorité de sa population légitime.

CHOMSKY : Laissons tomber le mot « légitimité ». Il a un sens tout à fait différent dans les affaires internationales. Il faut carrément affirmer, d'emblée, que la population autochtone originelle de la terre sur laquelle Israël a été fondé n'admet pas la légitimité de son expulsion. Cela est vrai. Mais ça n'a rien à voir avec la question de savoir si l'État est légitime. On pourrait en dire autant de bien d'autres États. La population admet peut-être l'existence de l'État, mais elle n'admet pas sa légitimité. Quel serait le résultat si l'on faisait un sondage en Alsace et en Lorraine, par exemple, sur la question de savoir si la population reconnaît la légitimité de la solution actuelle ? Les gens diraient : Oui, bien sûr, c'est comme ça qu'on a réglé les choses. Peut-être pensent-ils que la solution est légitime, peut-être pas. Si vous alliez dans une réserve autochtone des Indiens Hopis [aux États-Unis], ceux-ci ne diraient certainement pas que les États-Unis sont légitimes, mais ils admettraient leur existence.

ACHCAR : Si même eux admettent l'existence des États-Unis, alors ceux-ci sont légitimes.

CHOMSKY : D'accord. Mais dans la mesure où les Palestiniens ont une voix *organisée* quelconque, ils ont admis l'existence d'Israël il y a longtemps. Car, en 1976, ils ont soutenu une résolution de l'ONU (à laquelle les États-Unis ont opposé leur veto) qui appelait à un règlement à deux États[3]. En 1988, le Conseil national palestinien a approuvé *formellement* un tel règlement[4]. Mais je ne crois pas que cela confère quelque légitimité à Israël, pas plus que quelque autre arrangement ne confère la légitimité à un État quelconque. Mais en ce qui concerne l'acceptation, oui, on a admis l'existence d'Israël, bien que certaines choses soient bien sûr contestées, notamment le droit au retour ou le tracé des frontières.

Prenez par exemple les négociations de Taba, qui ont eu lieu en janvier 2001[5]. On n'est pas parvenu à un accord, mais il s'en est fallu de très peu. En fait, à l'occasion de la conférence de presse finale, les négociateurs ont déclaré qu'ils n'avaient jamais été aussi près de parvenir à un accord et que s'ils avaient pu prolonger les négociations un tant soit peu, ils seraient probablement parvenus à une entente[6]. Un tel accord aurait équivalu à l'acceptation d'Israël par l'unique structure administrative organisée au sein du monde palestinien. Cela aurait-il rendu Israël légitime ? Non. Pas plus que ne le sont les États-Unis, la France, l'Inde, le Sri Lanka... – il n'y a qu'à parcourir la liste.

ACHCAR : J'estime qu'ici il ne faut pas avoir deux poids deux mesures. Nous ne pouvons pas, d'une part, reprocher aux gouvernements européens, au gouvernement états-unien et aux autres gouvernements de ne pas tenir compte de l'opinion de leurs populations sur la question de la guerre en Irak et, d'autre part, approuver comme s'il s'agissait de la voix faisant autorité du peuple palestinien une décision prise par ce qui est l'équivalent du gouvernement des Palestiniens, sans tenir compte de l'opinion de la population.

CHOMSKY : Es-tu en train d'affirmer que l'Autorité palestinienne est illégitime ?

ACHCAR : Non, ce que je dis c'est qu'aucun accord ne peut être considéré comme légitime s'il n'est pas fondé sur une consultation de la population palestinienne au moyen d'un référendum quelconque. Un tel accord doit être approuvé par la majorité de la population opprimée qu'est la population palestinienne.

La participation des Palestiniens à l'élaboration des règlements

CHOMSKY : Y compris les Palestiniens réfugiés au Liban et ailleurs ?

ACHCAR : Bien sûr.

CHOMSKY : Voilà le moyen assuré de pérenniser la guerre et la destruction des Palestiniens. Si l'on maintient qu'il ne saurait y avoir de règlement sans l'approbation des Palestiniens vivant dans les camps de réfugiés, on fait à l'aile droite israélienne le plus gros cadeau qui se puisse imaginer. Car, dans le monde réel, il faut se demander : qu'est-ce qui est faisable ? Malheureusement, les droits des peuples sont constamment soumis à cette exigence de faisabilité. J'estime qu'ici nous devons faire une distinction cruciale entre le fait de proposer une chose et celui de plaider pour que cette chose se fasse concrètement. C'est une distinction d'importance fondamentale, qu'on néglige souvent. Tu pourrais par exemple proposer que chacun transforme son épée en soc de charrue et que tous vivent en paix les uns avec les autres. Mais proposer cela, ce n'est pas vraiment plaider pour tant que tu n'auras pas démontré comment y parvenir. C'est cela, plaider pour quelque chose. Dans le cas du problème israélo-palestinien, nous pourrions proposer une solution en vertu de laquelle les Palestiniens obtiendraient tous leurs droits. Mais nous n'aurions rien fait de concret. Dans le monde réel, cela équivaudrait à la peine de mort pour les Palestiniens. Tu pourrais certes proposer une telle solution comme objectif à long terme, mais si tu voulais plaider pour qu'elle se réalise, il te faudrait montrer comment y parvenir.

En fait, il existe un moyen de parvenir à un règlement, et les Palestiniens l'ont en général accepté, tout au moins en ce qui concerne leurs institutions. Même les sondages le confirment. Ils acceptent le règlement à deux États – peut-être pensent-ils qu'il est injuste, mais ils l'acceptent. Ils ont progressé dans cette direction, et en fait ils l'ont exigé. Je ne sais pas s'il y a eu des sondages dans les camps de réfugiés en Jordanie, au Liban et en Syrie, mais il ressort des sondages dans les territoires occupés qu'on approuverait en général un règlement à deux États s'il était réalisable. Est-ce une solution juste ? Bien sûr que non. Peut-elle apporter quelque chose aux Palestiniens ? Oui, elle le peut. Peut-elle constituer une étape vers quelque chose de meilleur ? Oui. C'est cela, préconiser quelque chose. Mais affirmer que rien n'est adéquat sauf s'il s'agit d'une solution juste, c'est simplement condamner les Palestiniens à une vie de misère et de destruction.

ACHCAR : Tu ne peux pas affirmer que tu veux éviter aux Palestiniens une vie de misère tout en privant ceux qui vivent dans la pire misère, les réfugiés, surtout ceux qui sont au Liban, de tout droit de s'exprimer sur leur sort.

CHOMSKY : Alors, que préconises-tu ?

ACHCAR : Ils sont des victimes de l'oppression et de l'expulsion de leurs terres, ils ont le droit à l'autodétermination. Personne n'a le droit de diviser le peuple palestinien. C'est justement cela, la politique israélienne : traiter avec la population en Cisjordanie et à Gaza, pendant que les autres Palestiniens sont privés de leurs droits. Or cette politique est rejetée par une majorité écrasante des Palestiniens. Ils considèrent qu'ils appartiennent à un seul peuple, et non à diverses factions dont certaines peuvent être laissées sur le carreau. C'est pourquoi, à mon sens, la formule pour la guerre permanente consiste précisément à tenter de mettre en œuvre des accords et des règlements sans s'assurer que la majorité de la population palestinienne les approuve. Si l'on veut un règlement permanent, il faut s'assurer d'obtenir l'approbation d'une majorité absolue de l'ensemble de la population palestinienne. Agir ainsi, ce n'est pas une recette pour la guerre permanente, comme tu le dis, Noam, au contraire.

CHOMSKY : Que préconises-tu ? Donne-moi la série d'étapes que tu proposes.

ACHCAR : Je préconise un règlement négocié qui soit soumis à référendum auprès des populations concernées. Cela s'applique aux Israéliens aussi bien qu'aux Palestiniens.

CHOMSKY : Qu'est-ce qu'un tel référendum révélerait au sujet des Palestiniens ?

ACHCAR : Cela dépend de la question posée.

CHOMSKY : Alors, au sujet de quel règlement leur demanderais-tu de se prononcer par référendum ?

ACHCAR : Il ne nous incombe ni à toi ni à moi de déterminer la nature du règlement. Mais, toi et moi, nous pourrions préciser quelles sont, à notre avis, les conditions d'un règlement juste ou acceptable. Un tel règlement doit, par exemple, tenir compte des problèmes et des droits de toutes les populations concernées, y compris ceux des réfugiés palestiniens. Tu as mentionné les négociations de Taba en 2001. Le fait que les négociateurs y ont délibéré sur un projet détaillé au sujet du sort des réfugiés palestiniens apporte de l'eau à mon moulin. Ils étaient conscients du fait – et tu peux parier gros que les dirigeants palestiniens en sont aussi parfaitement conscients – qu'il ne saurait y avoir de règlement durable possible sans l'approbation de la majorité. Bien sûr, il n'y aura jamais unanimité, mais il doit être approuvé par au moins une majorité de la population palestinienne. Voilà une position démocratique.

CHOMSKY : Mettons les points sur les *i* au sujet de la position des dirigeants palestiniens à Taba. Ils ont accepté ce que les négociateurs de tous bords ont appelé un règlement « pragmatique », c'est-à-dire un arrangement quelconque relativement aux droits des réfugiés qui ne change pas le « caractère démographique » de l'État d'Israël[7]. C'est ce que les Palestiniens – Yasser Arafat, Mahmoud Abbas[8] et les autres – ont accepté. Tu peux affirmer que cela est une erreur, mais c'est ce qu'ils ont accepté.

ACHCAR : Ici, il y a un problème de démocratie. Un règlement doit être accepté par la population de manière démocratique, faute de quoi ce n'est pas un règlement, mais un *diktat*. L'accord d'Oslo[9] était un diktat. Ce que j'affirme, donc, avant que nous n'entamions une discussion sur les conditions d'un règlement, c'est qu'aucun règlement ne sera définitif sans l'approbation de la majorité de la population concernée.

CHOMSKY : Cela est un truisme, nous n'avons donc pas à en discuter.

ACHCAR : Mais c'est là le point de départ de notre discussion. Tu as affirmé que les réfugiés ne devraient pas avoir leur mot à dire sur la question.

CHOMSKY : Je n'ai pas dit cela. Ce que j'ai dit, c'est qu'il est certainement vrai qu'aucun règlement n'est acceptable à moins qu'il ne soit acceptable. D'accord. Si une chose quelconque n'est pas admise par tous, il y aura des problèmes. C'est une tautologie. Alors, dépassons le niveau de la tautologie et préconisons concrètement quelque chose. Nous sommes d'accord au sujet de la tautologie ; nous sommes d'accord au sujet des principes – la population doit avoir le droit de faire des choix au sujet de ce qui la concerne. Maintenant, allons dans le monde réel et précisons ce que nous préconisons.

ACHCAR : Non, ce n'est pas une tautologie, Noam. Lorsque j'ai affirmé qu'il faut qu'il y ait approbation par l'ensemble de la population palestinienne, tu as répliqué que c'était une recette pour la guerre.

CHOMSKY : Ce que j'ai dit, c'est que si, pour qu'il y ait règlement, il faut élaborer quelque chose qui soit considéré comme étant légitime et juste par la population palestinienne, cela est une recette pour sa destruction.

SHALOM : Peut-être pourrions-nous envisager les choses de la manière suivante : imaginons qu'il y ait un règlement qui soit accepté par les Palestiniens dans les territoires et par leurs dirigeants élus…

ACHCAR : Et rejeté par la majorité des réfugiés ?

CHOMSKY : Il serait rejeté, sans aucun doute.

ACHCAR : Pas du tout. Là-dessus, Noam, je ne suis pas d'accord avec toi.

CHOMSKY : Crois-tu que les habitants des camps de réfugiés accepteraient un tel règlement ?

ACHCAR : Bien sûr ! Les gens veulent un règlement qui mette fin à la précarité de leur existence.

CHOMSKY : Cela n'y mettrait pas fin.

ACHCAR : Regarde ce sur quoi on est tombé d'accord à Taba. Même les négociateurs israéliens ont compris la nécessité de donner quelque chose à tous les Palestiniens. Ils ont proposé qu'on permette à un certain nombre de réfugiés de retourner dans le territoire israélien d'avant 1967, et à d'autres réfugiés de retourner dans des territoires israéliens d'avant 1967 qui seraient concédés par Israël à l'État palestinien en échange des territoires sur lesquels des concentrations de colonies ont été aménagées et qui seraient annexés à l'État israélien. [CHOMSKY : Maintenant, nous sommes d'accord.] Ils ont également proposé que tous ceux qui veulent s'installer dans l'État palestinien en Cisjordanie et à Gaza aient le droit de le faire, et que ceux qui veulent s'établir définitivement et être réhabilités dans les territoires où ils vivent actuellement – c'est-à-dire où ils ont vécu pendant des décennies comme réfugiés – puissent le faire. On offrirait même des possibilités d'émigration à ceux qui veulent s'établir outremer. À cela s'ajouteraient une assistance à la réhabilitation et des programmes compensatoires cofinancés par la « communauté internationale » et l'État d'Israël[10].

CHOMSKY : Nous sommes tout à fait d'accord. C'est exactement ce que j'ai proposé au début.

ACHCAR : Non, le point de départ de notre discussion concernait la démocratie, à savoir qu'il n'est pas suffisant qu'un règlement sur le sort du peuple palestinien soit signé par la seule Autorité palestinienne, compte tenu en particulier de son haut degré de corruption et des fortes pressions qu'elle subit de la part d'Israël et des États-Unis. L'accord d'Oslo en est un bon exemple. Les gens comme toi et moi étaient très conscients dès le départ des problèmes liés à l'accord d'Oslo. Nous savions que cela ne marcherait pas, que c'était un diktat[11].

CHOMSKY : Pourquoi ne commencerions-nous pas à partir du point où nous sommes tombés d'accord ? Cela concerne d'abord les tautologies et, ensuite, les principes – tout le monde est d'accord là-dessus. Nous voilà donc rendus là où nous aurions dû commencer. Nous sommes aussi parvenus à un accord sur certains détails concrets. Revenons par exemple sur les négociations de Taba, qui n'étaient certes pas parfaites. Concernant les réfugiés, la situation est celle que tu as décrite. Les deux parties ont convenu provisoirement : 1) qu'un certain nombre de réfugiés palestiniens puissent, de manière symbolique, retourner dans ce que sera l'État d'Israël une fois qu'il aura retrouvé ses frontières internationales d'avant 1967, avec certains ajustements réciproques mais sans modification du caractère démographique d'Israël ; et 2) que les autres aient le droit de s'installer dans l'État palestinien. Bien qu'on n'ait guère discuté de la question, il a été reconnu que des mesures sont nécessaires pour ceux qui ne rentrent pas dans ces deux catégories – nous pouvons discuter nous-mêmes de l'étendue de telles mesures. Je ne crois pas que les négociations de Taba furent adéquates, car de sérieux problèmes sont encore non résolus. Ceux-ci ne concernent pas les réfugiés (cette question a été réglée, pour l'essentiel), ils concernent plutôt 1) les saillants – notamment le saillant de Ma'ale Adoumim et celui d'Ariel[12] – et 2) les échanges de terres : doivent-ils se faire à raison de 3 contre 1, ou de 1 contre 1, par exemple[13] ? Alors, où sommes-nous en désaccord ?

SHALOM : Un point de désaccord concerne la question de savoir si un règlement s'inspirant de l'approche de Taba serait acceptable pour une majorité de Palestiniens.

CHOMSKY : Je suppose que si les Palestiniens votaient sur la question à Ain al-Hilweh, à Sabra et Chatila[14] ou dans tout autre camp de réfugiés palestiniens, ils n'accepteraient pas un retour symbolique en Israël assorti de la liberté de retourner dans l'État palestinien.

ACHCAR : Bien sûr qu'ils l'accepteraient. Croire que les réfugiés palestiniens au Liban, en Jordanie et en Syrie s'attendent tous à retourner à Haïfa ou dans les profondeurs du territoire d'où ils ont été chassés en 1948 et qu'ils refuseraient tout autre règlement, c'est croire que ces gens sont fous. Je ne crois pas qu'ils sont fous. Mais les Palestiniens subissent encore les conséquences directes d'une injustice historique et de l'oppression. Il faut donc s'occuper de leurs préoccupations et de leurs problèmes. Si on le faisait adéquatement, ils accepteraient tout règlement qui mettrait fin à leur condition de parias et qui engendrerait des conditions économiques et autres qui amélioreraient leur existence. Un aspect très important du projet israélien – il ne s'agit bien sûr que d'une proposition faite par quelques négociateurs et non d'une offre officielle de l'État israélien – est qu'il prévoyait qu'Israël reconnaisse l'injustice historique qui a été infligée aux Palestiniens et exprime sa « douleur pour [leur] tragédie, leurs souffrances et leurs pertes ». Cela est très important. Il ne faut pas sous-estimer les incidences morales qu'aurait une telle reconnaissance. Si les Palestiniens tiennent au droit au retour, c'est qu'ils tiennent à un droit qui, pour eux, représente la principale, sinon la seule, monnaie d'échange dont ils disposent relativement à leur sort. Cette exigence ne doit pas être négligée. Elle doit être satisfaite, et elle peut l'être, au moyen de la reconnaissance officielle par Israël de l'injustice historique qu'il leur a infligée et des responsabilités qui en découlent. Celles-ci supposent la recherche d'un règlement adéquat pour la population palestinienne. Oui, certaines des propositions faites à Taba vont dans la bonne direction. J'estime que si l'on proposait et expliquait à la population palestinienne un accord global de ce genre, une majorité, voire une très grande majorité de celle-ci l'accepterait.

CHOMSKY : D'accord, je suis tout à fait disposé à renoncer à mon jugement relativement aux réfugiés. Si je t'ai bien compris, tu préconises quelque chose de comparable aux négociations de Taba. Le problème sur lequel tu insistes est le problème des principes : un tel accord doit-il contenir des *mots* qui affirment qu'il y a eu injustice historique ? Oui, de tels mots doivent y figurer.

ACHCAR : J'estime que, pour les réfugiés, la reconnaissance par Israël de l'injustice historique qui leur a été infligée est d'une extrême importance morale.

CHOMSKY : Nous sommes d'accord là-dessus. Et d'accord pour dire que les négociations de Taba traitaient adéquatement du problème des réfugiés. Nous pouvons donc mettre cette question de côté.

ACHCAR : Les négociations de Taba ont certes indiqué la bonne direction à suivre pour régler ce problème, mais elles ne l'ont pas réglé *entièrement*. Par exemple, elles n'ont pas abordé la question des nombres.

CHOMSKY : D'accord, considérons alors l'accord, qui est plus récent, de Genève. Là, on a traité de la question des nombres[15]. Supposons maintenant que les Palestiniens des territoires et que les Israéliens acceptent un règlement qui s'inspire de l'accord de Genève, mais que les réfugiés dans les camps le rejettent.

ACHCAR : Je ne préconise pas de diviser les suffrages. J'affirme que le règlement doit être accepté par la majorité de la population palestinienne, et non par la majorité de chacune des composantes distinctes de cette population. Si un règlement est rejeté par la majorité de la population palestinienne, cela veut dire – je suis désolé, Noam – qu'il serait de toute façon voué à l'échec.

CHOMSKY : Mais pas du tout. Ce sont malheureusement les rapports de force qui mènent le monde, et non les accords. Ce n'est qu'un simple constat. Or je pose une question concrète. Admettons que ton jugement à propos des réfugiés soit erroné – bien sûr, si tu as raison au sujet des réfugiés, si l'on pouvait parvenir à un règlement qui s'inspire de l'accord de Genève et des négociations de Taba, alors il n'y aurait pas de problème. Mais la question s'impose : supposons que tu aies tort. Supposons qu'on parvienne à un règlement qui soit dans l'esprit des négociations de Taba et de l'accord de Genève entre Israël et les Palestiniens des territoires et que les réfugiés le rejettent. Que se passe-t-il alors ?

SHALOM : Supposons qu'à l'occasion d'un référendum la majorité des Palestiniens dans les territoires disent oui et que la majorité des Palestiniens à l'extérieur des territoires disent non, et que, au total, la majorité des Palestiniens disent non.

ACHCAR : Alors, dans ce cas, il ne peut y avoir de règlement de la question des réfugiés.

CHOMSKY : Que proposes-tu ?

ACHCAR : Dans ce cas, il incomberait aux dirigeants palestiniens de consulter la population palestinienne pour arrêter la marche à suivre. Quelle est la solution de rechange ? Si une entente n'est pas acceptée par la majorité de la population concernée, elle n'est pas valable. Les règlements doivent être acceptés par la majorité de la population. Cela relève du droit essentiel à l'autodétermination. On ne peut pas imposer une solution quelconque à la majorité de la population et considérer qu'elle est valable. Tu as beau me dire que la force a toujours régné au cours de l'histoire, pour que le résultat du recours à la force devienne un *fait accompli** incontesté, cela prend des siècles. À court terme, cela ne marche pas.

Ce que je formule ici, c'est un principe démocratique tout à fait essentiel. [CHOMSKY : Nous sommes tous d'accord là-dessus.] S'agissant des conditions pratiques de la mise en œuvre d'un règlement, j'ai indiqué ce qui me paraît être la bonne direction. Je ne suis pas un représentant du peuple palestinien. Je ne suis même pas un Palestinien, je ne puis parler en leur nom. Je ne m'aventurerai donc pas à élaborer un plan détaillé. Je ne puis qu'esquisser les grandes lignes d'un règlement qui, à mon sens, pourrait marcher. Nous avons discuté du problème des réfugiés. Les problèmes d'ordre pratique que tu as introduits dans la discussion se situent sur un autre plan, notamment

* En français dans le texte anglais.

le saillant de Ma'ale Adoumim. Il s'agit de problèmes de nature territoriale, que nous aborderons plus tard.

CHOMSKY : Le seul désaccord entre nous est une question de jugement, à savoir : que penseront de tout cela les réfugiés ? Là-dessus nos jugements divergent. Certes, le tien est mieux informé que le mien, mais une question subsiste. Qu'arriverait-il si tu avais tort ? Après tout, c'est possible.

ACHCAR : J'ai déjà répondu à cette question : pour qu'un règlement soit valable, il doit être accepté par la majorité. S'il est rejeté par la majorité, il faut le renégocier. C'est tout ! Voilà ma réponse.

CHOMSKY : Bon, cela veut dire les laisser continuer à se battre.

ACHCAR : Non. Tant que les gens négocient, ils ne se combattent pas.

CHOMSKY : Cela veut dire que les choses vont rester telles quelles.

ACHCAR : On peut avancer progressivement – tu sais, tant qu'il y a des négociations il ne devrait pas y avoir de violence.

CHOMSKY : Tu affirmes qu'il faut rejeter *tout* règlement qui serait accepté par les Palestiniens des territoires mais refusé par les réfugiés. Dans ce cas, voilà une recette pour une dévastation permanente.

ACHCAR : Mais tenter d'imposer un règlement qui est rejeté par la majorité de la population, cela signifie la poursuite de la violence ! Un règlement qui est rejeté par la majorité doit être renégocié.

SHALOM : Compte tenu du fait que les Palestiniens constituent une population dispersée, qui parle au nom des Palestiniens de la Palestine ?

ACHCAR : Permettez-moi de vous rappeler une chose. Israël a négocié l'accord d'Oslo avec l'OLP et non avec des représentants de la Cisjordanie et de Gaza. Les pourparlers qui ont commencé après la conférence de Madrid en 1991 ont eu lieu avec des représentants directs des Palestiniens des territoires occupés en 1967 – des gens comme Faisal al-Husseini, en dépit des subtilités relatives à la question de Jérusalem, Hanan Ashrawi et le professeur Haïdar Abdel-Shafi de Gaza. Bien sûr, tout le monde savait que la délégation palestinienne était soutenue par l'OLP, mais Israël avait alors affirmé avec insistance qu'il ne pouvait entamer des discussions qu'avec des représentants des territoires occupés. Toutefois, par la suite, le gouvernement israélien de Yitzhak Rabin et de Shimon Pérès a constaté qu'il lui était plus facile d'obtenir un règlement qui lui convienne avec les dirigeants de l'OLP qu'avec de tels représentants. Il est parvenu à ce que la direction de l'OLP poignarde en quelque sorte les négociateurs palestiniens dans le dos en menant des négociations qui ont débouché sur l'accord d'Oslo. Or, le fait est que l'OLP ne représente pas uniquement la Cisjordanie et Gaza. Elle est en réalité plus représentative de la population de réfugiés à l'extérieur du territoire palestinien que de la population qui vit à l'intérieur de celui-ci. Elle considère qu'elle parle au nom de l'ensemble de la population palestinienne, or, incontestablement, elle était reconnue à l'époque comme étant sa représentante légitime par la majorité des Palestiniens – qu'il s'agisse des territoires occupés en 1967 ou de la diaspora. Donc, même ce précédent d'Oslo renvoie au fait qu'un règlement doit être accepté par la majorité de la population palestinienne pour qu'il soit considéré comme légitime par celle-ci. Cela est très important. C'est une des conditions fondamentales. Il ne s'agit pas d'un principe vide de sens, mais d'un principe démocratique fondamental. S'il n'y a pas consentement, il y a coercition – c'est l'un ou l'autre.

CHOMSKY : Nous parlons d'une situation hypothétique précise : une majorité importante de la population des territoires occupés accepte un règlement, alors que celui-ci est rejeté par la majorité de l'ensemble de la population. Dans ce cas, quelle attitude faut-il adopter ? On pourrait par exemple se dire : Si les Palestiniens des territoires acceptaient ce règlement, cela me déplairait peut-être, mais je m'en accommoderais. Ou bien : Si les Palestiniens des territoires acceptent ce règlement, mais non la majorité, je le rejette et j'insiste pour que se poursuivent les négociations – ce qui, tu en conviendras, signifie perpétuation du statu quo et, en fait, destruction des Palestiniens.

ACHCAR : Non, pas nécessairement. S'il n'y a pas soutien de la majorité, alors il faut renégocier la partie du règlement qui concerne les réfugiés.

CHOMSKY : Faut-il mettre en œuvre les autres parties du règlement ?

ACHCAR : Si les représentants locaux veulent aller de l'avant provisoirement pour la partie du règlement qui concerne le territoire où ils habitent, et si la partie israélienne accepte de dissocier les problèmes de la sorte, bien sûr.

CHOMSKY : Dans ce cas, nous sommes d'accord. S'il y avait accord entre des représentants quelconques des Palestiniens des territoires et Israël, alors il faudrait se dire : D'accord, cela me déplaît peut-être, mais j'estime que cela convient comme mesure temporaire. Et si la question des réfugiés n'est toujours pas réglée, alors soit. Dissocions les deux questions ; mettons en œuvre celle qui concerne les territoires, quelles qu'en soient les dispositions territoriales, par exemple des échanges de terres, et continuons à négocier au sujet du problème des réfugiés.

ACHCAR : Sur la possibilité d'un tel règlement temporaire, nous sommes en effet d'accord.

Passer d'un règlement à une paix durable

CHOMSKY : Permets-moi d'aborder un autre point. Admettons qu'il y ait accord sur un règlement dans l'esprit de Taba ou de Genève. Et admettons que tu aies raison lorsque tu supposes que les Palestiniens de la diaspora accepteraient le cadre établi à Taba pour les réfugiés. Je ne crois pas que les choses devraient en rester là. Je crois que ce ne devrait être que la première étape.

ACHCAR : Nous sommes de nouveau d'accord. Un tel règlement devrait bien sûr ouvrir la voie à une paix durable. On irait ensuite de l'avant dans des conditions pacifiques, et non par la guerre, vers une situation finale et durable de coexistence régionale.

CHOMSKY : Parlons de ce qui devrait, à notre avis, survenir après le règlement temporaire initial. À mon sens – j'écris sur le sujet depuis trente-cinq ans – il est impossible de tracer une ligne en Cisjordanie, c'est-à-dire dans le territoire à l'ouest du Jourdain, qui satisfasse aux besoins des deux populations. Je ne crois donc pas qu'un règlement à deux États soit une solution sensée à long terme. J'estime plutôt qu'un règlement à deux États devrait être une première étape vers une fédération quelconque, vers une entité unique renfermant des régions autonomes fédérées. Ce serait quelque chose de semblable à ce vers quoi évolue l'Espagne ou à ce qu'est, en gros, la Belgique, par exemple. Voilà la prochaine étape. Une étape ultérieure, si les circonstances le permettent, consisterait à se rapprocher d'une intégration plus étroite qui ne s'appuie pas uniquement sur des critères ethniques, mais également sur des rapports de type différent. Comme la coopération entre travailleurs, par exemple. Voilà une étape ultérieure. À long terme, une solution encore meilleure serait, à peu de choses près, la solution « sans État » de type ottoman, que j'ai déjà évoquée.

Il n'y a donc pas de règlement « durable », il y a une série d'étapes. Il me semble que nous sommes engagés dans un processus qui offre la possibilité de franchir des étapes ultérieures vers une intégration plus étroite, conformément aux exigences des populations, tout en abattant, comme je crois que c'est possible, les barrières ethniques actuelles au sein des sociétés israélienne et palestinienne.

ACHCAR : Je suis tout à fait d'accord pour dire qu'il s'agit d'un processus. En ce qui concerne la nature possible des prochaines étapes, j'ai toujours adhéré à l'idée que la Cisjordanie, c'est-à-dire les territoires occupés en 1967, devrait être fusionnée avec une Jordanie démocratique. Par « Jordanie démocratique », j'entends une Jordanie agréée par la majorité de sa population, et non une monarchie absolue s'appuyant sur une minorité ethnique de la population. Sinon, l'État minuscule palestinien – l'État croupion qu'on offre actuellement – serait dépourvu d'existence effective, surtout si Israël lui impose toutes sortes de conditions et de contrôles militaires. Dans ce dernier cas, il n'y aurait jamais de paix durable. C'est pour cela que, pour résoudre le problème des Palestiniens, il faut également faire intervenir la Jordanie. Après tout, la Cisjordanie est liée de nombreuses manières à la Jordanie. Elle a fait partie de la Jordanie de 1949 à 1967 et, comme nous le savons, la majorité de la population en Jordanie est palestinienne. Bien sûr, tous les États de la région ont été découpés artificiellement par les puissances coloniales, une fédération est donc une solution logique. En outre, une structure fédérale au niveau régional serait assurément une excellente solution, une structure à laquelle il serait souhaitable que se joignent les Israéliens. Mais cela nécessite – je sais que nous sommes d'accord là-dessus – une structure économique et sociale différente, une sorte de socialisme démocratique.

CHOMSKY : Je suis d'accord. C'est cela que je veux dire lorsque je parle d'abattre les barrières ethniques.

Les Palestiniens à l'intérieur d'Israël

ACHCAR : Il y a un autre problème qu'il nous faut aborder. C'est celui de la population palestinienne vivant à l'intérieur des frontières israéliennes d'avant 1967, population opprimée et harcelée qui vit dans des conditions de citoyenneté de seconde classe. J'estime qu'un règlement démocratique devrait également offrir à cette population la possibilité, dans les territoires où elle est concentrée – en Galilée, dans le « Triangle » et dans le Néguev –, de jouir d'une autonomie qui lui convienne. Elle devrait en outre être en mesure de décider si ses territoires continueront à faire partie de l'État israélien, ou s'ils se joindront à l'État palestinien ou à l'État jordano-palestinien.

CHOMSKY : Je suis d'accord avec cela en principe, mais nous nous heurtons ici à des difficultés. Il existe en effet en Israël des faucons extrémistes qui sont préoccupés par ce qu'ils appellent le « problème démographique ». Ils proposent que les régions arabes de l'Israël d'avant 1967 comme celle d'Oum El-Fahem soient cédées par voie de traité à l'État palestinien afin de réduire la population non juive de l'État juif. Nous savons que les Palestiniens d'Israël, car Israël est une société plutôt ouverte, s'opposent vigoureusement à cela. Ils veulent rester au sein d'Israël, ils ne veulent pas être transférés à l'État palestinien. Mais s'ils le voulaient, ce serait très bien, et personne n'y verrait d'objection. En fait, les faucons israéliens seraient enchantés, puisque cela réduirait leur problème démographique, comme ils disent – leur problème raciste. Mais, de toute façon, les Palestiniens devraient certainement jouir de droits au sein d'Israël.

ACHCAR : Permets-moi d'éclaircir la question de la possession par les Palestiniens de la citoyenneté israélienne au sein de l'État israélien actuel. J'étais en train de dire qu'on devrait leur accorder le droit à l'autodétermination. S'ils sont favorables à une autonomie nationale au sein de l'État israélien, comme c'est actuellement le cas à ma connaissance, on devrait la leur accorder.

CHOMSKY : C'est un État minuscule. L'autonomie nationale, ils n'en veulent même pas. Ils aspirent à l'égalité des droits.

ACHCAR : Tu as déjà mentionné l'exemple de l'Empire ottoman. Voilà une situation où les communautés se gouvernent elles-mêmes avec une large dose d'autonomie.

CHOMSKY : Ici, il n'y a pas de désaccord. Cela devrait s'appliquer à tout le monde.

ACHCAR : Je ne parle pas seulement d'« autonomie culturelle ». Cela est insatisfaisant parce que trop restrictif. Je parle d'une « autonomie » plus générale, mais pas d'un État distinct.

CHOMSKY : C'est bien. J'estime que cela s'applique au monde entier, y compris à Israël. Mais il y a un problème beaucoup plus immédiat qui se pose : doivent-ils disposer d'authentiques droits *civiques* ?

ACHCAR : Bien sûr !

CHOMSKY : S'agissant de la question de l'autonomie culturelle, je crois qu'il n'y aurait même pas de débat en Israël. Si, peut-être quelques débats. À Oum El-Fahem, par exemple, devraient-ils pouvoir rédiger leurs propres manuels scolaires ? Mais pour la population d'Oum El-Fahem et d'ailleurs, il s'agit d'une demande mineure. Ce qu'elle veut, c'est une répartition équitable des ressources : réparons les égouts et construisons des écoles, par exemple. Abandonnons l'idée que l'État appartient aux Juifs et non aux autres citoyens, car ce principe israélien est profondément néfaste. La Haute Cour de justice d'Israël a en effet statué : Israël est l'État souverain du peuple juif d'Israël et de la diaspora, mais non l'État de ses citoyens. Il faut abandonner cette idée.

Un autre problème d'égalité des droits qui est d'une extrême importance concerne les lois relatives à la terre, problème au sujet duquel j'écris depuis trente ans[16]. En effet, les terres appartenant au gouvernement ou au Fonds national juif ont été réservées à l'usage exclusif des Juifs...

SHALOM : N'y a-t-il pas eu quelques changements à cet égard ?

CHOMSKY : Ce qui s'est passé est intéressant. Ironiquement, c'est l'aile *droite* qui veut changer la situation, non pas pour les mêmes raisons que nous, mais parce qu'elle considère la nationalisation des terres comme une démarche socialiste. L'aile droite veut privatiser les terres, ce qui signifie que les riches pourront s'en emparer.

C'est une histoire très compliquée. Prenons, par exemple, les kibboutzim, les coopératives agricoles. Aujourd'hui il s'agit dans la plupart des cas de riches banlieues. Ils sont situés sur des terres appartenant au Fonds national juif, qui sont réservées à la population juive. Supposons que ces terres soient privatisées, comme le souhaite l'aile droite. Les riches les achèteraient et empêcheraient d'entrer tous ceux qu'ils veulent exclure : ce seraient des communautés encloses *(gated communities)* à l'usage des Juifs. Voilà la réalité. C'est pourquoi l'aile droite veut se débarrasser des lois sur la terre.

SHALOM : Qu'en est-il des décisions de la Cour suprême relativement à la question de la propriété de la terre ?

CHOMSKY : La Haute Cour de justice israélienne a statué sur un cas relatif aux lois sur la terre, le cas de Katzir. Celui-ci met en cause un couple d'Arabes israéliens qui voulait s'établir à Katzir, une communauté juive. L'Association israélienne des droits de l'homme a porté l'affaire devant la justice et, finalement, en mars 2000, la Haute Cour a statué formellement : on ne pouvait empêcher ce couple de s'établir à Katzir[17]. Mais, par la suite, une série d'obstacles a fait que le couple n'est toujours pas installé à Katzir. Le jugement date de six ans, et cela fait plus de dix ans que l'affaire a été portée devant la justice. Ainsi, ce cas a été résolu formellement, mais pas *de facto*[18].

Voilà quelque chose qui nous est bien familier aux États-Unis. Il y a trente ans, ma femme et moi avons vécu ce genre d'expérience ici, dans la ville libérale de Boston. Les loyers étaient devenus inabordables pour nous à Cambridge ; nous avions de jeunes enfants et avons dû déménager. Nous avons cherché en voiture un peu partout, notamment dans la banlieue de Winchester. Celle-ci nous a plu, nous en avons donc parlé à notre agent immobilier et lui avons demandé ce qu'il en pensait. Il nous a regardés et nous a dit que nous n'y serions pas heureux, ce qui voulait dire : Parce que vous êtes juifs. Cela se passait dans les années 1960, et depuis les choses ont changé. À l'époque, bien que les Juifs ne fussent pas une minorité opprimée, on pouvait néanmoins les empêcher de s'installer dans les endroits où l'on ne voulait pas d'eux. En Israël, c'est comme cela aujourd'hui.

Quand j'étais enfant, dans les années 1930, je vivais à Philadelphie. Après que mon père eut trouvé les moyens d'acheter une voiture d'occasion, il emmenait la famille dans les monts Pocono pour y passer le week-end. Il était difficile de trouver un motel parce que la plupart d'entre eux arboraient un panneau sur lequel il était écrit « *Restricted* », ce qui voulait dire « Pas de Juifs. » (Quant aux Noirs, il n'en était même pas question à l'époque.) Il n'y avait pas de *loi* contre cela, et il n'y avait aucune loi contre la présence des Juifs dans un motel, nous acceptions pourtant la situation – « c'est la vie ». Mais nous n'aimions pas cela et tentions de changer les choses. En Israël, les problèmes de ce genre sont bien plus graves.

En ce qui concerne les Palestiniens en Israël, ils devraient jouir de toutes les formes d'autonomie qu'ils désirent. Si j'ai bien compris, il s'agit essentiellement d'une question de droits civiques – comme le droit de s'établir à Katzir.

ACHCAR : Y compris, par exemple, le droit de gérer leurs propres écoles, leurs propres programmes scolaires, etc. Dans les États binationaux, tous ces aspects de l'autonomie constituent des droits démocratiques fondamentaux.

CHOMSKY : Il y a une quinzaine d'années, un étudiant diplômé israélien très antisioniste qui avait obtenu son doctorat ici [au MIT] est entré dans mon bureau, fou de colère. Il venait de recevoir de l'ambassade israélienne une brochure rédigée en hébreu où l'on tentait de convaincre les détenteurs israéliens d'un doctorat de retourner en Israël et de ne pas rester aux États-Unis – il y avait dans une certaine mesure une fuite des cerveaux d'Israël. Dans cette brochure sur papier glacé, on décrivait tous les avantages dont profiteraient ceux qui retournaient en Israël. Ce qui l'avait rendu furieux, c'est la manière dont tout cela était formulé. Il était en effet écrit que ces avantages s'appliquaient aux personnes qui, si elles n'étaient pas israéliennes, pourraient émigrer en Israël. C'est une formule qui signifie que cela ne s'adresse qu'aux Juifs, car seuls les Juifs peuvent émigrer automatiquement en Israël. Il n'était pas écrit dans cette brochure que ces avantages étaient à l'intention des Israéliens, car alors ils se seraient appliqués aux Palestiniens israéliens se trouvant aux États-Unis. Or il s'agit d'une formule qu'Israël emploie partout. Elle est utilisée dans ce qu'on appelle la « couture » – c'est-à-dire la zone entre le mur de séparation[19] et la Ligne verte[20]. Il existe en outre un ensemble complexe de lois qui ont le même effet. Elles ne stipulent pas que les Juifs vivant en Israël ont certains droits. Elles stipulent qu'il y a en Israël des droits pour les personnes auxquelles, si elles ne sont pas israéliennes, on permettrait d'immigrer en Israël. Tout le pays est jonché de choses de ce genre, comme les zones « restreintes » aux États-Unis. Il s'agit en fait de procédés pour bafouer les droits de la population palestinienne. Ces procédés doivent être supprimés.

Les misrahim

CHOMSKY : Puisque nous discutons de la situation en Israël, il y a un autre problème que nous devrions aborder, c'est celui des *misrahim*, les « Juifs orientaux ». La majorité de la population israélienne est issue du monde arabe, et elle est très durement opprimée. Récemment, lorsque Amir Peretz, Juif d'origine marocaine, a été nommé chef du Parti travailliste israélien, il a été sévèrement attaqué par le frère cadet de Shimon Pérès, qui a parlé de « levantinisation » : les Arabes seraient en train de s'emparer du Parti travailliste, à l'instar du général Francisco Franco qui a attaqué la République espagnole avec des Marocains, une « cinquième colonne » qui « a tiré dans le dos [de la République espagnole][21] ». Voilà un exemple du racisme que subissent les Juifs qui ne sont pas d'origine ashkénaze (européenne), bien que certains d'entre eux aient réussi à intégrer les cercles de l'élite.

Les misrahim sont de bien des façons plus opprimés que les citoyens arabes palestiniens d'Israël – littéralement. En fait, le ressentiment qui se développe en Israël est semblable à celui qui s'est développé jadis en Europe orientale, où les paysans détestaient les Juifs parce que ceux-ci étaient situés un cran audessus d'eux dans la détestable hiérarchie. Cela a abouti aux pogroms : les paysans s'en sont pris aux Juifs et non au tsar. En Israël, les Palestiniens vivent, de bien des manières, d'expédients, comme toute population opprimée, à l'instar des Juifs autrefois en Europe orientale. Les misrahim constituent une couche démunie de la classe ouvrière. En revanche, les Palestiniens progressent parfois sur l'échelle sociale, ils comptent probablement plus de médecins et autres membres des professions libérales. Or, les Juifs orientaux les détestent, à peu près de la même manière que les paysans en Ukraine, où vivaient mes grands-parents, détestaient les Juifs. Tout le monde était opprimé. C'est une situation classique : les plus opprimés canalisent leur hostilité sur ceux qui se trouvent un cran au-dessus d'eux, ils ne déversent pas leur colère sur les hautes autorités. Ce n'est qu'une vague analogie. Je ne veux pas dresser un parallèle trop étroit, mais un phénomène de ce genre est en train d'apparaître en Israël. C'est un problème bien réel.

Certains des misrahim qui se sont installés en Israël étaient relativement nantis, par exemple les Juifs irakiens. Mais les Juifs marocains et d'autres étaient pauvres. Après 1948, certains Juifs marocains sont allés en France et d'autres en Israël. Aujourd'hui, ceux qui sont allés en France sont médecins ou avocats, ils ont une formation universitaire. Ceux qui sont allés en Israël sont des travailleurs manuels ou sont au chômage.

Mon épouse Carol et moi avons vécu dans un kibboutz pendant un certain temps en 1953. Israël était alors un pays pauvre, contrairement à aujourd'hui. C'était un kibboutz de gauche, en quelque sorte bubérien[22] et un centre d'activités arabes du Mapam, le Parti [sioniste] unifié des ouvriers, de gauche. Près de là habitaient des enfants marocains qui avaient été amenés dans le pays. Leur situation était à double tranchant : d'une part, on les aidait, il y avait un aspect humanitaire. Mais, d'autre part, on leur demandait d'oublier leur patrimoine ; ils allaient devenir des Juifs pauvres et ils ne seraient plus des Arabes. Quoi qu'il en soit, les membres du kibboutz – qui étaient considérés et se considéraient eux-mêmes comme très pro-arabes – nous disaient constamment que nous devions verrouiller nos portes à cause des enfants marocains, que ceux-ci étaient tous des délinquants, que, parce qu'ils provenaient du monde arabe, il fallait faire preuve de vigilance. Or, tout cela n'était que balivernes, ces enfants étaient très gentils.

Un jour il y a eu une altercation entre adolescents. J'ai par la suite demandé à la responsable du kibboutz ce qui s'était passé. Elle m'a répondu que les ados du kibboutz avaient cru que ceux contre lesquels ils s'étaient battus étaient des Juifs marocains. Elle leur a expliqué que les autres ados étaient des Arabes en visite qui avaient été invités dans le cadre de notre programme de rapprochement avec la communauté arabe et qu'il fallait donc être gentil avec eux. Cet épisode met vraiment à nu l'attitude dans le milieu juif : les Juifs marocains étaient considérés comme étant pires que les Arabes. C'était très frappant.

ACHCAR : Il ne peut qu'y avoir accord parfait entre nous au sujet des droits de la personne. Je suis certain que nous sommes également tout à fait d'accord pour dire que la lutte pour ces droits ne doit aucunement être tributaire de quelque règlement global du conflit israélo-palestinien. Ce sont des problèmes autour desquels la lutte se poursuit et doit se poursuivre tous les jours, qu'il s'agisse des droits de la personne des Palestiniens vivant à l'intérieur des frontières israéliennes d'avant 1967 ou qu'il s'agisse de l'égalité de tous les citoyens israéliens, misrahim et ashkénazes compris.

Les réfugiés palestiniens

ACHCAR : J'ajouterais qu'il est également nécessaire d'aborder les problèmes de l'égalité civique et de l'amélioration des conditions sociales et économiques des réfugiés palestiniens dans les divers pays où ils habitent. À mon avis, un des principaux échecs des dirigeants palestiniens, c'est qu'ils ne se sont pas attaqués adéquatement et sérieusement à ces problèmes.

Comparons les trois principaux pays de résidence de la diaspora palestinienne : la Jordanie, la Syrie et le Liban. En Syrie et en Jordanie, tout du moins en principe, les Palestiniens jouissent de la citoyenneté et de l'égalité des droits. Au Liban, qui est mon pays d'origine, les Palestiniens sont victimes d'une espèce d'apartheid et sont privés de certains droits fondamentaux : en fait, ils jouissent de beaucoup moins de droits que les travailleurs migrants étrangers dans les pays occidentaux. Il s'agit là d'une grave injustice. Les mouvements progressistes de la région devraient soutenir ces droits et lutter pour eux, notamment pour l'entière égalité pour les Palestiniens et pour leur droit d'obtenir, s'ils le souhaitent, la citoyenneté de leur pays de résidence. Citoyens ou pas, ils méritent qu'on leur accorde l'entière égalité des droits et qu'on supprime les horribles conditions sociales et économiques qu'ils subissent dans les camps de réfugiés, surtout au Liban. Il faudrait s'attaquer à ces problèmes plutôt que de les négliger au nom du « droit au retour » – prétexte pour l'inaction qui est souvent évoqué par certains dirigeants palestiniens au Liban. Par ailleurs, toute mesure qui nous rapprocherait d'une solution à ces problèmes faciliterait l'élaboration d'un règlement global.

CHOMSKY : L'Occident devrait consacrer des ressources importantes à cette fin. Après tout, ce problème a été engendré essentiellement par l'Occident ; il a donc des responsabilités à cet égard.

ACHCAR : Oui, bien sûr. L'Allemagne a payé des réparations à Israël. Mais elle doit également des réparations aux Palestiniens. [CHOMSKY : Oui, bien sûr.] Car, après tout, l'hitlérisme est dans une large mesure à l'origine de toute cette tragédie.

SHALOM : Tu as évoqué une fédération d'un certain type avec la Jordanie. Or, l'aile droite sioniste a longtemps eu pour slogan que « la Jordanie est la Palestine ». Quelle différence y a-t-il entre ce que tu proposes et cette vision des choses ?

ACHCAR : Je n'ai jamais considéré comme valable l'argument qui dit : « Si la partie adverse affirme une chose quelconque, alors vous ne devez pas affirmer quoi que ce soit de semblable, même si vous lui donnez un sens tout à fait différent. » Lorsque des sionistes disent : les Palestiniens ont un État, c'est la Jordanie, ils entendent par là que les Palestiniens devraient renoncer à la souveraineté sur la Cisjordanie. Ce que j'affirme est tout à fait différent : la Cisjordanie palestinienne devrait pouvoir fusionner de nouveau avec la Jordanie, comme étaient réunies les deux rives du Jourdain jusqu'en 1967, cela dans une entité démocratique et non sous la monarchie jordanienne. Il s'agit donc de quelque chose de tout à fait différent.

CHOMSKY : Encore en 1989 la position officielle du gouvernement israélien était que la Jordanie *est* l'état palestinien. Ça, c'est *une* position. Mais il y en a une autre, qui est en fait un slogan sioniste traditionnel. Traduit de l'hébreu, il dit ceci : « Le Jourdain a deux rives ; celle-ci est à nous et celle-là est à nous. » Dit autrement : les deux rives du Jourdain sont des terres traditionnelles d'Israël. C'était la position de l'aile droite, du Herout[23], mais c'était aussi celle de l'aile gauche. Cela est peu connu, mais c'était également la position de l'essentiel du mouvement des kibboutzim – qui représente l'aile gauche. Le mouvement des kibboutzim avait en fait deux composantes, dont la principale était Ahdout Haavoda (Union du travail). La position de celle-ci, tout au moins jusqu'aux années 1980, était la même : Peut-être renoncerons-nous à notre position parce que nous y serons contraints, mais, en principe, les deux rives du Jourdain nous appartiennent. C'est ce qui fonde le noyau du Parti travailliste. On en parle peu, car on n'a jamais cru que cette position serait mise en œuvre, mais, à ma connaissance, ce slogan avait une valeur tout au moins théorique jusqu'aux années 1980. Il implique qu'Israël s'empare d'une partie de la Jordanie, ce qui est tout à fait différent de l'idée d'une fédération démocratique dont parlait Gilbert.

ACHCAR : Cette question est liée à ce que je disais au sujet de l'argument utilisé pour ne pas lutter pour l'égalité au Liban. Lorsqu'on demandait aux dirigeants de l'OLP : « Pourquoi ne vous attaquez-vous pas au problème du pouvoir en Jordanie ? », ils répondaient que cela cadrerait avec les plans des sionistes, car dans ce cas les Palestiniens auraient un État, ce qui minerait leurs propres revendications relativement aux territoires occupés. Il s'agit bien sûr d'un prétexte pour éviter d'aborder le problème et d'affronter la monarchie jordanienne. Affirmer que la Jordanie devrait devenir un État gouverné démocratiquement par la majorité de sa population ne signifie pas qu'il faille abandonner les revendications sur la Cisjordanie ou Gaza. Il n'y a aucun rapport entre les deux. En fait, ce n'est qu'un prétexte pour se conformer au principe de

« non-ingérence dans les affaires arabes », au nom duquel les dirigeants du Fatah[24] de l'OLP défendaient leur désir de maintenir des relations amicales avec tous les gouvernements arabes réactionnaires. Ce n'est pas une politique à laquelle applaudissent la plupart des Palestiniens en Jordanie. Ils se sentent opprimés, ils sont harcelés par les forces de sécurité et ils sont bien entendu très préoccupés par les conditions politiques dans l'État où ils résident. Car ils considèrent que la Jordanie est leur pays et qu'elle constitue une extension du territoire palestinien, en ce sens que la population originaire de la rive occidentale du Jourdain a également peuplé sa rive orientale.

Les initiatives pour parvenir à la paix

SHALOM : Quel rôle les États-Unis et Israël ont-ils joué au fil des ans en ce qui a trait au règlement du conflit israélo-palestino-arabe ? L'ont-ils favorisé ou lui ont-ils fait obstacle ?

CHOMSKY : En juin 1967, Israël a franchi la Ligne verte, c'est-à-dire la frontière correspondant à la ligne de cessez-le-feu de 1949, et a conquis la Cisjordanie, y compris Jérusalem-Est, Gaza, le Sinaï égyptien et le plateau du Golan syrien. La première réaction sérieuse à tout cela est la résolution 242 du Conseil de sécurité de l'ONU de novembre 1967, qui est universellement considérée comme étant le document diplomatique fondamental en la matière[25]. Son préambule délimite le cadre essentiel : il ne saurait y avoir acquisition d'un territoire par la force. Ce document ébauche ensuite les termes d'un règlement, lequel devrait respecter la Ligne verte. Selon l'interprétation des États-Unis, la Ligne verte devait, pour l'essentiel, être le tracé définitif prévu par un règlement, avec des ajustements mineurs et réciproques. La Ligne verte étant une ligne de cessez-le-feu, elle paraissait absurde à bien des endroits, puisqu'elle traduisait l'emplacement des forces lorsque les combats ont pris fin en 1949. Tout comme les lignes de cessez-le-feu en général, elle était quelque peu arbitraire. Aussi, lorsqu'on parlait d'ajustements mineurs et réciproques, cela voulait dire supprimer le caractère arbitraire de la ligne de cessez-le-feu, en la rectifiant. C'était l'interprétation officielle des États-Unis. La résolution 242 affirme en outre que tous les États de la région ont le droit de vivre en paix et en sécurité à l'intérieur de frontières sûres et reconnues. Chose frappante, cette résolution rejetait tout à fait les droits des Palestiniens en ce sens qu'elle ne les reconnaissait pas. Tout ce qu'elle affirme au sujet des Palestiniens, c'est qu'il est nécessaire de trouver une solution juste au problème des réfugiés palestiniens. Elle ne dit rien au sujet de leur droit à l'autodétermination.

Pendant les quelques années suivantes, il y a eu diverses manœuvres, les deux parties acceptant plus ou moins la résolution 242, mais avec des réserves. Cela s'est poursuivi jusqu'en 1971, lorsque s'est produit un événement décisif qui a été largement gommé de l'histoire aux États-Unis. En février 1971, Anouar el-Sadate, qui était devenu le président égyptien en septembre 1970, a offert à Israël un règlement de paix global, conformément aux termes de la résolution 242. Sadate n'a lui non plus rien dit au sujet des Palestiniens.

Un négociateur de l'ONU, Gunnar Jarring, a soumis une proposition aux deux parties. L'Égypte a accepté cette proposition, qui correspond pour l'essentiel à la résolution 242, c'est-à-dire une paix globale en retour d'un retrait total. Or, ce qui préoccupait surtout Sadate, ce n'était pas tant la Cisjordanie que l'Égypte. À l'époque, Israël, qui était gouverné par le Parti travailliste, mettait en œuvre un programme important de colonisation dans le nord-est du Sinaï, qu'Israël avait conquis, ainsi que le reste de la péninsule du Sinaï, aux dépens de l'Égypte en 1967. Le général Ariel Sharon a chassé les habitants de la région – en principe c'étaient des Bédouins, mais il y avait également des agriculteurs et des paysans –, détruisant fermes, villages, mosquées et cimetières. Il a tout bonnement repoussé des milliers de personnes dans le désert, où il les a encerclées de barbelés ; il a tout rasé et a ensuite commencé à établir des colonies juives. La principale colonie devait être une ville entièrement juive, Yamit, outre divers autres colonies et kibboutzim. Bien entendu, l'Égypte n'aurait jamais accepté cela. C'était, en 1971, la question centrale.

Israël devait donc faire un choix décisif. Les responsables israéliens – comme nous le révèlent les documents du Cabinet et les témoignages d'autres discussions internes – ont reconnu qu'on leur présentait une offre de paix ; aussi devaient-ils décider s'il fallait l'accepter ou la rejeter. Ils l'ont rejetée. Ils ont affirmé qu'ils ne se retireraient pas jusqu'aux frontières, ce qui, à l'époque, signifiait qu'ils ne supprimeraient pas les colonies du nord-est du Sinaï. Soit dit en passant, la Jordanie a fait une offre très semblable l'année suivante, mais Israël n'y a même pas répondu. Il y a donc eu une occasion de paix conforme à la résolution 242. Elle n'offrait rien aux Palestiniens, puisqu'elle prévoyait plutôt une paix entre les États arabes et Israël – Israël l'a rejetée.

La question décisive, comme toujours, était de savoir ce que feraient les États-Unis. Nous n'avons pas encore accès aux documents états-uniens internes de cette période, mais ce qui s'est passé est assez clair. Il y a apparemment eu une querelle entre le Département d'État, qui voulait accepter cette offre, et le conseiller à la Sécurité nationale Henry Kissinger, qui voulait la rejeter. Je crois qu'il cherchait surtout à s'emparer du Département d'État, ce qu'il fit par la suite ; il s'agissait donc probablement de manœuvres tactiques. Or, nous connaissons la *position* de Kissinger, puisqu'il l'a exposée dans ses Mémoires. C'est ce qu'il appelait l'« impasse » (*stalemate*[26]) : il n'y avait aucune raison pour que Washington fasse quoi que ce soit, puisque les États-Unis disposaient de la suprématie militaire. Ce point de vue supposait que les Arabes étaient incapables de manier un fusil, de sorte que les États-Unis pouvaient obtenir ce qu'ils voulaient par la force. Kissinger l'a emporté dans le débat politique interne. Cela fut d'importance décisive, car Israël a alors pris une décision fatidique en faveur de l'expansion plutôt que d'une sécurité réelle.

Si Israël avait accepté l'offre de Sadate, cela aurait effectivement réglé l'aspect international du conflit. Les États arabes n'exerçaient alors aucune pression en faveur des droits des Palestiniens. Ceux-ci faisaient certes valoir leurs droits, mais personne n'y prêtait attention – en fait, ils venaient de se faire écraser en Jordanie[27]. Israël a donc choisi l'expansion plutôt que la sécurité. Cela entraînait la dépendance vis-à-vis des États-Unis, car tant qu'il y aura conflit international, Israël dépendra des États-Unis pour les armements, le soutien diplomatique et ainsi de suite.

À mon avis, il s'agit probablement de la décision la plus importante de l'après-1967, puisque, depuis lors, tout en découle. Sadate l'avait constamment répété, ouvertement et publiquement : « Si vous n'acceptez pas le règlement, nous serons obligés de faire la guerre. » Sa formule était : « Yamit veut dire la guerre. » Afin d'attirer l'attention des États-Unis, il a notamment expulsé les conseillers russes, mais on l'a tout simplement ignoré. Personne ne lui a prêté attention. Enfin, en octobre 1973, l'Égypte est entrée en guerre aux côtés de la Syrie. Israël l'a échappé belle. Il a été surpris et presque vaincu. Il a même failli recourir aux armes nucléaires. Les États-Unis, en fait, ont déclaré l'alerte nucléaire. C'était une crise très grave.

En Israël, cela a suscité un profond examen de conscience. C'est ce qu'on a appelé *mechdal*, l'échec[28]. Les attitudes racistes envers les Arabes et le refus de traiter avec eux ont dû être sérieusement remis en question. Kissinger aussi a saisi la nouvelle donne. Il ne comprenait peut-être pas grand-chose, mais il comprenait les rapports de force. Il s'est rendu compte qu'on ne pouvait pas traiter l'Égypte simplement comme une invalide – la Syrie non plus, mais c'est surtout l'Égypte qui le préoccupait –, qu'il fallait donc négocier avec elle d'une manière ou d'une autre. S'ensuivit une longue période de négociations, notamment la diplomatie de la navette de Kissinger, laquelle a finalement débouché sur les accords de Camp David[29] en 1978 et sur un traité de paix égypto-israélien en 1979[30]. Aux États-Unis, tout cela a été dépeint comme un grand triomphe diplomatique américain. Mais, en fait, c'était un désastre diplomatique absolu pour les États-Unis. En effet, ce à quoi ils ont consenti en 1978-1979 correspond à la proposition de Sadate de 1971, mais sous une forme plus défavorable du point de vue des États-Unis et d'Israël, car il était désormais question d'un État palestinien. La situation avait en effet changé pendant les années 1970, puisque les droits nationaux des Palestiniens avaient été inscrits à l'ordre du jour international. Ainsi, au cours de son fameux voyage à Jérusalem en 1977, Sadate a appelé à la création d'un État palestinien. En outre, malgré le caractère vague des accords de Camp David – les négociations ultérieures qu'ils prévoyaient avec les Palestiniens[31] n'ont jamais eu lieu –, ils s'appuyaient sur cette exigence de la partie égyptienne.

ACHCAR : Dans les accords de Camp David, il est question d'« autonomie complète », d'« autorité autonome » (*self-governing authority*)[32].

CHOMSKY : Israël a tenté d'écarter ces aspects des accords. Il a préféré les interpréter de manière à ce qu'ils signifient qu'il pouvait poursuivre la colonisation, mais non en Égypte. C'est pourquoi il s'est retiré de Yamit.

Il est frappant de constater à quel point le retrait israélien de Yamit ressemble à ce que serait le désengagement de Gaza en septembre 2005. L'événement a été mis en scène et soigneusement orchestré. Le général qui était responsable des opérations a expliqué que tout avait été parfaitement mis au point avec les colons pour en faire un événement dramatique au cours duquel les soldats israéliens, les larmes aux yeux, feraient sortir les malheureux colons de leurs maisons, et que cela ne devait jamais plus arriver aux Juifs, pour rappeller le fameux slogan « Jamais plus ». Jamais plus des Juifs ne seraient chassés de leurs maisons. À l'époque, cette mise en scène a passablement été tournée en ridicule dans la presse hébraïque. Ainsi, une manchette de *Ha'aretz* disait : « Opération traumatisme national[33] ». Le désengagement de Gaza en 2005 ne fut qu'une reprise de tout cela – un traumatisme national très soigneusement mis en scène pour envoyer le même message :

« Jamais plus cela ne doit arriver à des Juifs, la Cisjordanie nous appartient. »

Comme je l'ai indiqué, tout le cadre de discussion avait changé en 1979 car, entre-temps, les droits nationaux des Palestiniens avaient été inscrits à l'ordre du jour international. En 1976, un projet de résolution du Conseil de sécurité préconisait un règlement à deux États le long de la Ligne verte. Il était soutenu par la Syrie, la Jordanie, l'Égypte et la plupart des États arabes et, en fait, soutenu tacitement par l'OLP[34]. Les États-Unis y ont opposé leur veto. Cela s'est répété en 1980 : la résolution était essentiellement la même et les États-Unis y ont de nouveau mis leur veto[35]. Si vous parcourez la documentation, vous constatez que même les ouvrages universitaires passent tout cela quasiment sous silence.

En 1988 est survenu un changement, lorsque le Conseil national palestinien a accepté *officiellement*, et pas seulement tacitement, le consensus international sur le règlement à deux États[36]. Les États-Unis l'ont rejeté catégoriquement, et ils ont même refusé de permettre à Yasser Arafat de se rendre aux Nations unies, ce qui a contraint l'organisation internationale à organiser sa réunion à Genève. À l'époque, les États-Unis étaient en passe de devenir la risée du monde, lorsqu'ils prétendaient qu'ils n'entendaient pas les Palestiniens affirmer qu'ils acceptaient de négocier, qu'ils acceptaient la résolution 242, qu'ils acceptaient un règlement à deux États et qu'ils condamnaient le terrorisme. Mais finalement, après les déclarations répétées d'Arafat, Washington a annoncé qu'il était disposé à discuter avec l'OLP[37].

La réaction israélienne est survenue en 1989, quelques mois plus tard, et elle était très explicite. À l'époque, il y avait en Israël un gouvernement de coalition : Yitzhak Shamir, du Likoud, était Premier ministre, et Shimon Pérès, du Parti travailliste, était ministre des Finances – c'est ce qu'il est convenu d'appeler la droite et la gauche. Le 14 mai 1989, le gouvernement a émis une déclaration officielle sur la position israélienne[38]. Y figurait notamment un principe que nous avons déjà évoqué : il ne saurait y avoir un État palestinien *supplémentaire* à l'ouest de la Jordanie – le terme « supplémentaire » impliquant que la Jordanie est déjà un État palestinien. Un autre principe affirmait qu'Israël ne négocierait pas avec l'OLP. En vertu d'un troisième principe, le statut des territoires occupés serait réglé conformément aux normes de l'État d'Israël. Ce document affirmait ensuite que les Palestiniens pouvaient organiser des élections libres. Arrivés à ce point, nous sommes dans le monde de George Orwell. Les Palestiniens étaient censés avoir des élections libres, alors qu'ils étaient sous occupation militaire israélienne et qu'une bonne partie des Palestiniens instruits étaient emprisonnés sans inculpation, et vraisemblablement torturés. Si vous examinez la manière dont les médias états-uniens ont traité le sujet, vous constatez qu'on a beaucoup applaudi Israël parce qu'il permettait des élections libres, mais les principes essentiels n'ont jamais été rapportés. Quelques mois plus tard, l'administration de Bush père, qui était considérée comme étant critique envers Israël, a sanctionné sans réserve les propositions israéliennes. C'est ce qu'on appelle le plan Baker, du nom de James Baker, le secrétaire d'État[39]. La position officielle des États-Unis était la suivante : pas d'État palestinien supplémentaire à l'ouest du Jourdain, et résolution de la question des territoires occupés conformément aux normes israéliennes. Certes, Baker a affirmé que les négociateurs palestiniens seraient admis aux discussions *si* ils se conformaient à ces termes israéliens. Cela était considéré comme étant très conciliant, mais on ne précisait pas ce que cela voulait dire.

Après l'éclatement de la guerre du Golfe, les États-Unis se sont rendu compte qu'ils avaient la situation sous contrôle. Puisqu'ils dominaient la région, ils pouvaient donc agir comme bon leur semblait. George Bush père a annoncé le nouvel ordre mondial : « C'est nous qui avons le dernier mot[40]. » Washington a ensuite convoqué les négociations de Madrid. Auparavant, les États-Unis s'étaient opposés à toute négociation internationale, car ils n'auraient pas été en mesure de la maîtriser. Mais ils pouvaient le faire en 1991. Bush a invité l'Union soviétique afin qu'elle serve de paravent – on se souvient à quel point l'Union soviétique était affaiblie en 1991 – afin de fournir à ces négociations une dimension internationale, et Washington a tout simplement imposé ses conditions. Comme Gilbert l'a indiqué, les Palestiniens de Cisjordanie et de Gaza avaient des dirigeants. Leur principal négociateur était Haïdar Abdel-Shafi, médecin et politicien chevronné de Gaza qui était probablement la personne la plus respectée des territoires. Il a affirmé avec insistance que tout règlement politique se devait de mettre fin à l'expansion des Israéliens dans les territoires. C'était sa condition principale. Faute de quoi, a-t-il affirmé, aucun règlement n'était possible. Les États-Unis et Israël ne l'entendaient toutefois pas de cette oreille. L'OLP, qui à l'époque était basée à Tunis, a alors contourné les Palestiniens – cela a débouché sur l'accord d'Oslo. En effet, l'OLP y a élaboré un accord lui conférant le pouvoir, ce qui lui permettait de court-circuiter les Palestiniens autochtones comme Abdel-Shafi. Celui-ci était tellement furieux qu'il n'a même pas participé à la fameuse poignée de main sur la pelouse de la Maison-Blanche. Il est resté à l'écart. Cela a engendré un grave problème au sein de la direction palestinienne, problème qui persiste encore aujourd'hui. Qui dirigerait les Palestiniens : les Palestiniens de Tunis, comme on les appelait, ou les Palestiniens sur place comme Abdel-Shafi, Hanan Ashrawi et les autres ? Mais Israël et les États-Unis ont veillé à ce que la direction de Tunis devienne, pour l'essentiel, la direction officielle.

L'accord d'Oslo de septembre 1993 était tout simplement une trahison. En effet, la déclaration de principes d'Oslo ne fait même pas mention des droits des Palestiniens. Littéralement. Elle dit beaucoup de choses au sujet des droits des Israéliens, mais rien au sujet de ceux des Palestiniens. Chose intéressante, les Palestiniens des territoires se sont réjouis de ces négociations. Je me souviens que, un mois ou deux après la signature de l'accord, mon ami Azmi Bishara était ici ; on a organisé au MIT une réunion sur l'accord d'Oslo ; nous étions les deux conférenciers. J'ai expliqué ce que je viens de dire, que c'était une trahison, mais lui, il s'est exprimé de manière un peu plus diplomatique. Après, nous sommes sortis pour boire une tasse de café, et il m'a dit, en blaguant à moitié, que si j'avais dit la même chose dans les rues de Ramallah, j'aurais été lynché, tant les gens étaient euphoriques et se faisaient des illusions.

ACHCAR : Cela est nettement exagéré. De nombreuses factions palestiniennes ont dénoncé l'accord d'Oslo, notamment le Hamas…

CHOMSKY : Mais Azmi parlait du sentiment populaire. Que pensait-on dans les rues de Ramallah ?

ACHCAR : Personne n'aurait été « lynché » pour avoir critiqué l'accord. C'est très nettement exagéré. Il y avait beaucoup de scepticisme au sujet de l'accord, même parmi ses partisans.

CHOMSKY : Azmi parlait bien sûr en termes figurés. J'ai en effet remarqué, lorsque j'en discutais avec des groupes de Palestiniens, qu'ils se faisaient énormément d'illusions. Au cours des quelques années suivantes s'ensuivit une série d'accords intérimaires d'Oslo[41], qui étaient tout simplement scandaleux, comme je l'ai expliqué par écrit en détail ailleurs[42].

Cela nous amène à la première référence dans le discours israélien à un État palestinien. Celle-ci, à ma connaissance, a été faite par le gouvernement d'extrême droite de Benjamin Netanyahu. En effet, en 1996, un journaliste a demandé au ministre de l'Information David Bar-Illan si les fragments de la Cisjordanie qui seraient laissés aux Palestiniens constitueraient un État palestinien. En substance, il a répondu : « Oui, ils peuvent appeler cela un État s'ils le veulent, ou bien ils peuvent appeler cela du "poulet frit"[43]. » Cela illustre bien son attitude.

En mai 1997, la plate-forme du Parti travailliste précisait, apparemment pour la première fois, qu'elle « n'excluait pas […] la création d'un État palestinien avec souveraineté limitée[44]. » Ces références étaient les premières dans les discours dominants israéliens.

Cela nous amène aux négociations de Camp David de juillet 2000 entre Yasser Arafat et le Premier ministre israélien

Ehoud Barak, à l'invitation du président Clinton. Il est évident, à l'examen des cartes, que les propositions israéliennes étaient tout à fait inacceptables. Aujourd'hui, on dispose d'une abondante documentation sur Camp David. Les ouvrages d'universitaires israéliens sont, à mon avis, les sources les plus importantes à cet égard ; ils sont généralement rédigés en hébreu, mais certains d'entre eux le sont en anglais. L'ouvrage principal sur le sujet a été écrit par Ron Pundak, qui a participé aux discussions d'Oslo et aux discussions de travail des négociations ultérieures. Il est le directeur général du centre Peres pour la paix, tout à fait représentatif de l'intelligentsia respectable israélienne. Il a écrit, en collaboration, un long article en hébreu, ainsi que des articles plus courts en anglais, où figurent des cartes[45]. Il en ressort clairement que les objections palestiniennes étaient tout à fait fondées. Aux États-Unis, la version officielle, c'était : les Palestiniens ont refusé la paix, tout ce qu'ils veulent, c'est la violence, et ainsi de suite. Mais, en fait, aucun Palestinien n'aurait pu accepter l'offre de Barak. Même Mahmoud Abbas – le favori des États-Unis – l'a rejetée. Ce qu'elle prévoyait, essentiellement, c'était de diviser le territoire palestinien en trois cantons généralement séparés les uns des autres, avec une route de contournement vers l'est largement coupée des parties de Jérusalem-Est, quelles qu'elles fussent, qui iraient aux Palestiniens –, en fait le centre de la vie commerciale, éducative et culturelle palestinienne. Les Palestiniens ne pouvaient accepter cela. En vérité, Clinton était d'accord avec eux. Aussi, quelques mois après l'échec des négociations, a-t-il proposé ses propres « paramètres » ; ceux-ci, quoique vagues, étaient plus favorables aux Palestiniens que les propositions de Camp David[46]. Encore une fois, la version standard aux États-Unis, telle que présentée notamment par Dennis Ross[47], le négociateur de Clinton, c'est que Barak – c'est-à-dire Israël – a accepté les paramètres et qu'Arafat les a rejetés, montrant ainsi qu'il était un homme de violence intraitable. Or ce n'est pas cela qui est arrivé. Quelques jours plus tard, Clinton a émis une déclaration dans laquelle il affirmait que les deux parties acceptaient les paramètres, mais avec des réserves[48]. En fait, les réserves israéliennes étaient assez importantes. Les deux parties ont alors discuté de ces réserves pendant des réunions organisées à Taba, en Égypte, du 21 au 27 janvier 2001. Des progrès ont été réalisés à cette occasion. Nous disposons en effet d'un compte rendu détaillé de ces réunions. Il est contenu dans un long mémorandum sur le sujet rédigé par Miguel Moratinos, observateur de l'Union européenne, texte dont les deux parties reconnaissent l'exactitude. On en a largement fait état en Israël, mais on l'a passé sous silence dans la presse grand public aux États-Unis[49]. Les commentateurs israéliens ont affirmé que d'importants progrès avaient été réalisés. Le 27 janvier, le dernier jour des négociations, à l'occasion d'une conférence de presse conjointe, les deux parties ont déclaré : « Nous avons réalisé des progrès importants, nous sommes presque parvenus à un accord ; si les négociations s'étaient poursuivies, nous serions peut-être parvenus à un accord[50]. »

En fait, Barak avait interrompu les négociations plus tôt au cours de cette même journée du 27 janvier. Le prétexte évoqué aux États-Unis, c'est qu'il ne pouvait poursuivre les négociations en raison de l'imminence des élections israéliennes. Cela est faux. Il restait dix jours avant les élections et l'on n'avait pas encore atteint la date butoir prévue des négociations[51]. Il les a simplement interrompues car il n'en voulait pas. Entretemps, George W. Bush avait remplacé Bill Clinton à la Maison-Blanche, et peu après Ariel Sharon a battu Barak aux élections israéliennes. Les perspectives de règlement étaient éteintes.

Le comportement de l'administration Bush est extrémiste en la matière. C'est la première administration qui ait reconnu officiellement l'annexion effective de ce que l'on appelle les blocs de colonisation. Jetons un coup d'œil sur ce que cela veut dire. Il s'agit d'une partie importante de la Cisjordanie. L'administration Bush est en effet la première qui n'ait pas refusé de s'opposer à l'annexion de Jérusalem. Depuis qu'Israël a conquis Jérusalem-Est en 1967, l'Assemblée générale et le Conseil de sécurité de l'ONU ont déclaré illégale l'annexion de la ville et affirmé que toutes les mesures modifiant le statut juridique de la ville étaient nulles et non avenues. À l'occasion de diverses résolutions, les États-Unis ont parfois voté oui, mais, à l'exception d'un unique vote négatif en 1981, ils se sont généralement abstenus jusqu'en décembre 2002, lorsque l'administration Bush s'est jointe à Israël pour voter non. Or, cautionner l'annexion de Jérusalem, c'est simplement mettre fin à tout espoir de règlement politique. Pour Israël, il ne s'agit pas simplement de s'emparer de l'ancien Jérusalem-Est, car le grand Jérusalem s'étend bien au-delà. La colonie de Ma'ale Adoumim, qui est fréquemment qualifiée dans la presse de quartier de Jérusalem et qui s'étend presque jusqu'aux abords de Jéricho, a été construite essentiellement pour couper la Cisjordanie en deux. Si l'administration Bush préconise réellement aujourd'hui l'annexion de Jérusalem, alors c'est la fin de toute discussion politique.

L'administration Bush a également avalisé le mur de séparation. Or la Cour internationale de justice a déclaré unanimement que toutes les colonies israéliennes sont illégales. Le juge états-unien a refusé de cautionner l'ensemble du jugement, mais il a émis une opinion distincte où il précise qu'il est également d'avis que toutes les colonies violent le paragraphe 6 de l'article 49 de la Quatrième Convention de Genève[52], et donc que tous les tronçons du mur de séparation qui sont « en voie de construction par Israël afin de protéger les colonies sont *ipso facto* en violation du droit humanitaire international[53] ». Les termes « en voie de construction [...] afin de protéger les colonies » s'appliquent à environ 80 % du mur de séparation. Mais Israël prétend que celui-ci sert à la sécurité d'Israël, ce qui est une absurdité.

Cette semaine à Taba en janvier 2001 est l'unique exception en trente-cinq ans à la politique du refus des États-Unis et d'Israël. Bien que les négociations de Taba fussent entachées de sérieux défauts, les négociateurs israéliens et palestiniens n'ont pas faire preuve d'irréalisme dans leur conférence de presse finale, car les désaccords étaient probablement résolubles. Mais les négociations ayant été interrompues par Israël, nous n'en savons rien. Des négociations informelles se sont cependant poursuivies, également à un niveau assez élevé, entre Palestiniens et Israéliens, avec des résultats divers mais plus ou moins semblables. La plus approfondie a abouti à l'accord de Genève, qui est également, à mon sens, entaché de nombreux défauts, mais qui offre les contours d'un règlement possible. Il pourrait servir d'assise à des progrès futurs. Lorsque cet accord a été présenté à Genève en décembre 2003, les principaux pays européens, entre autres, ont soit envoyé des représentants, soit émis des déclarations dans lesquelles ils le soutenaient vigoureusement. Mais les États-Unis ont refusé d'y participer et Israël l'a simplement rejeté. La direction palestinienne n'y ayant pas souscrit, il a donc été laissé en suspens. Si les États-Unis et Israël l'avaient accepté, je crois qu'il aurait pu avoir des suites. Mais là nous nous heurtons à d'autres pierres d'achoppement : le mur de séparation et l'expansion de la colonisation israélienne.

ACHCAR : Je tiens seulement à apporter quelques compléments à l'exposé de Noam, en me concentrant surtout sur la partie israélienne. Nous aborderons la partie palestinienne plus tard. Le premier point, c'est qu'en 1948, comme nous le savons, l'écrasante majorité des habitants palestiniens du territoire dont s'est emparé le jeune État israélien a quitté ce territoire. J'estime que la question de savoir s'ils ont été expulsés, ont fui ou ont été dupés pour qu'ils quittent les lieux, ou si quelque autre version encore est la bonne, tout cela est dans une certaine mesure accessoire. L'élément essentiel, c'est qu'*on ne leur a pas permis de retourner chez eux*. Voilà le point essentiel. Si vous quittez votre maison, même de votre propre gré, vous avez le droit d'y retourner tant que vous ne l'avez pas vendue. Voilà le point de départ de toute réflexion sur le sujet. Depuis 1948, Israël a dénié à ces personnes le droit de retourner dans leurs maisons qui sont dans le territoire dont il s'est emparé. Il n'a admis que le principe de la compensation – par d'autres. Lorsque Israël s'est emparé en 1967 du reste du territoire palestinien, il y avait une différence importante par rapport à 1948 : cette fois, la population palestinienne, qui avait appris la leçon de 1948, n'a pas quitté ses terres et ses maisons. Elle n'a pas fui. Il aurait été beaucoup plus difficile qu'en 1948 de terroriser ces gens pour qu'ils s'enfuient, car ils avaient compris que s'ils quittaient les lieux, on ne leur permettrait pas de revenir et qu'ils deviendraient des « réfugiés » vivant dans des « camps ». Le précédent de 1948 leur avait également appris que s'ils s'accrochaient à leur terre, ils ne seraient pas massacrés. Cela a donc engendré une situation très différente : Israël s'est emparé de territoires nouveaux, mais la majorité de la population originelle y est encore.

Ce problème a été abordé très peu de temps après la guerre de juin 1967 par le plan Allon, qui a été formulé par Yigal Allon, un des principaux membres du gouvernement israélien de l'époque. Dans ce plan, on tentait d'aborder la situation à partir de ce que l'on pourrait appeler une perspective « sioniste éclairée » – ç'avait été celle de Ben Gourion[54] – selon laquelle l'État israélien devait être à la fois un « État juif » et un État démocratique. Comment concilier les deux, comment un « État juif » peut-il être démocratique ? Manifestement, il ne peut être démocratique que s'il compte une majorité juive considérable, de sorte que la démocratie ne soit pas une menace à son caractère « juif ». Il en découle qu'Israël devait éviter d'incorporer un nombre important de Palestiniens. La présence des habitants des territoires récemment acquis présentait donc un problème. La solution d'Allon, c'était qu'Israël crée des faits accomplis – implantations militaires et autres colonies – afin de pouvoir contrôler stratégiquement la Cisjordanie, en particulier le long du Jourdain, et redonne à la Jordanie le contrôle des zones où était concentrée la population palestinienne. C'est cela le plan Allon, qu'Israël met en œuvre depuis 1967[55].

Bien entendu, toutes les colonies israéliennes n'ont pas été aménagées dans le but de s'assurer le contrôle stratégique de la

Cisjordanie. Dès le début, il y avait le mouvement idéologique des colons religieux mené par Goush Emounim – le Bloc de la foi – qui n'était pas motivé uniquement par des considérations purement stratégiques. Cependant, le plan Allon constituait dans l'ensemble le cadre politique essentiel.

La mise en œuvre intégrale de ce plan suppose la défaite du mouvement de guérilla palestinien. C'est ce que visait Israël en 1982, lorsqu'il a envahi le Liban dans le but d'assener un coup décisif à l'OLP. Les combattants de l'OLP ont alors été expulsés de la plus grande partie du pays et contraints d'évacuer Beyrouth. L'OLP étant apparemment très affaiblie, les États-Unis ont donné leur aval au cadre du plan Allon sous la forme du plan dit Reagan de septembre 1982[56]. Reagan préconisait l'« autonomie » palestinienne, c'est-à-dire non pas un État indépendant – cela était explicitement exclu – mais une entité palestinienne en Cisjordanie et à Gaza qui ne soit pas tout à fait un État, « en association avec la Jordanie ». Reagan a également précisé qu'Israël ne serait pas tenu de retourner à ses frontières d'avant 1967. C'est un point de vue qui était au goût du Parti travailliste israélien, car il cadrait parfaitement avec l'esprit du plan Allon.

Un autre épisode qui a modifié de manière décisive la perception des choses est l'Intifada palestinienne. L'Intifada de 1987-88 a démontré, tout d'abord, que la population cisjordanienne n'était ni résignée ni docile. Israël a constaté qu'il avait un problème non seulement avec les réfugiés palestiniens dans les pays voisins, mais également avec les Palestiniens sous occupation. En outre, l'Intifada a poussé la monarchie jordanienne à renoncer officiellement, en 1988, à ses revendications sur la Cisjordanie et à annoncer que les Palestiniens étaient les seuls responsables de leur territoire. La partie israélienne, tout du moins l'aile travailliste du sionisme, s'est rendu compte que la conception antérieure consistant à rendre à la Jordanie les enclaves palestiniennes densément peuplées n'était plus réalisable. C'est alors que Shimon Pérès, le chef du Parti travailliste, a commencé à préconiser l'idée selon laquelle Israël serait disposé à négocier avec l'OLP si certaines conditions étaient respectées – cela rendait caduque la position israélienne officielle qui interdisait toute négociation avec l'OLP, quelles que soient les circonstances. Nous connaissons la suite de l'histoire. Noam l'a racontée. Je n'ai rien à ajouter, si ce n'est que l'accord d'Oslo est en fait la mise en œuvre du plan Allon. Ce qu'il prévoyait, en réalité, c'est le redéploiement de l'armée israélienne – le redéploiement et non le retrait – hors des zones palestiniennes densément peuplées de Cisjordanie, conformément au plan Allon. La différence entre les deux, c'est que ces zones n'ont pas été rendues à la Jordanie, mais mises sous le contrôle de l'OLP, qui a accepté de jouer le jeu, probablement avec certaines illusions. Car Arafat répétait constamment que cela ne représentait que la première étape vers un État palestinien indépendant et souverain. Peut-être croyait-il naïvement que la direction palestinienne pourrait parvenir à un tel résultat en s'appuyant sur la pression internationale et en s'insinuant dans les bonnes grâces de Washington.

La vision palestinienne d'un règlement

ACHCAR : Permettez-moi de passer maintenant au point de vue palestinien et arabe de cette longue histoire. Ici, le point de départ, c'est le rejet total de l'État israélien comme implantation tout à fait étrangère et coloniale au Moyen-Orient, État qu'il fallait éradiquer. Au début, le point de vue dominant, c'était qu'il fallait d'abord rayer Israël de la carte en tant qu'État ; ensuite, selon les courants idéologiques, diverses options étaient possibles. Le point de vue nationaliste arabe traditionnel faisait le distinguo entre Juifs autochtones – c'est-à-dire les Juifs palestiniens – et Juifs originaires d'autres pays. La version la plus nationaliste affirmait que les immigrants devaient être renvoyés dans leur pays d'origine, ou à tout le moins quitter la Palestine, de la même façon que les colons européens ont quitté l'Algérie lorsqu'elle a acquis l'indépendance. Selon la version plus progressiste ou démocratique, tous les habitants juifs qui le voulaient pouvaient rester et vivre en tant que minorité disposant de droits civiques égaux dans le cadre d'un État arabe.

À partir de 1967, quand les guérilleros palestiniens ont pris les commandes de l'OLP, la formule utilisée dans le programme officiel de l'organisation était « État démocratique laïque de Palestine ». Cette formule n'a jamais fait réellement adoptée par les couches populaires et elle n'a jamais fait l'objet d'un véritable effort pédagogique. On pourrait dire que, dans une certaine mesure, tout au moins pendant les premières années, elle était essentiellement conçue pour l'étranger, afin que l'OLP puisse faire valoir une formule quelconque qui soit à consonance progressiste. Mais elle comporte une lacune importante, qui est tout à fait évidente. Car elle aborde la question des Israéliens comme s'il ne s'agissait que d'une communauté religieuse – d'où le terme « laïque » – comme si l'on pouvait régler le problème uniquement en mettant sur pied un État palestinien laïque. On négligeait ainsi une dimension essentielle du problème, à savoir que les Israéliens étaient devenus une entité nationale, et pas seulement une communauté religieuse. Ce problème a été abordé par certains éléments de la gauche palestinienne, qui préconisaient un cadre socialiste binational. Bien entendu, ils préconisaient également la création d'un État laïque, mais le terme « laïque » ne répondait qu'au problème religieux, alors que le terme « binational » reconnaissait le fait qu'il existe deux communautés nationales. De toute façon, le projet d'un État qui aurait remplacé l'État israélien, d'un État palestinien élargi, qu'il s'agisse de l'option laïque ou de l'option binationale, n'était guère plus qu'une utopie programmatique. Il est rapidement devenu évident que, s'agissant des politiques pratiques, il fallait que les objectifs soient réalisables et accessibles. La résistance palestinienne est donc passée de ce que je définis comme le « maximalisme » – l'objectif unique consistant à libérer la Palestine et à transformer l'ensemble du cadre étatique en État de type différent – à la compréhension de la nécessité de définir des objectifs de nature immédiate ou transitoire. Il est rapidement apparu au mouvement palestinien qu'il aurait beaucoup plus d'efficacité s'il s'attaquait d'abord au problème des territoires occupés après 1967 que s'il abordait d'emblée celui de l'ensemble de la Palestine. Après la guerre de 1973, le mouvement palestinien a commencé d'accepter, selon des formules plus ou moins ambiguës, ce qui équivaut à l'idée de la mise sur pied d'un État palestinien dans les territoires occupés en 1967, idée interprétée par tous de la même façon. Bien entendu, ce projet était défini dans les documents et discours officiels comme étant une étape vers la libération de l'ensemble de la Palestine. L'opinion publique palestinienne et arabe s'est habituée, au fil du temps, à l'idée d'un règlement de compromis avec l'État israélien. Mis à part certains courants minoritaires nationalistes ou intégristes islamiques, qui existent encore, une nette majorité de l'opinion publique accepte un règlement de compromis, *à condition* qu'il tienne compte des préoccupations des Palestiniens conformément à ce dont nous avons déjà discuté – à savoir qu'Israël renonce à tous les territoires occupés en 1967, à l'exception de modifications mineures qui seraient compensées par la cession de territoires israéliens antérieurs à 1967, et que le sort de toutes les composantes de la population palestinienne soit traité d'une manière qui respecte leur droit inaliénable à l'autodétermination. Lorsqu'elle a accepté l'accord d'Oslo, l'OLP, ou tout au moins sa direction sous Arafat, a parié, très naïvement ou stupidement, qu'elle pourrait obtenir le soutien des États-Unis au moyen des pressions arabes – et particulièrement saoudiennes – sur Washington, ce qui aurait débouché sur un règlement dont l'OLP croyait qu'il serait acceptable pour la majorité de la population palestinienne. Mais nous savons bien entendu que ce pari était très illusoire. Aussi, à cause de ces illusions, l'OLP a-t-elle permis l'insertion de nombreuses bombes à retardement dans l'accord d'Oslo. Du fait que celui-ci n'a même pas abordé le problème des colonies, sans parler de celui des réfugiés, tout le cadre d'Oslo n'était qu'une supercherie. Nous savons ce qui s'est passé concrètement. L'accord d'Oslo, en raison des illusions qu'il a engendrées, comme l'a rappelé Noam, et également en raison du rôle joué par l'OLP – celui d'une force de police agissant par procuration pour Israël afin de contrôler la population palestinienne –, a permis à l'État israélien, pendant les premières années postérieures à l'accord, de progresser dans la mise en œuvre d'une version remise à jour du plan Allon. Israël a ainsi pu intensifier le processus de colonisation en Cisjordanie et y construire l'infrastructure nécessaire à un contrôle militaire stratégique – les routes et tout le reste – beaucoup plus rapidement, plus intensivement et avec bien moins de résistance que ce n'eût été le cas en l'absence de l'accord. En quelques années, il y a eu une expansion continue de la colonisation et le nombre des colons a doublé. Comme nous l'avons noté, les négociateurs palestiniens issus de l'*intérieur* des territoires occupés ont exigé avec insistance, comme condition préalable à tout accord, qu'Israël s'engage à geler la colonisation. Or, l'accord d'Oslo ne prévoyait rien de tel. C'est pourquoi ils l'ont vivement critiqué, certains d'entre eux allant jusqu'à le rejeter. En fait, l'accord d'Oslo a même été rejeté par une majorité des membres du comité exécutif de l'OLP. La manière dont Arafat a réussi à l'imposer est l'exemple type d'un diktat autocratique.

Le sionisme et les Palestiniens

CHOMSKY : Je pourrais ajouter que si l'on étudie la croissance de la colonisation en Cisjordanie après Oslo, on s'aperçoit qu'elle a été bien régulière. En fait, cette croissance a culminé pendant la dernière année Clinton – la dernière année Clinton-Barak –, l'année 2000[57]. Mais tout cela a été purement et simplement enterré.

La question de la colonisation en terre palestinienne a une longue histoire dans l'idéologie sioniste. Dès le départ, au début du XXe siècle, le mouvement sioniste a reconnu qu'il faisait face à une population hostile. Certes, on s'imaginait parfois qu'on avait affaire à « une terre sans peuple », mais cette illusion s'est rapidement dissipée. La tactique qui a généralement été adoptée s'appelle «*dunam* par *dunam*[58], chèvre par chèvre». Cela veut dire : il ne faut pas laisser les *goyim* – les non-Juifs – savoir ce que nous faisons. Prenons un peu plus, établissons un fait, obtenons un autre *dunam* et, graduellement, nous nous emparerons des terres. Cette tactique profondément enracinée a été mise en œuvre dès le commencement. La marche à suivre, c'est : Laissons-*les* parler, entre-temps *nous* prendrons. Ben Gourion aurait déclaré : «Ce que pensent les goyim n'a pas d'importance, ce qui compte, c'est ce que font les Juifs.» Il ne faut pas se faire des illusions et s'imaginer que les avis sont vraiment partagés à ce sujet. Ainsi, pendant le gouvernement Peres de 1995-96, qui était censé être un gouvernement de colombes, le ministre du Logement, Benjamin «Fouad» Ben-Eliezer, qui a été membre de gouvernements ultérieurs, disait : «Fouad fait tout tranquillement. [...] Mon objectif, c'est de construire et non d'encourager l'opposition à mes efforts[59].» S'il construit tranquillement, c'est pour que les goyim ne l'entendent pas ou, à tout le moins, puissent faire semblant de ne pas entendre, car, bien entendu, ils – les États-Unis – savent ce qui se passe puisque en réalité ce sont eux qui financent. Une série de propositions a été émise en 1992 – le plan Sharon, une proposition travailliste et quelques autres –, mais elles étaient, pour l'essentiel, identiques. Il ne s'agissait que de variantes du plan Allon : «Nous nous emparons des choses petit à petit.» Moshe Dayan – de tous les dirigeants israéliens, il était probablement un des mieux disposés envers les Palestiniens – a reconnu que les Palestiniens avaient raison lorsqu'ils accusaient Israël de leur avoir tout volé. C'est lui qui était responsable de l'occupation dans le gouvernement travailliste, de 1967 à 1974. Sa manière de penser à cet égard était tout à fait explicite : Nous ne prendrons que de petits morceaux chaque fois. Israël incarnerait le «gouvernement permanent» des territoires occupés[60]. «Nous nous en emparerons morceau par morceau, tranquillement. Nous dirons aux Palestiniens : "Nous n'avons aucune solution [pour vous], vous continuerez de vivre comme des chiens. Quiconque le désire pourra partir, et nous verrons où cela mènera"[61]. » Il y a quelques années, le général Shlomo Gazit, administrateur militaire des territoires, a rédigé ses Mémoires (récemment parus en anglais[62]), dans lesquels il affirme que, peu de temps après 1967, ceux qu'il est convenu d'appeler les notables palestiniens ont commencé à soumettre des propositions au gouvernement militaire pour obtenir une autonomie quelconque, disant : Laissez-nous élire nos propres maires, accordez-nous une certaine autonomie culturelle, des choses de ce genre. Il affirme que le commandement militaire et les services de renseignement israéliens ont transmis ces propositions, qu'ils voyaient d'un bon œil, aux échelons politiques supérieurs du Parti travailliste au pouvoir. Lui-même pensait que c'était une bonne idée. Mais les dirigeants politiques ne voulurent rien entendre. Ils ont refusé de permettre aux Palestiniens toute activité politique, aussi inoffensive soit-elle, et d'envisager quoi que ce soit qui puisse déboucher sur un changement de frontière. Or, il s'agissait de « colombes » : le Premier ministre Golda Meir et le gouvernement travailliste. Gazit – un faucon, soit dit en passant, pas une colombe – affirme qu'à son avis le refus des dirigeants politiques travaillistes de permettre le développement d'une mesure limitée d'autonomie a été réellement catastrophique. Cela a débouché sur Goush Emounim, ces religieux fanatiques, dont la moitié sont issus de Brooklyn, qui, avec le soutien du gouvernement, en ont fait une question idéologique. Cela a également débouché sur la catastrophe qu'a été à son avis la première Intifada. Gazit affirme que celle-ci n'aurait jamais eu lieu si l'on avait permis aux Palestiniens de contrôler dans une certaine mesure leurs propres affaires.

Ce que tout cela donne à penser, c'est qu'en 1971, lorsque Sadate et, par la suite, la Jordanie ont offert de mettre un terme au conflit international, Israël *aurait pu* mettre également fin au conflit interne en accordant l'autonomie, avec possibilité d'évolution vers le fédéralisme, ou quelque solution de ce genre, en Cisjordanie et à Gaza – il y avait même possibilité, en fait, d'évoluer vers une forme de binationalisme, option qui plonge ses racines dans la tradition sioniste. Dans les années 1940, lorsque j'étais un des dirigeants des jeunesses sionistes, je m'opposais à la création d'un État juif. À l'époque, un tel point de vue était admis au sein du mouvement sioniste. Il visait la création d'une communauté binationale socialiste, avec coopération ouvrière au-delà des divisions ethniques. Ce courant de pensée n'était pas le courant dominant du sionisme, mais il en faisait partie. Si j'ai cessé d'être un dirigeant des jeunesses sionistes, ce n'est pas parce que je croyais à une telle solution et que je la défendais. Elle aurait probablement pu être ranimée pendant la période 1967-73, mais elle a été rejetée presque avec fanatisme chaque fois qu'elle a été mise en avant, même par les colombes israéliennes les plus extrémistes – des gens comme Simha Flapan du groupe *New Outlook*[63], qui s'y opposaient furieusement. Il n'y a eu aucun soutien pour de telles idées en Israël, sauf de la part de *Matzpen*, un petit groupe d'intellectuels de gauche[64].

ACHCAR : La dernière illustration spectaculaire de la politique des faits accomplis est, bien sûr, le mur de séparation.

CHOMSKY : Exact. Oh, il est temporaire, prétendent les apologistes israéliens. Prenons Alan Dershowitz. Il dit : Eh bien, nous le mettrons sur roues, et à mesure que les Palestiniens se comporteront mieux, nous le déplacerons un petit peu. Littéralement[65] ! Ce que l'on prétend, c'est que tout cela est temporaire. Mais ce discours est à l'intention des goyim : C'est temporaire, nous ne faisons rien, mais entre-temps nous nous emparerons des terres petit à petit. Il en va de même de l'annexion de Jérusalem. Si l'on s'en tient à la manière dont les choses sont formulées, on pourrait prétendre, en s'appuyant sur des arguties juridiques, qu'il ne s'agit pas littéralement d'une annexion. Il y a un article intéressant d'Ian Lustick sur le sujet dans le *Journal of Palestine Studies* ; l'auteur, très perspicace, s'oppose vigoureusement à cette annexion. Il fait remarquer qu'on pourrait affirmer qu'*en principe* il n'y a pas eu, littéralement, annexion. On a simplement repoussé les frontières, et aujourd'hui il y a le Grand Jérusalem, qui s'étend jusqu'à mi-chemin de Jéricho[66].

Cette façon de procéder remonte au moins aux années 1920. Les dirigeants sionistes sont rapidement revenus de l'idée illusoire que la terre [la Palestine] était vide et que la population se laisserait faire. Ben Gourion et les autres disaient : Ils peuvent aller en Irak, ou ailleurs ; ce sont partout des terres arabes, cela leur est égal. Ce n'est pas vraiment un « transfert » ; c'est comme déménager d'une partie de la ville à une autre, car ce sont partout des terres arabes. Pourquoi tiendraient-ils à rester ici ? Une telle manière de voir était considérée comme morale.

Les plus à gauche des dirigeants sionistes, des gens comme Berl Katznelson, les marxistes, les socialistes , etc., considéraient en effet que cette manière de voir était morale. C'est ce qu'ils appelaient un « transfert volontaire ». Ils faisaient la distinction entre ceux qui préconisaient un transfert forcé et ceux qui préféraient un transfert volontaire. Ces derniers disaient : Nous expliquerons aux Palestiniens qu'ils seront peut-être mieux sur des terres arabes. Il y a toutes ces terres en Irak. Nous paierons les propriétaires, ils seront bien contents de vendre, car la plupart sont des escrocs. Ensuite, nous pourrons dire que nous n'avons rien pris, nous l'avons simplement acheté, et que tous les Palestiniens sont partis de leur plein gré parce que, de toute manière, ils n'étaient pas réellement attachés à cet endroit. Et puis, il y a les véritables extrémistes comme Joan Peters[67] qui prétendent qu'il n'y a jamais eu de Palestiniens de toute façon.

SHALOM : Les Palestiniens qui ont été déracinés ont été remplacés par des immigrants juifs, dont beaucoup avaient survécu à l'Holocauste. Pourquoi ces immigrants sont-ils allés en Israël ?

ACHCAR : La plupart de ces gens voulaient aller en Amérique du Nord, aux États-Unis ou au Canada.

CHOMSKY : Un ouvrage de Yosef Grodzinski fait le point sur tout un scandale à ce sujet (il est d'ailleurs possible que j'aie contribué à le lancer dans ce travail[68]). Il y a une vingtaine d'années, alors que je dînais avec une amie qui travaillait au

YIVO Institute for Jewish Research, à New York, le principal centre d'études sur les Juifs est-européens et sur le yiddish, je lui ai posé une question qui m'avait toujours troublé. Pourquoi les Juifs des camps de concentration ont-ils abouti en Palestine et, par la suite, en Israël ? Car la moitié de l'Europe serait venue aux États-Unis si elle l'avait pu. Les Juifs dans les camps de personnes déplacées auraient certainement voulu venir ici. Mon amie m'a répondu qu'elle avait traduit des lettres écrites par des personnes dans ces camps et que la plupart d'entre elles voulaient en effet s'établir aux États-Unis. Mais ces camps étaient dirigés par des sionistes qui, en privant ces personnes de nourriture et par d'autres moyens, les avaient contraintes à aller en Israël/Palestine pour servir, contre leur gré, de chair à canon. Je lui ai demandé pourquoi elle n'avait rien écrit sur le sujet et elle m'a répondu que le YIVO avait transféré toutes les archives en Israël. J'ai par la suite fait part de la chose à Grodzinski, ami et collègue israélien qui parle le yiddish. Or, après vérification, il a constaté que ces archives étaient accessibles au public. Tous ces fameux historiens de l'Holocauste ne s'étaient jamais donné la peine de les consulter. Il a donc été la première personne à le faire.

Ce qu'il a trouvé corrobore tout à fait à ce que m'avait expliqué mon amie. Dès le départ, les sionistes avaient envoyé dans les camps des agents pour les diriger. En hébreu, son ouvrage s'appelle « Un bon matériau humain » – le titre anglais est différent – car les sionistes voulaient un « bon matériau humain » à expédier de force en Palestine, c'est-à-dire tous les hommes et toutes les femmes physiquement aptes âgés de 17 à 35 ans – ils ne se souciaient guère des autres –, afin qu'ils servent de chair à canon dans la guerre qu'ils savaient imminente. Quant aux autres, ils les ont utilisés comme otages pour forcer la main aux Britanniques. Ils les ont par exemple mis sur des navires, dans l'attente que les Britanniques se voient obligés d'intercepter ceux-ci, pour pouvoir ensuite raconter que ces derniers avaient contraint des victimes de l'Holocauste à retourner en Europe – c'est l'histoire de l'*Exodus*[69] – et tout le reste. Leur cynisme est tout simplement incroyable. L'ouvrage de Grodzinski, qui a été rédigé en hébreu, a reçu en Israël des critiques relativement favorables de personnes issues plutôt des courants dominants. Toutefois, les historiens de l'Holocauste – Yehuda Bauer et les autres – sont devenus fous de colère, parce que cet ouvrage révélait des choses qu'ils avaient dissimulées. Mais les constatations de Grodzinski étant fiables, il a pu répondre aux critiques israéliennes. Il a ensuite réussi à faire traduire son livre aux États-Unis. Celui-ci est très intéressant.

À l'époque, les États-Unis étaient très anti-immigrants, très antisémites, très racistes. En 1947, on a adopté un projet de loi qui aurait permis à un petit nombre de personnes d'immigrer au pays. Dans la communauté juive, le seul groupe qui a exercé des pressions en ce sens est, si mon souvenir est bon, l'American Council for Judaism (qui est antisioniste), et non les sionistes. [ACHCAR : Les dirigeants sionistes en Palestine leur ont demandé de ne pas soutenir ce projet de loi.] Les sionistes voulaient que ces migrants aillent en Palestine. En outre – je me souviens de cette période – les sionistes états-uniens ne voulaient pas de ces sales Juifs polonais, qui auraient donné une mauvaise image des Juifs.

ACHCAR : Il y a une allégorie bien connue que racontait Isaac Deutscher, celle de la personne qui saute d'une fenêtre parce que la maison est en feu et qui tombe accidentellement sur un passant[70]. Ce qui voulait dire que les réfugiés juifs fuyant le nazisme atterrissaient tragiquement et accidentellement en territoire palestinien. Mais cette analogie n'est pas tout à fait exacte, car il ne s'agissait pas simplement d'une coïncidence malheureuse. Les Juifs européens ont été *canalisés* vers Israël en dépit de la volonté de l'écrasante majorité d'entre eux. Cette majorité ne voulait pas se rendre dans un pays qu'elle se représentait comme un désert peuplé de chameaux ; la terre promise de ses rêves n'était pas la Palestine, mais l'Amérique du Nord. Il en va de même pour la récente vague d'immigration russe en Israël. Le gouvernement Begin s'est arrangé avec Moscou pour que les émigrants juifs n'aient qu'une seule destination : Israël, en passant par l'Autriche.

CHOMSKY : Pendant un certain temps, c'était Vienne, ou Berlin. En fait, Israël a lancé une campagne contre l'Allemagne et l'Autriche au moyen de l'arme de l'Holocauste : Vous avez perpétré l'Holocauste, et maintenant vous ne laissez pas les Juifs partir. En fait, cela voulait dire : Vous laissez certains d'entre eux libres d'aller ailleurs qu'en Israël. Quel cynisme !

ACHCAR : Que penses-tu, Noam, de ce qui est arrivé aux Falachas, ces Juifs éthiopiens noirs ? Cet épisode est-il l'expression d'un désir d'Israël de ressembler encore plus aux États-Unis ?

CHOMSKY : Israël ne voulait pas des Falachas, cela pour les pires motifs. Pendant longtemps on a simplement refusé de les laisser entrer dans le pays. Mais certains groupes de Juifs états-uniens, qui étaient à la fois des sionistes et des défenseurs des libertés civiles, ont organisé une grosse campagne, à grand renfort de publicité. L'image d'Israël en a vraiment souffert. Tant que les gens n'étaient pas réellement au courant de la situation, ils ne s'en souciaient guère. Mais lorsque l'information s'est répandue qu'Israël faisait obstacle à l'entrée de Juifs noirs – cela a eu lieu après le mouvement des droits civiques de la population noire –, ils ne l'ont pas supporté. Israël n'avait donc pas d'autre choix que de les accueillir. Mais la plupart d'entre eux vivent aujourd'hui dans des cités de développement.

ACHCAR : En effet. Cet épisode a été utilisé par la suite à des fins de propagande : Nous ressemblons tellement aux États-Unis – nous sommes des sociétés jumelles.

CHOMSKY : Oui, mais il avait fallu des pressions. Ce qu'Israël voulait, c'étaient les Russes.

La politique israélienne

SHALOM : Quelles différences voyez-vous entre les deux principales formations politiques israéliennes, les travaillistes et le Likoud ?

CHOMSKY : C'est un peu comme les démocrates et les républicains aux États-Unis : il y a des différences de détail si l'on regarde de très près. Et parfois ces différences ont de l'importance. Car de petites différences dans un vaste système de pouvoir peuvent avoir de l'influence. Mais les cadres de pensée essentiels ne diffèrent guère. En fait, le triomphe du Likoud en 1977, qui a brisé le monopole des travaillistes au gouvernement, n'avait pas grand-chose à voir avec ces différences ; cela avait plutôt à voir avec les misrahim. Le dirigeant du Likoud, Menachem Begin, a réussi, d'une façon ou d'une autre, à se faire passer pour le représentant des Juifs misrahi pauvres. En fait, beaucoup d'entre eux pensaient qu'il était un Juif marocain – bien sûr, il était un Juif polonais, mais on avait néanmoins l'impression qu'il était en réalité un Marocain, sinon comment expliquer sa sympathie à leur égard ? Voilà pourquoi le Likoud a balayé les travaillistes du pouvoir.

Le bilan est plutôt mitigé. Begin lui-même était très à droite, mais il était passablement légaliste. Ainsi, les deux ou trois premières années de son mandat, à partir de 1977, ont été la seule période pendant laquelle on a cessé de pratiquer la torture. Par la suite, Sharon a rejoint le gouvernement et les tortures ont repris. Presque tous les prisonniers palestiniens ont été torturés. La Haute Cour de justice a prétendu qu'elle n'en savait rien, mais elle a reconnu par la suite que c'était la vérité. (Lorsque Amnesty International a demandé à Moshe Etzioni, un des juges de la Haute Cour, pourquoi les prisonniers arabes finissaient apparemment tous par avouer, il a expliqué que « cela fait partie de leur nature[71] ».) En revanche, toute la société israélienne s'est largement ouverte après 1977, à l'image de la presse d'aujourd'hui. Elle est passablement vivante, nous la lisons tous. Elle contient beaucoup de choses intéressantes. C'est surtout depuis Begin que les choses ont changé. Avant, l'État avait un caractère plutôt bolchevique. C'est en fait le terme qu'on utilisait. C'était un État très discipliné et conformiste de type bolchevique. Ce n'était pas la Russie, mais il y avait une mentalité de ce genre. Après 1977, après l'arrivée de Begin au pouvoir, donc, la société s'est largement ouverte.

ACHCAR : Non pas grâce à Begin, bien sûr, mais grâce au fait que le Parti travailliste est passé à l'opposition.

CHOMSKY : Oui. Les travaillistes n'étant plus au pouvoir, cela a eu pour effet d'ouvrir les perspectives.

ACHCAR : Je suis d'accord avec la description générale de Noam. Mais si nous considérons non pas les dirigeants des partis, mais leurs membres et leurs bases électorales, nous constatons que le Parti travailliste, ou tout au moins une composante de celui-ci, comprend des personnes qui sont disposées à faire des accommodements ou à faire les « concessions » concrètes qui sont nécessaires pour parvenir à une paix durable. Il est beaucoup plus difficile de trouver de telles personnes au sein du Likoud. Et, bien qu'il s'agisse d'une différence d'ordre quantitatif, cette différence pourrait prendre un caractère qualitatif au vu du fait que les négociateurs issus des cercles du Parti travailliste et de Meretz, les alliés de gauche du Parti travailliste englobant l'ancien Mapam, ont failli accepter une formule en vertu de laquelle Israël renoncerait à 94 % de la Cisjordanie et offrirait une compensation partielle pour les 6 % restants, alors que le plan Sharon, comme nous le savons, prévoit la cession de seulement 42 % de la Cisjordanie. Il ne faut pas sous-estimer cette différence.

CHOMSKY : Mais, souvenons-nous, c'est Barak qui a mis fin aux négociations de Taba.

ACHCAR : Bien sûr, c'est pour cela que j'ai fait la distinction entre les dirigeants – tel ou tel dirigeant du Parti travailliste – et les membres, les électeurs, et l'orientation idéologique du parti. Alors voilà une différence.

En fait, c'est une réalité sociologique que, jusqu'à très récemment, la composante de l'électorat du Parti travailliste qui était la mieux disposée envers un règlement de paix du genre de celui dont nous avons discuté, c'étaient les ashkénazes privilégiés. Les misrahim, sans parler des immigrants plus récents, les Russes et les autres, soutiennent plutôt le Likoud ou la droite religieuse. Voilà la signification réelle de la récente élection d'Amir Peretz à la tête du Parti travailliste. Dans l'histoire d'Israël, c'est en quelque sorte un séisme. Qui aurait pu imaginer il y a quelques années qu'un Juif marocain, issu d'un milieu modeste et sans attaches militaires...

CHOMSKY : C'est la première fois...

SHALOM : Exception faite de Golda Meir.

CHOMSKY : Oui. Mais elle était entourée de généraux. Le seul général qui semble proche de Peretz est Ami Ayalon.

ACHCAR : Donc, un Juif marocain qui n'est pas étroitement associé aux militaires, un dirigeant syndical en plus, est ainsi parvenu à la tête du Parti travailliste. C'est tout à fait étonnant. S'il s'était agi d'un misrahi avec un programme belliciste, j'aurais dit que cela n'est guère significatif. Mais il se trouve qu'il a exprimé une vision relativement modérée des rapports avec les Palestiniens, allant jusqu'à faire des déclarations favorables à un règlement débouchant sur la création d'un État palestinien. Je crois donc qu'il y a des raisons de faire preuve d'un optimisme modéré, à deux conditions : d'abord, qu'Amir Peretz maintienne des positions de ce genre et qu'il ne soit pas atteint du syndrome classique du glissement vers le centre, qui pousse les défenseurs de positions plutôt progressistes à se rapprocher de la droite parce qu'ils s'imaginent pouvoir ainsi s'assurer une majorité ; et ensuite, bien entendu, que Peretz parvienne à obtenir une majorité des suffrages israéliens sans modifier ses positions. Mais cela me paraît très difficile en raison de la manière dont fonctionnent les institutions. Prenez l'exemple de la campagne de diffamation à laquelle Howard Dean a été soumis pendant la campagne présidentielle états-unienne de 2004. Il est stupéfiant de constater la façon dont les médias états-uniens ont assassiné ce type à cause d'un cri trivial et insignifiant. S'il a été traité ainsi, c'est parce qu'il était considéré comme une espèce de franc-tireur, un type imprévisible qui inquiétait les groupes dominants. Amir Peretz est déjà traité de la sorte par une partie des médias israéliens ; il y a une campagne de dénigrement contre lui. Or il est le chef du Parti travailliste. S'il ne se rapproche pas de la droite, comme certains le veulent, je suis certain qu'il devra affronter une campagne idéologique très agressive et hostile, auquel cas il risque d'y laisser des plumes.

SHALOM : En janvier 2006, le Premier ministre Ariel Sharon a subi une grave attaque d'apoplexie. Comment son absence modifie-t-elle la dynamique politique en Israël ?

CHOMSKY : Avant son attaque d'apoplexie, Sharon a fondé le parti Kadima en morcelant le Likoud. Or dès novembre 2005, au cours d'un entretien avec *Ha'aretz*[72], j'avais émis la supposition que Sharon constituerait un parti centriste qui tenterait de mettre en application le plan Sharon d'accaparement des territoires occupés. Toutes ces histoires au sujet de l'intérêt de Sharon pour la paix et ainsi de suite sont absurdes.

Je dois souligner le fait que l'attrait de Peretz consiste essentiellement en sa volonté de stopper et d'inverser la désintégration du système social. C'est pour cela qu'il attire les misrahim, qui souffrent de ce phénomène. Mais, comme l'a fait remarquer Gilbert, cela va le priver du soutien des élites à ce sujet, d'où une opposition insolite. Il est vrai que les élites ashkénazes soutiennent théoriquement la paix, Meretz et les autres, mais elles sont favorables au système néolibéral et ont tendance à favoriser la désintégration du système social, ce qui ne lui porte pas préjudice, mais qui est bien sûr très dommageable à la grande majorité de la population, pour la plupart des misrahim. Quant aux Juifs russes, ils constituent une composante distincte de la population. Il y en a à peu près un million aujourd'hui, à ma connaissance. À de rares exceptions près, ils sont extrêmement bellicistes et s'opposent vigoureusement à toutes les politiques social-démocrates. La plupart sont bien placés pour accéder aux professions libérales, puisque la majorité d'entre eux, surtout ceux qui viennent de la Russie elle-même et non de la Géorgie, sont relativement bien instruits. Ils sont extrêmement militants et bellicistes. En fait, beaucoup d'entre eux ne sont pas des Juifs. Le rabbinat, qui est très corrompu, est pourtant disposé à les considérer comme des Juifs – essentiellement parce que ce sont, métaphoriquement parlant, des blonds aux yeux bleus. Ils n'ont pas l'air arabe, ils ressemblent plutôt à des Européens du Nord. Ils contribuent donc à endiguer la « levantinisation ». L'archétype du Sabra, le Juif israélien né en Israël, serait plutôt un individu aux cheveux roux, robuste, un peu comme un héros de western. Les prétendus Juifs russes sont donc utiles à cet égard. Si je me souviens bien, selon certaines estimations, la moitié d'entre eux, peut-être, ne satisfont pas aux critères stricts de judéité. Ils représentent en tout cas un élément très belliciste qui a une grande importance sur le plan politique.

Les élites ashkénazes ont tendance à être pacifistes, mais elles ont également tendance à être néolibérales. Espérons que Peretz épouse leur pacifisme, mais non leur désir de démanteler ce qu'il reste du système social, du système de soins de santé et ainsi de suite. La question importante, à laquelle, à mon sens, personne ne peut apporter de réponse, c'est de savoir s'il pourra attirer le vote des misrahim pauvres. Ceux-ci ont un parti politique, le Shas, qui est en quelque sorte un parti intégriste religieux juif. Beaucoup d'entre eux sont extrêmement religieux. Ils demandent conseil au rabbin du quartier, qui leur dit ce qu'il faut faire ; c'est très féodal, comme mentalité. Les rabbins se sont montrés disposés à conclure avec le gouvernement des ententes en vertu desquelles leurs disciples soutiennent ce dernier en retour d'importants bénéfices financés par ce même gouvernement – des espèces de pots-de-vin, en somme. Beaucoup de misrahim sont à toute fin pratique en dehors de la société – ils étudient le Talmud et ne font pas de service militaire ; ils ont leur propre système éducatif et social. C'est un peu comme les intégristes islamiques. Ils sont peut-être timbrés, mais ils sont honnêtes et fournissent des services, ce qui leur vaut une certaine estime. Or le parti Shas est assez important pour avoir de l'influence. La question est de savoir si Peretz saura entamer la popularité de ce parti en sevrant ses adeptes de leur attachement religieux aux rabbins, lesquels se comportent souvent de manière affreuse, et les inciter à faire l'examen de leur propre existence, des conditions sociales dans lesquelles ils vivent. C'est un peu comme aux États-Unis, avec la fameuse problématique décrite dans *What's the Matter with Kansas ?*[73] : peut-on éloigner les gens de l'extrémisme religieux de manière à ce qu'ils prennent conscience du fait que ceux qu'ils soutiennent sont en train de leur donner un coup de pied en pleine figure ? Ce n'est pas un problème facile à résoudre, comme on le voit ici aux États-Unis.

ACHCAR : Je crois que le seul moyen pour Peretz d'y parvenir, c'est de rester fidèle à un programme progressiste qui aborde autant les problèmes sociaux que ceux relatifs à la paix. Tout glissement vers la droite dans le but de complaire au vote dit centriste l'éloignerait de cette perspective.

La politique palestinienne

SHALOM : Du côté palestinien, quelles sont les diverses forces politiques en présence ? Quelle est la position du Hamas au sein de la société palestinienne ? Quelles sont les autres formations ?

ACHCAR : L'existence du Hamas est une conséquence du caractère socialement et politiquement corrompu des dirigeants palestiniens traditionnels, c'est-à-dire de la direction de l'OLP. Il est à la fois l'expression du ressentiment massif devant cette réalité et l'expression d'une radicalisation, bien que selon une orientation malheureuse, d'une certaine composante de la population palestinienne, cela depuis la première Intifada, qui a exacerbé la confrontation entre les Palestiniens de Cisjordanie et de Gaza et l'État israélien. Or, le Hamas s'est bien entendu développé sur la base d'un programme intégriste islamique, lequel, s'agissant de la question palestinienne, est une version islamique du programme maximaliste que le nationalisme arabe et le nationalisme palestinien soutenaient dans les années 1950 – c'est-à-dire la création d'un État palestinien islamique sur l'ensemble de la Palestine, État que doivent quitter les Juifs non autochtones.

CHOMSKY : A-t-il adopté cette position officiellement – à savoir que les Juifs non autochtones doivent quitter la Palestine ?

ACHCAR : C'est le genre de discours que tenaient ses dirigeants. Mais l'attitude du Hamas a évolué en ce qui concerne la participation au processus politique. Le Hamas est passé d'une position extrémiste qui rejetait toute participation, sous l'occupation, à quelque processus politique que ce soit, par exemple des élections, à la position beaucoup plus intelligente consistant à s'engager dans le processus politique – à preuve le succès dont il jouit actuellement. J'estime qu'il s'agit d'un développement très positif, car une fois engagé dans le processus politique, il sera obligé de réfléchir en termes politiques et non seulement en termes de confrontations violentes.

Tant que des dirigeants corrompus contrôleront les territoires palestiniens, il y aura une marge pour le développement croissant d'organisations intégristes islamiques comme le Hamas ou le Djihad islamique, lequel d'ailleurs, rejette encore toute participation aux élections. Les intégristes islamiques sont ainsi en mesure de mettre en relief le fait qu'ils sont « honnêtes » et « propres » par contraste avec la corruption des cercles dirigeants de l'Autorité palestinienne et de l'OLP. Ils opposent leur attachement à fournir à leurs mandants des services sociaux dans un esprit de dévouement à la population aux processus de type carrément mafieux qui se manifestent de la part des autorités palestiniennes – des fractions du Fatah et de l'appareil de l'Autorité palestinienne ont même commencé à échanger des tirs récemment. C'est donc une histoire tragique, l'illustration locale d'un phénomène plus général dont nous avons parlé, à savoir la faillite des dirigeants issus du mouvement nationaliste ou de la gauche, ce qui laisse un espace béant pour l'intégrisme islamique sous toutes ses formes.

SHALOM : Qu'en est-il par exemple de Marwan Barghouti[74], qui est en prison ? Incarne-t-il un pôle laïque plus positif ?

ACHCAR : Franchement, c'est difficile à dire. Mais l'évolution récente des évènements n'est guère prometteuse, en l'occurrence le fait qu'il s'est allié avec Mohammed Dahlan[75], un des personnages les plus corrompus et les plus répressifs de l'Autorité palestinienne.

CHOMSKY : Crois-tu qu'aura quelque résonance la déclaration dans laquelle il s'excuse d'avoir fait preuve de corruption dans le passé («maintenant, nous serons honnêtes», et ainsi de suite) ?

ACHCAR : Comment peut-il prétendre être crédible lorsqu'il s'associe avec quelqu'un comme Dahlan, qui est l'incarnation même de la corruption et qui est considéré, en plus, comme un agent des États-Unis et d'Israël ou un pantin ? Il y a, hélas, quelque chose de profondément pourri dans ce royaume.

CHOMSKY : Qu'en est-il des professionnels autour de Moustafa Barghouti[76] ?

ACHCAR : Moustafa Barghouti s'appuie sur le mouvement des ONG – ce que les gens méchants appellent «l'industrie des ONG». Il peut attirer les secteurs instruits ou relativement privilégiés de la population, mais il ne pourrait certainement pas drainer la vaste majorité des Palestiniens, qu'il s'agisse de ceux qui vivent dans les camps de réfugiés ou de la population opprimée en général. Ces tranches de la population sont beaucoup plus susceptibles d'être attirées par une organisation combinant activités sociales et discours nationaliste radical, sous un masque islamique, comme le Hamas. Malheureusement, c'est cela la situation. Il y a un manque de direction populaire progressiste crédible dans la société palestinienne.

CHOMSKY : À ton avis, que représente Mahmoud Abbas dans la société palestinienne ?

ACHCAR : Il incarne un bon morceau de l'appareil de «l'OLP-transformée-en-Autorité palestinienne». Celle-ci aspire à engendrer des conditions à partir desquelles elle pourrait gouverner l'État palestinien de manière relativement stable. Il y a longtemps déjà, j'ai défini l'OLP comme un appareil d'État sans territoire propre qui cherche un tel territoire au moindre coût[78]. L'adoption par l'appareil de l'OLP de l'objectif d'un État palestinien en Cisjordanie et à Gaza était donc motivée par son aspiration sociale à jouir de l'ensemble des privilèges d'un appareil d'État contrôlant un territoire, et Mahmoud Abbas incarne tout à fait cette aspiration. Il est également un symbole de la corruption bureaucratique de l'Autorité palestinienne. Il fait partie de la bande de « dirigeants » qui possèdent de luxueuses villas surplombant la misère de la bande de Gaza, qui est l'équivalent d'un vaste township sud-africain. Or cette corruption n'a pas commencé avec la mise sur pied de l'Autorité palestinienne dans le sillage de l'accord d'Oslo. Elle plonge des racines beaucoup plus anciennes dans la corruption du mouvement de guérilla palestinienne qui a surgi après la défaite arabe de juin 1967, en particulier en Jordanie, au début. Cette corruption était nourrie, très consciemment et délibérément, par les montants impressionnants de pétrodollars dont étaient comblés les guérilleros par l'ensemble des principaux États exportateurs de pétrole arabes, chacun de ces gouvernements arabes tentant de s'assurer la docilité des guérilleros en les rendant dépendants d'un financement extérieur. Cette corruption a atteint son apogée au Liban, surtout à Beyrouth, où elle était alimentée par plusieurs facteurs : l'extermination d'un grand nombre des combattants palestiniens les plus dévoués et les plus radicaux pendant les massacres de 1970-71 en Jordanie ; la présence en plus grande abondance à Beyrouth qu'à Amman, la capitale de la Jordanie, des moyens et des tentations du luxe ; et l'existence des fiefs que les guérilleros de l'OLP s'étaient aménagés pour eux-mêmes au Liban après l'éclatement de la guerre civile dans le pays en 1975. Cet arrière-plan bureaucratique a déterminé la manière dont l'OLP a cherché un règlement négocié, comme en témoigne la manière de voir exprimée par Yasser Arafat – l'idée que, puisque « nous ne pouvons pas vaincre Israël sur le plan militaire, nous devons nous contenter de la voie diplomatique ». Bien sûr, des bureaucrates corrompus n'envisageront pas de combattre Israël au moyen d'une mobilisation et d'une lutte populaires. Comme vous le savez, l'Intifada, la première, celle qui a atteint son point culminant en 1988, celle qui était mue par une véritable dynamique populaire, a eu ses débuts, en fait, dans une explosion spontanée en décembre 1987, avant d'engendrer diverses formes d'auto-organisation au niveau de la base de la société palestinienne. Ce n'est que par la suite, en 1988, que la direction de l'OLP en exil a réussi à s'emparer de la maîtrise du mouvement. Ce qui lui a permis de le faire, c'est l'écrasement par la répression israélienne des structures d'auto-organisation des Palestiniens de l'intérieur.

L'appareil de l'OLP, c'est-à-dire la bureaucratie palestinienne, est arrivé il y a longtemps à la conclusion que la seule voie menant à l'État de ses rêves passait par Washington, ce qui voulait dire qu'il fallait se mettre dans les petits papiers des États-Unis. Cette manière de voir cadrait parfaitement avec les liens très étroits qu'il avait tissés autrefois avec le royaume saoudien – liens qu'il a perdus pendant un certain temps à l'époque de l'invasion du Koweït par l'Irak en 1990, mais qui ont été rétablis par la suite. La direction de l'OLP et le royaume saoudien ont en effet adopté la même position : « Nous devons combattre Israël aux États-Unis ; nous devons gagner la sympathie des États-Unis. » Ce serait bien s'il s'agissait du public américain, mais en fait c'est au gouvernement états-unien qu'ils pensent. Aussi pensent-ils qu'ils doivent, à cette fin, renchérir sur Israël en s'avérant utiles aux États-Unis – nous savons où cela mène.

Comment promouvoir la justice en Israël-Palestine ?

SHALOM : Que peuvent faire ceux qui habitent en dehors de la région, notamment les Occidentaux, pour promouvoir la justice en Israël-Palestine ?

CHOMSKY : Mon impression, c'est que la principale cible doit être les États-Unis. Ce que décident les États-Unis est déterminant ; il n'existe aucune autre puissance dans le monde qui leur soit comparable à cet égard. Or, à l'exception d'une brève semaine à Taba, le gouvernement des États-Unis a tout simplement fait obstacle à toute initiative vers un règlement politique sensé, et cela presque unilatéralement. Israël aussi, mais il ne peut agir qu'à l'intérieur de certaines limites, car il ne peut guère outrepasser les conditions imposées par les États-Unis. Tant que Washington continuera de fournir un soutien colossal à l'expansion israélienne, notamment sur les plans militaire, diplomatique, idéologique et médiatique, il ne faut pas s'attendre à grand-chose.

Ce n'est toutefois pas une tâche impossible que de changer la politique des États-Unis. L'opinion publique aux États-Unis s'oppose très fortement à la politique actuelle. Certains résultats de sondage sont tout à fait stupéfiants. Des sondages indiquent en effet que la majorité de la population états-unienne estime qu'il devrait y avoir un règlement négocié sur la base des frontières internationales (les frontières antérieures à juin 1967). Les gens ne savent probablement pas ce que cela implique, mais c'est ce qu'ils ont dit souhaiter. Le PIPA (Program on International Policy Attitudes), qui fait du travail très sérieux, a constaté qu'environ deux tiers des personnes interrogées estiment que les États-Unis devraient refuser leur aide à Israël si celui-ci étend ses colonies ou s'il ne retire pas ses troupes des territoires occupés. On leur a également posé la question suivante : « Supposons qu'il y ait accord entre les deux parties. Que faire alors ? » De nouveau selon cette même proportion des deux tiers, environ, les personnes interrogées ont répondu que, dans ce cas, les États-Unis devraient fournir une aide *égale* à Israël *et* aux Palestiniens[79].

SHALOM : Le mouvement pour la paix devrait-il adopter ces mêmes positions ?

CHOMSKY : Oui, je crois que ces positions sont plutôt raisonnables, bien qu'il faille les affiner considérablement. En fait, sur bien des sujets, la position de la majorité de la population états-unienne est plutôt raisonnable. C'est le cas ici. Point n'est nécessaire d'entériner les détails, mais l'orientation générale me paraît bonne.

L'aide des États-Unis à Israël est illégale parce qu'elle viole la législation du Congrès stipulant qu'il est interdit de fournir de l'« assistance pour la sécurité » aux pays qui violent systématiquement les droits de la personne – critère qui comprend la torture[80]. Israël prétend qu'il ne pratique plus la torture, bien qu'il l'ait pratiquée pendant de nombreuses années.

Or, une section encore secrète d'un rapport rédigé par un groupe d'experts gouvernementaux israéliens, la commission Landau, autorise des procédures d'interrogatoire qui sont considérées par les organisations de défense des droits de la personne comme relevant de la torture[81].

Alors oui, ces positions sont toutes très raisonnables, et la population états-unienne les approuve probablement dans les faits. C'est la même chose qu'avec d'autres sondages. Les gens adoptent des positions sans jamais avoir lu ou entendu quelque discussion que ce soit sur le sujet dans la presse, à la radio et dans les journaux d'opinion. C'est simplement ce qu'ils pensent par eux-mêmes ; cela relève du bon sens. Si jamais l'on parvenait à les exposer au grand jour, de telles prises de position obtiendraient un soutien considérable. Les États-Unis seraient peut-être contraints de renoncer à leur politique du refus extrémiste. Dans ce cas, Israël serait obligé d'emboîter le pas ; en outre, la majorité de la population israélienne y consentirait probablement. Elle ne serait pas enthousiaste, mais elle acquiescerait parce qu'elle aussi désire la paix, comme la plupart d'entre nous. Elle ne veut pas vivre dans l'insécurité. Je parie que les Palestiniens seraient également du même avis ; nous pourrions alors progresser vers un règlement du genre de ceux dont nous avons déjà parlé. Le principal obstacle à cet égard est le gouvernement des États-Unis, mais c'est justement l'instance que nous pouvons influencer, il y a donc de l'espoir. Il faut s'organiser et militer, et il faut choisir les tactiques avec discernement et avec soin. Il s'agit essentiellement de mener une campagne de sensibilisation, ce qui me paraît réalisable.

Je dois ajouter qu'une des principales faiblesses de l'OLP, c'est son refus catégorique de tenter d'obtenir des appuis auprès de la population états-unienne – au lieu de parier sur ses rapports avec le gouvernement des États-Unis, comme l'a dit Gilbert. Mes amis Ed Said[82] et Eqbal Ahmed[83] ont à maintes reprises tenté de la convaincre que le moyen d'aller de l'avant ne consistait pas à conclure une entente à huis clos avec Kissinger et à se faire inviter pour déjeuner quelque part, mais à obtenir des appuis auprès de la population états-unienne. J'ai assisté à certaines des réunions privées qu'Ed a organisées lorsque les huiles de l'OLP se rendaient aux Nations unies. C'était surréaliste. Ed et Eqbal se mettaient en quatre. Ils n'ont pas réussi à les convaincre, ni même à le leur faire comprendre. Non seulement les dirigeants de l'OLP n'aidaient pas à organiser un tel soutien, mais ils le rendaient encore plus difficile. Chaque fois qu'Arafat apparaissait avec une kalashnikov et des slogans révolutionnaires auxquels il ne croyait même pas, cela devenait plus difficile d'atteindre la population états-unienne. Si lui et les siens étaient venus pour dire la vérité – « nous sommes des nationalistes conservateurs, nous voulons élire nos maires nous-mêmes, nous serons vos laquais », ou quelque chose du genre – ce qui était essentiellement la vérité –, il aurait au moins été possible d'organiser des appuis pour eux. Mais ils n'ont jamais pu comprendre cela. C'était réellement une grave erreur. Aujourd'hui, on s'emploie à la corriger. Les jeunes Palestiniens sont différents et ils poussent à la roue, mais la route sera longue. À mon avis, la principale chose à faire, c'est de sensibiliser le public états-unien. L'Europe est certes importante à cet égard, et elle peut aider, mais le principal problème, ce sont les États-Unis.

ACHCAR : Les dirigeants palestiniens ont bien compris, de manière tout à fait rationnelle, que les États-Unis, en tant que parrain de l'État israélien, sont un facteur déterminant dans leur quête d'un règlement satisfaisant. Ils étaient donc beaucoup plus avancés sur cette question que les partisans de la position tirée par les cheveux dont nous avons déjà discuté : l'idée que la queue israélienne commande à la tête du chien américain. Ils ont compris que les États-Unis ne sont pas dirigés par l'État israélien, mais qu'ils représentent son principal commanditaire, et que si les États-Unis changeaient de cap, ils seraient à même d'exercer d'énormes pressions sur l'État israélien pour qu'il change de cap à son tour. Bien entendu, ce qu'a expliqué Noam et ce que j'affirme n'implique pas du tout que les Palestiniens devraient tenter de renchérir sur Israël pour se mettre dans les bonnes grâces de Washington et tenter de convaincre le gouvernement des États-Unis qu'ils seraient plus en mesure de servir les desseins impériaux des États-Unis, ce que préconisent essentiellement les Saoudiens pour les États arabes. Pour exercer des pressions sur les États-Unis, les progressistes palestiniens – ou, quant à cela, les progressistes israéliens ou les progressistes arabes – devraient s'adresser à l'opinion publique états-unienne, mais d'une manière qui soit très critique du gouvernement des États-Unis [CHOMSKY : Exactement.], tout en s'associant à ceux et à celles qui, aux États-Unis, combattent le comportement impérial de leur gouvernement, c'est-à-dire le mouvement antiguerre et les autres mouvements progressistes. C'est ce qui devrait être la priorité. [CHOMSKY : Dans ce cas, je crois qu'ils pourraient agir carrément au sein du courant majoritaire.] C'est juste !

En fait, cela vaut également pour la manière dont les Palestiniens pourraient se rapprocher d'un règlement avec l'État israélien qui leur soit acceptable : faut-il tenter de tisser des liens amicaux avec les dirigeants israéliens, ou faut-il s'adresser au public israélien et tenter de s'associer aux forces israéliennes qui s'engagent sincèrement pour une paix durable et de soutenir ces forces ? La même logique s'applique ici. Mais revenons à la question des pressions sur Israël : quel est le principal moyen pour les États-Unis d'influencer Israël ? Il s'agit, bien sûr, du fait qu'Israël dépend des États-Unis pour subventionner son économie militaire. Israël ne peut subsister comme une espèce de Sparte, c'est-à-dire une société militarisée, que grâce au financement des États-Unis. C'est pour cette raison qu'est parfaitement légitime l'exigence qu'on mette fin à ce financement, à l'aide militaire et à tous les privilèges dont jouit Israël. Cela veut dire exercer des pressions sur l'État israélien afin de le contraindre à faire les concessions nécessaires à une paix durable dans la région.

Nous pouvons élargir cette perspective à l'Europe. Pour le mouvement qui se préoccupe du sort des Palestiniens et de toute la question du Moyen-Orient, l'approche légitime consiste à combattre tous les privilèges qu'Israël reçoit des pays riches. Israël reçoit en effet toutes sortes d'avantages économiques et autres des États européens, mais lorsqu'on examine ces privilèges à la lumière de son comportement, on constate qu'ils ne sont pas justifiés. On récompense un État qui a mis en œuvre des politiques criminelles et honteusement violé le droit international. C'est tout à fait scandaleux. L'exigence qu'on cesse d'accorder des privilèges à l'État israélien et qu'on rende conditionnelle toute aide qui lui serait accordée est donc tout à fait légitime. Mais cela ne doit pas se faire – et cela est très important – de telle manière que la *population* israélienne se sente frappée d'ostracisme. Cela irait à l'encontre du but recherché. Pour mener quelque campagne de ce genre, il faut veiller scrupuleusement à s'associer aux Israéliens qui combattent les politiques oppressives de leur gouvernement – cela est d'une importance cruciale. Il ne s'agit donc pas de boycotter la société israélienne. Il s'agit de boycotter les réactionnaires et les criminels israéliens, ceux qui préconisent et mettent en pratique les politiques criminelles que nous condamnons.

CHOMSKY : Je pense que cela est tout à fait juste, il faut vraiment insister là-dessus. C'est tout à fait la bonne approche, et je crois qu'elle pourrait fonctionner.

Boycotts, désinvestissement et autres tactiques

SHALOM : Pourriez-vous commenter, exemples à l'appui, quelques-unes des tactiques qui ont été proposées comme moyens pour les Occidentaux de contribuer à changer les politiques israéliennes ? Certains ont proposé de boycotter les universitaires israéliens ; il y a également des appels en faveur d'un désinvestissement.

CHOMSKY : Personnellement, je crois que le boycott des universitaires est une très mauvaise idée. De toute façon, il ne serait pas compris par le public. Une tactique doit être estimée non pas en fonction de ce que vous en pensez sur le plan des principes, mais selon ses effets. Prenons, par exemple, le cas de l'Afrique du Sud, qu'on rappelle constamment. Les boycotts de ce pays ont certes fini par avoir un fort impact – en fait, ils ne marchaient pas, puisque l'administration Reagan les contournait. S'ils ont eu un grand retentissement, c'est après des décennies de travail de sensibilisation et d'organisation, de sorte que les gens comprenaient de quoi il s'agissait. Ces boycotts ont été organisés lorsqu'on en était arrivé au point où des maires organisaient des actes de désobéissance civile, où des entreprises respectaient les conditions de Sullivan[84] et ainsi de suite. Après une longue période de sensibilisation, lorsque les gens comprennent ce que vous faites, vous pouvez alors commencer à parler de boycotts. Mais les organiser lorsque cela aurait simplement l'air d'une initiative antisémite ou de quelque chose du genre, parce que personne ne comprend ce qui les motive, cela est une très mauvaise tactique. En fait, c'est un cadeau aux faucons, qui diront : En réalité, vous voulez nous jeter tous dans des chambres à gaz.

Quant au désinvestissement, cela dépend de ce que l'on entend par là. Après l'incursion militaire à Djénine en avril 2002[85], il y a eu diverses propositions de désinvestissement. Elles étaient en général émises par de très bonnes personnes qui étaient simplement scandalisées par la tournure des événements. Les premières versions des propositions – cela avait lieu dans tout le pays – demandaient aux universités de « désinvestir » d'Israël. Mais cela ne veut rien dire. Les universités n'investissent pas en Israël, elles ne peuvent donc pas cesser d'y investir. C'est tout simplement une impossibilité logique. Alors, la demande que les universités cessent d'investir en Israël était vouée à déboucher sur des accusations d'antisémitisme, alors que de toute façon elle ne veut pas dire grand-chose. J'ai toujours pensé qu'il faut éviter ce type de langage. Vient ensuite la question du désinvestissement d'entreprises qui investissent en Israël. Dans ce cas, je crois qu'il faut nuancer les choses – les fabricants d'armes, Caterpillar[86] et ainsi de suite, oui. Cela est logique, car ces entreprises participent réellement à des actes criminels. Il ne faut pas soutenir de telles entreprises, que ce soit en Israël ou ailleurs. Mais tout ce qui, comme l'a dit Gilbert, a simplement l'air d'une attaque contre la société israélienne, tout cela irait à l'encontre du but recherché.

SHALOM : Qu'en est-il des obligations du gouvernement israélien ?

CHOMSKY : Il y a un grave scandale sur lequel il faudrait enquêter. Il existe en effet aux États-Unis des syndicats composés surtout d'ouvriers noirs et portoricains, notamment, mais dont les dirigeants sont des Juifs sociaux-démocrates de longue date. Pendant des années ces derniers ont investi les fonds de pension du syndicat dans des obligations israéliennes. À mon avis, cela est illégal selon la loi états-unienne, car ces gestionnaires sont tenus, dans le cadre de leurs responsabilités fiduciaires, d'obtenir les rendements les plus sûrs et les plus élevés possibles pour les travailleurs. Mon impression, c'est qu'ils n'ont pu s'en tirer que parce qu'ils agissaient discrètement. Ce n'était pas littéralement un secret – on s'en vantait dans des ouvrages et des organisations pro-sionistes, c'était donc publiquement connu –, mais si la main-d'œuvre concernée l'avait su, je crois qu'ils auraient été pendus à l'arbre le plus proche. Ils sacrifiaient les intérêts de leur propre population laborieuse pour soutenir Israël, ce qui est probablement illégal. Mais le problème n'a jamais été soulevé. Voilà un des plus graves échecs. On aurait dû en informer la classe ouvrière états-unienne et lui dire : Regardez ce que vos dirigeants vous font. Je doute que les universités états-uniennes possèdent des obligations israéliennes, mais si c'était le cas, il serait certainement justifié d'exiger un désinvestissement. À ma connaissance, le plus grave problème relativement aux obligations israéliennes concerne toutefois les syndicats.

J'estime que les pressions pour désinvestir devraient surtout être dirigées contre le gouvernement des États-Unis afin qu'il cesse de fournir de l'aide militaire à Israël tant que ce dernier ne remplit pas certaines conditions minimales, par exemple respecter les conventions de Genève ou, à d'autres égards, le droit international, ou cesser d'avoir recours à la torture et d'aménager des colonies. Tant qu'Israël continue de faire une seule de ces choses en violation de ce qui est considéré presque universellement comme une application du droit international élémentaire, notamment humanitaire, le gouvernement des États-Unis devrait cesser de lui fournir quelque aide militaire que ce soit, ainsi que toute aide économique, mais celle-ci n'est guère importante. Il devrait aussi cesser de lui fournir un soutien diplomatique. En ce qui concerne le désinvestissement des entreprises, j'estime qu'il doit être ciblé si l'on veut qu'il soit constructif. De toute façon c'est une mesure symbolique. Alors, lorsqu'une entreprise est directement engagée dans des activités criminelles, comme Caterpillar ou un quelconque fabricant d'armes, oui, faisons un geste symbolique, désinvestissons. En réalité, c'est une mesure très modérée, puisque cela revient à dire : Obéissons à la loi états-unienne. Celle-ci affirme en effet que sont interdites toutes les choses que nous avons énumérées. Il faut donc respecter la loi et désinvestir des entreprises qui ne la respectent pas. Ce serait là une position raisonnable.

Malheureusement, les pétitions pour le désinvestissement n'ont pas toujours été bien raisonnables. Prenons le cas du MIT et de Harvard, que je connais bien puisque j'étais au beau milieu de cette affaire. Au départ, la pétition était formulée comme suit : « Désinvestissons d'Israël » – énoncé général qui est dépourvu de sens. Après de longues discussions, on a finalement donné à cet énoncé un caractère spécifique. Vous pouvez vérifier par vous-mêmes, puisque la pétition est sur la Toile[87]. Tout compte fait, elle est assez raisonnable. Elle se lit comme suit : nous « demand[ons] au gouvernement des États-Unis de rendre l'aide militaire et les ventes d'armes à Israël dépendants de la mise en œuvre immédiate des conditions énumérées ci-dessous et de la rapidité des progrès accomplis à cet égard ». Vient ensuite une série de conditions élémentaires, notamment les conventions de Genève. La pétition se poursuit ainsi : nous « demand[ons] au MIT et à Harvard de désinvestir des [...] entreprises qui vendent des armes à Israël tant que ces conditions n'auront pas été satisfaites». Mais ensuite, malgré mon objection catégorique, on a tenu à ajouter les mots: «désinvestir d'Israël». Eh bien, j'ai accepté de la signer, comme on signe généralement les pétitions, même si l'on n'est pas d'accord avec la totalité du contenu, parce que leur esprit est le bon. Mais je savais que c'était une erreur terrible. La pétition a été pulvérisée dans son entier. Car Larry Summers, le président de Harvard, et Alan Dershowitz se sont immédiatement emparés de ces mots vides de sens: «Oh, ils veulent désinvestir d'Israël». Les universités ne peuvent « désinvestir » d'Israël, mais les initiateurs de la pétition avaient insisté pour y inclure ces mots. De plus, c'est *moi* qui ai dû payer les pots cassés, car on a d'emblée supposé que j'étais à l'origine de cette initiative: j'étais en quelque sorte l'insigne criminel qui voulait détruire Israël. J'ai essuyé toutes les retombées, pendant que les responsables, qui étaient bien intentionnés mais souvent politiquement inexpérimentés, sont, pour la plupart, retournés dans leurs laboratoires. Voilà le genre d'erreur tactique qu'on peut commettre. C'est un cadeau aux faucons extrémistes. Vous croyez agir selon vos principes, mais en fait vous faites un cadeau à vos pires ennemis.

Voilà le genre de problèmes auxquels il faut réfléchir avant de mettre en œuvre une tactique quelconque. Il ne faut absolument pas offrir une ouverture à vos pires ennemis, surtout une ouverture qui, selon un certain point de vue, trouve sa justification. Quoi que vous fassiez, vous devez préparer le terrain. Ensuite, vous devez doser vos actions de manière à ne pas éloigner ceux dont vous voulez gagner la sympathie, par exemple de nombreux Israéliens, et à ne pas offrir une arme à vos pires ennemis. Voilà ce qui conditionne les choix que nécessite toute action. Il en va de même avec les manifestations, les Weathermen et toutes les actions de ce genre. Il faut anticiper les conséquences.

ACHCAR: S'agissant de la question du boycott universitaire, il faut être précis au sujet de sa signification. Si l'on veut dire boycotter les universitaires israéliens, j'ai la nette impression que cela va tout à fait à l'encontre du but recherché. Au contraire, il faut exposer les universitaires israéliens au monde extérieur, au lieu d'encourager l'espèce de mentalité de siège qu'a largement exploitée le sionisme, surtout le sionisme de droite. Il y a par ailleurs la question de la collaboration institutionnelle entre universités non israéliennes et universités israéliennes. Or celle-ci doit être soumise à certaines conditions. Par exemple, lorsqu'on a fermé les universités palestiniennes[88], la collaboration institutionnelle avec les universités israéliennes n'aurait dû être possible qu'à condition de collaborer également avec les universités palestiniennes, qui auraient dû rester ouvertes. En outre, il y a bien entendu en Israël des institutions universitaires qui contribuent directement à l'effort militaire de l'État israélien. Il est légitime dans ce cas d'exiger la cessation de toute collaboration avec de telles institutions. En règle générale, je dirais que les pressions légitimes qui sont susceptibles d'être acceptées et comprises, qui sont productives et utiles, consistent non pas en mesures donnant l'impression qu'on est en train de boycotter la société israélienne en tant que telle, mais en mesures relatives à l'aide et aux privilèges qu'Israël reçoit dans le contexte de ses rapports avec les pays occidentaux – c'est-à-dire en mesures stipulant que toute aide de ce genre doit à tout le moins être soumise à certaines conditions. À mon sens, les conditions les plus efficaces qu'on puisse imposer sont celles qui concernent la colonisation des terres palestiniennes : Arrêtez et inversez la politique de colonisation !

Pour le reste, je suis tout à fait d'accord avec Noam, mais je dois faire remarquer qu'il y a un problème s'il s'agit de demander aux États-Unis de faire pression sur Israël pour que celui-ci cesse de pratiquer la torture, car, à cet égard, la pratique israélienne n'est pas pire que celle des États-Unis. Est-ce bien moral ? [CHOMSKY : Cela est vrai pour l'ensemble du boycott – pourquoi ne pas boycotter les États-Unis ?] Mais là où diffèrent la politique israélienne et la politique états-unienne, c'est en matière de colonisation. Voilà un des problèmes qui, j'en suis sûr, sont bien compris par le public. Car les colonies israéliennes dans les territoires occupés sont illégales selon les normes du droit international. Même le gouvernement des États-Unis considère depuis longtemps qu'elles sont illégales, et il a à maintes reprises demandé un gel de la colonisation. Or, Israël a toujours refusé d'obtempérer. On peut donc faire valoir ici un puissant argument qui peut être parfaitement compris : toute aide économique à Israël doit être assujetti à la cessation de la colonisation. Autrement dit : il faut faire pression sur Israël afin qu'il s'engage sur la voie des conditions préalables à toute résolution pacifique du conflit, conditions qui sont tout à fait fondamentales et élémentaires.

CHOMSKY : Il y a un autre cas très concret qui mérite notre attention, c'est celui du mur de séparation : pas d'aide tant que le mur n'aura pas été démoli.

ACHCAR : Mettez un terme à la colonisation et démantelez les colonies ; cessez de construire le mur et détruisez ce qui a été fait.

CHOMSKY : Si vous voulez un mur, construisez-le sur le territoire israélien.

L'antisémitisme

SHALOM : Vous avez parlé d'antisémitisme. S'agit-il d'un problème grave dans le monde d'aujourd'hui ?

CHOMSKY : À mon avis, il est peut-être à la millième place sur la liste des problèmes, ou quelque chose comme cela. La situation varie certes d'un endroit à l'autre. Par exemple, ce qu'on appelle l'antisémitisme en France est, à mon sens, surtout lié à ce qui se passe dans les communautés musulmanes. On y réagit à des événements réels : ce qui arrive aux Palestiniens et ainsi de suite, bien qu'il y ait probablement un élément d'antisémitisme. Mais, plutôt que de la France, parlons des États-Unis, que je connais mieux.

Dans les années 1930, il y avait un antisémitisme réel aux États-Unis. C'était très frappant. J'ai grandi dans un quartier catholique et irlandais allemand de Philadelphie où, la plupart du temps, nous étions la seule famille juive. Les enfants dans la rue étaient très antisémites. Ce n'était pas comme aujourd'hui – nous ne nous faisions pas tirer dessus ou poignarder, mais je me prenais des raclées, par exemple. Lorsque les enfants irlandais sortaient de l'école des Jésuites, ils étaient des antisémites furieux. Par la suite, ils pouvaient arriver à se calmer, et il m'arrivait alors de jouer avec eux. Les familles étaient manifestement pro-nazies : les irlandaises, parce qu'elles étaient antibritanniques ; les allemandes, parce qu'elles étaient allemandes. L'antisémitisme était partout dans les rues, mais on s'en accommodait.

La situation a changé après la guerre, à cause de l'Holocauste. Toutefois, lorsque je suis arrivé à Harvard au début des années 1950, l'antisémitisme était encore répandu. Il n'y avait presque pas de professeurs juifs. En fait, une des raisons pour lesquelles le MIT est devenu une grande université, c'est parce que les professeurs juifs, des gens comme Norbert Weiner et, je suppose, Paul Samuelson, ne pouvaient pas être nommés à Harvard. Ils sont donc allés à l'école d'ingénieurs en bas de la rue. C'était essentiellement un problème social, un problème de classe ; puisque le MIT ne souffrait pas de ce préjugé de classe, il est devenu une université importante. L'ambiance à Harvard était tout à fait celle d'un club fermé, mais les gens comme moi n'en savaient rien. Je n'appartenais tout simplement pas à cet univers-là. Bien sûr, tout cela m'était égal. Il y avait quelques professeurs juifs à Harvard, par exemple Harry Wolfson, un érudit distingué qui occupait la chaire officielle des études juives, un peu comme dans certaines universités où il y a une chaire officielle des études sur la femme pour l'unique professeur féminin. Il y avait quelques autres professeurs juifs, mais certains ressemblaient à ce que les Noirs appellent souvent des « Noirs blancs » – ils étaient plus anglo-saxons que les Anglo-Saxons par le style, le maintien, l'habillement et tout le reste.

Pendant les années 1950, les choses ont changé, et cela de manière radicale. L'antisémitisme a disparu dans l'ensemble de la société – considérablement – et, par la suite, cela s'est manifesté à Harvard. Dès 1960, il y avait beaucoup de professeurs juifs, plusieurs des doyens étaient juifs et, en 2001, un Juif a été nommé président. Cela reflète ce qui s'est produit dans l'ensemble de la société – l'antisémitisme a tout simplement régressé. Il existe probablement encore, mais sous forme de préjugé ; il est au bas de la liste. Les Juifs constituent en réalité un groupe très privilégié. Si on les compare aux autres minorités, quel que soit le critère – revenus, statut et tout le reste –, ils crèvent le plafond.

En fait, l'attitude envers les Juifs s'est inversée. Je me souviens d'avoir vu un film tourné en 1951 qui s'appelle *The Enforcer*. Il portait sur « Murder, Incorporated », qui avait été une organisation criminelle presque entièrement juive. Pendant les années 1920, les Juifs s'organisaient en gangs, comme d'autres groupes d'immigrants. Par la suite, c'était devenu une organisation italienne. Or, la présence juive à Hollywood dans les années 1950 étant considérable, on ne voulait pas que « Murder, Incorporated » ait été dirigé par des criminels juifs. Mais les Italiens, eux, faisaient l'affaire. Dans le film, on voyait donc des types qui ressemblaient à des Siciliens à la tête d'opérations qui avaient été menées, en réalité, par des Juifs. Il s'est passé bien des choses de ce genre. Mais les Juifs sont devenus un groupe privilégié. Les choses se sont poursuivies ainsi – dans les films, la littérature, les médias et tout le reste. Aujourd'hui l'antisémitisme est presque inexistant. Mais certains veulent l'encourager. Par exemple, dans la foulée de la proposition de désinvestissement que j'ai évoquée, il y a eu ici une énorme campagne mettant en cause le président de Harvard. On affirmait qu'il y avait une vague d'antisémitisme. La preuve, c'est qu'il y a des gens qui réclament le désinvestissement d'Israël, entre autres choses. Cela est devenu un sérieux problème à Cambridge, au Massachusetts, et aujourd'hui ça s'est répandu dans tout le pays avec l'encouragement du projet David[89], notamment, qui tente de démontrer que les universités sont antisémites. On ne sait même pas quoi en dire, tellement c'est grotesque.

Un seul exemple: après la crise d'hystérie de Larry Summers et de Dershowitz au sujet de l'antisémitisme à Harvard et au MIT, le directeur du département d'anthropologie de Harvard, un Afro-Américain progressiste, m'a demandé de donner une conférence sur l'antisémitisme dans le cadre de son séminaire sur les races. J'ai éclaté de rire et je lui ai demandé: «De quoi parlez-vous? Le président [de Harvard] est juif, plusieurs des professeurs sont juifs, de nombreux étudiants sont juifs, où est le problème? C'est une blague!» Il m'a répondu: «Oui, c'est une blague, mais c'est une question très controversée sur le campus.» Alors, j'ai accepté. J'ai donné une conférence, à peu près dans le sens des remarques que je viens de faire. J'ai dit: «Oui, il y a eu de l'antisémitisme», et ensuite j'ai décrit la situation d'autrefois et la manière dont elle avait changé. À la fin de mon allocution, j'ai sorti quelque chose que je croyais être un excellent mot de la fin, mais cela est tombé tout à fait à plat. J'ai dit : On ne lit plus des choses comme les extraits suivants écrits par d'éminents et respectés professeurs de Harvard, et j'ai alors repris des citations réelles de gens comme Michael Walzer, Ruth Wisse et Martin Peretz[90] – ils parlaient des Arabes, mais j'ai remplacé le mot «Arabes» par «Juifs». On aurait dit que ces citations, avec « Juifs », sortaient des archives nazies. Il y a eu des sursauts dans l'auditoire. Comment des professeurs de Harvard avaient-ils pu commettre cela? Ensuite, j'ai ajouté: «Eh bien, je vous ai induits en erreur. Ces citations ne traitent pas des Juifs, mais des Arabes.» Phénomène intéressant, il y a eu un soupir de soulagement dans la salle. Je n'avais pas prévu cette réaction. Apparemment, tant que des commentaires racistes extrémistes qui semblent tomber de la bouche de nazis concernent les Palestiniens et les Arabes, c'est bien. Mais si vous vous risquiez à dire quelque chose de ce genre au sujet des Juifs, le ciel vous tomberait sur la tête.

J'estime que c'est cela, pour l'essentiel, la réponse à la question au sujet de l'ampleur de l'antisémitisme. Il y a de l'antisémitisme fabriqué. Il est fabriqué par les organisations juives, très consciemment.

Prenons l'Anti-Defamation League. C'est difficile à croire, mais il y a de nombreuses années c'était une organisation authentique de défense des droits de la personne. Aujourd'hui, c'est une organisation de type stalinien qui s'emploie à faire l'apologie d'Israël. En 1982, elle était préoccupée par le manque d'antisémitisme dans le pays, car c'est là son fonds de commerce. Son directeur national a alors publié un ouvrage intitulé *The Real Anti-Semitism in America* – avec le mot «*Real*» mis en relief[91]. On y lit qu'il existe un antisémitisme à l'ancienne – négation de l'Holocauste, appels à tuer les Juifs, etc. – mais que cela est marginal et sans intêret. Il existe toutefois un antisémitisme d'un genre nouveau, qui est beaucoup plus grave que l'ancien. Les nouveaux antisémites, ce sont les pacifistes issus du « cru » vietnamien qui voudraient s'en prendre au budget du Pentagone et les gens qui participent à la campagne pour geler le nucléaire, et le reste à l'avenant. Pourquoi est-ce le nouvel antisémitisme ? Parce que ces gens sapent le pouvoir et la violence du gouvernement des États-Unis, dont dépend Israël. Donc, indirectement, ils nuisent à Israël. Ce sont donc de *véritables* antisémites. C'est vraiment tout à fait incroyable.

Les universités sont soumises à de violentes attaques de la part de l'extrême droite, du Projet David, de l'organisation de David Horowitz[92] et ainsi de suite. Si ces attaques ont de l'importance, ce n'est pas en raison de leur contenu intellectuel, mais parce qu'elles sont alimentées par beaucoup d'argent. Ces gens s'attaquent aux universités parce que celles-ci seraient des foyers d'antisémitisme et de sentiments anti-israéliens. Les preuves qu'eux-mêmes avancent sont anecdotiques et, la plupart du temps, ridicules. Il existe pourtant un moyen facile de tester leurs assertions, mais ils évitent soigneusement d'y recourir : il suffirait de faire un sondage parmi les professeurs et étudiants, en leur demandant s'ils estiment qu'Israël doit jouir des droits dont jouissent tous les États dans le système international. S'ils ne le font pas, c'est parce qu'ils savent que 100 %, ou peu s'en faut, des personnes interrogées répondraient par l'affirmative – en fait, pour être précis, ce serait probablement 50 %, parce que les autres 50 % répondraient qu'Israël devrait jouir de *plus* de droits que tout autre État. Cela réglerait la question, mais comme cela ne corroborerait pas leurs assertions au sujet de la domination de l'antisémitisme dans les milieux universitaires, voilà un sondage que nous ne verrons jamais. Au lieu de cela, nous avons droit à ces anecdotes. Dershowitz fait un discours, Wiesel verse quelques larmes et j'en passe. Aujourd'hui, il y a plus d'une douzaine de juridictions d'États fédérés qui envisagent d'adopter une législation qui rendrait obligatoire le contrôle des universités pour s'assurer qu'elles ne sont ni anti-américaines, ni antisémites, ni anti-israéliennes, et qu'elles ne sanctionnent pas les étudiants conservateurs pour avoir seulement ouvert la bouche[93]. Depuis quand avez-vous vu cela dans une université états-unienne ? Certaines personnes sont sanctionnées, mais ce ne sont pas les étudiants conservateurs. Entre-temps, on veut adopter ces mesures dans diverses juridictions d'États fédérés – c'est un phénomène important. Cela intimide les universités, surtout les universités d'État, qui sont financées par la juridiction.

Ce prétendu antisémitisme est un élément central de l'attaque de la droite, car c'est une arme de propagande efficace. Ceux qui sont en mesure d'insinuer d'une manière ou d'une autre que n'importe qui est antisémite font usage de ce que Norman Finkelstein a justement appelé l'« industrie de l'Holocauste »[94]. Ce dernier a été violemment dénoncé pour avoir dit la vérité, mais il a raison. C'est une industrie soigneusement planifiée, programmée et orchestrée. Elle n'a rien à voir avec l'Holocauste, mais elle a tout à voir avec son exploitation d'une manière tout à fait hideuse. Exploiter les victimes de l'Holocauste afin de justifier oppression et atrocités, c'est la pire des insultes à leur mémoire, mais cela ne dérange pas ces gens-là du tout. Toute cette « industrie », comme le fait remarquer Finkelstein à juste titre, a démarré après 1967. Avant cette date, il n'y avait pas de musées de l'Holocauste, on n'adulait pas, comme ce fut le cas par la suite, Élie Wiesel ; il n'y avait rien de tout cela. Ces choses ont démarré comme moyen de justifier l'occupation israélienne ; c'est devenu une affaire énorme. Chaque ville aux États-Unis est censée avoir un musée de l'Holocauste, pas un musée de l'esclavage, pas un musée des autochtones, mais un musée de l'Holocauste. Pourquoi ? Par respect envers l'Holocauste ? Si oui, pourquoi n'a-t-on rien fait pour les victimes pendant les années 1940 ? On pourrait certes discuter au sujet de ce qui était réellement possible pendant la guerre, mais après la guerre il n'y avait pas d'obstacle majeur, alors pourquoi n'a-t-on rien fait pour elles ? Pourquoi n'a-t-on rien fait pendant les années 1950 ? Ce n'était pas à l'ordre du jour. Mais après 1967 c'est devenu un phénomène énorme, un phénomène détestable, qui est tout bêtement utilisé pour matraquer les esprits.

Parfois ç'a été vraiment grotesque. Pensons à la manière dont on s'est acharné sur Dan Berrigan, ce prêtre pacifiste radical, un de ceux qui ont répandu du sang sur les centres de conscription, dans les prisons et à l'extérieur de celles-ci, et ainsi de suite. Or, en 1973, il a fait un discours franchement modéré[95], au cours duquel il a déclaré notamment que les Palestiniens aussi devraient jouir de certains droits, qu'ils ne sont pas le rebut de la Terre. Ce discours était si modéré que c'en était gênant, mais comme ils se sont acharnés sur lui ! Irving Howe, Seymour Martin Lipset[96] et les autres l'ont dénoncé. J'ai analysé cette affaire dans un chapitre de *Peace in the Middle East*[97], où j'ai passé en revue une bonne partie de la documentation. Un des plus répugnants était Irving Howe. Il a écrit dans une tribune libre du *New York Times* un article qu'il considérait comme si formidable qu'il en a fait la conclusion d'un ouvrage qu'il a publié au début des années 1970 sur les idées socialistes démocratiques en Israël[98]. Il détestait absolument la nouvelle gauche – essentiellement, je crois, parce qu'elle ne lui prêtait guère attention. Il s'imaginait devoir être son chef, puisqu'il avait porté le drapeau pendant toutes ces années difficiles, mais elle ne s'en souciait guère. Un de ses arguments, c'était que la nouvelle gauche était anti-israélienne, alors qu'en fait celle-ci, dans la mesure où elle se préoccupait de la question, était sioniste tendance colombes. Howe commence son article en se demandant si Israël pourra jamais regagner les faveurs de la nouvelle gauche. Il affirme qu'il y a un moyen pour cela : Israël pourrait établir une dictature fasciste, avec du sang coulant dans les rues. Alors, la nouvelle gauche de « Scarsdale, Evanston et Palo Alto » – il faut saisir la symbolique, ce ne sont pas des types de la classe ouvrière comme ceux qui siègent dans le bureau de *Dissent*[99] – se précipitera pour célébrer Israël. Sartre s'y rendra et écrira un pavé de mille pages où les noms des rues seront erronés, et Howe de poursuivre sur sa lancée. Howe savait certainement que Sartre était tout à fait pro-israélien, mais qu'à cela ne tienne ! L'antisémitisme est une arme formidable pour justifier les atrocités israéliennes et pour attaquer vos ennemis. Et s'il fait défaut, on le fabrique. Voilà pour l'antisémitisme aux États-Unis. Oui, on pourrait probablement en trouver des poches ici et là, mais il est si insignifiant que cela ne vaut pas la peine d'en parler.

L'antisémitisme en Europe occidentale

ACHCAR : S'agissant de l'Europe occidentale, on pourrait dire que l'antisémitisme, dans le sens classique du terme, est un phénomène résiduel et marginal. Mis à part certaines communautés musulmanes immigrantes en Europe, il s'agit d'un phénomène relativement mineur. La récente montée de l'extrême droite, depuis la fin des années 1970 et les années 1980, ne s'appuie pas sur l'antisémitisme, même si l'on entend des propos et des déclarations antisémites émanant de certaines composantes de l'extrême droite européenne. Il est tout à fait évident qu'il ne constitue pas du tout l'attrait principal de l'extrême droite pour son électorat et que ce n'est pas du tout son principal argument idéologique. En fait, son principal argument idéologique est l'opposition à l'immigration. Or, les immigrants ne sont plus des Juifs. Les vagues antérieures d'antisémitisme ont culminé lorsqu'il y a eu une immigration juive d'Europe orientale – c'est une réalité historique bien connue. Aujourd'hui, l'immigration provient essentiellement de pays musulmans et se dirige vers l'Allemagne, la France, la Grande-Bretagne et d'autres pays d'Europe occidentale. En ce sens, le vieil antisémitisme a été progressivement marginalisé depuis la Seconde Guerre mondiale. Une manifestation de ce changement de mentalité est le mouvement estudiantin de masse de mai 1968 en France, dont un des dirigeants était Daniel Cohn-Bendit, un Juif allemand. Un des slogans les plus populaires du mouvement estudiantin, qu'on criait pendant les manifestations de masse, était : « Nous sommes tous des Juifs allemands. » Pour de jeunes Français, le fait de crier « Nous sommes tous des Juifs allemands » signifiait le rejet de deux éléments d'un héritage historique vieux d'un siècle : les attitudes antiallemandes et les attitudes antisémites.

Cela, c'est une chose, mais toute autre chose est le sentiment public en France au sujet d'Israël et de l'État israélien. À cet égard, on pourrait dire qu'au fil des ans une proportion croissante de l'opinion publique française est devenue critique envers l'État israélien. Cette évolution s'est faite par étapes.

Un changement important est survenu en 1967, lorsque l'image d'Israël, qui était jusque-là celle d'un État peuplé de personnes fuyant l'oppression, de personnes jouissant d'une sympathie en tant que victimes de l'antisémitisme européen, est passée à celle d'un État militaire agressif et expansionniste très fier de ses prouesses belliqueuses. Le changement de perception de cette époque est illustré par la déclaration célèbre du président français Charles de Gaulle dans laquelle il a qualifié les Juifs de « peuple d'élite, sûr de soi et dominateur[100] ». Cette déclaration confine à l'antisémitisme, mais elle exprimait la nouvelle perception de l'État israélien comme un État dominateur. Dans une certaine mesure, la propagande israélienne très fanfaronne de l'époque a été nuisible à la sympathie dont jouissait Israël, car normalement les gens ressentent plus de sympathie pour des victimes, surtout des victimes envers lesquelles ils éprouvent un sentiment de culpabilité, que pour des vainqueurs vaniteux. Une deuxième et très importante étape a été franchie à la suite de l'invasion israélienne du Liban en 1982, avec toutes ses conséquences, notamment le massacre de Sabra et Chatila. On assistait alors à des scènes où l'armée israélienne assiégeait une partie d'une ville – on rapportait même les déclarations poignantes d'Israéliens écœurés parce que cela leur rappelait le soulèvement du ghetto de Varsovie ! Ensuite, il y a eu le tollé général devant le massacre de Sabra et Chatila, perpétré avec la collusion et la responsabilité d'Israël. Tout cela a nui considérablement à l'image d'Israël dans l'opinion publique européenne. Et, bien sûr, l'Intifada de 1987-88 a également joué un rôle très important, ce fut la troisième étape du changement dans l'opinion. Voilà que les soldats israéliens tiraient sur des enfants désarmés, qu'on ne pouvait absolument pas prendre pour des terroristes, et qu'ils brisaient les membres de Palestiniens désarmés, et que Rabin, le ministre de la soi-disant Défense de l'époque, les incitait de manière infâme à le faire[101]. Je me souviens à quel point j'ai été ému par la lecture, dans l'*International Herald Tribune,* de la déclaration d'une femme israélienne qui avait été dégoûtée par un article paru dans le *Jerusalem Post* au sujet d'un mur éclaboussé de sang en Cisjordanie où des soldats israéliens avaient amené des Palestiniens pour les passer à tabac et qui comparait cela aux procédés employés dans les camps nazis[102].

Lorsque l'image d'Israël est ternie, à juste titre, par le comportement très agressif et oppressif de l'État israélien, et lorsque des gens qui prétendent parler au nom de tous les Juifs, de la « communauté juive » s'identifient totalement, sans réserve et sans discernement avec l'armée et le gouvernement israéliens, alors, bien sûr, cela ne peut que nourrir le ressentiment et ajouter à la confusion. J'ai rappelé le slogan de 1968, « Nous sommes tous des Juifs allemands » ; or, il y a eu une tentative maladroite pour l'imiter trente ans plus tard, en 1999.

Cela s'est produit après que 13 Juifs iraniens eurent été arrêtés en Iran et accusés d'être des agents du Mossad, l'équivalent israélien de la CIA. Le Betar, la branche française de l'organisation de jeunesse sioniste d'extrême droite, avait alors loué des panneaux d'affichage et des encarts dans les journaux pour y faire figurer la phrase : « Nous sommes tous des agents du Mossad. »

Bien sûr, devant de telles annonces, on peut s'attendre tout au moins – puisque le Mossad n'a pas exactement la réputation d'être une organisation humanitaire, pas plus que la CIA – à ce qu'elles suscitent, chez tous ceux qui sympathisent avec les innombrables victimes du Mossad, un certain degré d'hostilité envers ceux au nom duquel on prétend parler ainsi. C'est particulièrement le cas chez les populations qui, en raison de leur origine géographique, culturelle ou religieuse, ou parce qu'elles ont le sentiment qu'elles font partie des « damnés de la terre », ont le plus de raisons de s'identifier aux Palestiniens. Cela explique la prétendue résurgence de l'antisémitisme, lequel n'a que peu de rapports avec ce que l'on appelait l'antisémitisme pendant l'histoire récente, mais s'apparente beaucoup plus au type de ressentiment qui est très courant chez les populations opprimées, par exemple le « racisme antiblanc » qui était très courant parmi la majorité noire d'Afrique du Sud. Puisque Israël est perçu comme l'incarnation la plus incisive de la domination occidentale sur le monde musulman, ceux qui s'identifient avec vantardise à Israël deviendront les cibles naturelles de ce même ressentiment, qui dégénérera plus ou moins en expressions racistes. Tout cela, bien sûr, était lié très étroitement à la violence de la répression, à partir de l'an 2000, de ce qu'il est convenu d'appeler la Deuxième Intifada. C'est à cette époque qu'a eu lieu l'accroissement le plus marqué du nombre d'actes antijuifs en France et des sentiments antijuifs parmi les populations musulmanes issues de l'immigration. Mais, cette mise en contexte étant faite, il faut souligner que, de toute façon, les groupes sociaux qui sont le plus habités par de tels sentiments ne sont certainement pas en mesure de pouvoir menacer les Juifs d'une manière tant soit peu comparable à l'antisémitisme allemand de l'entre-deux-guerres ou, quant à cela, à l'antisémitisme français de l'entre-deux-guerres, puisque aujourd'hui les groupes « antisémites » sont eux-mêmes les victimes principales du racisme de l'ensemble de la société. Ce dernier est beaucoup plus dangereux et menaçant que l'antisémitisme. Bien entendu, les progressistes – qu'ils appartiennent à ces communautés immigrantes ou non – doivent lutter énergiquement contre toute espèce de haine ethnique antijuive, sans parler d'antisémitisme à plus forte raison, et contre l'idée que les Juifs français sont responsables des actes d'Israël.

Dans ce combat, les progressistes français d'ascendance juive jouent un rôle très important lorsqu'ils proclament : « Pas en mon nom ». Par exemple, lorsque Israël a lancé sa violente répression de la Deuxième Intifada en 2000, de nombreux progressistes d'ascendance juive ont publié dans le quotidien français *Le Monde* une déclaration sous le titre : « En tant que Juifs[103] ». Ils affirment au début qu'il leur est inhabituel de s'exprimer en tant que Juifs parce qu'ils ne veulent pas s'enliser dans quelque identité ethnique ou religieuse. Mais devant les dirigeants d'un État, Israël, qui prétend parler au nom de tous les Juifs du monde et qui, à ce titre, met en œuvre des actions qu'ils estiment horribles, ils voulaient affirmer que, « comme Juifs », ils rejetaient tout cela et condamnaient ces actes de l'État israélien, tout en combattant, bien sûr, le racisme et l'antisémitisme sous toutes leurs formes.

CHOMSKY : Il me semble que l'attitude envers les Juifs en Europe est, en général, très favorable. C'est le contraire de l'antisémitisme. Parmi les minorités, ils sont privilégiés et respectés.

ACHCAR : Je dirais à tout le moins qu'à mesure que s'accroît le niveau d'instruction, la grande majorité rejette l'antisémitisme. La population a intégré ce principe que l'antisémitisme et tout discours de haine envers les Juifs sont condamnables. Ils sont associés à l'hitlérisme et au fascisme. C'est quelque chose que les gens ont appris, c'est intégré dans le curriculum scolaire, développement dont il faut se réjouir. En Europe, théâtre de l'Holocauste, et particulièrement en Allemagne, il y a un sentiment naturel de culpabilité et donc une attitude positive envers les Juifs, qui confine parfois à un philosémitisme caricatural qui se mue en positions prosionistes ou pro-israéliennes inconditionnelles. Par exemple, le mouvement dit Antideutsch (anti-allemand) en Allemagne est issu d'un rejet ultragauchiste de l'Allemagne en tant que nation. Les membres de ce courant sont en même temps des partisans inconditionnels d'Israël qui succombent parfois à des attitudes antimusulmanes et anti-immigrants. Mais il s'agit en réalité de phénomènes marginaux.

Tout cela ne veut pas dire qu'il n'existe pas de menace ou de possibilité d'antisémitisme – surtout dans des pays comme l'Allemagne, l'Autriche ou la Pologne. C'est pourquoi j'estime que les progressistes devraient veiller soigneusement à associer leur condamnation des politiques de l'État israélien à une dénonciation de l'antisémitisme et du racisme. J'estime que cela est très important. Les critiques progressistes d'Israël et/ou du sionisme doivent être associées au rejet catégorique de toute manifestation de racisme et d'antisémitisme.

CHOMSKY : Mon impression, c'est que cela est d'importance plus critique en Europe qu'aux États-Unis. Ici, l'antisémitisme est si marginal que les gens sensés ne savent même pas de quoi il retourne. Je crois qu'ici cela paraîtrait très affecté.

ACHCAR : Tu connais les États-Unis mieux que moi. Mais en Europe il ne faut pas baisser la garde. Les progressistes doivent soutenir le combat commun des Juifs et des Musulmans contre le racisme et l'antisémitisme et œuvrer en ce sens. Ils doivent expliquer que le problème, c'est l'état d'esprit raciste, qu'il soit dirigé contre les Juifs, les Musulmans, les Noirs ou d'autres minorités, ou contre celles-ci réunies, et qu'en fait toutes les minorités ont manifestement intérêt à faire cause commune contre toute espèce de haine ethnique en alliance avec le mouvement antiraciste.

CHOMSKY : Il en a déjà été ainsi aux États-Unis, où il y avait des alliances entre Noirs et Juifs contre le racisme. Mais, malheureusement, les choses se sont inversées.

SHALOM : Précédemment, lorsque nous parlions de l'intégrisme, tu as fait état de l'antisémitisme chez les intégristes chrétiens pro-israéliens.

CHOMSKY : Ils n'appellent pas cela de l'antisémitisme, mais leur position, c'est que quand arrivera le second avènement, ceux qui reconnaissent le Christ seront sauvés – tous les autres seront damnés. Cela veut dire tous les Juifs. Comment peut-on être plus antisémite que cela ?

SHALOM : Que dit l'Anti-Defamation League à ce sujet ?

CHOMSKY : Elle passe cela sous silence, parce que les intégristes chrétiens constituent un groupe pro-israélien important. C'est ce qu'elle appelle le vieil antisémitisme antique et obsolète – ce n'est pas le « véritable » antisémitisme, celui qui se manifeste par exemple, en s'opposant au budget du Pentagone. Voilà littéralement leur position.

ACHCAR : Mais le télévangéliste Pat Robertson est allé un peu trop loin dans sa déclaration au sujet de Sharon[104]. Il s'en est pris à lui parce qu'il voulait diviser la terre d'Israël !

CHOMSKY : Et Dieu l'a terrassé !

ACHCAR : J'aimerais reprendre les choses là où je les avais laissées, quand j'ai dit qu'il fallait associer les critiques du sionisme et d'Israël à un rejet catégorique de l'antisémitisme, et ajouter que cela est encore plus important dans le monde arabe où, pour des raisons évidentes, la haine de l'État israélien est plus grande que partout ailleurs et peut facilement se muer en haine des Juifs. En fait, c'est de plus en plus le cas sur le plan des formes d'expression anti-israéliennes les plus militantes, en raison de la régression idéologique considérable dans cette partie du monde. Au début, le nationalisme arabe progressiste et d'autres types de forces de gauche progressistes jouaient un rôle important dans les mouvements de masse, mais, aujourd'hui, les forces les plus actives et les plus militantes qui s'opposent à l'ensemble du système sont malheureusement les intégristes islamiques. Il est très important de bien éduquer la population arabe et les Palestiniens afin d'éviter toute confusion entre le sionisme et les Juifs en général, voire les Israéliens en général.

Cela est très important non seulement pour des raisons de principe, car les divers types de racisme et de haine ethnique sont essentiellement réactionnaires, même lorsqu'il s'agit du racisme du faible contre le fort. Bien sûr, il faut faire la distinction entre le racisme du faible et celui du fort – on ne saurait assimiler le racisme antiblanc des Sud-Africains noirs sous l'apartheid au racisme antinoir des Blancs. Cela dit, toutefois, tous les racismes sont essentiellement réactionnaires. Par ailleurs, comme je l'ai déjà mentionné, une des conditions préalables à la mise en œuvre des droits du peuple palestinien, c'est qu'un secteur important de la population israélienne se désolidarise des politiques actuelles de l'État israélien. Faute de quoi cette mise en œuvre serait tout à fait impossible. Plus ce discours antisémite prédominera du côté arabe, moins les Israéliens seront disposés à faire des compromis. C'est pourquoi l'antisémitisme dessert le combat des Palestiniens. Malheureusement, la régression idéologique et l'idiotie ont atteint un tel niveau aujourd'hui que ce fait élémentaire a été occulté.

CHOMSKY : Sais-tu s'il y a des initiatives dans le monde arabe pour s'attaquer à l'antisémitisme ?

ACHCAR : Certains intellectuels et petits groupes arabes l'ont fait.

CHOMSKY : Est-ce qu'ils parlaient franc ?

ACHCAR : Certains dans le monde arabe ont critiqué les déclarations négationnistes d'Ahmadinedjad au sujet de l'Holocauste. Le problème, c'est que cette critique provient plus des cercles libéraux et pro-occidentaux que des cercles de gauche. C'est bien dommage.

CHOMSKY : La gauche est-elle muette sur le sujet ?

ACHCAR : Ce qu'il reste de la gauche arabe est écrasé par un nationalisme rétrograde borné. C'est notamment le cas en Égypte. Lorsqu'on compare la situation actuelle à celle de la fin des années 1960 ou des années 1970, on constate qu'il y a réellement eu une régression – une régression idéologique massive. Bien sûr, il y a de nombreux intellectuels éminents, que ce soit à l'intérieur ou à l'extérieur du monde arabe – Edward Said était l'un d'eux – qui ont mis en garde contre cette tendance et qui l'ont vigoureusement condamnée. Mais, malheureusement, la tendance opposée est en train de gagner du terrain aujourd'hui, en dépit du fait, comme je l'ai dit, que cela va tout à fait à l'encontre du but recherché, outre toutes les considérations fondées sur les principes. Prenons simplement l'exemple des discours d'Ahmadinedjad. Si ce type avait simplement dit : Pourquoi le peuple palestinien doit-il payer le prix de l'antisémitisme européen ?, cela aurait été convenable. Mais il a ajouté ses déclarations sur la négation de l'Holocauste. Cela est non seulement erroné, mais encore parfaitement contradictoire. On ne peut affirmer que ceux qui sont responsables de l'Holocauste doivent payer la note, et non le peuple palestinien, et ensuite remettre en question la réalité de l'Holocauste de la manière la plus stupide qui soit. C'est un discours contradictoire qui fait le jeu des forces pro-israéliennes inconditionnelles.

CHOMSKY : Quelles sont les réactions en Iran ?

ACHCAR : Même chose : ces déclarations ont été critiquées par les cercles les plus occidentalisés ou libéraux. Mais, au niveau des mouvements populaires, non seulement en Iran mais dans le monde arabe et probablement dans le monde musulman en général, elles ont fait vibrer une corde sensible. Elles flattent certains sentiments populaires nés d'une combinaison d'ignorance et d'exaspération devant les politiques israéliennes et leur approbation par l'Occident. Ce type de réaction aux politiques oppressives d'Israël est bien entendu incroyablement stupide, puisque cela fait le jeu de la propagande sioniste.

Le racisme antiarabe et l'islamophobie

SHALOM : Quelles sont l'importance et l'étendue du racisme antiarabe ?

CHOMSKY : Aux États-Unis, c'est vraiment la dernière forme légitime de racisme. Il n'est pas nécessaire de tenter de le cacher. Si l'on est raciste envers d'autres entités sociales, il faut faire semblant de ne pas l'être. Mais, dans le cas du racisme antiarabe, point n'est nécessaire de faire semblant. Les cas que j'ai déjà mentionnés en sont de parfaits exemples. D'éminents professeurs de Harvard font des assertions qui seraient considérées comme étant hideusement racistes si elles étaient dirigées vers toute autre cible – les Juifs, impossible ; les Noirs, les Italiens, tout autre groupe, inacceptable –, mais si elles concernent les Arabes, c'est bien. Le savant Jack Shaheen, parmi d'autres, a fait des recherches approfondies sur l'image qu'on donne des Arabes au cinéma. C'est grotesque, encore aujourd'hui. En fait, il n'y a pas grand-chose à dire ; c'est fait ouvertement, il est considéré comme naturel et normal d'être un raciste antiarabe. Personne n'emploie le terme, mais ce sont des attitudes et des discours qu'on considérerait comme hideusement racistes s'ils étaient dirigés contre toute autre cible. Ils sont omniprésents.

ACHCAR : Le racisme antiarabe est probablement la forme la plus aiguë de quelque chose d'encore plus général, l'islamophobie.

CHOMSKY : Personne ne fait cette distinction – les Arabes, les Iraniens, l'islam, tout cela, c'est la même chose.

ACHCAR : Exactement. Essaie de te mettre dans la peau d'un musulman et observe les médias. C'est consternant. On a l'impression d'être constamment assailli. Je ne parle pas d'actes concrets d'agression, de discrimination et tout le reste. Je ne parle que des médias. Edward Said a évoqué tout cela dans *Covering Islam*[106]. Or, la situation s'est considérablement dégradée depuis la parution du livre en 1981, et elle a atteint un paroxysme après le 11 septembre. C'est absolument horrible de voir la profusion d'absurdités anti-islamiques et de catégorisations racistes qui sont proférées par des gens qui sont, la plupart du temps, totalement ignorants. Je ne suis pas en mesure de déterminer l'écart entre l'Europe et les États-Unis, mais en Europe, en tout cas, l'islamophobie est un phénomène de grande ampleur et très inquiétant. Il s'exprime parfois involontairement avec ces bonnes intentions dont est pavée la route de l'enfer, au nom de la laïcité ou de l'opposition à l'oppression de la femme, ou pour toute autre raison, mais avec un manque flagrant de sensibilité pour les sentiments des secteurs les plus opprimés de la population, qui sont d'appartenance musulmane. Si l'on s'exprime sincèrement au nom de valeurs progressistes telles que la laïcité ou la libération de la femme, il faut à tout le moins prendre également en considération le fait évident que les discours hostiles à l'islam sont très généralement racistes – ils vont bien au-delà des arguments progressistes qui s'appliquent en réalité à toutes les grandes religions. Là encore, ce que l'on pourrait appeler le « test antisémite » s'avère très utile : il suffit de remplacer dans ces assertions le mot « islam » par « judaïsme » pour que les Occidentaux prennent la mesure de ce que peuvent ressentir les musulmans. Il y a même des auteurs à succès qui attaquent l'« islam » dans son ensemble, et non seulement telle ou telle interprétation particulière de l'islam. Bien entendu, à l'aune des critères actuels, une bonne partie de ce qu'on trouve dans les écritures islamiques – en particulier au sujet des femmes – paraît terriblement arriéré, mais le fait est que de nombreux croyants musulmans rejettent une interprétation intégriste littérale des écritures et croient plutôt à la nécessité de s'imprégner de leur esprit, de leur caractère progressiste à l'époque de leur rédaction et d'adapter la religion aux temps modernes. On peut en dire autant du judaïsme. Les écritures originelles sont terriblement arriérées sur la question de la femme, pour ne considérer que ce critère – elles ne sont certainement pas mieux que tout ce qu'on trouve dans les écritures islamiques, si elles ne sont pas pires, en fait. Or, en ces matières, il y a un abîme entre le judaïsme intégriste et le judaïsme réformé. La plupart des Occidentaux n'admettraient pas qu'un pamphlet attaque le judaïsme en soi, en l'isolant, et sans réserves. Malheureusement, de nombreuses personnes même bien intentionnées ne sont pas assez attentives à cela lorsqu'il s'agit de l'islam et finissent par renforcer la tendance générale et très inquiétante à l'islamophobie. Si l'on compare les niveaux d'antisémitisme et d'islamophobie en Europe aujourd'hui, sans parler des États-Unis, il est clair que l'islamophobie est beaucoup plus répandue et virulente que tout ce qu'on peut raisonnablement qualifier d'antisémitisme.

CHOMSKY : Une illustration assez frappante de ce racisme est l'écart entre les réactions à la crise d'apoplexie peut-être mortelle de Sharon et à la mort d'Arafat. La première a été traitée comme si une des grandes figures de l'histoire moderne était en danger, figure qui était l'espoir de la paix et ainsi de suite, alors que la mort d'Arafat a été traitée avec un mélange de soulagement et de mépris. Soulagement que ce monstre soit enfin disparu, et pur mépris, c'est comme cela qu'on a vécu l'événement. L'écart est vraiment frappant. Quoi qu'on pense d'Arafat, il n'y a aucune commune mesure entre ses antécédents et les antécédents de crimes et d'atrocités de Sharon. Voilà une illustration saisissante du phénomène.

ACHCAR : Exact. On pourrait fournir d'innombrables exemples qui illustrent de même le fait que l'islam et les musulmans sont devenus les cibles les plus « naturelles » du racisme diffus qui existe réellement dans les pays occidentaux. La vision dite culturaliste de la montée de l'intégrisme islamique, qui attribue celle-ci à certaines caractéristiques intrinsèques traduisant l'essence même de la religion islamique, est très répandue – cela est aggravé par le fait que certains désignent l'intégrisme islamique par le vocable d'« islamisme », semant ainsi la confusion dans le public en général entre intégrisme islamique et islam en tant que tel. L'« orientalisme » actuel, dans le sens péjoratif de ce terme qui a été rendu célèbre par le regretté Edward Said[107] – c'est-à-dire la pratique consistant à expliquer l'état des pays islamiques ou le sort des musulmans non par l'histoire mais par une quelconque et prétendue essence atemporelle et immuable de l'islam –, est devenu l'une des entrées les plus courantes et les plus usitées de ce qui serait la version contemporaine du dictionnaire des « idées reçues » de Gustave Flaubert. Bien des personnes en Occident ne comprennent pas qu'il n'y a rien de «naturel» ou d'atemporel dans le fait que l'intégrisme islamique est aujourd'hui le courant politique le plus visible chez les peuples musulmans. Elles ignorent ou oublient que la situation était tout à fait différente à d'autres périodes de notre histoire contemporaine – il y a quelques décennies, par exemple, le parti le plus grand parmi les partis communistes qui n'étaient pas au pouvoir dans le monde, un parti qui s'appuyait officiellement, donc, sur une doctrine athée, se trouvait dans le pays comptant la plus grande population musulmane: l'Indonésie, jusqu'à ce que ce parti soit écrasé à partir de 1965 dans un bain de sang à l'initiative des militaires indonésiens soutenus par les États-Unis, bien sûr. Elles ignorent ou oublient, autre exemple comparable, qu'à la fin des années 1950 et au début des années 1960, la principale organisation politique en Irak, surtout parmi les chiites du sud du pays, n'était pas un mouvement dirigé par un religieux quelconque mais était, là aussi, le parti communiste.

Et, cela va sans dire, ces personnes négligent le fait que même aujourd'hui l'écrasante majorité des croyants musulmans n'ont rien de commun avec l'intégrisme religieux qui, depuis quelques décennies, progresse dans la plupart des grandes religions. Et pourtant, elles considèrent que le seul bon musulman est un non-musulman – c'est-à-dire un non-croyant – qui mange du porc et boit de l'alcool. Passe encore si ces idées s'appliquaient à toutes les religions à partir d'un quelconque athéisme forcené, mais elles sont réservées à l'islam comme si le problème était inhérent à cette religion de manière spécifique.

L'islamophobie est fondée sur la peur, comme l'indique l'étymologie du mot[108]. Elle croît dans un contexte spécifique et complexe: les nombreuses angoisses engendrées par la déréglementation sociale et économique néolibérale. Ces angoisses se traduisent par la recherche de boucs émissaires, selon un phénomène psychologique bien connu, et sont aggravées par la crainte inspirée dans l'opinion publique occidentale par des gouvernements qui se refusent à donner la vraie réponse à la question courante: «Pourquoi "ils" nous haïssent?»

Pendant ces trois jours de discussion nous avons traité cette question en détail et avons offert nos propres réponses. J'espère que nous avons contribué à alerter l'opinion publique sur ce qui est en jeu et sur la nature des véritables problèmes, tâche à laquelle Noam s'est attelé plus que quiconque depuis plusieurs décennies. Si cette problématique n'est pas comprise par la population des États-Unis, il n'y aura pas de changement dans l'orientation actuelle de la politique étrangère des États-Unis au Moyen-Orient – orientation qui nous mène tous inexorablement à l'abîme.

Épilogue

Gilbert Achcar

Le texte ci-dessus reproduit une discussion qui a eu lieu du 4 au 6 janvier 2006. Six mois plus tard, plusieurs questions ont été adressées à Gilbert Achcar et Noam Chomsky afin de leur permettre de commenter les développements récents et, au besoin, de mettre leurs analyses à jour.

La situation en Irak

Shalom : Depuis quelques mois nous assistons en Irak à des attaques sectaires généralisées. Que penses-tu de l'évolution de la situation ? Crois-tu en particulier qu'il y a une guerre civile ? Ces troubles sectaires justifient-ils le prolongement de la présence des troupes états-uniennes ?

Achcar : Pendant les six mois qui se sont écoulés depuis nos trois jours de discussion, la situation en Irak s'est détériorée de manière vraiment effrayante. Elle se rapproche fatalement de la concrétisation du pire des scénarios – c'est-à-dire le pire pour l'Irak, qui n'est pas nécessairement le pire pour Washington, comme je l'expliquerai.

Rappelons l'état des choses en janvier. Nous savions déjà que l'issue des élections parlementaires de décembre 2005 était plutôt mauvaise pour la mise en œuvre des plans états-uniens en Irak, même si nous ne disposions pas encore des résultats officiels. Ceux-ci ont par la suite confirmé que l'Alliance irakienne unie (AIU) avait de nouveau obtenu un bloc électoral important au Parlement (128 sièges sur 275), bien qu'elle n'ait pas atteint la majorité dont elle jouissait dans l'Assemblée antérieure. Cela était toutefois prévisible, puisque l'élection de janvier 2005 avait été boycottée par la plupart des sunnites arabes ; le résultat n'était donc pas du tout représentatif. La perte de 12 sièges de l'AIU est néanmoins nettement inférieure à celle de 22 sièges de l'Alliance kurde. Quant à la liste de coalition dirigée par Iyad Allaoui, l'acolyte de Washington, elle a subi des pertes considérables, chutant de 40 à 25 sièges, 40 étant déjà une prestation décevante.

Il ressort de ces résultats que si n'importe laquelle des coalitions « sunnites » avait accepté de former une alliance avec l'AIU – qu'il s'agisse du Front de l'accord irakien (44 sièges), coalition entre le Parti islamique (c'est-à-dire la branche « modérée » irakienne de la Confrérie musulmane – l'Association des ulémas musulmans représentant les « faucons » de cette même tradition), et les forces tribales sunnites arabes traditionalistes ; ou du Front du dialogue national irakien (11 sièges), coalition nationaliste arabe hétéroclite regroupant des baathistes actuels ou d'anciens baathistes qui désavouent la direction de Saddam Hussein – ensemble, ces forces auraient disposé d'une majorité absolue au Parlement. L'AIU n'aurait eu besoin pour cela que de 10 sièges de plus, voire moins si l'on tient compte des 2 sièges obtenus par une petite formation chiite proche des sadristes, qui s'est jointe à l'AIU. Un tel bloc élargi multiconfessionnel aurait donc été à même de contrer les pressions politiques exercées par Washington par le truchement de ses alliés kurdes et de la formation d'Allaoui, outre tous ceux qui se seraient joints à eux.

Pourtant, les deux coalitions « sunnites » ont préféré traiter avec Washington, car elles ont estimé que l'obtention du soutien des États-Unis contre l'AIU chiite les laisserait tout compte fait en meilleure posture qu'une alliance avec cette dernière.

Elles ont donc préféré jouer un jeu politique sectaire mesquin plutôt que d'accélérer la libération nationale de l'occupation. En effet, de nombreux sunnites arabes considèrent que l'hégémonie de l'Iran – dont l'AIU, à leur sens, n'est qu'un outil – constitue une menace plus grave que la menace états-unienne, ce qui justifierait politiquement leur comportement. Les coalitions parlementaires sunnites arabes sont alors entrées en alliance avec Allaoui pour contester les résultats électoraux. Dans ma discussion de cette question en janvier dernier, j'ai affirmé que leurs objections aux résultats électoraux n'étaient pas sincères et qu'elles ne visaient qu'à exercer un chantage politique envers l'AIU[1]. Or la suite des événements montre que cette évaluation est juste : lorsqu'elles ont obtenu ce qu'elles voulaient relativement au gouvernement – à l'instar du proconsul états-unien Zalmay Khalilzad –, elles ont tout simplement cessé de vociférer au sujet d'« élections truquées ».

Entre-temps, il y a eu des luttes acharnées et prolongées en Irak entre des forces diverses. Le combat principal opposait, d'une part, l'AIU, soutenue par l'Iran, et, d'autre part, une large coalition composée de l'Alliance kurde, des partis électoraux « sunnites » et d'Allaoui, laquelle était soutenue par Khalilzad ainsi que par de fréquentes déclarations et des visiteurs de haut rang en provenance de Washington, qui insistaient hypocritement sur la nécessité d'accorder aux sunnites arabes une part importante du pouvoir. Tout comme après l'élection de janvier 2005, l'administration Bush a tenté de dicter à l'AIU non seulement ses propres conditions, mais également la participation d'Allaoui au gouvernement, en dépit de la « ligne rouge » imposée par l'Iran et l'AIU. Washington a finalement cédé sur ce dernier point, mais seulement après qu'il eut réussi à se débarrasser du candidat désigné par l'AIU pour diriger le premier gouvernement irakien « normal » sous la nouvelle constitution – le même homme qui avait dirigé le gouvernement provisoire en s'appuyant sur l'Assemblée constituante : Ibrahim al-Jaafari.

L'autre combat important s'est déroulé au sein de l'AIU elle-même. Il mettait aux prises deux blocs principaux : le

CSRII et les partisans de Moqtada al-Sadr. Le CSRII voulait que les fonctions de Premier ministre soient confiées à son homme, Adel Abdel-Mahdi, ex-maoïste devenu intégriste des religions islamique et néolibérale. En dépit du fait que le CSRII est, parmi toutes les formations irakiennes, celle qui est la plus proche de l'Iran, et en dépit du fait qu'il préconise la création d'un « super-État fédéré » dans le sud de l'Irak, idée qui est rejetée par les États-Unis (et par toutes les autres forces irakiennes arabes, y compris les partisans de Moqtada al-Sadr), Washington a soutenu Abdel-Mahdi dans l'espoir qu'il aide les États-Unis à mettre le grappin sur le pétrole irakien au nom de l'économie libérale. Khalilzad, qui était surtout obsédé par l'idée de réduire l'influence de Moqtada al-Sadr, tentait également d'attiser ainsi les dissensions au sein de l'AIU. Pour sa part, Sadr a soutenu vigoureusement son ami Jaafari, le chef du parti Dawa, qu'il considérait plus proche de sa position politique et plus sensible à ses pressions (Jaafari avait souscrit sans réserves au « Pacte d'honneur » que Sadr avait voulu faire signer par toutes les forces irakiennes importantes qui sont indépendantes de Washington[2]).

Les tensions auraient alors pu s'intensifier entre les deux factions, mais Téhéran – qui a invité Moqtada al-Sadr en Iran après l'élection de décembre – a certainement contribué à empêcher une scission au sein de l'AIU et à convaincre le CSRII que l'unité de l'AIU était d'importance prioritaire. La question de la candidature de l'AIU pour la fonction de Premier ministre a donc été résolue démocratiquement par un scrutin au sein de l'alliance, dont Jaafari est sorti vainqueur avec une étroite majorité. Par la suite, les « promoteurs de la démocratie » de Washington ont fait tout leur possible pour empêcher le mécanisme constitutionnel de s'enclencher. Normalement, l'Assemblée se serait réunie et aurait élu notamment un président qui aurait été tenu de désigner le candidat proposé par le bloc le plus important au Parlement – en l'occurrence Jaafari – pour tenter de former un gouvernement. À partir de cette position, Jaafari aurait pu manœuvrer entre les autres blocs et tenter de gagner suffisamment de représentants sunnites arabes à son point de vue pour obtenir une majorité parlementaire, ce qui aurait contraint l'Alliance kurde à s'y joindre sous peine d'être exclue du gouvernement.

Un tel scénario était de toute évidence hors de question pour Washington. Il en est résulté une situation d'impasse très tendue et très dangereuse, qui s'est dénouée lorsqu'on est parvenu à un compromis en vertu duquel Jaafari a accepté d'être remplacé par son adjoint du parti Dawa, Nouri al-Maliki. Ce dernier était présenté comme étant moins tourné vers l'Iran et plus souple et ouvert que Jaafari. Maliki semble en effet plus accommodant que Jaafari dans ses rapports avec les États-Unis. L'écart entre les deux hommes, qui sont des dirigeants issus du même parti, n'est toutefois pas assez large pour justifier l'indécente autosatisfaction de Washington et de Londres à la suite de la nomination de Maliki, comme si Allaoui lui-même avait de nouveau été adoubé Premier ministre de l'Irak.

Cependant, la situation dans son ensemble était manifestement un revers pour Sadr. Comme je l'ai déjà mentionné, il a tenté énergiquement de convaincre les parlementaires et les groupes extraparlementaires arabes sunnites de se joindre à une alliance contre l'occupation. Mais il a totalement échoué à cet égard. Les groupes parlementaires sunnites arabes ont rejeté ses avances et ont maintenu leur alliancc avec les partis kurdes et le proconsul de Washington. En outre, Sadr a été cruellement déçu par l'Association des ulémas musulmans, qui est très proche de l'insurrection sunnite arabe. En effet, il n'a pu la convaincre de condamner vigoureusement Zarqawi et sa branche d'Al-Qaida (Sadr voulait même qu'ils excommunient le groupe de Zarqawi). Son attitude radicalement antibaathiste constituait une autre pierre d'achoppement dans ses rapports avec les nationalistes arabes sunnites. Il a déploré le fait que parmi tous les groupes sunnites qu'il a abordés avant l'élection de décembre et auxquels il a demandé d'adhérer à son « Pacte d'honneur », aucun ne l'ait signé.

Autre rude coup pour la stratégie de Sadr de tentative d'élaboration d'une alliance anti-états-unienne avec les forces sunnites arabes hostiles à l'occupation, l'événement qui a contribué le plus à accroître les tensions sectaires entre chiites et sunnites arabes en Irak : je pense, bien sûr, à l'attentat contre la mosquée Al-Askari à Samarra, le 22 février 2006. Cette attaque a déclenché des représailles massives par des militants chiites exaspérés par l'interminable série d'attaques sectaires meurtrières dont leur communauté était la victime depuis le début de l'occupation. La chaotique « Armée de Mahdi » de Sadr a apparemment participé activement à ces représailles. Non pas que Sadr eût donné le feu vert – au contraire, comme la plupart des dirigeants chiites, il a fait tout son possible pour apaiser la situation –, mais puisque ses milices sont beaucoup moins centralisées que la milice quasimilitaire Badr du CSRII, les miliciens sadristes ont obéi à leurs impulsions avant de considérer toute autre option et d'écouter la voix de la raison politique.

Quoi qu'il en soit, ces événements malheureux ont été largement exploités par un ensemble hétéroclite de forces – notamment les amis des États-Unis, les intégristes sunnites pro-Zarqawi et les baathistes pro-Saddam – pour discréditer Moqtada al-Sadr auprès des sunnites arabes et pour détruire tout attrait qu'il eût pu avoir en raison à la fois de sa prise de position intransigeante contre l'occupation et de sa réputation de grande indépendance vis-à-vis de l'Iran. Tout ce que Sadr avait accompli politiquement pendant la période antérieure, s'agissant de l'accroissement de son influence pan-arabe à l'échelle irakienne (réunissant sunnites et chiites), a donc été fracassé en même temps que le dôme de la mosquée Al-Askari. Certes, il conserve encore une influence considérable auprès des chiites – en particulier parmi les couches opprimées de la communauté chiite –, influence qui a très vraisemblablement été accrue par le rôle qu'a joué son « armée » en incarnant l'aile armée de la communauté plus que tout autre groupe. Mais le fait est qu'il est plus loin de s'imposer comme meneur des nationalistes arabes tant chiites que sunnites arabes qu'il ne l'a jamais été depuis qu'il est entré en conflit avec les troupes d'occupation en 2004.

En dépit de ces développements, l'Irak n'a pas encore atteint un état de guerre civile caractérisée. Certes, ce que j'ai qualifié il y a un an de « guerre civile de basse intensité[3] » a gagné constamment en intensité en 2005 et au début de 2006, avant même la soudaine flambée de violence provoquée par l'attaque de Samarra, la plus grave jusqu'ici. Néanmoins, si je me fonde sur ma propre expérience libanaise, je dirais que deux éléments distinguent la situation actuelle en Irak d'une guerre civile à part entière. Le premier est la persistance d'un gouvernement irakien unifié et l'existence de forces armées irakiennes encore unifiées – au Liban, ce sont la scission du gouvernement au début de 1976 et la désintégration de l'armée nationale qui indiquaient qu'on avait affaire à une guerre civile à part entière. Le second élément est la présence de forces armées étrangères jouant le rôle de force de dissuasion et d'arbitre, à l'image du rôle que l'armée syrienne a joué – mais seulement par intermittence – au Liban à partir de 1976.

Affirmer cela, c'est renvoyer à ce que j'ai déjà laissé entendre, à savoir que le glissement de l'Irak vers le pire des scénarios pour sa population ne représente pas nécessairement le pire des scénarios pour Washington. En fait, la plupart des événements des derniers mois en Irak, mis à part la controverse autour du comportement criminel des troupes états-uniennes, sont conformes aux desseins de Washington. L'accroissement marqué des tensions sectaires ainsi que l'échec du projet de Moqtada al-Sadr font manifestement le jeu de Washington. À l'instar de beaucoup d'autres, cela fait longtemps déjà que j'ai fait la mise en garde suivante : tout compte fait, les divisions sectaires et ethniques entre Irakiens constitueront l'unique atout de Washington en Irak, divisions que l'administration Bush exploite avec le plus grand cynisme conformément à la plus classique des recettes impériales : « diviser pour régner ». C'est ce que les proconsuls de Washington à Bagdad, de L.

Paul Bremer à Khalilzad, se sont efforcés autant que possible de susciter et dont ils tentent de profiter au maximum.

De ce point de vue, la présente flambée de tensions sectaires est une aubaine pour Washington, à tel point que de nombreux Irakiens soupçonnent que les services de renseignement états-uniens et israéliens sont à l'origine des pires attaques sectaires. Remarquons la manière dont l'occupation paraît aujourd'hui « légitimée » par le fait que de nombreux sunnites arabes vivant dans des zones à population mixte, qui se sentent menacés, demandent la présence de troupes étrangères qui puissent garantir leur sécurité, puisqu'ils ne font aucunement confiance aux forces armées irakiennes[4]. Quel paradoxe, lorsqu'on pense au fait que les sunnites arabes étaient, et sont encore, le principal vivier de l'insurrection armée contre l'occupation – mais certainement pas le seul. Il y a en effet de plus en plus d'actions armées contre l'occupation dans le sud de l'Irak, actions qui ne sont guère rapportées dans les médias occidentaux, voire pas du tout, ni même, quant à cela, dans les médias arabes.

Washington joue toutefois avec le feu. Les luttes sectaires conviennent à ses desseins, mais seulement si elles sont circonscrites à l'intérieur de certaines limites. Il n'est pas dans l'intérêt des États-Unis que l'Irak soit découpé en trois composantes distinctes, comme l'ont préconisé cyniquement de prétendus « experts » dans les médias états-uniens et comme le croient les néoconservateurs et leurs amis, qui estiment que c'est la deuxième meilleure solution à défaut d'une maîtrise confortable des États-Unis sur un Irak unifié. Non seulement cela serait une recette de guerre civile prolongée, mais cela rendrait encore plus incertain le contrôle états-unien sur l'essentiel du pétrole irakien, qui est situé dans le sud, à majorité chiite. Les intérêts de Washington lui commandent donc d'entretenir les conflits sectaires à un niveau qu'il puisse contrôler, conformément à sa politique consistant à « diviser pour régner », en veillant à ce que la situation reste sous contrôle et ne dégénère pas en une très périlleuse guerre civile. Un Irak fédéral, avec un gouvernement décentralisé, cadrerait peut-être bien avec de tels desseins, à condition qu'il soit accepté par tous les acteurs irakiens principaux, ce qui serait plutôt difficile, mais un Irak déchiré serait peut-être désastreux à cet égard – d'autant plus que cela pourrait mettre en branle une dangereuse dynamique régionale. Pensons au fait que la province orientale du royaume saoudien, où se trouve l'essentiel de ses réserves pétrolières, est habitée par des chiites.

Or, s'il fallait comparer les forces états-uniennes en Irak à un corps de pompiers, il faudrait conclure en vérité qu'elles sont dirigées par de très dangereux pyromanes ! En effet, depuis le début de l'occupation, la situation en Irak s'est graduellement et inexorablement détériorée. Voilà l'indéniable vérité, que seuls peuvent nier des menteurs effrontés comme ceux de Washington, qui affirment avec insistance que la situation s'améliore alors que les faits indiquent de manière flagrante que le contraire est vrai. L'Irak est prisonnier d'un cercle vicieux : l'occupation nourrit l'insurrection, celle-ci exaspère les tensions sectaires que le proconsul de Washington tente d'attiser par des moyens politiques, et ces tensions sont utilisées pour justifier la poursuite de l'occupation. Selon des sources chiites, le dernier-né des grands moyens dont se servent les autorités états-uniennes d'occupation pour jeter de l'huile sur le feu irakien consiste à aider le Parti islamique – le groupe sunnite irakien qui est le plus proche de Washington et des Saoudiens – à constituer une aile armée, qui est déjà en train de participer aux combats sectaires.

Il n'y a qu'un moyen d'en sortir : seule l'annonce immédiate d'un retrait total et inconditionnel des troupes états-uniennes pourrait contribuer de manière décisive à éteindre ce cercle de feu. Cela apaiserait l'insurrection sunnite, que l'Association des ulémas musulmans s'est engagée à maintes reprises à appeler à cesser dès l'annonce d'un calendrier de retrait des troupes d'occupation. Cela apaiserait également les tensions sectaires, car les Irakiens seraient carrément confrontés à leur avenir et se sentiraient contraints de trouver un moyen de coexister pacifiquement. Si jamais ils en venaient à la conclusion qu'ils ont besoin d'une présence étrangère pendant un certain temps pour les aider à restaurer l'ordre et à entamer une véritable reconstruction, cette présence étrangère ne devrait certainement pas être constituée de troupes de pays ayant des ambitions hégémoniques sur l'Irak. Il faudrait plutôt qu'elle soit bien accueillie par l'ensemble des composantes de la population irakienne en tant que source d'aide amicale et désintéressée.

Le Hamas au pouvoir

SHALOM : Il ressort des explications que tu as fournies en janvier que la victoire électorale du Hamas n'avait rien d'étonnant. Quelles sont à ton avis les incidences de cette victoire sur la société palestinienne en général et, en particulier, sur les perspectives de paix, surtout à la lumière de la récente offensive israélienne ?

ACHCAR : La victoire électorale du Hamas n'est en effet pas très étonnante, compte tenu de la teneur générale de nos propos tenus en janvier dernier, avant l'élection. Ce sur quoi il faut insister, c'est la grande diversité des manifestations de la tendance générale qui fait que les revers et la corruption des dirigeants issus du mouvement nationaliste ou de la gauche débouchent sur un intégrisme islamique remplissant le vide ainsi créé dans la direction collective – dans le cas palestinien, il s'agit des dirigeants de l'OLP/Autorité palestinienne issus du Fatah et incarnés par des personnes comme Mahmoud Abbas et Mohammed Dahlan.

L'« islamisation », dans le sens d'un recul de la laïcisation sociale et de la progression d'une adhérence stricte à la religion islamique, n'est pas un processus uniforme. Permets-moi de préciser d'abord que ceux qui ont voté pour le Hamas ne constituent qu'une majorité relative de l'électorat palestinien (44,45 %), la majorité d'entre eux ayant voté soit pour le Fatah, soit pour des listes de gauche ou libérales laïques. Le Hamas a obtenu la majorité des sièges au Parlement en raison de la nature du système électoral, qui est fondé en partie sur les résultats au niveau des districts et en partie sur une représentation proportionnelle. En outre, parmi ceux qui ont voté pour le Hamas, beaucoup l'ont fait moins par adhésion à l'intégrisme islamique que par exaspération contre Israël et contre la direction du Fatah au sein de l'Autorité palestinienne. Le Hamas – dont le nom provient de l'acronyme arabe de « mouvement de résistance islamique » – s'est constitué historiquement comme le principal ennemi de ses deux adversaires, comme un substitut « islamique » du Fatah dans la résistance contre Israël. Il a façonné son image d'adversaire le plus résolu et le plus radical de l'« État juif » en mettant fortement en contraste sa ténacité contre Israël et son parrain états-unien avec les innombrables compromis sur les principes et capitulations des dirigeants du Fatah. Il s'inspire bien sûr d'une vision intégriste religieuse du monde, sa charte marquant une régression vers des idées antisémites que l'OLP avait soigneusement écartées de son discours officiel. Cela a préparé le terrain pour le recours aux attaques suicides anti-israéliennes aveugles qui sont devenues dans les années 1990 la marque de fabrique du Hamas, la violence croissante de l'oppression israélienne rendant ces attaques légitimes aux yeux de nombreux Palestiniens. Le Hamas fait également valoir qu'il est le critique le plus radical de la direction tout à fait corrompue de type mafieux du Fatah, à laquelle il oppose l'apparent désintéressement de son système d'œuvres de bienfaisance et de services sociaux musulmans et la simplicité du mode de vie de ses dirigeants.

Il est vrai que, parallèlement à l'accroissement de l'influence du Hamas, une vague d'« islamisation » s'est développée au fil des ans. Elle s'est manifestée, en Palestine comme ailleurs, par le symptôme, qui ne trompe pas, de la tenue vestimentaire des femmes. Mais, contrairement à ce qu'on a vu dans d'autres contextes, par exemple pendant la révolution iranienne, l'accession au pouvoir du Hamas n'a pas été suivie par une campagne radicale de soumission contrainte ou volontaire à des injonctions religieuses. Là n'était certainement pas la priorité du mouvement. Le fait est que le Hamas paraissait manifestement embarrassé par sa victoire électorale, car il ne s'attendait pas à obtenir une majorité absolue des sièges – il a obtenu une étonnante majorité de 45 sièges sur les 66 qui ont été attribués sur la base des districts, et 74 sièges sur 132 sièges en tout. En janvier, j'ai affirmé que je considérais que la participation du Hamas au processus politique était tout à fait salutaire puisqu'il serait contraint de raisonner en termes plus politiques[5]. Or, cette contrainte a été considérablement accentuée par son accession au pouvoir.

Comme tous les novices au pouvoir après un changement radical de gouvernement, les dirigeants du Hamas manquaient considérablement d'assurance et ont fait preuve de beaucoup de maladresse dans leur façon d'exercer le pouvoir, d'autant plus qu'ils ont dû affronter d'emblée des manœuvres détournées du Fatah et de Mahmoud Abbas – ce dernier utilisant contre eux exactement les mêmes pouvoirs présidentiels autocratiques que Yasser Arafat avait forgés pour lui-même et utilisés contre Abbas lorsque Washington avait imposé ce dernier à la tête du Cabinet palestinien en 2003. Les dirigeants du Hamas ont été de nouveau déstabilisés lorsque Israël et les puissances occidentales, dans le sillage des États-Unis, ont commencé à étrangler graduellement l'ensemble de la vie politique et de la société palestiniennes, faisant ainsi de nouveau la preuve qu'ils ne supportent pas les résultats d'élections réellement démocratiques et qu'ils ne soutiennent la démocratie que lorsqu'elle amène leurs amis et laquais au pouvoir – comme Noam et moi l'avions affirmé avec insistance en janvier. Les dirigeants du Hamas ont néanmoins réussi à apprendre rapidement dans ce cours accéléré de réalisme politique. Ils ont compris qu'ils étaient coincés entre le marteau du Fatah et l'enclume des pressions israéliennes et occidentales. Ils ont compris que leurs adversaires souhaitaient qu'ils agissent de manière à se discréditer et à faciliter leur propre renversement soit par des moyens politiques, soit au moyen d'un putsch quelconque[6].

Écartelés entre leurs propres faucons et leurs propres réalistes, les dirigeants du Hamas ont néanmoins franchi une étape importante vers l'adoption d'une prise de position politique qui soit plus en harmonie avec les aspirations de la vaste majorité du peuple palestinien. Ils y sont parvenus essentiellement au moyen de ce qu'on a appelé le « document des prisonniers » – c'est-à-dire la plate-forme élaborée et adoptée par les prisonniers palestiniens dans les prisons israéliennes, prisonniers issus de tout l'éventail des organisations palestiniennes allant du Fatah au Hamas, à l'exception du Djihad islamique. Mahmoud Abbas a d'abord tenté d'utiliser ce document pour délégitimer le gouvernement du Hamas, car ce dernier, sous la pression de ses faucons, était peu disposé à approuver le document – cela en dépit du fait que sa teneur reprend les éléments essentiels du nationalisme palestinien et est donc plus proche de la position du Hamas que de celle d'Abbas. Celui-ci a néanmoins tenté de l'utiliser de manière démagogique, mais le Hamas a réussi à tourner la situation à son avantage en obtenant un accord pour une nouvelle version du document, qui a été amendé de manière à ce qu'il soit plus acceptable à son goût.

Cela a représenté un tournant majeur. Il s'est traduit par l'adoption d'un programme politique palestinien très largement consensuel, basé sur la notion d'État indépendant sur les territoires qu'Israël a occupés en 1967. L'article premier du document amendé déclare

« que le peuple palestinien, dans la patrie et la diaspora, poursuit sa quête et sa lutte en vue des objectifs suivants : libérer sa terre ; démanteler les colonies et évacuer les colons ; supprimer le mur de ségrégation et d'annexion racistes ; mettre en application son droit à la liberté, au retour et à l'indépendance ainsi que son droit à l'autodétermination, y compris le droit d'établir son État indépendant et entièrement souverain sur l'ensemble des territoires occupés en 1967, avec Jérusalem pour capitale ; concrétiser le droit des réfugiés de retourner à leurs domiciles et propriétés, dont ils ont été expulsés, et d'obtenir une compensation ; et libérer tous les prisonniers et détenus sans exception ni discrimination – sur la base, dans tous ces cas, du droit historique de notre peuple sur la terre de nos pères et grands-pères, de la charte de l'ONU et du droit international et de ce qui a été garanti par la légitimité internationale sans qu'atteinte soit portée aux droits de notre peuple[7] ».

L'article 2 prévoit une restructuration radicale de l'OLP selon un processus démocratique, par la formation d'un nouveau conseil national – l'équivalent chez l'OLP d'un corps législatif – sur une base proportionnelle – au moyen, si possible, d'une élection dans toutes les composantes du peuple palestinien, et, pour assurer la représentation des autres composantes, d'un accord entre les principales organisations. L'article 7 affirme que

« la poursuite des négociations est une prérogative de l'OLP et du président de l'Autorité nationale palestinienne sur la base du respect des objectifs nationaux des Palestiniens tels que formulés dans le présent document, à condition que toute entente à cet égard soit soumise au nouveau conseil national palestinien pour approbation et ratification ou pour l'organisation d'un référendum général dans la patrie et la diaspora au moyen d'une loi appropriée ».

Cet accord a été conclu le 27 juin 2006, mais il est presque passé inaperçu. Dès le lendemain – alors que les Palestiniens venaient de conclure un accord programmatique historique entre eux, le plus complet jusque-là, qui prévoyait des négociations avec Israël dans le but de parvenir à un règlement politique –, Israël a lancé à Gaza son offensive militaire horriblement brutale. Il réagissait ainsi avec grande violence à l'enlèvement, le 25 juin, d'un de ses soldats en représailles de l'enlèvement de civils palestiniens, l'objectif des Palestiniens étant d'échanger le soldat enlevé contre les Palestiniens détenus par les Israéliens. Israël aurait pu tenter d'obtenir la libération du soldat en laissant aux responsables palestiniens le temps de s'organiser. Mais il a décidé à la place d'intensifier dramatiquement sa politique consistant à tenir l'ensemble de la population palestinienne en otage afin d'imposer unilatéralement sa volonté au gouvernement palestinien, tout à fait conformément aux canons du terrorisme d'État de masse, notamment au moyen d'un châtiment collectif inspiré par la notion de culpabilité collective.

Par sa manière de piloter le gouvernement israélien, Ehud Olmert s'est avéré l'héritier légitime d'Ariel Sharon. En outre, chose très décevante, Amir Peretz a tenté d'imiter la rudesse impitoyable de ses prédécesseurs militaires à la tête du Parti travailliste, mais il n'aura réussi qu'à ressembler à une pitoyable caricature. Il a non seulement trahi la plate-forme programmatique sur laquelle s'appuyait sa campagne électorale, mais il est entré dans un gouvernement de coalition dont le Premier ministre est Olmert, ardent partisan d'un « règlement » unilatéral, ce qui signifie, en fait, annexion et violence permanente. Pour ce faire, Peretz a accepté le ministère de la « Défense », le plus éloigné non seulement de ses compétences, mais encore du programme social qu'il préconisait – sans parler du programme de paix. Devant tous ces développements, les perspectives actuelles dans la région n'ont jamais été aussi lugubres. En fait de paix n'apparaît à l'horizon qu'une menace plus grande encore de barbarie.

Le conflit entre Israël et le Hezbollah libanais

SHALOM : Qu'en est-il de la soudaine flambée actuelle sur le front libanais ? Comment évalues-tu les actions du Hezbollah et d'Israël ?

ACHCAR : L'enlèvement à Gaza par un groupe palestinien d'un soldat israélien était une réaction compréhensible à l'enlèvement systématique par Israël de nombreux civils palestiniens – à condition que le soldat soit gardé pour un échange de détenus et ne soit pas exécuté comme bouc émissaire. Mais ce n'était certainement pas la réponse la plus appropriée à l'agression israélienne. Tout l'historique de la lutte palestinienne démontre clairement que ce n'est pas en recourant à des moyens violents que les Palestiniens pourront atteindre leurs objectifs, compte tenu de l'énorme et écrasante supériorité militaire d'Israël. Il ne s'agit pas moins pour autant de représailles compréhensibles pour une agression caractérisée, puisqu'on s'en est pris avec raison aux militaires plutôt qu'aux civils israéliens.

Le Hezbollah a lui aussi lancé une attaque contre des militaires israéliens, et non contre des civils, tuant plusieurs soldats et enlevant deux d'entre eux, mais cette action est certainement plus discutable. Certes, Israël a constamment harcelé le Hezbollah, en empiétant de manière agressive sur la souveraineté libanaise depuis que l'armée israélienne a été contrainte en 2000 de se retirer de la partie du territoire libanais qu'elle occupait depuis 1982 – retrait dans la précipitation duquel le Hezbollah a joué un rôle clé. En ce sens, l'attaque du 12 juillet contre les militaires israéliens peut certainement être considérée comme légitime. Mais il était tout à fait clair, en revanche, que cette attaque, qui n'est pas survenue en représailles directes pour une offensive israélienne permanente ou très récente sur territoire libanais, serait considérée à l'échelle internationale comme une « agression » et qu'elle serait utilisée par Israël comme prétexte pour lancer une campagne militaire massive dans le but d'écraser le Hezbollah – campagne qui, en toute certitude, porterait gravement préjudice à la population libanaise conformément à la tradition bien connue des « dommages collatéraux ». En ce sens, l'action du Hezbollah était à la fois hasardeuse et irresponsable.

Bien entendu, on comprend très facilement la satisfaction éprouvée par de nombreux habitants de la région lorsqu'ils ont appris l'opération du Hezbollah, qu'ils ont interprétée comme un acte de solidarité envers la population de Gaza, qui est soumise à une répression tout à fait inhumaine et illégale. Mais les actions ne doivent pas être évaluées uniquement à travers le prisme éthique. Elles doivent également être jaugées à la lumière de leurs conséquences vraisemblables et de leur adéquation aux objectifs poursuivis. Vue sous ce jour, l'attaque du Hezbollah était très irréfléchie. Au lieu de soulager la population de Gaza, si c'était son objectif – Hassan Nasrallah, le chef du Hezbollah, a affirmé que l'attaque de sa formation était planifiée depuis plusieurs mois, bien avant l'assaut sur Gaza –, elle a mis en péril la survie, la sécurité et les moyens de subsistance d'une autre population encore plus nombreuse.

Mais l'aventurisme et l'irresponsabilité de l'attaque du Hezbollah, quoi qu'on en pense, sont tout à fait éclipsés par l'aventurisme et l'irresponsabilité d'Israël. Avec son arrogance et sa brutalité, Israël est très largement responsable de toute cette violence, or il persiste à enflammer l'ensemble de la région par son agression permanente et sa méprisante désinvolture devant les vies et les droits des Palestiniens – et, encore une fois, des Libanais. Bref, Israël a riposté de manière tout à fait disproportionnée et avec grande lâcheté contre un pays beaucoup plus faible, en infligeant à la population libanaise un châtiment collectif et en la prenant en otage, comme il l'a fait avec la population palestinienne, qui est encore plus faible. Il a lancé une action militaire qui, pendant les neuf premiers jours seulement, a fait beaucoup plus de victimes chez les Libanais que les 300 qui ont été rapportées – car ce chiffre ne comprend pas les personnes ensevelies sous les décombres du nombre impressionnant de bâtiments qui ont été rasés –, blessé d'innombrables personnes, détruit une partie considérable de l'infrastructure libanaise et imposé un blocus à l'ensemble du pays. Les Libanais qui avaient cru au souci proclamé par Washington pour le peuple libanais et sa démocratie ont pu voir au grand jour toute l'étendue de son hypocrisie, car les États-Unis ont empêché le Conseil de sécurité de l'ONU ne serait-ce que de réclamer un cessez-le-feu. En fait, Washington partage la responsabilité – ou plutôt l'irresponsabilité – de l'agression d'Israël contre la population libanaise, car tout le monde sait que les États-Unis, et eux seuls, avaient les moyens d'imposer l'arrêt immédiat de cette agression.

L'ampleur même de l'agression démontre que l'attaque du Hezbollah a été exploitée par Washington et Israël comme prétexte pour tenter de réaliser un objectif qu'ils poursuivaient depuis de nombreuses années, et surtout depuis 2004. Cette année-là, les États-Unis, avec le soutien enthousiaste de la France, étaient parvenus à faire en sorte que le Conseil de sécurité de l'ONU adopte la résolution 1559, qui exigeait non seulement le retrait des troupes syriennes du Liban, mais encore le désarmement des groupes armés dans le pays, c'est-à-dire, pour l'essentiel, le Hezbollah et, accessoirement, les Palestiniens armés dans les camps de réfugiés. L'arrogant, brutal et effréné comportement prédateur de l'État israélien, soutenu par Washington, traduit une logique familière qui vise cette fois à contraindre la majorité gouvernementale libanaise à affronter le Hezbollah au prix d'une nouvelle guerre civile dans le pays. Au moment de la rédaction de ces lignes, il semble que cette agression si manifestement préméditée se soit en fait retournée contre les Israéliens, puisqu'elle a unifié la plupart des Libanais dans un ressentiment profond contre la brutalité d'Israël et qu'elle a rétabli le Hezbollah comme incarnation principale de la résistance nationale du pays, et cela au-delà de la communauté chiite où c'est depuis toujours le cas.

L'actuel gouvernement libanais, qui est issu des élections du printemps 2005, avait commencé à aborder le problème des armements du Hezbollah. Aussi a-t-il demandé à cette fin à Israël de rendre la dernière étendue de territoire qu'il occupe dans le sud du Liban, c'est-à-dire les fermes de Shebaa[8], et de libérer les deux prisonniers qui sont officiellement détenus par Israël, dont l'un est détenu depuis 1978. Il a également demandé à Israël de cesser de s'immiscer dans les affaires du Hezbollah et de harceler ce dernier, qui est manifestement un acteur légitime sur la scène politique libanaise, puisqu'il participe à la vie parlementaire et gouvernementale.

Tant qu'il sera menacé, il est parfaitement légitime que le Hezbollah conserve ses armements afin de se défendre, puisque l'État libanais est incapable de le protéger contre Israël. Certes, les moyens pour le Liban de défendre sa souveraineté constituent une tout autre question qui doit être réglée démocratiquement par l'ensemble du peuple libanais, et non unilatéralement par une de ses forces politiques quelle qu'elle soit. En tout cas, le problème des armements du Hezbollah doit être résolu par les Libanais eux-mêmes, par des moyens politiques. Ce qu'Israël, soutenu par Washington, Paris et leurs alliés, tente d'imposer au Liban, c'est une violente confrontation interne, une nouvelle guerre civile dans un pays qui a déjà été saigné à blanc par quinze ans de guerre. Israël est en train de dire aux Libanais ce qu'il dit constamment aux Palestiniens : Détruisez-vous les uns les autres, sinon nous vous détruirons tous !

Quant aux motifs pour lesquels les États-Unis soutiennent – plutôt : incitent – Israël dans cette nouvelle agression, ils vont bien entendu au-delà du Liban et visent essentiellement l'Iran. Ils relèvent en partie de l'obsession de Washington quant au prétendu croissant chiite qui s'étend de l'Iran au Hezbollah du Liban, en passant par les alliés de l'Iran en Irak et le régime syrien. Étant donné l'état d'esprit du genre guerre froide qui domine à Washington, l'Iran est le principal ennemi régional, comme l'était autrefois l'Union soviétique au niveau mondial ; or, tout affrontement avec une force qui est soutenue par l'ennemi principal est considéré comme faisant partie de l'affrontement avec l'ennemi principal lui-même. Les rapports très étroits de l'Iran avec le Hezbollah sont un secret de polichinelle. L'Iran soutient cette organisation qui partage son idéologie intégriste islamique depuis sa création : il l'a financée, formée et armée. Il eût été insensé pour le Hezbollah de lancer une attaque aussi audacieuse que celle qu'il a lancée le 12 juillet, au cours de laquelle il a enlevé des soldats israéliens, sans l'avoir coordonnée avec ses commanditaires à Damas et Téhéran. La question qui se pose est la suivante : Et alors ?

L'assertion de Washington selon laquelle les États n'ont pas le droit de soutenir des forces qui combattent leurs propres ennemis dans d'autres pays pue l'hypocrisie, étant donné les antécédents des États-Unis. Songeons, par exemple, au soutien de Washington aux Contras du Nicaragua contre le gouvernement sandiniste, ou aux moudjahidin afghans contre l'occupation soviétique de leur pays. Chose bien plus importante encore, les États-Unis n'ont-ils pas soutenu, financé, commandité et alimenté en armes l'État israélien dans ses nombreux actes d'agression ? En outre, le fait que le Hezbollah soit soutenu par l'Iran, la Syrie ou tout autre État ne signifie pas qu'il ne mène pas un combat légitime pour la libération de son pays, pas plus que le soutien que les Russes ou les Chinois apportaient aux communistes vietnamiens ne signifie que ces derniers ne menaient pas, aux yeux de l'écrasante majorité de la population vietnamienne, une guerre de libération nationale contre les occupants de leur pays. Le culot de Washington n'a pas de limites : il condamne l'« immixtion étrangère » dans des pays qu'il occupe lui-même – le Viêt-nam hier, l'Irak aujourd'hui – ou qu'envahissent ses alliés !

Cette nouvelle agression d'Israël contre le Liban, outre l'attaque contre Gaza, est de mauvais augure pour l'avenir de la région. De même, le recours illimité d'Israël à une écrasante brutalité, parallèlement au comportement semblable des États-Unis et de leurs alliés, nourrit divers fanatismes qui retombent inévitablement sur le dos des auteurs et de leur pays d'origine – les attaques du 11 septembre 2001 à New York, du 11 mars 2004 à Madrid et du 7 juillet 2005 à Londres en sont de macabres témoignages. Il est important de souligner encore une fois qu'une responsabilité énorme incombe à cet égard à la population des États-Unis, car ce n'est qu'en modifiant le cours de la politique de Washington envers le Moyen-Orient qu'il sera possible de mettre fin à la vague de barbarie et à la spirale de violence et de mort qui déferlent sur la région et débordent sur le reste du monde.

NOAM CHOMSKY

Le lobby israélien

SHALOM : Au cours des derniers mois, suite à la parution d'une analyse de Mearsheimer et Walt, on a accordé une attention toute particulière au problème du lobby israélien[9]. Quelle est ta réaction à cette analyse et à la controverse qui s'ensuivit ?

CHOMSKY : C'est une analyse sérieuse qui mérite notre attention, mais je ne suis pas sûr que le terme « controverse » soit adéquat pour décrire ses conséquences. Certes, il y a eu des réactions sérieuses, notamment celles de Norman Finkelstein, Joseph Massad et Stephen Zunes, qui ont analysé les enjeux en détail[10]. Mais une bonne partie de ces réactions n'était que fanfaronnades et irrationalité, voire de ridicules accusations d'antisémitisme.

Personne ne doute qu'il existe un important lobby israélien et qu'il influence les politiques – bien que, comme nous l'avons déjà dit, j'estime que Mearsheimer et Walt, comme bien d'autres, ne tiennent pas compte de ce qui est peut-être sa composante la plus importante. Il me semble également que leur travail pâtit de l'inadéquation générale de l'approche « réaliste » des relations internationales. Car elle est basée sur un concept douteux d'« intérêt national » qui est très loin de la répartition réelle du pouvoir dans le pays, et donc des facteurs qui déterminent largement, en pratique, l'« intérêt national » – dans notre société, il s'agit, sans l'ombre d'un doute, des concentrations de pouvoir économique.

En vertu de la logique élémentaire, on ne peut conclure qu'une politique s'oppose à l'« intérêt national » en vigueur si cette politique échoue. Ainsi, si l'invasion irakienne de Rumsfeld, Cheney, etc. se solde par un désastre pour les intérêts d'État et d'entreprise que servent ces derniers, on ne saurait conclure que les politiques en cause s'opposaient à ces intérêts, ni par leurs intentions, ni par leurs motifs. Comme nous l'avons déjà dit, ces politiques – si criminelles soient-elles – n'étaient pas irrationnelles selon leur perspective.

Nous ne pouvons évaluer le pouvoir de ce lobby – c'est également une question de logique – qu'en étudiant les cas où ses objectifs s'opposent aux intérêts d'État et d'entreprise tels que nous les percevons. Or, un examen historique révèle que ces objectifs et intérêts convergent largement dans les domaines qui sont d'importance primordiale pour les concentrations de pouvoir dans le pays, tant étatiques que privées. Nous nous retrouvons alors devant la question spéculative consistant à mesurer le poids relatif de deux facteurs qui convergent largement.

Cette question serait d'un intérêt plus que spéculatif si elle avait des implications pratiques. Or, il se trouve qu'elle en a. Si le pouvoir du lobby israélien est aussi considérable que beaucoup le croient, alors la marche à suivre pour ceux qui critiquent le soutien des États-Unis aux politiques israéliennes est claire : ils doivent se rendre aux sièges sociaux de Lockheed-Martin, Intel, Goldman-Sachs, Warren Buffett, Exxon Mobil, etc. et expliquer patiemment aux dirigeants qu'un lobby qu'ils dépassent largement en influence politique et en pouvoir économique nuit à leurs intérêts. J'aimerais y croire, car cela me simplifierait considérablement la vie. Je n'aurais plus besoin de consacrer une débauche de temps et d'énergie à des efforts pour mobiliser l'opposition du public à des politiques d'État menées de longue date. Mais personne ne suit mon conseil.

Il paraît difficile de ne pas partager le point de vue exprimé par Gilbert, lorsqu'il a fait remarquer qu'« attribuer une influence décisive au lobby pro-israélien est une vision fantasmagorique de la politique qui est très répandue[11] ». Je ne puis m'abstenir d'ajouter que de consacrer énergie et attention au problème spéculatif plutôt abstrait de la distinction entre les effets de facteurs largement convergents me paraît à tout le moins de mauvais goût, alors que la Palestine est en voie d'être anéantie sous nos yeux à cause de politiques israéliennes soutenues par les États-Unis.

Les États-Unis et l'Iran

SHALOM : En janvier, tu as estimé que la probabilité d'une attaque des États-Unis contre l'Iran, ou d'une attaque israélienne par procuration, était plutôt faible. À la suite des événements des derniers mois, comment remettrais-tu à jour ton évaluation ?

CHOMSKY : Il s'agissait évidemment de spéculations – et, comme nous l'avons dit, de spéculations qui s'appuient sur la supposition d'une planification rationnelle et qui ne tiennent pas compte de ce que Gilbert a appelé «le phénomène de la bête blessée»[12]. Les planificateurs de Bush ont engendré d'énormes catastrophes pour eux-mêmes au Moyen-Orient et dans une bonne partie du monde. Il est en effet concevable qu'ils agissent par désespoir en fracassant le système avec une masse pour voir si, d'une façon ou d'une autre, le résultat leur est favorable.

Depuis notre discussion début janvier, il y a eu des développements pertinents en la matière. De nouvelles preuves de l'opposition générale à des actions militaires états-uniennes en Iran se sont accumulées depuis lors. Cela comprend même la «communauté internationale», terme technique qui se réfère à une petite clique à Washington qui a amassé d'énormes pouvoirs et à quiconque se joint à elle: Blair, presque par réflexe, le gouvernement français, conformément à quelque motif cynique qui se trouve être prioritaire, et parfois quelques autres. S'agissant d'une action militaire contre l'Iran, même les complices habituels s'y opposent. La «communauté internationale» a certes emboîté le pas aux États-Unis en demandant à l'Iran, comme condition préalable à des négociations, qu'il mette un terme à son programme d'enrichissement de l'uranium, mais la Chine et la Russie se sont, avec ambiguïté, inscrites en faux[13]. Au-delà de la «communauté internationale», on constate que le mouvement des pays non alignés soutient le «droit inaliénable» de l'Iran de développer l'énergie nucléaire et a exigé des négociations sans conditions préalables. En outre, il s'est opposé à toute menace d'attaque contre l'Iran, a exigé qu'Israël signe le traité de non-prolifération et a demandé la création d'une zone dénucléarisée au Moyen-Orient, objectif de longue date de la véritable communauté internationale qui s'est heurté à l'opposition de Washington. Selon des sondages réalisés par Terror Free Tomorrow, organisation œuvrant à la réduction du soutien populaire au terrorisme, «en dépit d'une profonde inimitié historique entre la population chiite perse de l'Iran et la population essentiellement sunnite de ses voisins arabes, turcs et pakistanais aux ethnies diverses, une majorité relative de la population de ces pays préfère un Iran doté de l'arme nucléaire à toute action militaire des États-Unis[14] ». La Commission sur les armes de destruction massive mise sur pied par le gouvernement suédois à la suggestion des Nations unies, qui est présidée par Hans Blix, a publié un rapport général sur la question urgente de la réduction des dangers engendrés par les armes de destruction massive (ADM) et a exigé des « assurances contre des attaques et la subversion visant à un changement de régime » en Iran[15]. En outre, Mohammed el-Baradei, le directeur de la Commission internationale de l'énergie atomique, s'oppose fermement à toute action militaire. Enfin, les quelques informations disponibles donnent à penser que les militaires et les services de renseignement états-uniens s'opposent également à une telle action militaire.

Les décideurs états-uniens pourraient néanmoins passer outre à l'écrasante majorité de l'opinion mondiale. Cela n'aurait rien de nouveau, car les réactionnaires étatistes qui sont à la barre à Washington ont battu de nouveaux records en faisant étalage de leurs antécédents comme hors-la-loi internationaux.

On a appris beaucoup de choses au sujet des efforts de l'administration Bush pour empêcher une solution diplomatique. Flynt Leverett, ancien conseiller de l'administration Bush au National Security Council pour les questions relatives au Moyen-Orient, a rapporté qu'en mai 2003 le gouvernement iranien réformiste de Khatami, avec le soutien du faucon qu'est l'ayatollah Khamenei, le « chef suprême », « a envoyé à Washington une proposition détaillée pour l'organisation de négociations globales dans le but de résoudre les différends bilatéraux ». Étaient évoqués les ADM, l'arrêt du soutien aux organisations anti-israéliennes et une solution à deux États au conflit Israël-Palestine. La réponse de Washington a été de réprimander le diplomate suisse qui a communiqué cette offre. En octobre 2003, ajoute Leverett, « les Européens ont réussi à convaincre l'Iran de suspendre l'enrichissement afin de reprendre des pourparlers susceptibles de déboucher sur un accord économique, nucléaire et stratégique», «mais l'administration Bush a refusé de se joindre à l'initiative européenne, faisant valoir que les pourparlers avaient échoué». Cet obstructionnisme des États-Unis «a donné à bien des personnes à Téhéran l'impression qu'aucune concession iranienne ne serait suffisante pour plaire à Washington, même si l'Iran changeait de position relativement à Israël. Cela a également raffermi la position du président Mahmoud Ahmadinedjad, selon Trita Parsi, spécialiste du Moyen-Orient à l'université Johns Hopkins. En mai 2006, un haut fonctionnaire iranien qui a participé à l'élaboration de l'offre de 2003 a informé le *Financial Times*, à Londres, que «l'Iran est encore disposé à entrer en pourparlers élargis, à condition que les États-Unis soient sérieux lorsqu'ils affirment être disposés à aborder les préoccupations iraniennes et qu'ils ne considèrent pas la table de négociations comme simplement un moyen parmi d'autres de tenter d'effectuer un "changement de régime"[16]».

En juin 2006, l'ayatollah Khamenei «a affirmé que l'Iran ne représente pas une menace envers les autres pays, notamment ses États voisins, et qu'il partage la position des pays arabes sur le plus important des problèmes islamo-arabes, à savoir le problème palestinien». Khamenei affirme de la sorte que l'Iran accepte la position de la Ligue arabe, laquelle appelait en 2002 à l'entière normalisation des rapports avec Israël si celui-ci se retirait jusqu'aux frontières internationales et permettait la mise en œuvre d'un règlement à deux États, conformément au consensus international auxquels font obstacle les États-Unis, et auquel s'oppose Israël, depuis trente ans. La déclaration de Khamenei a peut-être été faite en réaction à celles de son subordonné Ahmadinedjad où il était question de «rayer Israël de la carte» – ces déclarations ont peut-être bien été mal traduites et pouvaient faire allusion plutôt à l'objectif à long terme d'un «changement de régime»[17].

Les déclarations d'Ahmadinedjad, dont certaines sont sans aucun doute scandaleuses, ont été largement rapportées et condamnées en Occident, mais, à ma connaissance, on n'a pas rapporté la déclaration beaucoup plus importante de son supérieur hiérarchique l'ayatollah Khamenei. D'autres gestes du gouvernement iranien sont également tombés dans l'oubli – nous ne connaissons pas leur intérêt puisqu'ils sont passés sous silence. Entre autres exemples, selon Trita Parsi, les Iraniens « ont offert aux Européens le 30 janvier [2006] de suspendre leur programme d'enrichissement [de l'uranium]. Cette proposition a été rejetée par les Européens », peut-être dans le but de se conformer aux exigences de Washington. Deux semaines plus tard, l'Iran a accepté la proposition très importante et très étendue de Mohammed el-Baradei que nous avons déjà évoquée, c'est-à-dire que toutes les matières fissiles utilisables dans des armes soient placées sous contrôle international. Le négociateur principal de l'Iran, le professeur Ali Laridjani, a affirmé que « si un système international crédible de fourniture de combustible nucléaire était en place, la République islamique de l'Iran serait disposée à se fournir en combustible nucléaire auprès de ce système ». À ma connaissance, l'Iran est le seul pays qui accepte la proposition d'el-Baradei, question d'une très grande importance qui va bien au-delà des activités nucléaires iraniennes, comme nous l'avons déjà expliqué[18].

Les négociations entre l'Union européenne et l'Iran évoquées par Leverett étaient fondées sur un marché : l'Iran suspendrait l'enrichissement de l'uranium et l'Europe fournirait « des engagements fermes en matière de sécurité ». L'Iran a honoré le marché. Mais pas l'Europe – sous les pressions des États-Unis, selon Selig Harrison, expert respecté[19]. L'Iran a finalement repris son programme d'enrichissement de l'uranium. La version courante, c'est que l'Iran a violé ses engagements – ce n'est pas tout à fait la vérité.

Rappelons que lorsque l'Iran était gouverné par le chah, le tyran que les États-Unis et la Grande-Bretagne avaient installé au pouvoir, Washington soutenait vigoureusement les programmes nucléaires iraniens, qui étaient semblables à ceux qu'il condamne aujourd'hui. Pendant l'administration Ford, non seulement Rumsfeld, Cheney et Wolfowitz ont « accepté les plans iraniens de développement massif d'une industrie à base d'énergie nucléaire», rapporte le *Washington Post*, «mais ils ont œuvré assidûment pour conclure un marché de plusieurs milliards de dollars en vertu duquel Téhéran aurait obtenu la maîtrise de quantités importantes de plutonium et d'uranium enrichi – les deux voies qui mènent à la bombe nucléaire. Ces deux [substances] peuvent être introduites dans le cœur d'une ogive nucléaire; or, l'obtention de l'une ou de l'autre est généralement considérée par les constructeurs d'armes potentiels comme étant l'obstacle principal». Justifiant cette politique dans un National Security Memorandum, le secrétaire d'État Kissinger a expliqué que «l'introduction de l'énergie nucléaire subviendra aux besoins croissants de l'économie iranienne tout en libérant les réserves pétrolières restantes pour l'exportation ou la conversion en produits pétrochimiques». Aujourd'hui, Kissinger écrit que «pour un important producteur de pétrole tel que l'Iran, l'énergie nucléaire est un gaspillage de ressources», position dont Cheney et d'autres se font l'écho[20]. Peut-être faut-il pardonner aux Iraniens s'ils décèlent un élément de cynisme dans la position occidentale, eux savent les tourments infligés sans relâche par les États-Unis à la population iranienne depuis plus de cinquante ans, tourments que l'Occident préfère oublier.

Il semble que les États-Unis soient, à toute fin pratique, le seul pays qui maintienne la menace d'une intervention militaire. En outre, ils auraient systématiquement fait obstacle à la voie diplomatique, qui offre peut-être des perspectives pour résoudre non seulement le problème des armes nucléaires iraniennes, mais encore la prétendue menace contre Israël. En dépit de prises de position rhétoriques, Washington persiste à miner ces perspectives. Manifestement, une proposition de négociations faite sous la menace d'un fusil et avec l'objectif visé comme condition préalable n'a guère de signification – mis à part le fait que menacer est en soi une grave violation du droit international. Washington refuse de retirer cette menace et insiste pour maintenir la condition préalable, ce qui rend pratiquement certain que des négociations sérieuses n'auront pas lieu.

L'enlèvement de deux soldats israéliens par le Hezbollah en juillet a suscité de nouvelles condamnations de l'Iran par Washington. Aujourd'hui, « on admet communément aux États-Unis que l'Iran dirige le Hezbollah afin de détourner les pressions internationales du programme nucléaire de Téhéran », rapporte le *Financial Times*. Mais, ajoute celui-ci, les experts ne sont pas de cet avis, et le journal de citer d'éminents dissidents et universitaires iraniens, lesquels estiment que « l'Iran a adopté une approche pragmatique pour sa politique étrangère et ne souhaite pas entrer en confrontation directe avec Israël » (selon l'universitaire dissidente Fatemeh Haghighatjoo) et que « les dirigeants du Hezbollah ne sont pas du genre à se laisser imposer des ordres venant d'ailleurs » (Ervand Abrahamian). Un expert iranien, qui est « proche de la pensée de Téhéran », est du même avis : « il est inconcevable que l'Iran ait ordonné au Hezbollah d'enlever des soldats israéliens ». Amal Saad-Ghorayeb, universitaire libanaise spécialiste du Hezbollah, écrit que « donner à entendre que le Hezbollah a attaqué sous les ordres de Téhéran et de Damas, c'est simplifier énormément d'étroites relations stratégiques et idéologiques ». Bien que « [Téhéran et Damas] constituent un axe stratégique » qui « s'oppose à la volonté des États-Unis et d'Israël de redessiner la carte de la région, [le Hezbollah] n'a jamais permis à une puissance étrangère de lui dicter sa stratégie militaire ». Son jugement est partagé par Dilip Hiro, autre spécialiste de la région. De toute évidence, on ne sait rien avec certitude, mais les assertions pleines de conviction sont tout au plus douteuses[21].

Les extrémistes de Washington vont-ils prendre le risque d'attaquer l'Iran directement ? J'en doute encore. J'estime plutôt qu'ils opteront pour l'asphyxie économique et la subversion, et peut-être pour le soutien à des mouvements sécessionnistes qu'ils pourront « défendre » en bombardant l'Iran.

Le Hezbollah

SHALOM : Tu t'es rendu au Liban pour la première fois en mai 2006. Ta rencontre à cette occasion avec Hassan Nasrallah, le chef du Hezbollah, a fait pas mal de bruit. Des sources pro-israéliennes t'ont violemment attaqué. Pourquoi l'as-tu rencontré en dépit des sérieuses et évidentes divergences qui te séparent du Hezbollah ?

CHOMSKY : C'est une question intéressante. Il est compréhensible qu'elle soit posée, compte tenu de la couverture médiatique. Mais on pourrait également se demander pourquoi j'ai passé encore plus de temps dans la demeure de l'éminente figure politique libanaise qui est peut-être l'adversaire le plus franc du Hezbollah, le dirigeant druze Walid Joumblatt. Et pourquoi j'ai rencontré de nombreuses autres personnes venant d'horizons très divers pour me faire une idée aussi complète que possible de la réalité de ce pays complexe, animé, conflictuel, affligé et remarquablement attirant qu'est le Liban. La vraie question, c'est pourquoi une seule de ces rencontres a fait du « bruit » et suscité des « attaques ». Mais point n'est besoin de s'attarder sur le sujet.

Le Hezbollah est une organisation politique importante au Liban. Il jouit d'un soutien populaire considérable parce qu'il a joué un rôle déterminant dans l'éviction des envahisseurs israéliens à l'issue d'une longue et brutale occupation entreprise au mépris des résolutions du Conseil de sécurité de l'ONU, et parce que, à l'instar d'autres mouvements islamiques, il fournit des services sociaux aux pauvres. Pendant les dernières élections parlementaires, le Hezbollah a obtenu presque la moitié des suffrages attribués au bloc chiite en vertu du système confessionnel. L'autre moitié est allée au Amal, parti qui est étroitement associé au Hezbollah.

Je ne vais pas résumer mon séjour au Liban, car des personnes qui m'ont accompagné pendant tout ce voyage et qui connaissent bien mieux le Liban que moi s'en sont chargé – il s'agit d'amis personnels (et amis de Gilbert)[22]. En ce qui concerne Nasrallah, je crois que ces personnes corroboreront mon impression qu'il est instruit et bien informé, qu'il s'agit de quelqu'un dont les idées – quoi qu'on en pense – ne doivent pas être ignorées par ceux qui cherchent à comprendre la réalité libanaise ou les mouvements chiites de la région.

La prise de position la plus controversée du Hezbollah est peut-être son refus de renoncer à ses armes conformément à la résolution 1559 du Conseil de sécurité. C'est aux Libanais de régler ce problème. Or le gouvernement n'a pas exigé la mise en œuvre de cette partie de la résolution, et son rejet par le Hezbollah jouit d'un soutien considérable au Liban. Le Premier ministre Fouad Siniora a décrit l'aile militaire du Hezbollah comme [une force de] « résistance plutôt que comme une milice, qui n'est donc pas tenue de se plier à » la résolution 1559[23].

L'argument voulant que le Hezbollah puisse conserver ses armes s'appuie sur la prémisse que le Liban doit disposer d'une arme de dissuasion contre une autre invasion israélienne et que la seule arme de dissuasion est la capacité de mener une guérilla, ce qui a finalement entraîné le retrait d'Israël en 2000. La crise actuelle mise à part, Israël a envahi le Liban quatre fois au cours des trois dernières décennies : en 1978, en 1982 et (au nord de la partie du Liban qu'Israël continuait d'occuper – sa « zone de sécurité » selon le vocabulaire américano-israélien), sous les gouvernements de Rabin et de Peres respectivement, en 1993 et en 1996. Pendant toute cette période, Israël a agi avec le soutien des États-Unis, bien que Reagan et Clinton eussent ordonné à Israël de mettre fin à l'invasion (1982, 1996) lorsque les atrocités israéliennes devenaient préjudiciables aux États-Unis. Dans aucun de ces cas il n'y avait un prétexte crédible. En 1982, l'objectif, qui a été largement reconnu, était de mettre un terme aux initiatives diplomatiques de l'OLP et de mettre sur pied au Liban un régime inféodé. En 1993, la raison officielle était que le Hezbollah avait violé les « règles du jeu » israéliennes, à savoir qu'Israël a le droit de perpétrer des actes terroristes au Liban au nord de sa « zone de sécurité », mais que les Libanais ne peuvent riposter qu'à l'intérieur du Liban occupé. Scénario semblable en 1996. Il est facile d'imaginer des scénarios pour une future invasion.

Bien entendu, les États-Unis et Israël rejettent la prémisse fondamentale : personne n'a le droit de détenir un moyen de dissuasion contre leur vertueuse violence. Mais si l'on admet cette prémisse, qu'est-ce qui pourrait tenir lieu d'une telle dissuasion ? Non pas l'armée libanaise, ni les mots dépourvus de signification de l'Europe. Les États-Unis pourraient certes fournir une garantie crédible qu'Israël n'attaquera pas le Liban, ce qui réfuterait l'argument justifiant la conservation par le Hezbollah de ses armements. Mais il n'y a aucune indication en ce sens.

J'ai posé la question aux adversaires les plus francs du Hezbollah que j'ai rencontrés au Liban. Bien qu'ils s'opposent tous à ce que le Hezbollah conserve ses armes, aucun d'entre eux n'avait une réponse convaincante. Certes, il n'y a aucun doute que la présence dans un pays de forces armées indépendantes de l'État est une situation très dangereuse. On peut en dire autant des armes détenues par les Palestiniens dans leurs misérables camps de réfugiés à des fins de légitime défense. Mais les questions essentielles méritent une réponse.

Les problèmes en cause sont d'ampleur plus grande encore. Ainsi, Rami Khouri, correspondant de presse chevronné au Moyen-Orient, écrit que « les Libanais et les Palestiniens ont réagi aux attaques persistantes et de plus en plus sauvages d'Israël contre des populations civiles entières en créant des centres de pouvoir parallèles ou alternatifs qui peuvent les protéger et fournir les services essentiels ». Cette analyse est partagée par Patrick Seale, autre analyste averti : « On assiste à la montée d'acteurs essentiellement non étatiques comme le Hezbollah et le Hamas en raison du vide engendré par l'impuissance des États arabes à contenir ou à dissuader Israël. Pour l'essentiel, ces acteurs s'opposent à la "dissuasion" israélienne, qui pose en principe qu'Israël peut frapper mais que personne ne peut frapper en retour. » Tant qu'on ne s'attaquera pas aux questions essentielles, selon toute vraisemblance, « le Moyen-

Orient continuera de s'enfoncer encore plus dans la violence et le désespoir », comme le prédit Khouri[24].

La confrontation avec le Hamas et le Hezbollah

SHALOM : Quelle est ton évaluation des réactions d'Israël et des États-Unis à l'élection du Hamas et aux conflits subséquents à Gaza et au Liban ?

CHOMSKY : La réaction des États-Unis démontre encore une fois qu'ils ne soutiennent la démocratie que si elle se conforme à leurs objectifs stratégiques et économiques[25].

Il serait peut-être utile de passer en revue certains événements marquants survenus depuis que le Hamas a été élu fin janvier 2006.

Le 12 février, les déclarations de Ben Laden ont été analysées dans le *New York Times* par Noah Feldman, professeur de droit à l'université de New York (NYU). Ce dernier a décrit la descente de Ben Laden dans la barbarie absolue. Il aurait atteint le fond lorsqu'il a fait « l'assertion perverse que puisque les États-Unis sont une démocratie, tous les citoyens sont responsables des actes de leur gouvernement et sont donc des cibles légitimes ». C'est, sans aucun doute, le comble de la dépravation. Deux jours plus tard, la manchette du *Times* rapportait tout bonnement que les États-Unis et Israël rejoignaient Ben Laden dans les bas-fonds de l'abjection. Cela parce que les Palestiniens avaient offensé les maîtres en ne votant pas de la bonne façon au cours d'une élection libre. La population doit donc être punie pour ce crime. L'« intention », fait remarquer le correspondant, « c'est de priver l'autorité palestinienne d'argent et de relations internationales », de sorte que le président Mahmoud Abbas soit « contraint de déclencher une élection. L'espoir, c'est que les Palestiniens soient si malheureux sous le Hamas qu'ils portent de nouveau au pouvoir un mouvement Fatah réformé et assagi. » Sont ensuite décrits les mécanismes de châtiment de la population. On rapporte également dans cet article que Condoleezza Rice visitera les [pays] producteurs de pétrole afin de s'assurer qu'ils ne soulagent pas la torture des

Palestiniens. Bref, revoici l'« assertion perverse » de Ben Laden. Mais lorsque les États-Unis la reprennent à leur compte, il ne s'agit pas du mal absolu mais d'un engagement vertueux pour la « promotion de la démocratie »[26].

Le parallèle entre ces deux articles n'a, à ma connaissance, suscité aucun commentaire. On a également passé sous silence le fait que le coup de l'« assertion perverse » de Ben Laden est un procédé classique. Un exemple bien connu est le mot d'ordre « Faisons crier l'économie ! », lancé lorsque les Chiliens ont eu l'audace d'élire Salvador Allende – ça c'est la « voie douce » ; la « voie dure » a amené Pinochet au pouvoir. Autre illustration pertinente, le régime de sanctions des États-Unis et de la Grande-Bretagne qui a tué des centaines de milliers d'Irakiens, dévasté le pays et probablement épargné à Saddam Hussein le sort d'autres monstres comme lui, qui sont souvent soutenus jusqu'à la toute fin par les États-Unis et la Grande-Bretagne. Ce n'est pas tout à fait la doctrine de Ben Laden. Ou plutôt, cela est bien plus pervers encore, non seulement en raison de l'échelle de ces mesures, mais également parce que les Irakiens ne peuvent absolument pas être tenus pour responsables de Saddam Hussein.

L'illustration qui fait date est la campagne de terreur et d'asphyxie économique que Washington mène depuis quarante-sept ans contre Cuba. Selon la documentation interne, les administrations Eisenhower et Kennedy ont déterminé que « le peuple cubain est responsable du régime ». C'est pourquoi il doit être puni dans l'attente que « la gêne croissante chez les Cubains affamés » les poussera à renverser Castro (dixit Kennedy). Le Département d'État a recommandé que « tous les moyens possibles soient mis en œuvre sur-le-champ afin d'affaiblir la vie économique de Cuba [dans le but de] susciter la faim, le désespoir et un changement de régime[27] ». Cette doctrine est toujours en vigueur.

Sans poursuivre, il y a amplement de quoi démontrer que ce n'est pas du tout s'éloigner de la norme que de reprendre à son compte l'assertion la plus perverse de Ben Laden afin de punir les Palestiniens pour leurs « méfaits » démocratiques.

Les États-Unis et Israël ont par la suite mis en œuvre leur « intention » avec un soin scrupuleux. Ainsi, pour faire obstacle à une proposition de l'Union européenne visant à fournir des soins de santé qui faisaient gravement défaut, des « responsables [des États-Unis] ont exprimé la crainte qu'une partie de cet argent finisse par payer des infirmières, des médecins, des enseignants et autres personnels qui étaient payés antérieurement par le gouvernement, ce qui aiderait à financer le Hamas ». Autre réalisation de la « guerre contre le terrorisme ». Avec le soutien des États-Unis, Israël a poursuivi ses atrocités terroristes et autres crimes à Gaza et en Cisjordanie – peut-être, dans certains cas, afin d'inciter le Hamas à violer son embarrassant cessez-le-feu, de manière à ce qu'Israël puisse réagir en « légitime défense », autre comportement bien connu[28].

En mai 2006, le Premier ministre israélien Olmert a annoncé son plan d'officialisation des programmes d'expansion de Sharon en Cisjordanie, qui ont été annoncés en même temps que le « désengagement de Gaza ». Olmert a utilisé le terme de « convergence » (« hitkansut ») comme euphémisme pour l'annexion de terres et de ressources précieuses (notamment de ressources hydriques) en Cisjordanie, programmes conçus pour séparer les zones palestiniennes qui se rétrécissent comme peau de chagrin en cantons distincts pratiquement isolés les uns des autres et du morceau, quel qu'il soit, de Jérusalem qu'on aura laissé aux Palestiniens, zones qui seront toutes enclavées à mesure qu'Israël s'emparera de la vallée du Jourdain et contrôlera l'espace aérien et tout accès extérieur. Dans un triomphe sidérant en matière de relations publiques, Olmert a été loué pour le courage dont il a fait preuve en se « retirant » de la Cisjordanie alors même qu'il mettait la dernière main au projet de destruction de tout espoir de reconnaissance des droits nationaux des Palestiniens. On nous enjoignait de nous lamenter sur l'« angoisse » des résidants des colonies dispersées qui seraient abandonnées alors que ces derniers « convergeaient » vers les territoires qui avaient été illégalement annexés derrière le cruel et illégal « mur de séparation ». Tout cela se poursuit, comme d'habitude, avec un signe d'assentiment bienveillant de Washington, qui est censé allonger les milliards de dollars nécessaires pour mettre ces plans en œuvre tout en émettant d'occasionnelles mises en garde pour dire que la destruction de la Palestine ne doit pas être «unilatérale»: il serait en effet préférable que le président Mahmoud Abbas signe une déclaration de reddition, auquel cas tout irait bien.

Les habitants de Gaza et de Cisjordanie sont censés observer tout cela sans broncher, en pourrissant dans leurs quasi-prisons. Sinon, ce sont tous des terroristes sadiques.

La phase la plus récente a commencé le 24 juin, lorsque l'armée israélienne a enlevé deux civils, un médecin et son frère, dans leur demeure de Gaza. Selon des entrefilets parus dans la presse britannique, ils ont été «détenus». Aux États-Unis, les médias ont en général préféré garder le silence sur l'affaire[29]. Ils rejoindront vraisemblablement les 9000 autres prisonniers palestiniens enfermés dans les geôles israéliennes, dont 1000 n'auraient pas été inculpés, c'est-à-dire qu'ils ont été kidnappés – tout comme d'ailleurs beaucoup parmi les autres, en ce sens qu'ils ont été condamnés par les tribunaux israéliens, lesquels sont une honte et ont été sévèrement condamnés par les commentateurs juridiques israéliens. Parmi ces prisonniers il y a des centaines de femmes et d'enfants, mais leur nombre et leur sort ne présentent guère d'intérêt. Pas plus que les prisons secrètes d'Israël. La presse israélienne rapporte que celles-ci ont été «la porte d'entrée en Israël pour les Libanais, surtout ceux qui sont soupçonnés d'appartenir au Hezbollah, qui ont été transférés au sud de la frontière». Certains d'entre eux ont été capturés au cours de combats au Liban, d'autres ont été «enlevés à l'initiative d'Israël» et parfois détenus comme otages, avec interrogatoire assaisonné de tortures. Le camp [secret] 1391 (il y en a peut-être d'autres) a été découvert accidentellement en 2003, mais il a depuis lors été oublié[30].

Le lendemain, le 25 juin, donc, des Palestiniens ont enlevé un soldat israélien tout près de la frontière de Gaza, du côté israélien. Cela, indiscutablement, a eu lieu. Tous ceux qui lisent la presse connaissent le nom du caporal Gilad Shalit et veulent qu'il soit libéré. Mais les civils anonymes de Gaza qui ont été enlevés sont passés sous silence. Le droit international, tout en affirmant avec insistance que les soldats capturés doivent être traités de manière humaine, interdit formellement l'enlèvement extrajudiciaire de civils. Israël a réagi « en bombardant et en lançant des obus, en plongeant dans l'obscurité et en détruisant, en imposant un siège et en kidnappant comme les pires des terroristes, et personne ne brise le silence pour demander : Pourquoi diable, et en vertu de quel droit ? », comme l'écrit l'excellent journaliste israélien Gideon Levy, qui ajoute qu'« [un] État qui a recours à de telles mesures ne se distingue plus d'une organisation terroriste ». En outre, Israël a enlevé une bonne partie du gouvernement palestinien, détruit l'essentiel des systèmes d'électricité et d'adduction d'eau de Gaza et perpétré de nombreux autres crimes. Ces actes de châtiment collectif, qui ont été condamnés par Amnisty international comme des « crimes de guerre », aggravent le châtiment des Palestiniens pour avoir mal voté. En l'espace de quelques jours, les agences de l'ONU œuvrant à Gaza ont mis en garde contre un « désastre de santé publique » à la suite de faits « qui ont causé la mort de civils innocents, y compris des enfants, qui ont infligé une misère accrue à des centaines de milliers de personnes et qui nuiront à long terme à la société palestinienne. La situation déjà alarmante de Gaza, où le taux de pauvreté atteint presque 80 % et le taux de chômage presque 40 %, va vraisemblablement se détériorer rapidement, à moins que des mesures d'urgence ne soient adoptées immédiatement[31]. »

Le prétexte pour infliger ce châtiment aux Palestiniens, c'est que le Hamas refuse d'accepter trois exigences : reconnaître Israël, cesser de commettre des actes de violence et admettre les accords antérieurs. Les rédacteurs du *New York Times* informent les dirigeants du Hamas qu'ils doivent accepter les « règles de base comme l'ont déjà fait l'Égypte et la Jordanie et l'ensemble de la Ligue arabe dans son initiative de paix de Beyrouth de 2002 », et qu'ils doivent en outre considérer cela

« non pas comme une espèce de concession idéologique », mais « comme un billet d'entrée dans le monde réel, un rite de passage nécessaire pour aller d'une opposition sans loi à un gouvernement légitime » – comme nous[32].

N'est pas mentionné le fait qu'Israël et les États-Unis rejettent catégoriquement toutes ces exigences. Ils ne reconnaissent pas la Palestine ; ils ont refusé de mettre fin à leur violence même lorsque le Hamas a respecté une trêve unilatéralement pendant un an et demi et demandé une trêve à long terme pendant le déroulement de négociations pour un règlement à deux États ; et, comme nous l'avons déjà rappelé, ils ont rejeté avec le plus grand mépris l'appel de la Ligue arabe de 2002 pour une normalisation des relations, ainsi que toutes les autres propositions pour un règlement diplomatique sérieux. Même lorsqu'il a accepté la « feuille de route » qui est censée définir la politique des États-Unis, Israël a ajouté 14 « réserves » qui l'ont privée de toute signification, ce qui a suscité l'habituelle approbation tacite de Washington et l'habituelle absence de commentaires[33].

La victoire électorale du Hamas a été exploitée avec empressement par les États-Unis et Israël. Antérieurement, ils devaient prétendre qu'il n'y avait « pas de partenaire » pour négocier, de sorte qu'ils n'avaient pas d'autre option que de continuer à mettre en œuvre leur projet d'accaparement de la Cisjordanie, comme ils le faisaient systématiquement depuis la signature de l'accord d'Oslo (qui élargissait des mesures précédentes). Comme nous l'avons déjà noté[34], le rythme de la colonisation a atteint son apogée en 2000, dernière année au pouvoir de Clinton et du Premier ministre israélien Ehud Barak, et s'est de nouveau intensifié sous Bush-Sharon. Or, avec le Hamas au pouvoir, Olmert et ses acolytes peuvent ouvertement déplorer qu'il n'y ait « pas de partenaire ». Ils se voient donc contraints de poursuivre l'annexion et la destruction de la Palestine, en comptant sur l'opinion instruite occidentale pour qu'elle applaudisse poliment, en émettant peut-être quelques réserves modérées au sujet de la « convergence » unilatérale, et pour qu'elle passe sous silence le fait que bien que les programmes du Hamas soient à bien des égards tout à fait inacceptables, ceux d'Israël et consorts sont comparables, voire bien pires. Et ils ne sont pas que de la rhétorique. Car ils mettent systématiquement en œuvre leur déni de tout droit palestinien sérieux – différence cruciale.

L'acte suivant de ce drame hideux a débuté le 12 juillet, lorsque le Hezbollah a lancé un raid au cours duquel il a capturé deux soldats israéliens et tué plusieurs autres. Cela a déclenché une attaque déchaînée d'Israël, qui a fait des centaines de victimes et détruit une bonne partie de ce que le Liban avait péniblement reconstruit sur les ruines de ses guerres civiles et des invasions israéliennes. Quels que fussent ses mobiles, le Hezbollah a fait un pari terriblement hasardeux qui risquait fort de coûter cher aux Libanais. Encore une fois, nous voyons les dangers que comportent les processus qui ont débouché sur la formation de « centres de pouvoir parallèles ou alternatifs qui peuvent protéger [les populations civiles] et fournir les services essentiels » avec leurs propres ailes militaires, comme l'a souligné Rami Khouri que nous avons cité plus haut (p. 333).

Au sujet des motifs de cette attaque, les analystes sont en désaccord. « La position officielle du Hezbollah, rapporte le *Financial Times*, c'est que la capture visait à obtenir la libération des quelques prisonniers libanais encore dans les prisons israéliennes. Mais le choix du moment et l'ampleur de l'attaque donnent à penser qu'elle avait en partie pour objectif de réduire la pression sur les Palestiniens en obligeant Israël à combattre sur deux fronts simultanément. » Beaucoup d'observateurs sont du même avis. Ils rappellent à cet égard la réaction du Hezbollah au déclenchement de l'Intifada d'al-Aqsa en septembre 2000 – il avait alors capturé des soldats au cours d'un raid transfrontalier qui a débouché sur un échange de prisonniers –, ainsi que sa réaction aux attaques dévastatrices d'Israël en Cisjordanie en 2002 (Amos Harel)[35]. D'autres privilégient l'explication relative aux prisonniers, en s'appuyant eux aussi sur l'échange de 2000, mais également sur le fait que le

Hezbollah avait tenté de capturer des soldats avant la récente crise et sur l'existence des prisons secrètes israéliennes, que nous avons évoquée plus haut. Amal Saad-Ghorayeb considère pour sa part que Gaza joue un rôle déterminant en la matière mais fait valoir qu'il ne faut pas méconnaître « l'importance pour l'opinion intérieure de ces otages[36] ».

D'autres encore considèrent que l'Iran et/ou la Syrie sont les principaux acteurs. Comme nous l'avons noté plus haut, de nombreux experts et dissidents iraniens ne sont pas de cet avis, bien que peu d'entre eux doutent que l'Iran et la Syrie aient autorisé les actes du Hezbollah. La plupart des dirigeants arabes rejettent la responsabilité sur l'Iran. À l'occasion d'une réunion au sommet d'urgence de la Ligue arabe, ils étaient disposés « à défier ouvertement l'opinion publique arabe » en raison de leur inquiétude au sujet de l'influence iranienne. Un spécialiste militaire de Dubai a fait remarquer que les Iraniens, par le truchement du Hezbollah, « sont une cause d'embarras catastrophique pour les gouvernements arabes », qui ne font rien alors que « le processus de paix s'est écroulé, que les Palestiniens se font tuer… Et voici qu'arrive le Hezbollah qui marque bel et bien des points contre Israël ». La critique contre le Hezbollah s'est heurtée à l'opposition de la Syrie, du Yémen, de l'Algérie et du Liban. Le Parlement irakien, « dans une rare manifestation d'unité », a condamné l'attaque israélienne comme étant une « agression criminelle », et le Premier ministre Nouri al-Maliki, dont la nomination avait été saluée par Washington, « a demandé au monde entier de prendre rapidement position afin de faire cesser l'agression israélienne ». Toutefois, le fait que la plupart des dirigeants arabes soient disposés à « défier l'opinion publique » pourrait avoir d'importantes implications à l'échelle régionale, ce qui renforcerait les groupes islamistes radicaux. Il convient de noter que Mahdi Akef, le « guide suprême » de la Confrérie musulmane égyptienne, a vigoureusement condamné les États arabes. Selon Fawwaz Gerges, expert sur le Moyen-Orient, « la Confrérie l'emporterait avec une large majorité » s'il y avait des élections libres en Égypte, et elle a une profonde influence ailleurs, notamment auprès du Hamas, qui est une de ses ramifications[37].

Le colonel à la retraite Pat Lang, ancien directeur du Bureau du Moyen-Orient et du terrorisme à la Defense Intelligence Agency, au Pentagone, offre une analyse plus large. « Cela relève fondamentalement de la guerre tribale : s'il y a quelqu'un qui vous est hostile et que vous n'êtes pas disposé à accepter une trêve temporaire comme celle qu'a offerte le Hamas, alors il faut le détruire. L'attaque d'Israël est tellement disproportionnée par rapport à l'enlèvement des trois hommes que celui-ci semble être un prétexte assez astucieux conçu de manière à satisfaire son public ainsi que les États-Unis[38]. »

Les spéculations au sujet des motifs et des divers facteurs conflictuels ne doivent pas occulter la tragédie qui se déroule actuellement. Le Liban est en voie de destruction, la prison qu'Israël a fait de Gaza essuie des coups plus féroces que jamais et, en Cisjordanie, quasiment à l'insu de tous, les États-Unis et Israël sont en passe de consommer leur projet de meurtre d'une nation, événement sinistre et rare dans l'histoire.

Ces actes, ainsi que la réaction de l'Occident, jettent une lumière crue sur l'amalgame de cruauté barbare, d'autosatisfaction et d'innocence offensée qui est si profondément enraciné dans la mentalité impérialiste qu'il n'en est même plus conscient. On comprend facilement pourquoi Gandhi, lorsqu'il lui fut demandé ce qu'il pensait de la civilisation occidentale, est réputé avoir répondu qu'il pensait que ce pourrait être une bonne idée.

Notes*

Préface

1. New York, Vintage, 1974. Une édition augmentée comprenant cet ouvrage a été publiée sous le titre de *Middle East Illusions* (Lanham, Maryland, Rowman & Littlefield, 2003).

2. Boston, South End Press, 1983. Une version remise à jour a été publiée en 1999.

3. http://www.zmag.org/weluser.htm.

4. Gilbert Achcar et Stephen R. Shalom, « Getting Out of Iraq », *New Politics*, 10, nº 4 (hiver 2006), p. 5-10. La première partie de cet article, « On John Murtha's Position », a été fréquemment affichée sur la Toile, p. ex. sur ZNet, 21 novembre 2005, http://www.zmag.org/content/showarticle.cfm?ItemID=9162.

5. *La nouvelle guerre froide. Le monde après le Kosovo* (Paris, Presses universitaires de France, 1999). Une traduction anglaise a

* *Note :* Tous les sites Internet cités ont été visités du 2 au 7 juillet 2006 et, dans le cas de l'épilogue, le 22 juillet 2006. Dans les citations, les transcriptions en arabe ont été uniformisées.

paru dans *Masters of the Universe ? NATO's Balkan Crusade*, Tariq Ali (éd.) (Londres, Verso, 2000), p. 57-144.

6. Paris, éditions Complexe, 2003. Éd. américaine : New York, Monthly Review Press, 2002 ; 2e éd. (avec une nouvelle préface et un nouveau chapitre) : Boulder, Colorado, Paradigm Publishers, 2006.

7. *The Israeli Dilemma : A Debate Between Two Left-Wing Jews. Letters between Marcel Liebman and Ralph Miliband*, sélection, introduction et épilogue par Gilbert Achcar (Londres, Merlin Press, 2006).

8. New York, Monthly Review Press, 2004.

9. Cette « lettre », écrite juste après la chute de Bagdad, a été reproduite en totalité ou en partie dans divers quotidiens – *L'Humanité* (Paris), *Liberazione* (Rome), *La Libre Belgique* (Bruxelles), *Le Courrier* (Genève) – et affichée largement sur la Toile (p. ex. ZNet, http://www.zmag.org/content/showarticle.cfm?ItemID=3477. Elle est reproduite dans Gilbert Achcar, *Eastern Cauldron : Islam, Afghanistan, Palestine and Irak in a Marxist Mirror* (New York, Monthly Review Press, 2004), p. 258-264.

Chapitre 1

1. Voir Edward S. Herman, *The Real Terror Network : Terrorism in Fact and Propaganda* (Boston, South End Press, 1982) ; Noam Chomsky, *Towards a New Cold War : Essays on the Current Crisis and How We Got There* (New York, Pantheon, 1982, p. 47-55) ; Edward S. Herman et Frank Brodhead, *The Rise and Fall of the Bulgarian Connection* (New York, Sheridan Square Publications, 1986) ; Noam Chomsky, *Pirates and Emperors : International Terrorism in the Real World* (New York, Claremont Research and Publications, 1986 ; version augmentée, Cambridge, Massachusetts, South End Press, 2002) ; Noam Chomsky, *The Culture of Terrorism* (Boston, South End Press, 1988) ; Edward S. Herman et Noam Chomsky, *Manufacturing Consent : The Political Economy of the Mass Media* (New York, Pantheon, 1988).

2. *US Army Operational Concept for Terrorism Counteraction*, TRADOC Pamphlet n° 525-537, 1984.

3. Les votes par appel nominal de l'ONU sont disponibles sur la Toile à http://unbisnet.un.org:8080/ipac20ipac.jsp?profile=voting&menu=search.

4. Résolution de l'Assemblée générale 42/159, 7 décembre 1987, section 14 ; disponible sur la Toile à http://www.un.org/documents/ga/res/42/a42r159.htm.

5. Deux ans plus tard, les États-Unis et Israël ont signé une résolution semblable (résolution 44/29 de l'Assemblée générale, 4 décembre 1989, disponible sur la Toile à http://www.un.org/documents/ ga/res/44/a44r029.htm). Les États-Unis ayant entre-temps accepté un régime post-apartheid, on pouvait donc discuter du cas sud-africain. En outre, le remplacement des mots «*foreign occupation*» [«occupation étrangère»] par «*alien occupation*» [«occupation par une "tierce partie"»] était apparemment suffisant pour permettre de contourner le droit à la résistance.

6. Décision cadre du Conseil du 13 juin 2002 sur la lutte contre le terrorisme (2002/475/JHA) ; disponible sur la Toile à http://www.statewatch.org/news/2002/jul/frameterr622en00030007.pdf.

7. «Proposed Definition of "Aggression", Submitted by American Delegation, July 25, 1945», dans *International Conference on Military Trials* (Londres, 1945) ; disponible sur la Toile à http://www. yale.edu/lawweb/avalon/imt/jackson/ jack50.htm.

8. Résolution 29/3314 de l'Assemblée générale de l'ONU, 14 décembre 1974, disponible sur la Toile à http://www.un.org/french/documents.

9. *Ibid.* L'article 3, section (g) se lit comme suit : «L'un quelconque des actes ci-après, qu'il y ait eu ou non déclaration de guerre, réunit, sous réserve des dispositions de l'article 2 et en continuité avec elles, les conditions d'un acte d'agression […] (g) L'envoi par un État ou cn son nom de bandes ou de groupes armés, de forces irrégulières ou de mercenaires qui se livrent à des actes de force armée contre un autre État d'une gravité telle qu'ils équivalent aux actes énumérés ci-dessus, ou le fait de s'engager d'une manière substantielle dans une telle action.»

10. Gilbert Achcar, *The Clash of Barbarisms*, 2e éd. augmentée, (Boulder, Colorado, Paradigm Publishers, 2006), p. 91.

11. Voir notamment Jonathan B. Tucker (éd.), *Toxic Terror : Assessing Terrorist Use of Chemical and Biological Weapons* (Cambridge, Massachusetts, MIT Press, 2000) ; Philip. B. Heymann, *Terrorism and America : A Commonsense Strategy for a Democratic Society* (Cambridge, Massachusetts, MIT Press, 1998) ; Richard

R. Falkenrath, Robert D. Newman et Bradley A. Thayer, *America's Achilles' Heel: Nuclear, Biological and Chemical Terrorism and Covert Attack* (Cambridge, Massachusetts, MIT Press, 1998).

12. Robert McNamara, « Apocalypse Soon », *Foreign Policy* (mai-juin 2005) ; Graham Allison, *Nuclear Terrorism* (New York, Times Books, 2004).

13. « Treasury Office Has Four Agents Investigating Wealth of Bin Laden, Saddam », *White House Bulletin*, 29 avril 2004 ; Marc Frank et Richard Lapper, « US Squeeze Angers Cubans : Bush Clampdown Is Seen as Blow to Family Ties », *Financial Times*, 10 mai 2004, p. 4 ; Nancy San Martin, « More Focus on Cuba Embargo Than Terror Trail Is Questioned », *Miami Herald*, 30 avril 2004, p. 1A.

14. Voir notamment 9/11 Public Discourse Project, *Final Report on 9/11 Commission Recommendations*, 5 décembre 2005 ; disponible sur la Toile à http://www.9-11pdp.org/ press/2005-12-5_report.pdf. On trouvera d'autres rapports sur le site Internet du 9/11 Public Discourse Project à http://www.9-11pdp.org/.

15. National Intelligence Council, *Global Trends 2015 : A Dialogue About the Future with Nongovernment Experts*, NIC 2000-2002 (Washington, DC, 2000), p. 10 ; disponible sur la Toile à http://www.dni.gov/ nic/PDF_GIF_global/globaltrend2015.pdf.

16. US Space Command, *Vision for 2020*, février 1997 ; disponible sur la Toile à http://www.fas.org/spp/military/docops/ usspac/ visbook.pdf.

17. En mai 2003, Wolfowitz a déclaré à Sam Tannenhaus, de *Vanity Fair* : « Aujourd'hui [nous] pouvons retirer presque toutes nos forces d'Arabie saoudite. Notre présence là-bas depuis douze ans a été, pour ce gouvernement amical, une source d'énormes difficultés. Cela a servi de puissant argument pour le recrutement au service d'Al-Qaida. En fait, si l'on se rappelle ce qu'a dit Ben Laden, on constate qu'un de ses principaux griefs était la présence de prétendues forces de croisés sur la Terre sainte, La Mecque et Médine. » Affiché sur le site Internet du ministère de la Défense à http://www. defenselink.mil/transcripts/2003/tr20030509-depsecdef0223.html.

18. « Operations Security Impact on Declassification Management Within the Department of Defense », 13 février 1998, publié par Booz Allen & Hamilton Inc., Linthicum, Maryland ; disponible sur la Toile à http://www.fas.org/ sgp/othergov/dod_opsec.html. Ce

document recommande une stratégie de déclassification, notamment dans le texte intitulé « Diversion : List of interesting declassified material – i.e. Kennedy assassination Data » ; on y note plus loin que « l'utilisation d'Internet pourrait réduire l'insatiable appétit du public pour les "secrets" en fournissant des sujets de diversion de bonne foi ».

19. « Il est probable que sera long le processus de transformation [nécessaire "pour maintenir la prééminence militaire américaine pendant les prochaines décennies"], même s'il engendrait des changements révolutionnaires, sauf quelque événement catastrophique et catalysateur – comme un nouveau Pearl Harbor. » Voir Thomas Donnelly *et al.*, *Rebuilding America's Defenses : Strategy, Forces and Resources for a New Century* (Washington, DC, PNAC, 2000) ; disponible sur la Toile à http://www.newamericancentury.org/ RebuildingAmericasDefenses.pdf.

20. « US Senators Chat with Saddam », dans *The Gulf War Reader*, Micah L. Sifry et Christopher Cerf (éd.) (New York, Times Books, 1991), p. 119-121.

21. « Le ministre des Affaires étrangères Tariq Aziz a ultérieurement révélé qu'au départ l'Irak n'envisageait que l'occupation des îles et du champ pétrolifère contesté. Il a affirmé que la prise de la ville de Koweït a été une décision "de dernier instant" de Saddam juste avant l'invasion » Amatzia Baram, « The Iraki Invasion of Kuwait : Decision-making in Bagdad », dans *Iraq's Road to War*, Amatzia Baram et Barry Rubin (éd.) (New York, St. Martin's, 1993), p. 23.

22. En fait, Tariq Aziz a ajouté au passage de Baram cité ci-dessus que « l'argument de Saddam, c'était que la question de savoir quelle proportion du Koweït serait conquise "n'avait pas d'importance [pour les États-Unis]" ».

23. « The Glaspie Transcript : Saddam Meets the US Ambassador », dans Micah L. Sifry et Christopher Cerf (éd.), *op. cit.*, p. 130 et 133.

24. *Ibid.*, p. 129.

Chapitre 2

1. La devise « In God We Trust » est apparue pour la première fois sur les pièces de monnaie en 1864 ; elle y figure systématiquement à partir de 1909. Ce n'est qu'en 1955 qu'elle est devenue obligatoire

sur les pièces de monnaie et les billets et qu'elle a été déclarée devise nationale. Voir Louis Fisher et Nada Mourtada-Sabbah, « Adopting "In God We Trust" as the US National Motto », *Journal of Church and State*, 44, n° 8 (septembre 2002), p. 671-692. Les mots « under God » [sous Dieu »] ont été ajoutés au serment de fidélité en 1954.

2. Le rabbin Menachem Mendel Schneerson (1902-1994), appelé « Le Rebbe » par ses disciples, était un éminent rabbin juif orthodoxe et chef spirituel de la branche Labad Loubavitch du judaïsme hassidique.

3. Voir Simha Flapan, *The Birth of Israel : Myths and Realities* (New York, Pantheon, 1987), p. 239.

4. H. Con. Res. 275, 19 décembre 2005 ; disponible sur la Toile à http://thomas.loc.gov/cgi-bin/query/ z?c109:hcon.275.eh :.

5. La famille hachémite, avec le soutien de la Grande-Bretagne, a régné sur une partie de la péninsule Arabique (1917-1924) ainsi que sur la Syrie (1918-1920), l'Irak (1921-1958) et, depuis 1921, sur la Jordanie. Voir Groupe d'étude sur « A New Israeli Strategy Toward 2000 », *A Clean Break : A New Strategy for Securing the Realm*, Institute for Advanced Strategic and Political Studies (2000) ; disponible sur la Toile à http://www.israeleconomy.org/strat1.htm. Ce groupe d'étude était dirigé par Richard Perle ; il comprenait Douglas Feith, David Wurmser et Meyrav Wurmser.

6. Voir, par ex., Roger Morris, « A Tyrant 40 Years in the Making », *New York Times*, 14 mars 2003, p. A29.

7. Steven R. Weisman, « On Mideast "Listening Tour", the Question Is Who's Hearing », *New York Times*, 30 septembre 2005, p. A1.

8. Lysandra Ohrstrom, « Debate on US Diplomacy in the Middle East at AUB Starts with a Blunder », *Daily Star* (Beyrouth), 14 octobre 2005.

9. Les 4 E figuraient également dans le témoignage devant le Congrès de Karen Hughes. Voir Karen Hughes, « America's Dialogue with the World », Statement Before the House International Relations Committee, Washington, DC, 10 novembre 2005 ; disponible sur la Toile à http://www.state.gov/r/us/2005/56926.htm.

10. Samuel P. Huntington, *The Third Wave : Democratization in the Late 20th Century* (Norman, University of Oklahoma Press, 1993).

11. Gilbert Achcar, «The Arab Despotic Exception», *Eastern Cauldron, op. cit.*, p. 69-74 ; publié à l'origine dans *Le Monde diplomatique* [«Le monde arabe orphelin de la démocratie», juin 1997].
12. Samuel P. Huntington, *The Clash of Civilizations and the Remaking of World Order* (New York, Touchstone, 1998), p. 94.
13. «President Bush Discusses Freedom in Iraq and the Middle East: Remarks by the President at the 20th Anniversary of the National Endowment for Democracy», Washington, DC, 23 novembre 2003; disponible sur la Toile à http://www.whitehouse.gov/news/releases/2003/11/ 20031106-2.html.
14. Thomas Carothers, *In the Name of Democracy: US Policy Toward Latin America in the Reagan Years* (Berkeley, University of California Press, 1991) ; Id., «The Reagan Years», dans *Exporting Democracy: The United States and Latin America*, Abraham Lowenthal (éd.) (Baltimore, Johns Hopkins University Press, 1991).
15. Thomas Carothers, *Critical Mission : Essays on Democracy Promotion* (Washington, DC, Carnegie Endowment for International Peace, 2004).
16. Thomas Carothers, «Promoting Democracy and Fighting Terror», *Foreign Affairs*, 82, n° 1 (janvier-février 2003), p. 96. Reproduit dans Carothers, *Critical Mission.*
17. Voir «Our Man in Baku », *Washington Post*, 25 janvier 2004, p. B6.
18. Voir Gilbert Achcar, «Le nouveau masque de la politique américaine au Proche-Orient», *Le Monde diplomatique*, avril 2004.
19. Program on International Policy Attitudes (PIPA), «Public Perceptions of the Foreign Policy Positions of the Presidential Candidates», 29 septembre 2004; Id., «The Separate Realities of Bush and Kerry Supporters», 21 octobre 2004. Les deux textes sont disponibles sur la Toile à http://www.pipa.org/.
20. Gardiner Harris, «In American Health Care, Drug Shortages Are Chronic», *New York Times*, 31 octobre 2004, p. IV: 12.
21. Voir, par ex., Lee Walczak et Richard S. Dunham, «"I Want My Safety Net": Why So Many Americans Aren't Buying into Bush's Ownership Society», *Business Week*, 16 mai 2005, p. 24.
22. Voir, par ex., Latin American Studies Association, *The Electoral Process in Nicaragua : Domestic and International Influences*, rapport de la délégation de la Latin American Studies

Association envoyée au Nicaragua pour y observer l'élection générale du 4 novembre 1984 (Austin, Texas, LASA, 19 novembre 1984) ; « Report of the British Parliamentary Delegation to Nicaragua to Observe the Presidential and National Assembly Elections » (British Parliament, Londres, novembre 1984) ; et « The Elections in Nicaragua, November 1984 » (Irish Parliament, Dublin, 21 novembre 1984).

23. Robert Satloff, « Assessing the Bush Administration's Policy of "Constructive Instability" (Part 1) : Lebanon and Syria », Washington Institute for Near East Policy, *PolicyWatch* nº 974, 15 mars 2005, disponible sur la Toile à http://www.washingtoninstitute.org/templateC05.php?CID=2278.

Chapitre 3

1. Subcommittee on Multinational Corporations, Committee on Foreign Relations, Sénat des États-Unis, *Multinational Oil Corporations and US Foreign Policy : Report with Individual Views* (Washington, DC, US Government Printing Office, 2 janvier 1975), p. 38 ; disponible sur la Toile à http://www.mtholyoke.edu/acad/intrel/oil1.htm.

2. *Ibid.*, p. 39.

3. La citation entière se lit comme suit : « Après [la guerre des] Malouines [Falklands], reconnaissante pour les Sidewinders et l'imagerie satellitaire des États-Unis, la Grande-Bretagne a assumé le rôle d'allié complaisant. Depuis 1991, elle est considérée comme le porte-lance de la *pax americana*, rôle qu'elle a assumé sans débat public ni examen des solutions de rechange possibles. » Voir Michael McGwire, « The Rise and Fall of the NPT : An Opportunity for Britain », *International Affairs*, 81, nº 1 (2005), p. 134.

4. « Transcript of Roundtable Discussion on American Foreign Policy toward China », 6, 7, 8 octobre 1949, cité dans Bruce Cumings, *The Origins of the Korean War*, vol. II, *The Roaring of the Cataract, 1947-1950* (Princeton, Princeton University Press, 1990), p. 57.

5. Zbigniew Brzezinski, « Hegemonic Quicksand », *The National Interest*, 74 (hiver 2003-2004), p. 8. Disponible sur la Toile à http://www.kas.de/upload/dokumente/brzezinski.pdf.

6. Voir, ci-dessus, chapitre 1, note 15.
7. William Stivers, *Supremacy and Oil : Iraq, Turkey, and the Anglo-American World Order, 1918-1930* (Ithaca, Cornell University Press, 1982), p. 28-29 et 34.
8. Cité dans Gordon Connell-Smith, *The Inter-American System* (New York, Oxford University Press, 1966), p. 16.
9. En 1968, la très juive Jewish United Federation of Teachers s'est mise en grève contre un programme de contrôle communautaire décentralisé qui, selon le syndicat, violait les clauses du contrat des enseignants relatives à l'application régulière de la loi. Toutefois, aux yeux de nombreux Noirs et membres des minorités, le contrôle communautaire responsabilisait, pour la première fois, leurs districts, notamment celui d'Ocean Hill-Brownsville. Cette grève a précipité la rupture de l'alliance politique antérieure entre Noirs et Juifs. Voir Jerald E. Podair, *The Strike That Changed New York : Blacks, Whites, and the Ocean Hill-Brownsville Crisis* (New Haven, Yale University Press, 2003).
10. Tom Regan, « US, Israel Working to Mend Rifts ; Israel Arms Sales to China, FBI Investigation into Alleged Spy Affair Sour Relations », *Christian Science Monitor*, 29 juillet 2005, version remise à jour affichée sur la Toile, 2 août 2005, http://www.csmonitor.com/ 2005/0801/dailyUpdate.html. Ze'ev Schiff, « US to Israel : Tighten Arms Exports Supervision », *Ha'aretz*, 12 juin 2005 ; ID., « US Insists : Mofaz Must Sign Drone Apology », *Ha'aretz*, 27 juillet 2005 ; ID., « A Shallow Strategic Dialogue », *Ha'aretz*, 29 juillet 2005.
11. Professeur à la Harvard Law School ; ardent partisan d'Israël et ennemi de Chomsky. Pour un échantillon des idées de Dershowitz, voir *The Case for Israel* (Hoboken, New Jersey, Wiley, 2003) et *The Case for Peace : How the Arab-Israeli Conflict Can Be Resolved* (Hoboken, New Jersey, Wiley, 2005) ; pour une critique, voir Norman G. Finkelstein, *Beyond Chutzpah : On The Misuse of Anti-semitism and the Abuse of History* (Berkeley, University of California Press, 2005).

Chapitre 4

1. John F. Burns, « Pakistan Antiterror Support Avoids Vow of Military Aid », *New York Times*, 16 septembre 2001, p. I : 5.

2. Barry Bearak, « Misery Hangs over Afghanistan after Years of War and Drought », *New York Times*, 24 septembre 2001, p. B1.

3. Voir Alex Duval Smith, « "Cease Air Strikes" So Aid Work Can Go On », *Independent*, 16 octobre 2001, p. 4 ; Luke Harding, « Aid Agencies Plead for Pause in Raids », *Guardian* (Londres), 18 octobre 2001, p. 4 ; Jason Burke, « The Ground Attack : UN Set to Appeal for Halt in the Bombing », *Observer*, 21 octobre 2001, p. 2 ; Tom Mashberg, « Aid Groups : Stop Bombing ; Humanitarian Disaster Feared », *Boston Herald*, 23 octobre 2001, p. 6 ; Nuala Haughey, « Aid Agency Calls for US to Cease Bombing to Allow in Food Supplies », *Irish Times*, 1er novembre 2001, p. 10.

4. John Stifton, « Temporal Vertigo », *New York Times Magazine*, 30 septembre 2001, p. 48 et suiv.

5. Michelle Nichols et Paul Gallagher, « Bread Harder to Deliver Than Bombs », *The Scotsman*, 8 octobre 2001, p. 6 ; Elisabeth Bumiller et Elizabeth Becker, « Bush Voices Pride in Aid, but Groups List Hurdles », *New York Times*, 17 octobre 2001, p. B3.

6. Voir Jonathan Fowler, « UN Expert : US Food Drops in Afghanistan Will Harm Future Aid Efforts », Associated Press, 15 octobre 2001 ; Bumiller et Becker, « Bush Voices Pride in Aid », p. B3.

7. Abdul Haq, « US Bombs Are Boosting the Taliban », *The Guardian* (Londres), 2 novembre 2001, p. 20.

8. John F. Burns, « Afghan Gathering in Pakistan Backs Future Role for King », *New York Times*, 26 octobre 2001, p. B4 ; Kathleen Kenna, « Summit of Afghan Exiles Demands End to US Raids », *Toronto Star*, 26 octobre 2001, p. A8.

9. Samina Ahmed, « The United States and Terrorism in Southwest Asia : September 11 and Beyond », *International Security*, 26, nº 3 (hiver 2001-2002), p. 92.

10. Walter Pincus, « Mueller Outlines Origin, Funding of Sept. 11 Plot », *Washington Post*, 6 juin 2002, p. A1.

11. Michael R. Gordon, « Allies Preparing for a Long Fight as Taliban Dig In », *New York Times*, 28 octobre 2001, p. A1.

12. George W. Bush a annoncé, le 13 décembre 2001, le retrait unilatéral des États-Unis du traité sur les systèmes antimissiles balistiques de 1972.

13. En juillet 2005, l'Ouzbékistan a demandé aux États-Unis de quitter dans les six mois la base aérienne de Karshi-Khanabad,

connue sous le nom de K-2, qu'ils utilisaient depuis peu de temps après le 11 septembre 2001. Les dernières troupes états-uniennes se sont retirées en novembre 2005.

14. Pour une discussion et des sources, voir Noam Chomsky, *9-11* (New York, Seven Stories Press, 2001), p. 45-54.

15. Voir, ci-dessus, chapitre 2, note 12.

16. Walter Pincus, « Skepticism about US Deep, Iraq Poll Shows ; Motive for Invasion Is Focus of Doubts », *Washington Post*, 12 novembre 2003, p. A18.

17. George H. W. Bush et Brent Scowcroft, *A World Transformed* (New York, Alfred A. Knopf, 1998), p. 489.

18. Project for the New American Century, Letter to President William J. Clinton, 26 janvier 1998 ; disponible sur la Toile à http://www. newamericancentury.org/iraqclintonletter.htm.

19. Thomas L. Friedman, « Baker Finds Doors Open, Minds Sealed », *New York Times*, 17 mars 1991, p. IV : 1. Friedman a en outre écrit : « La même main de fer que Saddam Hussein a utilisée pour écraser le Koweït, il l'a utilisée pour tenir ensemble sa république centrifuge. Si les États-Unis comptent retirer leurs troupes du Golfe en conservant tous leurs gains militaires obtenus par la guerre, il est essentiel que M. Hussein ou, préférablement, un personnage différent mais tout aussi fort soit à la barre à Bagdad. »

20. Alan Cowell, « Kurds Assert Few Outside Iraq Wanted Them to Win », *New York Times*, 11 avril 1991, p. A11.

21. Douglas Jehl et Dexter Filkins, « US Moved to Undermine Iraqi Military Before War », *New York Times*, 10 août 2003, p. I : 1.

22. Agence France Presse, « La majorité des Espagnols contre la guerre en Irak », 22 février 2003. Selon cet article, 2,3 % des Espagnols soutenaient une guerre menée par les États-Unis et leurs alliés sans l'autorisation de l'ONU (la guerre qui a eu lieu effectivement), 11,8 % soutenaient une guerre avec l'autorisation de l'ONU et 84,7 % s'opposaient à la guerre dans tous les cas.

23. Richard Boudreaux et John Hendren, « US Drops Its Bid to Base Troops in Turkey », *Los Angeles Times*, 15 mars 2003, p. A5.

24. David Ignatius, « A War of Choice, and One Who Chose It », *Washington Post*, 2 novembre 2003, p. B1.

25. Mark Lacey, « Turkey Rejects Criticism by US Official over Iraq », *New York Times*, 8 mai 2003, p. A15. Wolfowitz déclara : « Que la Turquie s'avance et dise : "Nous avons commis une erreur.

Nous aurions dû savoir à quel point les choses allaient mal en Irak, mais aujourd'hui nous le savons. Essayons de trouver le moyen d'être aussi utiles que possible aux Américains."» Wolfowitz «a tout particulièrement critiqué les militaires turcs. "J'estime que, quelle que soit la raison, ils n'ont pas joué résolument le rôle le chef de file auquel nous nous attendions."» Pour les données sur les sondages turcs, voir Philip P. Pan, «Turkey Plans for 62,000 US Troops», *Washington Post*, 26 février 2003, p. A17.

26. Compte non tenu des allégations selon lesquelles les services de renseignement allemands auraient aidé les militaires états-uniens pendant l'invasion de l'Irak. Voir, par ex., Richard Bernstein, «2 German Roles: Opposing War and Aiding US», *New York Times*, 3 mars 2006, p. A12.

27. Voir Gallup International, Sondage sur l'Irak réalisé en 2003, disponible sur la Toile à http://www.gallup-international.com/ContentFiles/survey.asp?id=10.

28. La résolution 688 du Conseil de sécurité de l'ONU, adoptée le 5 avril 1991, ordonnait au gouvernement irakien de mettre fin à la répression de la population civile irakienne. Le texte entier de cette résolution est disponible sur la Toile à http://daccessdds.un.org/doc/RESOLUTION/GEN/ NRO/596/24/IMG/NR059624.pdf?OpenElement.

29. Fereydoun Ahmadi, «SAIRI [CSRII] Official Warns of Saddam Disaster Plan for War», *Tehran Times*, 26 janvier 2003.

30. Résolution 1637 du Conseil de sécurité de l'ONU, adoptée le 8 novembre 2005, disponible sur la Toile à http://daccessdds.un.org/doc /UNDOC/GEN/N05/592/77/PDF/N0559277.pdf?OpenElement.

31. «Sadr-Ville» est un quartier de Bagdad qui est habité par des chiites pauvres. Il a reçu ce nom après que le père de Moqtada al-Sadr eut été assassiné par le régime baathiste en 1999.

32. Sean Rayment, «Secret MoD Poll: Iraqis Support Attacks on British Troops», *Daily Telegraph*, 23 octobre 2005, disponible sur la Toile à http://telegraph.co.uk/news/main.jhtml?xml=/news/2005/10/23/wirq23.xml&sSheet=/ portal/2005/10/23/ixportaltop.html.

33. Gary Langer et Jon Cohen, «Poll Finds Broad Optimism in Iraq, but Also Deep Divisions Among Groups», ABC News Special Report, 12 décembre 2005. Le texte entier et les résultats du sondage sont disponibles sur la Toile àhttp://abcnews.go.com/images/Politics/1000a1IraqWhereThingsStand.pdf.

34. Prince Saoud al-Faisal, « The Fight Against Extremism and the Search for Peace », New York, Council on Foreign Relations, 20 septembre 2005, transcription du Federal News Service, disponible sur la Toile à http://www.cfr.org/publication/8908/fight_against_extremism_and_the_search_for_peace_rush_transcript_federal_news_service_inc.html.

35. Melvin R. Laird, « Iraq : Learning the Lessons of Vietnam », *Foreign Affairs*, novembre-décembre 2005, p. 35 ; disponible sur la Toile à http://www.foreignaffairs.org/ 20051101faessay84604/melvin-r-laird/iraq-learning-the-lessons-of-vietnam.html.

36. Cité par John H. Backer, *The Decision to Divide Germany* (Durham, Caroline du Nord, Duke University Press, 1978), p. 155-156.

37. Ce processus est décrit par l'historien Michael Schaller (*The American Occupation of Japan : The Origins of the Cold War in Asia* [New York, Oxford University Press, 1985]). Il rappelle que George Kennan, chef du State Department Policy Planning Staff [instance de planification des politiques du Département d'État] a écrit avec le recul des années qu'« outre le plan Marshall, la mise en œuvre du "*reverse course*" au Japon est "la contribution la plus importante que j'aie jamais pu faire au gouvernement" ». L'objectif consistait à imposer des contraintes à MacArthur (SCAP, Supreme Commander for Asia and the Pacific) et à « instaurer une hégémonie politique conservatrice au Japon » (p. 122). Le point de vue de Kennan, c'était que « les réformes idéalistes de 1945-1947 [sous MacArthur] étaient dépourvues de fondement dans la vie japonaise » et que « [seule] la résistance des groupes conservateurs traditionnels pouvait protéger le Japon d'une infection encore plus radicale – le communisme – après l'occupation » (p. 125) – lequel, ce qu'il avait l'air de redouter, avait peut-être des « fondements dans la vie japonaise ». Il fallait donc, dans les faits, restaurer l'ordre ancien, mais désormais sous contrôle des États-Unis. Conformément au « *reverse course* », « la production devait être accélérée par l'assouplissement radical des mesures antitrust, en bridant sévèrement le mouvement syndical, en contrôlant l'inflation, en fixant le taux de change du yen et en décourageant la consommation intérieure au profit des exportations ». Les réparations aux victimes du fascisme japonais « devaient être pratiquement supprimées » (p. 129). En juin 1948, à l'initiative de Kennan, le National Security Council a proposé « de mettre fin aux

réformes déstabilisantes, de freiner le pouvoir du mouvement syndical» et d'encourager «l'intensification des efforts du SCAP et du gouvernement japonais afin de favoriser la discipline industrielle et la production pour l'exportation» (p. 132). Ces recommandations ont été approuvées par Truman. MacArthur s'est plié à cette politique, qu'il n'approuvait que partiellement. «En dépit de sa rhétorique au sujet de la fidélité au programme d'occupation originel, lui aussi, pendant l'été de 1948, a viré énergiquement vers la droite», conformément aux exigences des libéraux de Washington. «Le SCAP a commencé d'agir contre les groupes politiques et syndicaux de gauche, a favorisé la "discipline" industrielle et mis en branle une nouvelle purge contre les "radicaux" au sein de sa propre organisation.» Se conformant à l'appel de Washington «pour une discipline syndicale accrue, le SCAP a commencé de s'attaquer à son tour au mouvement syndical [...] en privant tous ces travailleurs [dans les entreprises publiques] de leur droit de se mettre en grève ou de mener des négociations collectives». Les protestations des autres membres de la Commission pour l'Extrême-Orient, notamment des Britanniques, ont été rejetées furieusement (p. 134-136). Les démocrates libéraux de l'administration Truman ont réussi à créer dans les faits un État à parti unique sous la férule du monde des affaires, avec un mouvement syndical gravement affaibli, en imposant une «vision de l'avenir du Japon en vertu de laquelle l'ancien ennemi coopérerait avec les États-Unis pour dominer l'avenir de l'Asie» (p. 140).

38. Thomas Carothers, *Critical Mission: Essays on Democracy Promotion* (Washington, DC, Carnegie Endowment for International Peace, 2004).

39. Peter Beaumont, «Abuse Worse Than Under Saddam, Says Iraqi Leader», *The Observer* (Londres), 27 novembre 2005, p. 1.

40. Leonid Brejnev dirigeait l'Union soviétique à l'époque de l'invasion de la Tchécoslovaquie en 1968, invasion qu'il a justifiée dans un discours de novembre 1968 en soutenant que les pays d'Europe de l'Est n'avaient pas le droit de décider de quitter le camp «socialiste».

41. Au Conseil de sécurité, qui compte quinze membres, une résolution est rejetée si elle n'est pas adoptée unanimement par les cinq membres permanents: États-Unis, Grande-Bretagne, Chine, France et Russie.

42. Hearings [Auditions], Senate Armed Services Committee, *United States Military Strategy and Operations in Iraq and the Central Command Area*, Washington, DC, 29 septembre 2005 (transcription du Federal News Service).

43. Voir Salah Nasrawi, « Iraqi Leaders Call for Timetable for Withdrawal of US-Led Forces », Associated Press, 22 novembre 2005 ; Déclaration finale de la réunion préparatoire de la Conférence sur l'accord national irakien des 19-21 novembre 2005, Le Caire, Égypte ; disponible sur la Toile à http://www.arableagueonline.org/las/english/ details_en.jsp ?art_id=3926&level_id=239.

44. Voir, par ex., Steve Negus, « Shia Coalition Split over Choice of Iraq Premier », *Financial Times*, 7 février 2005, p. 8.

45. De 1986 à 1989, et surtout en 1988, Saddam Hussein a lancé de brutales attaques – connues sous le nom de campagne d'al-Anfal – contre la population kurde de l'Irak, faisant un nombre considérable de victimes. Le gouvernement irakien a fait usage d'armes chimiques contre les Kurdes, tout particulièrement à Halabja. Voir Middle East Watch, *Genocide in Iraq : The Anfal Campaign Against the Kurds* (New York, Human Rights Watch, juillet 2003) ; disponible sur la Toile à http://www.hrw.org/reports/1993/iraqanfal/.

46. Voir Bruce W. Jentleson, *With Friends Like These : Reagan, Bush, and Saddam, 1982-1990* (New York, W.W. Norton, 1994). Voir également Irene Gendzier, *Dying to Forget* (Lanham, Maryland, Rowman & Littlefield, à paraître).

47. Joost R. Hiltermann, « Iran's Nuclear Posture and the Scars of War », Middle East Report Online, 18 janvier 2005, http://www.merip.org/mero/mero011805.html.

48. Sous le mandat de Premier ministre de Tony Blair, Straw a été secrétaire à l'Intérieur de 1997 à juin 2001 et secrétaire d'État aux Affaires étrangères et au Commmonwealth jusqu'en 2006. Hoon a été secrétaire d'État à la Défense de 1999 à 2005 et, depuis mai 2005, est Lord Garde du Sceau privé [Lord Privy Seal] et *Leader* à la Chambre des Communes.

49. Mark Thomas, « Mark Thomas Wonders If Saddam's Men Recycle Paper », *New Statesman*, 9 décembre 2002.

50. House Select Committee on Intelligence [comité spécial du renseignement de la Chambre], rapport Pike du 19 janvier 1976, dans *Village Voice*, 16 février 1976, p. 88-471. Le rapport n'attribue cette citation qu'à un « haut responsable » ; William Safire (*Safire's*

Washington, New York, Times Books, 1980, p. 333) identifie ce responsable comme étant Kissinger.

51. *Sunday Times* (Londres), 15 juin 1969. Dans ces deux cas, il ne s'agit pas de nier l'existence de la population opprimée en tant que telle, mais simplement de nier son identité. Voici la déclaration de Meir dans son intégralité : « Les Palestiniens, cela n'existait pas. Quand y a-t-il eu un peuple palestinien indépendant avec un État palestinien ? Avant la Première Guerre mondiale, c'était le sud de la Syrie, et ensuite c'était la Palestine, Jordanie comprise. Ce n'est pas comme s'il y avait eu en Palestine une population de Palestiniens [*sic*] qui se considéraient comme formant le peuple palestinien et comme si nous étions arrivés et que nous les avions chassés et que nous leur avions enlevé leur pays. Ils n'existaient pas. »

52. Tamar Gabelnick, William D. Hartung et Jennifer Washburn, *Arming Repression : U.S. Arms Sales to Turkey During the Clinton Administration*, World Policy Institute et la Federation of American Scientists, octobre 1999, tableau 1 ; disponible sur la Toile à http://www.fas.org/asmp/library/ reports/turkeyrep.htm. Les années citées sont des années fiscales. En ce qui concerne les transferts d'armements, il s'agit de ventes commerciales directes et de ventes d'équipement militaire à l'étranger (les deux principaux programmes d'exportation d'armements des É.-U.). En outre, Washington a fourni à la Turquie des armements usagés de surplus (d'une valeur de presque 2 milliards de dollars à l'achat, dont les trois quarts pendant l'administration Clinton), ainsi qu'une formation militaire (la Turquie étant, pendant les années 1990, le principal bénéficiaire d'une telle formation dans le monde).

53. Voir Adam Isacson et Joy Olson, *Just the Facts : 1999 Edition, A Civilian's Guide to U.S. Defense and Security Assistance to Latin America and the Caribbean* (Washington, DC, Latin America Working Group and Center for International Policy, 1999), p. 27. Le récit des faits est disponible sur la Toile à http://ciponline.org/facts/co99.htm. L'aide en matière de sécurité comprend l'aide militaire et l'aide policière, qui sont de plus en plus imbriquées. Voir Adam Isacson, Joy Olson et Lisa Haugaard, *Blurring the Lines : Trends in U.S. Military Programs with Latin America* (Washington, DC, Latin America Working Group Education Fund, Center for International Policy, et Washington

Office on Latin America, septembre 2004), disponible sur la Toile à http://www.ciponline.org/ facts/0410btl.pdf.

54. Stephen Kinzer, « Kurds in Turkey : The Big Change », *New York Review of Books*, 12 janvier 2006.

55. Référence est faite ici à l'ensemble des réformes politiques et économiques qui, à l'occasion d'une réunion du Conseil européen en juin 1993 à Copenhague, au Danemark, ont été stipulées comme conditions à l'adhésion à la Communauté européenne.

56. L'article 109 se lit dans son intégralité comme suit : « 1) Le gouvernement fédéral ainsi que les gouvernorats et les gouvernements régionaux producteurs entreprendront la gestion du pétrole et du gaz extraits des champs actuels, à condition que le premier répartisse les recettes pétrolières et gazières de manière équitable conformément à la répartition de la population dans toutes les parties du pays, avec attribution déterminée pour une période déterminée aux régions sinistrées qui ont été injustement privées par le régime antérieur et aux régions qui ont été sinistrées ultérieurement, cela d'une manière qui assure le développement équilibré des diverses régions du pays, dispositions qui seront réglementées par la loi. 2) Le gouvernement fédéral ainsi que les gouvernements régionaux et les gouvernorats producteurs formuleront ensemble les politiques stratégiques nécessaires au développement des richesses gazières et pétrolières de la manière la plus profitable au peuple irakien, cela au moyen des techniques les plus avancées des principes du marché, et d'une manière qui encourage l'investissement. » Voir la Constitution irakienne, projet du 13 septembre 2005, disponible sur la Toile à http://www.ieciraq.org/final%20cand/ Constitution_Eng_UNs13.pdf. (Les amendements ultérieurs [disponibles sur la Toile à http://www.ieciraq.org/final%20cand/AmendstoConstengOct13%5B1%5D.pdf] n'ont pas modifié ce texte.)

57. Voir, à ce sujet, John Norris, *Collision Course : NATO, Russia, and Kosovo* (Westport, Connecticut, Praeger, 2005), p. xxiii. Norris écrit que c'« [est] la résistance de la Yougoslavie aux tendances générales de réforme politique et économique – et non la condition critique des Albanais kosovar – qui explique le mieux la guerre de l'OTAN ». Pendant la guerre, Norris était directeur des communications pour le secrétaire d'État adjoint Strobe Talbott, qui était une des figures de proue en matière de planification de la guerre au Département d'État et au Pentagone. Dans son avant-propos au livre

de Norris, Talbott écrit que « grâce à John Norris », toute personne qui s'intéresse à la guerre du Kosovo « saura [...] comment ceux d'entre nous qui ont participé [à la guerre] envisageaient et ressentaient les événements ».

58. Résolution 1559 du Conseil de sécurité de l'ONU, 2 septembre 2004, disponible sur la Toile à http://daccessdds.un.org/doc/UNDOC/GEN/N04/498/ 92/PDF/N0449892.pdf?OpenElement.

59. La Syrie a officiellement informé les Nations unies le 26 avril 2005 qu'elle avait retiré du Liban la totalité de ses troupes, de son actif militaire et de ses services de renseignement.

60. Robert Fisk, *The Great War for Civilization : The Conquest of the Middle East* (New York, Alfred A. Knopf, 2005).

61. Geoffrey Wheatcroft, « One Man's Arabia », *New York Times Book Review*, 11 décembre 2005, p. 1.

62. William A. Dorman et Mansour Farhang, *The US Press and Iran : Foreign Policy and the Journalism of Deference* (Berkeley, University of California Press, 1987).

63. En mai 1987, pendant la guerre Iran-Irak, l'*USS Stark*, navire états-unien qui patrouillait dans le golfe Persique, fut frappé par deux missiles lancés à partir d'un chasseur Mirage irakien ; 37 membres d'équipage furent tués. Washington et Bagdad ont tous deux déclaré que cette attaque était un accident. Au moment de l'éclatement de la guerre du Golfe en 1991, l'Irak n'avait pas payé de réparations pour cette agression. En 1989, des responsables états-uniens ont pressé Washington de chercher à nouer des liens plus étroits avec Saddam Hussein bien que l'Irak poursuive la fabrication d'armes chimiques et biologiques, et en dépit de son soutien au terrorisme et du fait qu'il n'avait pas payé de réparations pour le *Stark*. (Voir Elaine Sciolino, « 1989 Memo to Baker Listed Abuses by Iraq but Urged Conciliation », *New York Times*, 22 septembre 1992, p. A15.) En juin 1967, les forces aériennes et navales israéliennes ont attaqué l'*USS Liberty*, navire de renseignement électronique, au large de l'Égypte, tuant 34 États-Uniens. Israël a prétendu que cette attaque était accidentelle et Washington a officiellement accepté ces excuses, mais de sérieux doutes n'ont toujours pas été dissipés. Pour des avis divergents, voir James M. Ennes Jr, *The Assault on the* Liberty*: The True Story of the Israeli Attack on an American Intelligence Ship* (New York, Random House, 1979 ; version remise à jour de la Reintree Press publiée à Gaithersburg, Maryland,

Signature Books, 2002) ; A. Jay Cristol, *The* Liberty *Incident : The 1967 Israeli Attack on the US Navy Spy Ship* (Dulles, Virginia, Brassey's, 2002) ; et David C. Walsh, « Friendless Fire ? », *Proceedings of the US Naval Institute*, juin 2003, disponible sur la Toile à http://www.usni.org/Proceedings/Articles03/PROwalsh06.htm.

64. The Press Trust of India, « India, Iran and the US », 18 février 2006 ; Daniel Dombey, Roula Khalaf et Arkady Ostrovsky, « US Warns India to Back Iran UN Referral or Lose Nuclear Deal », *Financial Times* (Londres), 26 janvier 2006, p. 9.

65. Robert Olson, « Turkey-Iran Relations, 2000-2001 : The Caspian, Azerbaijan and the Kurds », *Middle East Policy*, 9, n° 2 (juin 2002), p. 111-129.

66. Yitzhak ben-Yisrael, *Ha'aretz*, 16 avril 2002.

67. Services de Ha'aretz, *Ha'aretz*, 10 février 2004 (en hébreu).

68. Martin Van Creveld, « Is Israel Planning to Attack Iran ? Sharon on the Warpath », *International Herald Tribune*, 21 août 2004, p. 6.

69. Le Traité sur la non-prolifération (TNP) des armes nucléaires est entré en vigueur en 1970 et a été signé par 189 pays ; seuls Israël, l'Inde et le Pakistan ne l'ont pas signé. Le texte est disponible sur la Toile à http://disarmament.un.org/wmd/npt/npttext.html.

70. Voir « Text Urging Negotiations on Fissile Material Treaty Approved by Disarmament Committee », communiqué de presse, GA/DIS/ 3291, 59e Assemblée générale, 1er Comité, 4 novembre 2004, disponible sur la Toile à http://www. un.org/News/Press/docs/2004/gadis3291.doc.htm (à la séance plénière du 3 décembre 2004, le vote pour la résolution 59/81 était de 179 pour, 2 contre et 2 abstentions, les États-Unis et Palau ayant voté non et la Grande-Bretagne et Israël s'étant abstenus) ; « General Assembly Adopts 55 Texts Recommended by First Committee on a Wide Range of Disarmament, Security Matters », communiqué de presse, GA/10310, 59e Assemblée générale, plénière, 3 décembre 2004, disponible sur la Toile à http://www.un.org/News/Press/docs/ 2004/ga10310.doc.htm.

Chapitre 5

1. New York, Pathfinder Press, 1973.

2. Résolution 242 du Conseil de sécurité de l'ONU, 22 novembre 1967 ; texte disponible sur la Toile à http://www.un.org/french/documents/sc/res/1967/ s67r242f.pdf.

Projet de Résolution du Conseil de sécurité S/11940, 23 janvier 1976; texte et vote disponibles sur la Toile à http://domino.un.org/UNISPAL.NSF/bdd57d15a29f428d85256c3800701fc4/696d540fd7821bce0525651c00736250!OpenDocument. Sur le soutien à la résolution de la Syrie, de l'Égypte, de la Jordanie et de l'OLP et la condamnation de la «tyrannie du veto» de Washington, voir le compte rendu *in extenso* de la réunion du Conseil du sécurité du 26 janvier 1976, S/PV.1879, disponible sur la Toile à http://domino.un.org/unispal.nsf/9a798adbf322aff38525617b006d88d7/d0242e9e210d937585256c6e0054df8a!OpenDocument. Le président israélien Chaim Herzog, qui, à l'époque, était l'ambassadeur d'Israël à l'ONU, a écrit que l'OLP a non seulement soutenu cette résolution, mais qu'elle l'a «préparée» (*Jerusalem Post*, 13 novembre 1981).

3. Voir la note 2 ci-dessus.

4. Voir Conseil national palestinien, «Political Communiqué», Alger, 15 novembre 1988, reproduit dans *Journal of Palestine Studies*, 18, n° 2 (hiver 1989), p. 216-223. Cette déclaration appelle à la convocation d'une conférence de paix internationale «sur la base des résolutions 242 et 338 du Conseil de sécurité des Nations unies et de la concrétisation des droits nationaux légitimes du peuple palestinien» et à «des arrangements pour la sécurité et la paix entre tous les États concernés de la région, y compris l'État palestinien»; le Conseil national a également «réitéré son rejet du terrorisme sous toutes ses formes». Pour une analyse, voir Rashid Khalidi, «The Resolutions of the 19th Palestine National Council», *Journal of Palestine Studies*, 19, n° 2 (hiver 1990), p. 29-42.

5. Des délégations d'Israël et de l'Autorité palestinienne se sont rencontrées à Taba, en Égypte, du 21 au 27 janvier 2001; elles ont accompli des progrès considérables, mais les négociations ont été interrompues par la partie israélienne à l'approche des élections israéliennes. Pour un compte rendu de ces réunions, voir Miguel Moratinos, «"Non-Paper"on Taba Negotiations», 27 janvier 2001, reproduit dans *Journal of Palestine Studies*, 31, n° 3 (printemps 2002), p. 81-89; également disponible sur la Toile à http://domino.un.org/UNISPAL.NSF/3d14c9e5cdaa296d85256cbf005aa3eb/cea3efd8c0ab482f85256e3700670af8!OpenDocument.

6. Déclaration commune israélo-palestinienne à Taba, 27 janvier 2001, reproduite dans *Journal of Palestine Studies*, 31, n° 3

(printemps 2002), p. 80-81 ; également disponible sur la Toile à http://domino.un.org/UNISPAL.nsf/0/badaa58661cc084f85256e37006fc44d?OpenDocument.

7. Voir Ron Pundak, « From Oslo to Taba : What Went Wrong ? », *Survival*, 43, n° 3 (automne 2001), p. 44 ; disponible sur la Toile à http://www.peres-center.org/media/Upload/ 61.pdf.

8. Un haut responsable de l'OLP, Mahmoud Abbas (né en 1935), également connu sous le nom d'Abou Mazen, a été élu président de l'Autorité palestinienne en janvier 2005.

9. Référence est faite ici à l'accord, connu officiellement sous le nom de Déclaration de principes sur des arrangements intérimaires d'autonomie, lequel a été négocié entre le gouvernement d'Israël et l'Organisation de libération de la Palestine à Oslo et a été officiellement signé à Washington, DC, le 13 septembre 1993. En vertu de cet accord, l'OLP a reconnu Israël en échange d'une autonomie restreinte de cinq ans et de pourparlers afférents à un statut permanent débouchant sur une résolution définitive du conflit israélo-palestinien. L'accord n'interdit pas l'accroissement de la colonisation israélienne dans les territoires occupés. (Le texte de l'accord est disponible sur la Toile à http://www.palestine-un.org/ peace/p_a.html.)

10. Proposition palestinienne sur les réfugiés palestiniens, 22 janvier 2001, Taba, et réponse privée israélienne à la proposition palestinienne relative aux réfugiés du 22 janvier 2001, « Non-Paper-Draft 2 », 23 janvier 2001, Taba. Les deux textes sont disponibles sur la Toile à http://domino.un.org/UNISPAL.nsf/3d14c9e5cdaa296d85256cbf005aa3eb/6324a311049ad4b585256e370066c8de!OpenDocument.

11. Voir, par exemple, Gilbert Achcar, « The Washington Accords : A Retreat Under Pressure », décembre 1993, reproduit dans *Eastern Cauldron*, *op. cit.*, p. 189-204 ; et Noam Chomsky, « The Israel-Arafat Agreement », *Z Magazine*, octobre 1993, reproduit dans *Israël, Palestine, États-Unis : le triangle fatidique*, *op. cit.*, p. 614-653.

12. Sur la carte territoriale proposée par la partie israélienne figurent des saillants de territoire israélien qui s'enfoncent profondément dans ce qui devait être l'État palestinien. Un de ces saillants s'étend de Jérusalem vers l'est jusqu'à Ma'ale Adoumim ; un autre, des colonies de Shomron vers l'est jusqu'à Ariel.

13. La partie palestinienne a accepté qu'Israël conserve 3 % du territoire cisjordanien, dans les zones où les colonies sont densément peuplées, à condition qu'Israël cède une superficie équivalente de son territoire antérieur à 1967 à l'État palestinien. Israël voulait conserver 6 % de la Cisjordanie et céder à l'État palestinien un territoire de superficie nettement inférieure.

14. Ain al-Hilweh est le principal camp de réfugiés palestiniens au Liban en superficie et en population (environ 45 000 hab.). Il est situé à proximité de la ville de Saïda, à 45 km au sud de Beyrouth. (Pour des détails, voir le site Internet http://www.un.org/unrwa/refugees/lebanon/einelhilweh.html.) Sabra et Chatila sont des camps de réfugiés qui ont été le théâtre d'horribles massacres perpétrés contre des civils palestiniens par des milices phalangistes avec le soutien d'Israël.

15. L'accord de Genève (appelé également initiative de Genève) est un accord de paix détaillé qui a été élaboré par des négociateurs israéliens et palestiniens non officiels mais éminents qui étaient résolus à démontrer qu'il était possible de parvenir à un accord à l'intérieur du cadre défini par les négociations de Taba. L'accord a été présenté à Genève en décembre 2003. Voir le site Internet officiel de l'accord de Genève à http://www.genevaaccord.org/HomePage.aspx? FolderID=11&lang=en.

16. Voir Noam Chomsky, *Towards a New Cold War : Essays on the Current Crisis and How We Got There* (New York, Pantheon, 1982), p. 247-254 ; rédigé à l'origine en 1975-76.

17. H.C. 6698/95, *Kaadan v Israel Lands Administration*, 54(1) P.D. 258. Le résumé de ce cas est affiché sur le site Internet du ministère israélien des Affaires étrangères (« High Court : Decision on Katzir », 8 mars 2000) à http://www.mfa.gov.il/ MFA/Government/Communiques/2000/High+Court+ Decision+on+Katzir+-+8-Mar-2000.htm.

18. Alexandre Kedar, de l'école de droit de l'université de Haïfa, a relevé l'ambivalence du décret de la Cour suprême. Celui-ci « proclame l'illégalité de la procédure discriminatoire, tout en laissant apparemment à la discrétion des défendeurs la décision de poursuivre ou non cette pratique illégale ». Voir « "A First Step in a Difficult and Sensitive Road" : Preliminary Observations on *Qaadan v. Katzir* », *Israel Studies Bulletin*, 16, n° 1 (automne 2000), p. 3-11.

19. Le mur de séparation est une barrière qu'Israël est en train de construire en Cisjordanie afin de délimiter des territoires palestiniens qu'il entend annexer unilatéralement. À certains endroits, le « mur » comportera des clôtures grillagées, des tranchées et une zone d'exclusion d'environ 60 m de largeur ; ailleurs, il sera constitué d'une structure en béton de 7 à 8 m de haut.

20. La Ligne verte correspond à la frontière d'Israël avant ses conquêtes de juin 1967 – c'est-à-dire le long des lignes d'armistice de 1949.

21. Gil Hoffman et le personnel de jpost.com, « Peres' Brother Says "Peretz Took Over Labor Like Franco Took Over Spain" », *Jerusalem Post*, 27 novembre 2005. Pour des informations sur les misrahim, voir N. Chomsky, *Le triangle fatidique*, *op. cit.*, p. 153-159.

22. Martin Buber (1878-1965) était un philosophe et théologien juif, un « sioniste culturel » engagé dans la coopération arabo-juive et un membre d'Ihoud, organisation qui préconisait la création d'un État binational en Palestine. Parmi ses ouvrages : *Le Je et le Tu* (1923) et *Voies de l'utopie* (1946).

23. Le Herout était le parti politique du mouvement sioniste révisionniste (de droite), qui a été dirigé de 1948 à 1983 par Menachem Begin. Par la suite, il s'est intégré à la coalition de droite du Likoud.

24. Fondé par Yasser Arafat, notamment, à la fin des années 1950, le Fatah est la principale composante de l'OLP depuis 1969.

25. Résolution 242 du Conseil de sécurité de l'ONU, 22 novembre 1967 (voir la note 2 ci-dessus). Les passages pertinents disent : « Le Conseil de sécurité, [...] *soulignant* l'inadmissibilité de l'acquisition de territoire par la guerre et la nécessité d'œuvrer pour une paix juste et durable permettant à chaque État de la région de vivre en sécurité, [...]

1. *Affirme* que l'accomplissement des principes de la Charte exige l'instauration d'une paix juste et durable au Moyen-Orient qui devrait comprendre l'application des deux principes suivants :

i) Retrait des forces armées israéliennes des territoires occupés lors du récent conflit ;

ii) Cessation de toute assertion de belligérance ou de tout état de belligérance et respect et reconnaissance de la souveraineté, de l'intégralité territoriale et de l'indépendance politique de chaque État de la région et de leur droit de vivre en paix à l'intérieur de frontières sûres et reconnues à l'abri de menaces ou d'actes de force ;

2. *Affirme en outre* la nécessité [...] b) de réaliser un juste règlement du problème des réfugiés. »

26. Henry Kissinger, *The White House Years* (Boston, Little, Brown, 1976), p. 1279.

27. En septembre 1970, un conflit entre le roi Hussein de Jordanie et l'OLP a dégénéré en combats sanglants. L'armée jordanienne a massacré des milliers de Palestiniens et a par la suite expulsé l'OLP du pays.

28. *Mechdal* est un terme hébreu qui signifie « omission », « non-exécution » ou « négligence ». Il se réfère dans ce contexte au fait que les services de renseignement israéliens n'ont pas su prévoir l'attaque arabe.

29. Les accords de Camp David comprennent deux ententes qui ont été signées le 17 septembre 1978 par le président Anouar el-Sadate d'Égypte et le Premier ministre Menachem Begin d'Israël, en présence de Jimmy Carter, président des États-Unis. Pour le texte de ces accords, voir « The Framework for Peace in the Middle East » (http://www.jimmycarterlibrary.org/documents/campdavid/accords.phtml) et « Framework for the Conclusion of a Peace Treaty between Egypt and Israel » (http://www.jimmycarterlibrary.org/ documents/campdavid/frame.phtml). Les accords s'accompagnent d'un échange de lettres entre Sadate, Begin et Carter (http://www.jimmycarterlibrary.org/documents/campdavid/letters.phtml).

30. Le texte de ce traité est disponible sur la Toile à http://www.mfa. gov.il/MFA/

31. Référence est faite ici au « Framework for Peace in the Middle East » (voir la note 29 ci-dessus), qui affirme : « L'Égypte, Israël, la Jordanie et les représentants du peuple palestinien devraient participer à des négociations sur la résolution du problème palestinien sous tous ses aspects. »

32. « Afin de procurer l'entière autonomie aux habitants [de Cisjordanie et de Gaza], en vertu de ces arrangements le gouvernement militaire d'Israël et son administration civile seront retirés dès qu'une autorité autonome aura été librement élue par les habitants de ces régions afin de remplacer le gouvernement militaire actuel » (*ibid.*).

33. *Ha'aretz*, 27 avril 1982.

34. Voir la note 2 ci-dessus.

35. Conseil de sécurité de l'ONU S/13911, 28 avril 1980, disponible sur la Toile à http://domino.un.org/unispal.nsf/9a798adbf322aff38525617b006d88d7/e819629c2575bc3e0525652900793664!OpenDocument&Highlight=2,veto. Le 30 avril 1980, le projet de résolution a été rejeté par un vote de 10 pour et 1 contre (États-Unis) et 4 abstentions.

36. Voir la note 4 ci-dessus.

37. Le secrétaire d'État George P. Shultz a écrit au président Reagan: «Tantôt Arafat dit "*unc, unc, unc*", tantôt il dit "*cle, cle, cle*", mais il ne se résout jamais à dire "*uncle*" [en signe de soumission].» Toutefois, pendant une conférence de presse tenue le 14 décembre 1988, Shultz a déclaré: «Arafat a finalement dit "*uncle*".» Voir George P. Shultz, *Turmoil and Triumph: My Years as Secretary of State* (New York, Charles Scribner's Sons, 1993), p. 1043.

38. Voir ministère israélien des Affaires étrangères, «Israel's Peace Initiative, May 14, 1989», disponible sur la Toile à http://www.mfa. gov.il/MFA/

39. Le «Five-Point Framework for an Israeli-Palestinan Dialogue» [«Cadre en cinq points pour un dialogue israélo-palestinien»] est daté du 10 octobre 1989, mais il a été diffusé par le Département d'État presque deux mois plus tard, le 6 décembre 1989. Pour le texte, voir *Journal of Palestine Studies*, 19, nº 2 (hiver 1990), p. 169-170; également reproduit dans Thomas L. Friedman, «Advance Reported on Mideast Talks», *New York Times*, 7 décembre 1989, p. A11.

40. Rick Atkinson et Ann Devroy, «Bush: Iraq Won't Decide Timing of Ground War», *Washington Post*, 2 février 1991, p. A1.

41. Parmi ces accords figurent l'«Accord intérimaire israélo-palestinien sur la Cisjordanie et la bande de Gaza», 28 septembre 1995 (connu sous le nom d'Oslo II, disponible sur la Toile à http://www.israel-mfa.gov.il/MFA/Peace+Process/Guide+to+the+Peace+Process/THE+ISRAELI-PALESTINIAN+INTERIM+AGREEMENT.htm; le mémorandum de Wye River, 23 octobre 1998, disponible sur la Toile à http://www.israel-mfa.gov.il/NR/exeres/EE54A289-8F04-4CDC-93C9-71BD631109AB.htm; et plusieurs autres accords et arrangements. Oslo II prévoit la division de la Cisjordanie en trois zones: la zone A, sous contrôle palestinien (à l'origine entre 1 et 3 % de la Cisjordanie); la zone B, sous adminis-

tration palestinienne mais contrôlée par la Sécurité israélienne (environ 30 %) ; et la zone C, totalement contrôlée par Israël (environ 70 %).

42. Noam Chomsky, *World Orders Old and New* (New York, Columbia University Press, 1996), p. 277-297 ; Id., « A Painful Peace », *Z Magazine*, janvier 1996 ; reproduit dans *Le triangle fatidique*, *op. cit.*, p. 621-642.

43. Cette réplique de David Bar-Illan, directeur des communications et de la planification des politiques au bureau du Premier ministre, a été enregistrée au cours d'un entretien avec Victor Cygielman, « Palestinian Self-Rule, Israeli Security : A Conversation with David Bar-Illan », *Palestine-Israel Journal of Politics, Economics, and Culture*, 3, nº 3-4 (été-automne 1996), p. 14.

44. Parti travailliste, plate-forme politique telle qu'approuvée par le 6e congrès du parti, mai 1997, disponible sur la Toile à http://www.jewishvirtuallibrary.org/jsource/Politics/ labor.html. Plus loin dans cette plate-forme, on affirme que « Jérusalem unifié, la capitale d'Israël », restera « sous souveraineté israélienne », que « le Jourdain sera la frontière sécuritaire orientale d'Israël », qu'« il n'y aura pas d'autre armée stationnée à l'ouest du fleuve » et qu'« Israël étend sa souveraineté sur les zones qui constituent d'importants blocs de colonisation juive ».

45. Voir Ron Pundak, « From Oslo to Taba : What Went Wrong ? » et autres articles en anglais et en hébreu disponibles sur le site Internet du Peres Center for Peace, http://www.peres-center.org/.

46. Les « paramètres » de Clinton (également connus sous le nom de « propositions de soudure ») n'ont jamais été officiellement diffusés. Plus précisément, ils ont été présentés oralement le 23 décembre 2000 aux négociateurs israéliens et palestiniens, qui les ont consignés. Il existe diverses versions de ces propositions, semblables sur l'essentiel. Voir, par exemple, *Journal of Palestine Studies*, 30, nº 3 (printemps 2001), p. 171-173 ; http://www.fmep.org/documents/ clinton_parameters12-23-00.html ; et http://www.mideastweb. org/clintonproposal.htm.

47. Dennis Ross, *The Missing Peace : The Inside Story of the Fight for Middle East Peace* (New York, Farrar, Straus et Giroux, 2004). Pour une critique, voir Jerome Slater, « The Missing Pieces in *The Missing Peace* », *Tikkun*, 20, nº 3 (mai-juin 2005), p. 22-29.

48. « Le Premier ministre Barak et le président Arafat ont désormais tous deux accepté ces paramètres comme base d'initiatives ultérieures. Les deux ont exprimé certaines réserves. » Voir White House [Maison-Blanche], Office of the Press Secretary, 7 janvier 2001, Remarks by the President at Israel Forum Policy Gala, The Waldorf Astoria Hotel, New York, New York (7 janvier 2001) ; disponible sur la Toile à http://www.clintonfoundation.org/legacy/010701-speech-by-president-at-israel-policy-dinner.htm.

49. Moratinos, « "Non-Paper" on Taba Negotiations » (voir note 5 ci-dessus).

50. Déclaration conjointe israélo-palestinienne à Taba (voir note 6 ci-dessus).

51. David Matz, « Trying to Understand the Taba Talks (Part 1) », *Palestine-Israel Journal of Politics, Economics, and Culture*, 10, n° 3 (2003), p. 96-105, disponible sur la Toile à http://www.pij.org/details.php?id=32 ; Id., « Why Did Taba End ? (Part II) », *ibid.*, n° 4 (2003), p. 92-98.

52. Convention de Genève relative à la protection des personnes civiles en temps de guerre, 1949, disponible sur la Toilc à http://www. ohchr.org/french/law/civilianpersons.htm.

53. Voir Cour internationale de justice, opinion consultative, « Legal Consequences of the Construction of a Wall in the Occupied Palestinian Territory », 9 juillet 2004, disponible sur la Toile à http://www.icj-cij.org/icjwww/idocket/imwp/ imwp_advisory_ opinion/; et la déclaration du juge Buergenthal, disponible sur la Toile à http://www.icj-cij.org/icjwww/idocket/imwp/imwp_advisory_opinion/imwp_ advisory_opinion_declaration_buergenthal.htm. La citation est extraite du paragraphe 9 de la déclaration de Buergenthal.

54. David Ben Gourion a dirigé la communauté juive de Palestine avant l'indépendance et, le premier, a été Premier ministre de l'État israélien.

55. Voir Gilbert Achcar, « Zionism and Peace : From the Allon Plan to the Washington Accords », reproduit dans *Eastern Cauldron*, *op. cit.*, p. 205-222.

56. Ronald Reagan, « Middle East Peace Initiative », 1er septembre 1982, dans Département d'État des États-Unis, *American Foreign Policy : Current Documents, 1982* (Washington, DC, Department of

State, 1985), p. 753-757 ; disponible sur la Toile à http://www.reagan.utexas.edu/archives/speeches/1982/90182d.htm.

57. Voir Menahem Klein, *The Jerusalem Problem : The Struggle for Permanent Status* (Gainesville, University Press of Florida, 2003), p. 16-17. L'auteur fait état d'une augmentation de 44 % des travaux de construction pendant la première moitié de l'année 2000 (jusqu'aux réunions de Camp David) relativement à la période correspondante de 1999, sous le gouvernement d'extrême droite de Netanyahou.

58. Le *dunam* est une unité ottomane de mesure agraire qui a été normalisée sous l'autorité britannique en Palestine. Elle est encore utilisée par Israël et par l'Autorité palestinienne, notamment ; elle équivaut à 1 000 m².

59. « Building Settlements Quietly », *Settlement Report*, 6, nº 1 (janvier 1996), disponible sur la Toile à http://www.fmep.org/reports/ vol06/no1/07-building_ settlements_quietly.html.

60. Jay Bushinsky, *Christian Science Monitor*, 21 août 1971.

61. Cité à partir de discussions internes dans Yossi Beilin, *Mehiro shel Ihud* (Revivim, 1985), p. 42.

62. Shlomo Gazit, *Trapped Fools : Thirty Years of Israeli Policy in the Territories* (Londres, Frank Cass, 2003).

63. *New Outlook* était un mensuel israélien dont le comité de rédaction judéo-arabe aspirait à « servir de médium pour l'éclaircissement des problèmes relatifs à la paix et à la coopération entre tous les peuples du Moyen-Orient ». Il a été publié de 1957 à 1993.

64. L'Organisation socialiste israélienne, généralement connue sous le nom de son mensuel en hébreu, *Matzpen*, était une petite organisation antisioniste et anti-impérialiste regroupant des Juifs et des Arabes israéliens fondée en 1962, aujourd'hui dissoute. Voir Arie Bober (éd.), *The Other Israel : The Radical Case Against Zionism* (New York, Doubleday Anchor, 1972).

65. Au cours d'un débat avec N. Chomsky, A. Dershowitz a affirmé : « En fait, j'ai proposé que la clôture de sécurité soit installée sur des roues et qu'elle puisse en tout temps être déplacée selon les besoins sécuritaires d'Israël » (voir « Israel and Palestine After Disengagement : Noam Chomsky Debates with Alan Dershowitz », Kennedy School of Government, 29 novembre 2005, disponible sur la Toile à http://www.chomsky.info/debates/20051129.htm). Dershowitz avait antérieurement déclaré : « En fait, la dernière fois

que je me suis rendu en Israël, je suis allé à côté de la clôture et j'ai recommandé qu'elle soit installée sur roues, littéralement installée sur roues afin de la mettre en évidence [...] [Et] une clôture sur roues remplirait manifestement sa fonction, celle de structure défensive.» Voir Alan Dershowitz, «The Case for Israel and Palestine», Institute of Politics, Kennedy School of Government, 3 mai 2004, disponible sur la Toile à http://www.iop.harvard.edu/pdfs/transcripts/dershowitz_05.03.04.pdf.

66. Ian S. Lustick, «Yerushalayim and Al-Quds: Political Catechism and Political Realities», *Journal of Palestine Studies*, 30, nº 1 (automne 2000), p. 5-21.

67. Joan Peters, *From Time Immemorial : The Origins of the Arab-Jewish Conflict over Palestine* (New York, Harper & Row, 1984). Pour une réfutation décisive, voir Norman G. Finkelstein, «A Land Without a People: Joan Petersen's "Wilderness Myth", dans *Image and Reality of the Israel-Palestine Conflict* (New York, Verso, 1995).

68. Yosef Grodzinski, *In the Shadow of the Holocaust : The Struggle Between Jews and Zionists in the Aftermath of World War II* (Monroe, Maine, Common Courage, 2004).

69. Le mouvement sioniste clandestin a organisé le voyage de l'*Exodus 1947*, navire chargé de réfugiés juifs européens qui ont tenté d'entrer illégalement en Palestine. Les Britanniques, malgré la sévère critique internationale, ont renvoyé les réfugiés en France; après que ceux-ci eurent refusé de quitter le navire, les Britanniques les ont envoyés à Hambourg, où ils ont été débarqués de force. Cet épisode a été considérablement exalté et déformé dans un roman de Leon Uris – *Exodus* (Garden City, New York, Doubleday, 1958 et nombreuses éditions ultérieures) – et dans un film de 1960 d'Otto Preminger.

70. Isaac Deutscher, *The Non-Jewish Jew and Other Essays*, Tamara Deutscher (éd.) (New York, Oxford University Press, 1968), p. 136-137.

71. Amnesty International, *Newsletter*, septembre 1977.

72. Noam Chomsky interviewé par Shira Hadad, «Master Mind», *Ha'aretz*, 10 novembre 2005, disponible sur la Toile à http://www. chomsky.info/interviews/20051110.htm.

73. Voir Thomas Frank, *What's the Matter with Kansas ? How Conservatives Won the Heart of America* (New York, Metropolitan Books, 2004).

74. Marwan Barghouti, dirigeant du Fatah en Cisjordanie, a été accusé par Israël d'avoir participé à des actes terroristes et a été condamné en 2004 à l'emprisonnement à vie.

75. Mohammed Dahlan est directeur du service de sécurité préventive et du mouvement Fatah dans la région de Gaza.

76. Moustafa Barghouti est médecin, secrétaire de l'Initiative nationale palestinienne, fondateur et président de l'Union des comités palestiniens de secours médicaux et fondateur et directeur de l'Institut de la santé, du développement, de l'information et des politiques.

77. Organisation non gouvernementale.

78. Voir Achcar, *Eastern Cauldron*, *op. cit.*, p. 135.

79. Mark Sappenfield, « Americans, Europeans Differ on Mideast Sympathies », *Christian Science Monitor*, 15 avril 2002, où sont cités des sondages du TIPP, qui sont disponibles sur la Toile à http://www.tipponline.com/articles/02/csm/ c041502.htm ; PIPA, « Questionnaire : Americans on the Middle East Road Map, May 14-18, 2003 », disponible sur la Toile à http://www.pipa.org/OnlineReports/IsPal_Conflict/IsPal_May03/IsPal_May03_quaire.pdf.

80. « Sauf dans des circonstances précisées dans la présente section, aucune assistance en matière de sécurité ne peut être fournie à un pays dont le gouvernement viole systématiquement et gravement les droits de la personne reconnus internationalement » (*US Code*, titre 22, chapitre 32, sous-chapitre II, partie I, § 2304 (a) (2) ; disponible sur la Toile à http://www.law.cornell.edu/uscode/html/uscode22/usc-sec-22-00002304-000.html). Voir également Amnesty International, « Imported Arms Used in Israel and the Occupied Territories with Excessive Force Resulting in Unlawful Killings and Unwarranted Injuries », AI Index, MDE/15/65/00, 17 novembre 2000, http://web.amnesty.org/library/index/ ENGMDE15065 2000.

81. Voir, par exemple, B'Tselem, *Routine Torture : Interrogation Methods of the General Security Service* (Jérusalem, février 1998), disponible sur la Toile à http://www.btselem.org/Download/199802_Routine_ Torture_Eng.doc ; et Human Rights Watch, *Israel's Record of Occupation : Violations of Civil and Political Rights* (New York, Human Rights Watch, 1er août 1998), disponible sur la Toile à http://www. hrw.org/ reports98/israel/.

82. Edward Said (1935-2003) était un éminent universitaire palestino-américain, un militant politique, membre, de 1977 à 1991, du Conseil national palestinien. Parmi ses ouvrages : *Orientalism* (1978), *The Question of Palestine* (1979) et *The End of the Peace Process* (2000).

83. Eqbal Ahmed (1932-1999) était un écrivain et un militant antiguerre pakistanais. Il a vécu de nombreuses années aux États-Unis ; il a enseigné à Hampshire College de 1982 à 1997. Ses entrevues ont été recueillies notamment dans *Confronting Empire* (2000) et *Terrorism : Theirs and Ours* (2001). A récemment paru le recueil *The Selected Writings of Eqbal Ahmed*, Carollee Bengelsdorf, Margaret Cerullo et Yogesh Chandrani, éd. (New York, Columbia University Press, 2006).

84. Le révérend Leon Sullivan (1923-2001), pasteur et militant noir, a été nommé en 1971 membre du conseil d'administration de la société General Motors, devenant ainsi le premier Afro-Américain à faire partie du conseil d'une grande entreprise états-unienne. En 1977, il a élaboré une série de principes – par exemple, à travail égal, salaire égal et la non-ségrégation des installations – que devait respecter toute entreprise étrangère faisant affaire dans l'Afrique du Sud de l'apartheid, sous peine d'affronter de fortes pressions du public.

85. Ville importante et camp de réfugiés en Cisjordanie sous autorité palestinienne théorique, Djénine a été attaquée par les forces militaires israéliennes en avril 2002, qui ont fait de nombreuses victimes ; il y a notamment eu des tueries illicites (meurtres par balle de civils pacifiques, de membres du personnel médical soignant des malades et de violateurs du couvre-feu ; écrasement de personnes par bulldozer, etc.). Voir « Report of the Secretary-General Prepared Pursuant to General Assembly Resolution ES-10/10 (Report on Jenin) », A/ES-10/186, 30 juillet 2002, disponible sur la Toile à http://daccessdds.un.org/doc/UNDOC/GEN/N02/499/57/IMG/N0249957.pdf?OpenElement ; Amnesty International, *Shielded from Scrutiny : IDF Violations in Jenin and Nablus*, AI Index, MDE 15/143/2002, 4 novembre 2002, disponible sur la Toile à http://web.amnesty.org/library/index/ ENGMDE151432002 ; et Human Rights Watch, *Jenin : IDF Military Operations*, 14, n° 3 (E) (mai 2002), disponible sur la Toile à http://hrw.org/french/docs/2002/05/03/ isrlpa7213.htm.

86. La société Caterpillar fabrique un bulldozer blindé qui a été utilisé par Israël « comme arme principale pour raser des maisons palestiniennes, ravager des terrains agricoles et déchiqueter des routes, en violation des lois de la guerre ». Voir Human Rights Watch, « Israel : Caterpillar Should Suspend Bulldozer Sales ; Weaponized Bulldozers Used to Destroy Civilian Property and Infrastructure », 23 novembre 2004, disponible sur la Toile à http://hrw.org/french/ docs/2004/10/15/isrlpa9508.htm.

87. Pétition conjointe Harvard-MIT pour le désinvestissement d'Israël, disponible sur la Toile à http://physics.harvard.edu/~wilson/ 2002_divestment.html.

88. Les autorités israéliennes ont à diverses reprises fermé les universités palestiniennes. Voir, p. ex., Molly Moore et John Ward Anderson, « Israelis Close Colleges in Hebron », *Washington Post*, 16 janvier 2003, p. A15.

89. Le Projet David [«David Project»] est une organisation fondée en 2002 dans le but, selon ses termes, de « vaincre l'attaque idéologique contre Israël qui sévit sur les campus, dans les écoles secondaires, dans les églises et dans la communauté en général » (http://david project.org). Pour une critique de ses activités, voir M. Junaid Alam, « Columbia University and the New AntiSemitism », *Counterpunch*, 2 mars 2005, disponible sur la Toile à http://www.counterpunch.org/ junaid03022005.html ; et Scott Sherman, « The Mideast Comes to Columbia », *The Nation*, 4 avril 2005, disponible sur la Toile à http://www.thenation.com/doc/ 20050404/sherman.

90. On trouvera certaines de ces citations, ainsi que d'autres exemples de racisme antiarabe, dans Noam Chomsky, *Necessary Illusions : Thought Control in Democratic Societies* (Boston, South End Press, 1989), p. 214 et 315-316.

91. Nathan et Ruth Ann Perlmutter, *The Real AntiSemitism in America* (New York, Arbor House, 1982). Nathan Perlmutter était le directeur national de l'ADL.

92. David Horowitz est un idéologue de droite, auteur de *The Professors : The 101 Most Dangerous Academics in America* (Washington, DC, Regnery, 2006), fondateur de Frontpagemag.com (http://www.ffrontpagemag.com/ index.asp) et un des fondateurs (ainsi que Natan Sharansky et Benjamin Netanyahou, notamment) de One Jérusalem, organisation engagée à « maintenir un Jérusalem

unifié comme capitale indivisible d'Israël» (http://www.onejerusalem.org/ faq.asp#answer0_1). Horowitz a également lancé une campagne pour que les organes législatifs des États adoptent sa «déclaration des droits universitaire» (http://www.studentsforaca demicfreedom.org), laquelle, selon les termes de l'American Association of University Professors (AAUP), «empiète sur la liberté universitaire par le fait même de prétendre la protéger» (AAUP, "Academic Bill of Rights", Washington, DC, décembre 2003, disponible sur la Toile à http://www.aaup.org/statements/ SpchState/Statements/BillofRights.htm).

93. Voir, p. ex., Michael Janofsky, «Professors' Politics Draw Lawmakers into the Fray», *New York Times*, 25 décembre 2005, p. I: 22.

94. Norman Finkelstein, *The Holocaust Industry: Reflections on the Exploitation of Jewish Suffering*, 2e éd.(Londres, Verso, 2003).

95. Allocution du 19 octobre 1973 à l'Association of Arab University Graduates, reproduite dans *American Report*, 29 octobre 1973.

96. Seymour Martin Lipset (né en 1922) est un éminent sociologue politique, aujourd'hui associé à la Hoover Institution. Il a été président de la férocement pro-israélienne organisation American Professors for Peace in the Middle East. Parmi ses nombreux ouvrages, citons : «"The Socialism of Fools": The Left, the Jews & Israel», dans Mordecai S. Chertoff, éd., *The New Left and the Jews* (New York, Pitman, 1971). Pour une critique, voir Noam Chomsky, «The Peace Movement and the Middle East», *Peace in the Middle East? Reflections on Justice and Nationhood* (New York, Vintage, 1974), p. 153-198. Reproduit dans ID., *Middle East Illusions* (Lanham, Maryland, Rowman & Littlefield, 2003), p. 123-155.

97. N. Chomsky, «The Peace Movement and the Middle East», *op. cit.*

98. Irving Howe, «The Campus Left and Israel», *New York Times*, 13 mars 1971, p. 29; reproduit dans Irving Howe et Carl Gershman, éd., *Israel, the Arabs, and the Middle East* (New York, Bantam Books, 1972), p. 428-430.

99. *Dissent* est une revue social-démocrate trimestrielle publiée à New York, dont Irving Howe a été un des éditeurs à partir de la fondation en 1954 jusqu'à sa mort en 1993.

100. De Gaulle, 27 novembre 1967, cité dans Gilbert Achcar, éd., *The Israeli Dilemma : A Debate Between Two Left-Wing Jews. Letters Between Marcel Liebman and Ralph Miliband* (Londres, Merlin Press, 2006), p. 10-11, note 18.

101. Yitzhak Rabin a ultérieurement nié à la Knesset avoir donné « des ordres pour briser des os » après que quelques soldats furent traduits devant le tribunal militaire pour violence excessive. Le député à la Knesset Yossi Sarid a toutefois répliqué « que même si Rabin n'a pas vraiment dit "brisez leurs os", il doit néanmoins être tenu pour responsable de ce que les soldats ont cru qu'il voulait dire et qu'ils ont donc fait [...] Sarid a affirmé que, puisque Rabin est allé dans les territoires et a personnellement donné l'ordre d'utiliser les passages à tabac comme châtiment, il ne pouvait pas fuir aujourd'hui sa propre responsabilité ministérielle ». Asher Wallfish, « Rabin Denies He Gave Orders to Break Bones », *Jerusalem Post*, 12 juillet 1990.

102. *International Herald Tribune*, 26 janvier 1988. Cité dans G. Achcar, *Eastern Cauldron*, *op. cit.*, p. 125.

103. *Le Monde*, 19 octobre 2000.

104. David Goldiner, « PAT : GOD SMOTE HIM. Gaza upset Lord, says Robertson », *Daily News* (New York), 6 janvier 2006, p. 4 ; Larry B. Stammer, « Evangelical Leaders Criticize Pat Robertson », *Los Angeles Times*, 7 janvier 2006, p. A8.

105. Jack G. Shaheen, *Reel Bad Arabs : How Hollywood Vilifies a People* (New York, Olive Press, 2001).

106. Edward W. Said, *Covering Islam : How the Media and the Experts Determine How We See the Rest of the World*, éd. rév. (New York, Vintage Books, 1997).

107. Voir son ouvrage *Orientalism* (New York, Vintage, 1978).

108. Le mot grec *phobos* signifie « crainte ».

Épilogue

1. Voir p. 158 ci-dessus.

2. Voir Gilbert Achcar, « A Pan-Iraqi Pact on Muqtada Al-Sadr's Initiative », ZNet, 9 décembre 2005, http:// www.zmag.org/content/ showarticle.cfm?ItemID=9297.

3. « Le seul espoir que nous ayons d'éviter la glissade vers une guerre civile caractérisée et dévastatrice – si Sistani devait être

assassiné – [n'est pas la présence des troupes des États-Unis, mais] que les forces engagées dans le processus politique, c'est-à-dire celles qui ne sont pas déjà engagées dans la guerre civile de faible intensité qui sévit en Irak, réussissent à maîtriser leurs bases après un inévitable accès de colère initial en soulignant que les auteurs sont soit des baathistes ou des partisans de Zarqawi ou des gens de cet acabit, que leur objectif est précisément de déclencher une guerre civile et que la meilleure manière de réagir à cela est justement de tenir compte de la volonté de Sistani, qui insistait sur la nécessité d'éviter toute guerre sectaire. » Voir « Achcar on Cole Proposals for Withdrawal of US Ground Troops », affiché le 23 août 2005 sur le blogue de Juan Cole, Informed Comment, à http://www.juancole.com/2005/08/achcar-on-cole-proposals-for.html, et sur ZNet à http://www.zmag.org/content/showarticle.cfm?ItemID=8563.

4. Cette analyse a été confirmée par le récit édifiant d'Edward Wong et Dexter Filkin publié le 17 juillet 2006 dans le *New York Times* sous le titre : « In an About-Face, Sunnis Want US to Remain in Iraq ».

5. Voir p. 268 ci-dessus.

6. Voir Achcar, « First Reflections on the Electoral Victory of Hamas », affiché sur ZNet le 27 janvier 2006 à http://www.zmag.org/ content/showarticle.cfm?ItemID=9607.

7. La traduction du « document des prisonniers » ici et plus bas est de Gilbert Achcar. Le document original en arabe est disponible sur la Toile à http://www.palpress.ps/arabic/ print.php?ChannelID=42716. Une traduction anglaise, qui doit toutefois être révisée pour cause d'imprécision, est disponible à http://www.jmcc.org/ documents/prisoners2.htm.

8. Il y a des arguties juridiques au sujet de la question de savoir si cette région appartient à la Syrie ou au Liban, mais pas au sujet du fait qu'elle est occupée illégalement par Israël depuis 1967. Quoi qu'il en soit, le gouvernement syrien ne conteste pas les prétentions du gouvernement libanais et du Hezbollah.

9. John J. Mearsheimer et Stephen Walt, « The Israel Lobby and US Foreign Policy », John F. Kennedy School of Government, Harvard University, Working Paper Number RWP06-011, 13 mars 2006, disponible sur la Toile à http://ksgnotes1.harvard.edu/ Research/wpaper.nsf/rwp/ RWP06-011/$File/rwp_06_011walt.pdf.

Une version abrégée de ce texte a été publiée sous le titre «The Israel Lobby», *London Review of Books*, 28, nº 6 (23 mars 2006), disponible sur la Toile à http://www.lrb.co.uk/v28/n06/mear01_.html.

10. Norman G. Finkelstein, «The Israel Lobby: It's Not "Either/Or", *Counterpunch*, 1er mai 2006, disponible sur la Toile à http://www.counterpunch.org/finkelstein05012006.html; Joseph Massad, «Blaming the Lobby», *Al-Ahram Weekly*, 23-29 mars 2006, disponible sur la Toile à http://weekly.ahram.org.eg/2006/787/op35.htm; Stephen Zunes, «The Israel Lobby: How Powerful Is It Really?», *Foreign Policy in Focus*, 16 mai 2006, disponible sur la Toile à http://www.fpif.org/fpiftxt/3270.

11. Voir p. 97-98 ci-dessus.

12. Voir p. 167 ci-dessus.

13. Agence France Presse, «China, Russia Refuse to Join Iran Sanctions Statement», 13 juin 2006.

14. Réunion ministérielle du Bureau de coordination du Mouvement des pays non alignés, Putrajaya (Malaisie), «Statement on the Islamic Republic of Iran's Nuclear Issue», NAM/MM/COB/9, 30 mai 2006, disponible sur la Toile à http://www.un.int/malaysia/NAM/MMCOB_ StatementIran.pdf; Agence France Presse, «NAM Backs Iran, Condemns Israel's "Brutal" Occupation», 30 mai 2006; Japan Economic Newswire, «Non-Aligned Nations Back Iran's Nuclear Program», 30 mai 2006; US Newswire, «First Public Opinion Poll in Iran's Neighboring Countries Reveals Startling Findings on Possibility of Iranian Nuclear Arms», 12 juin 2006.

15. Commission sur les armes de destruction massive, *Weapons of Terror: Freeing the World of Nuclear, Chemical, and Biological Arms* (Stockholm, 2006), p. 72, disponible sur la Toile à http://www.wmdcommission.org/files/Weapons_of_ Terror.pdf.

16. Flynt Leverett, «The Gulf Between Us», *New York Times*, 24 janvier 2006, p. A21; Guy Dinmore, «US Allies Urge Direct Dialogue with Iran», *Financial Times*, 3 mai 2006, p. 8.

17. «Leader Attends Memorial Ceremony Marking the 17th Departure Anniversary of Imam Khomeini», Institut pour la conservation et la publication des travaux de l'ayatollah Seyyed Ali Khamenei, 4 juin 2006, disponible sur la Toile à http://www.khamenei.ir/EN/News/ detail.jsp?id=20060604A; Jonathan Steele, «Lost

in Translation : Experts Confirm That Iran's President Did Not Call for Israel To Be "Wiped Off the Map". Reports That He Did Serve to Strengthen Western Hawks », *Guardian* (commentaire sur la Toile), 14 juin 2006, http://commentisfree.guardian.co.uk/jonathan_steele/2006/06/post_155.html.

18. Trita Parsi, « Iran Unlikely to Halt Nuclear Enrichment Unless the United States Agrees to Direct Talks », entretien avec Bernard Gwertzman, 31 mai 2006, disponible sur la Toile sur le site Internet du Council on Foreign Relations, http://www.cfr.org/publication/ 10797/; communiqué de presse, Gouvernement de l'Iran, 17 février 2006, où l'on fait état de la présentation par Laridjani, au cours d'un entretien à la radio française, des « dernières positions de la République islamique de l'Iran sur la question du programme nucléaire pacifique de l'Iran », 16 février 2006. Voir également p. 205 ci-dessus.

19. Selig Harrison, « It Is Time to Put Security Issues on the Table with Iran », *Financial Times*, 18 janvier 2006, p. 19.

20. Dafna Linzer, « Past Arguments Don't Square with Current Iran Policy », *Washington Post*, 27 mars 2005, p. A15.

21. Guy Dinmore, « Experts Challenge White House Line on Iran's Influence », *Financial Times*, 18 juillet 2006, p. 6, où l'on cite également l'éminent dissident Arun Ganji ; Amal Saad-Ghorayeb, « The Framing of Hizbullah », *Guardian*, 15 juillet 2006, p. 30 ; Dilip Hiro, « Hostages and History », *Guardian* (commentaire sur la Toile), 18 juillet 2006, http://commentisfree.guardian.co.uk/dilip_hiro/ 2006/07/post_232.html.

22. Voir, en particulier, Assaf Kfoury, « Noam Chomsky in Beirut », ZNet, 12 juillet 2006, http://www.zmag.org/ content/showarticle. cfm?SectionID=22&ItemID=10568.

23. Orly Halpern et Nicholas Blandford, « A Second Front Opens for Israel », *Christian Science Monitor*, 13 juillet 2006, p. 1.

24. Rami G. Khouri, « The Mideast Death Dance », *Salon*, 15 juillet 2006, http://www.salon.com/opinion/feature/2006/07/15/fourpairs/index_np.html ; Patrick Seale, Institute for Public Accuracy, 13 juillet 2006, http://www.accuracy.org/newsrelease.php?articleId =1310.

25. Voir ci-dessus pp. 68 et 162-163.

26. Noah Feldman, « Becoming bin Laden » (critique de *Messages to the World : The Statements of Oussama bin Laden*),

New York Times Book Review, 12 février 2006, p. 12; Steven Erlanger, «US and Israelis Are Said to Talk of Hamas Ouster», *New York Times*, 14 février 2006, p. A1.

27. Louis Pérez, «Fear and Loathing of Fidel Castro: Sources of US Policy Toward Cuba», *Journal of Latin American Studies*, 34, n° 2 (mai 2002), p. 227-254.

28. Steven R. Weisman, «Europe Plan to Aid Palestinians Stalls over US Salary Sanctions», *New York Times*, 15 juin 2006, p. A10. Voir également Tanya Reinhart, «A Week of Israeli Restraint», *Yediot Ahronot*, 21 juin 2006. Une illustration frappante de ce comportement fut la tentative (qui échoua) de susciter la violence palestinienne afin de justifier l'invasion prévue de 1982. La violence palestinienne se poursuivit néanmoins, notamment sous la forme d'attaques au moyen de roquettes Qassam tirées de Gaza par des groupes qui refusaient la trêve du Hamas – actes tant criminels qu'insensés.

29. Jonathan Cook, «The British Media and the Invasion of Gaza», *Medialens* (Royaume-Uni), 30 juin 2006, http://www.medialens.org/ alerts/06/060630_kidnapped_by_israel.php; Josh Brannon, «IDF Commandos Enter Gaza, Capture Two Hamas Terrorists», *Jerusalem Post*, 25 juin 2006; Ken Ellingwood, «2 Palestinians Held in Israel's First Arrest Raid in Gaza Since Pullout», *Los Angeles Times*, 25 juin 2006, p. A 20. À l'exception du *Los Angeles Times*, on n'a écrit que quelques mots en passant dans le *Baltimore Sun* (25 juin) et le *St. Louis Post-Dispatch* (25 juin). En outre, aucune source des médias des courants principaux n'a fait référence à cet événement lorsqu'il était question de l'enlèvement de Shalit. À ma connaissance, l'unique couverture sérieuse dans la presse de langue anglaise a paru dans le *Turkish Daily News* (25 juin). (Recherche dans une base de données par David Peterson.)

30. Aviv Lavie, «Inside Israel's Secret Prison», *Ha'aretz*, 22 août 2003; Jonathan Cook, «Dans la prison secrète d'Israël», *Le Monde diplomatique*, novembre 2003; Chris McGreal, «Facility 1391: Israel's Secret Prison», *Guardian*, 14 novembre 2003, p. 2.

31. Gideon Levy, «A Black Flag», *Ha'aretz*, 2 juillet 2006; Christopher Gunness, «Statements by the United Nations Agencies Working in the Occupied Palestinian Territory», 8 juillet 2006, disponible sur la Toile à http://www.world.org/ programs/ middleEast.asp?ID=530; communiqué de presse d'Amnesty Inter-

national, «Israël et territoires occupés. Des attaques délibérées sont des crimes de guerre», AI Index, MDE 15/061/2006 (Public), *News Service* n° 169, 30 juin 2006, disponible sur la Toile à http://web.amnesty.org/ library/Index/FRAMDE150612006?open&of=FRA-ISR.

32. Éditorial, «A Problem That Can't Be Ignored», *New York Times*, 17 juin 2006, p. A12.

33. Déclaration du cabinet israélien sur la « feuille de route » et 14 réserves émises par l'État d'Israël, 9 juillet 2004, diffusée à l'origine le 25 mai 2003; disponible sur la Toile à http://www.mideastweb.org/roadmapreservations.htm.

34. Voir ci-dessus p. 255.

35. Roula Khalaf, «Hizbollah's Bold Attack Raises Stakes in Middle East», *Financial Times*, 13 juillet 2006, p. 5; David Hirst, «Overnight Lebanon Has Been Plunged into a Role It Endured for 25 Years – That of a Hapless Arena for Other People's Wars», *Guardian*, 14 juillet 2006, p. 29; Megan K. Stack et Rania Abouzeid, «The Nation of Hezbollah», *Los Angeles Times*, 13 juillet 2006, p. A1; Neil MacFarquhar et Hassan Fattah, «In Hezbollah Mix of Politics and Arms, Arms Win Out», *New York Times*, 16 juillet 2006, p. I: 1; Amos Harel, «Israel Faces a Wide Military Escalation», *Ha'aretz*, 12 juillet 2006; Uri Avnery, «The Real Aim», 15 juillet 2006, site Internet de Goush Shalom, http://zope.gush-shalom.org/home/ en/channels/avnery/1152991173.

36. Mouin Rabbani, *Democracy Now!*, 14 juillet 2006, transcription disponible sur la Toile à http://www.democracynow.org/article.pl?sid=06/07/14/146258; A. Saad-Ghorayeb, cité dans Halpern et Blanford, «A Second Front Opens for Israel», p. 1. [Le nombre de prisonniers est inconnu, mis à part le cas ou les deux cas qui sont officiellement admis. Fournissant ce qui est peut-être la première référence dans les médias des courants principaux, la commentatrice de *Ha'aretz* Nehemia Shtrasler écrit qu'au cours des six années écoulées depuis le retrait d'Israël du Liban, «personne n'a jugé approprié de satisfaire à l'exigence essentielle du Hezbollah: libérer les prisonniers libanais. Le chef du gouvernement libanais, Fouad Siniora, a affirmé il y a deux jours que la libération de ces prisonniers est une condition essentielle de tout accord. Outre Samir Quntar, Israël détient environ 15 prisonniers libanais, qui sont détenus ici depuis de nombreuses années. Il était possible de les libérer

il y a longtemps déjà – entre les mains du modéré Siniora. » Voir Shtrasler, « A Path to Strengthen the Extremists », *Ha'aretz*, 21 juillet 2006 (en hébreu), disponible sur la Toile à http://www.haaretz.co.il/hasite/spages/741052.html. (Information ajoutée le 22 juillet 2006.)

37. Hassan Fattah, « Militia Rebuked by Some Arab Countries », *New York Times*, 17 juillet 2006, p. A1 ; Dan Murphy et Sameh NaGuib, « Hizbullah Winning over Arab Street », *Christian Science Monitor*, 18 juillet 2006, p. 1 ; Edward Wong et Michael Slackman, « Iraqi Prime Minister Denounces Israel's Actions », *New York Times*, 20 octobre 2006, p. A1 ; Fawwaz Gerges, *Journey of the Jihadist : Inside Muslim Militancy* (Orlando, Floride, Harcourt, 2006), p. 26.

38. P. Lang, cité dans Dan Murphy, « Escalation Ripples Through Middle East », *Christian Science Monitor*, 14 juillet 2006, p. 1.

Table des matières

DÉJÀ PARU AUX ÉDITIONS FAYARD

Philippe Aigrain
Cause commune. L'information entre bien commun et propriété, 2005 (coll. « Transversales »).

Maude Barlow, Tony Clarke
La Bataille de Seattle. Sociétés civiles contre mondialisation marchande, 2002.
L'Or bleu. L'eau, le grand enjeu du XXIe siècle, 2002.
Agnès Bertrand, Laurence Kalafatides
OMC, le pouvoir invisible, 2002.

Walden Bello
La Fin de l'Empire. La désagrégation du système américain, 2006.
Jean-Paul Besset
Comment ne plus être progressiste... sans devenir réactionnaire, 2005.

Noam Chomsky
De la propagande. Entretiens avec David Barsamian, 2002.
Le Profit avant l'homme, 2003.
Pirates et Empereurs. Le terrorisme international dans le monde contemporain, 2003.
Dominer le monde ou sauver la planète ? L'Amérique en quête d'hégémonie mondiale, 2004.
La Doctrine des bonnes intentions. Entretiens avec David Barsamian, 2006.
Les États manqués. Abus de puissance et déficit démocratique, 2007.

Leyla Dakhli, Bernard Maris, Roger Sue, Georges Vigarello
Gouverner par la peur, 2007 (coll. « Transversales »).

Guy Debord
Panégyrique, t. 2, 1997.
Correspondance, vol. 1 (juin 1957-août 1960), 1999.
Correspondance, vol. 2 (septembre 1960-décembre 1964), 2001.
Correspondance, vol. 3 (janvier 1965-décembre 1968), 2003.
Correspondance, vol. 4 (janvier 1969-décembre 1972), 2004.
Le Marquis de Sade a des yeux de fille..., 2004.
Correspondance, vol. 5 (janvier 1973-décembre 1978), 2005.
Correspondance, vol. 6 (janvier 1979-décembre 1987), 2007.

Mireille Delmas-Marty, Edgar Morin, René Passet, Riccardo Petrella, Patrick Viveret
Pour un nouvel imaginaire politique, 2006 (coll. « Transversales »).

Susan George
Le Rapport Lugano, 2000.
Un autre monde est possible si..., 2004.
Nous, peuples d'Europe, 2005.

Edward Goldsmith, Jerry Mander (dir.)
Le Procès de la mondialisation, 2001.

Alain Gras
Fragilité de la puissance. Se libérer de l'emprise technologique, 2003.

Serge Halimi
Le Grand Bond en arrière. Comment l'ordre libéral s'est imposé au monde, 2004, rééd. 2006.

Ivan Illich
Œuvres complètes, vol. 1, 2004.
La Perte des sens, 2004.
Œuvres complètes, vol. 2, 2005.

Internationale situationniste
Internationale situationniste, 1997.
La Véritable Scission de l'Internationale situationniste, 1998.

Raoul-Marc Jennar
Europe, la trahison des élites, 2004.

Serge Latouche
Justice sans limites. Le défi de l'éthique dans une économie mondialisée, 2003.
Le Pari de la décroissance, 2006.

Roger Lenglet, Jean-Luc Touly
L'Eau des multinationales. Les vérités inavouables, 2006.

Jean-Claude Liaudet
Le Complexe d'Ubu ou la névrose libérale, 2004.

Helena Norberg-Hodge
Quand le développement crée la pauvreté. L'exemple du Ladakh, 2002.

René Passet
L'Illusion néo-libérale, 2000.
Éloge du mondialisme par un « anti » présumé, 2001.

Majid Rahnema
Quand la misère chasse la pauvreté, 2003 (en coédition avec Actes Sud).

Pietra Rivoli
Les Aventures d'un tee-shirt dans l'économie globalisée, 2007.

Joël de Rosnay, en collaboration avec Carlo Revelli
La Révolte du pronétariat. Des mass média aux média des masses, 2006 (coll. « Transversales »).

Edward W. Said
Culture et impérialisme, 2001 (en coédition avec Le Monde diplomatique).
Culture et résistance, 2004.
D'Oslo à l'Irak, 2005.
Humanisme et démocratie, 2005.

Vandana Shiva
Le terrorisme alimentaire : comment les multinationales affament le tiers-monde, 2001.

Joseph E. Stiglitz
La Grande Désillusion, 2002.
Quand le capitalisme perd la tête, 2003.
Un autre monde. Contre le fanatisme du marché, 2006.
Pour un commerce mondial plus juste (avec Andrew Charlton), 2007.

Roger Sue
La Société contre elle-même, 2005 (coll. « Transversales »).

Aminata Traoré
Le Viol de l'imaginaire, 2002 (en coédition avec Actes Sud).
Lettre au Président des Français à propos de la Côte d'Ivoire et de l'Afrique en général, 2005.

Patrick Viveret
Pourquoi ça ne va pas plus mal ?, 2005 (coll. « Transversales »).

Jean Ziegler
Les Nouveaux Maîtres du monde et ceux qui leur résistent, 2002.
L'Empire de la honte, 2005.

« Pour l'éditeur, le principe est d'utiliser des papiers composés de fibres naturelles, renouvelables, recyclables et fabriquées à partir de bois issus de forêts qui adoptent un système d'aménagement durable.

En outre, l'éditeur attend de ses fournisseurs de papier qu'ils s'inscrivent dans une démarche de certification environnementale reconnue. »

Photocomposition Nord Compo
Villeneuve d'Ascq

Impression réalisée sur CAMERON par
BRODARD ET TAUPIN
La Flèche

pour le compte des Éditions Fayard
en août 2007

Imprimé en France
Dépôt légal : septembre 2007
N° d'édition : 89613 – N° d'impression : 43407
35-57-3408-8/01